U0603823

国家社科基金青年项目
"中外史学交流视野下的历史语言研究所
学术范式与成就探析"（15CZS002）成果

西北大学"双一流"建设项目资助
Sponsored by First-class Universities and
Academic Programs of Northwest University

本土与域外的变奏

史语所与中国现代史学 (1928—1948)

张　峰　著

中华书局

图书在版编目（CIP）数据

本土与域外的变奏：史语所与中国现代史学：1928—1948/张峰著．—北京：中华书局，2025.4. —ISBN 978-7-101-17054-2

Ⅰ．K260.7

中国国家版本馆 CIP 数据核字第 20258ZN095 号

书　　名	本土与域外的变奏：史语所与中国现代史学（1928—1948）
著　　者	张　峰
责任编辑	李洪超
装帧设计	刘　丽
责任印制	韩馨雨
出版发行	中华书局
	（北京市丰台区太平桥西里 38 号　100073）
	http://www.zhbc.com.cn
	E-mail：zhbc@zhbc.com.cn
印　　刷	三河市中晟雅豪印务有限公司
版　　次	2025 年 4 月第 1 版
	2025 年 4 月第 1 次印刷
规　　格	开本/920×1250 毫米　1/32
	印张 17⅝　插页 6　字数 420 千字
国际书号	ISBN 978-7-101-17054-2
定　　价	98.00 元

1928 年 5 月，傅斯年等人拟定《中央研究院历史语言研究所组织大纲》

1928 年 10 月出版的《历史语言研究所集刊》第一本第一分

有歷史語言之研究所設置，置，非徒抱殘守
缺，發揮其所謂國學，實欲以吾之力取
得日新月異之材料，借自先師學付之
工具，兩從事之，以期新知識之獲得。材
料不限國別，方術不擇地域，期以追前賢
成學之盛，兼以於墨國造詣之隆。風仰
先生業成多門，學關新經，凡術貢獻。
信舉備以此成風更至涯量。不足甫

1928 年，傅斯年手拟研究员聘书草稿。其中强调，史语所设置之目的在于"取得日新月异之材料"，以获得新知识，"分异国造诣之隆"。

1929年2月，傅斯年致陈垣函。其中对陈垣和王国维的学术成就多所称赞："俾异国学者莫我敢轻，后生之世得其承受，为幸何极！"

1929 年，史语所同仁在北海静心斋合影

1929 年 9 月，史语所第一组开始在北平午门西翼楼整理明清内阁大库档案。这是已经初步整理未曾上架的档案

1935年，傅斯年邀请伯希和参观安阳殷墟第十一次考古发掘。左三为梁思永

1939 年，傅斯年在云南昆明龙泉镇龙头村观音殿的善本书室为校勘《明实录》

陈寅恪《唐代政治史述论稿》书影

全汉昇《唐宋帝国与运河》书影

序

张峰博士的专著《本土与域外的变奏：史语所与中国现代史学（1928—1948）》即将付梓，我作为他的导师，感到十分高兴。

历史语言研究所创办于 1928 年，1948 年底迁到中国台湾省，其演进历程形成了意义和风格鲜明的、相对独立的研究段落。史语所是现代中国历史上建立的第一个集中了一批专门研究人才的研究机构，它自觉继承乾嘉学术传统而又具有显著的时代特色。史语所拥有如傅斯年、陈寅恪、董作宾、岑仲勉等著名的学术大家，而又培育了劳榦、张政烺、全汉昇、陈述、严耕望等一批又一批的学术新人。在短短二十年间，史语所取得了丰硕的成果，成为当时新历史考证学的支柱和重要代表，为中国学术争取了话语权，在今天仍然具有重大的影响。

史语所学术实践的成功，与时代变革和学术演进的内在法则密切相关。从学术条件言，20 世纪初年"四大新史料"，即甲骨文、敦煌文书、汉晋木简、明清档案的相继发现，为史语所的历史研究提供了新的课题；而更为重要的推动作用，则是历史观念的深刻变革。20 世纪初磅礴于华夏大地上的新史学思潮，使进化史观战胜了以往盛行的循环史观、复古倒退史观，取得了支配地位，并且启发历史研究者以开阔的眼光去进行学术探索，从以往比较狭窄地依靠古代文献资料到利用"上自穹古之石史，下至昨今之新闻"，都置于史料范围之内。继之掀起的是更加波澜壮阔的五四新文化运动潮流，使学术界人士经受了一场新的洗礼，从此"科学思想"深入人心，有见识、有作为的史家，无不以推进"史学的科学化"为治史的目标，历史考证学的面貌随之产生了更加深刻的变化，把以往"求实求真"的努力提升到新的阶段。另外，这一时期中外学术交流蓬勃发展，中国思想界从西方引进了进化史观、科学思想这些具有根本意义的新观念、新学理，它们与中国传统学术中的精华相融合，因而获得巨大的生命力，导致中国学术界出现新的面貌。中西交融还有治史方法方面的丰富内容，诸如逻辑方法、系统方法、审查史料方法、比较研究法、语源学方法等等，这些方法本来在传统学术中也有使用，而西方近代学者的论述更加明确，或更加充分，学理不分中西，优良者即易被接受和传播，收到推进学术、深化认识历史问题的显著功效。史学在中国传统学术中蔚为大国，原本有这样一片沃土，进入20世纪之后，适逢其会，时代提供了适宜的阳光、雨露和滋养，因而催开了史语所这朵鲜艳夺目的史学之花。

作为史语所的创办者与终身所长，傅斯年在北大求学时，学的虽是文科，心中却折服于自然科学。在他主编的《新潮》杂志上每期必刊登几篇"纯粹科学文"，并把自然科学的发展水平作为衡量学术是否进步的标准。对于中国晚周时期的学术，他认为若果只用朴学家的方法，不运用西洋人研究学问之法，仍将是一无是处，仍得不到结果。对西方自然科学的向往是他赴英、德留学的重要原因之一。他在英国伦敦大学写信给胡适说："近中温习化学、物理学、数学等，兴味很浓，回想在大学时六年，一误于预科一部，再误于文科国文门，言之可叹。"①他在西欧学习了普通心理学、化学、物理学、高等数学等课程。到德国以后，他深受兰克学派的影响，对兰克所主张的学问是纯客观的，而史家的任务是"据实直书"，"让史料本身说话"，不掺入研究者的主观好恶，"无例外地保持不偏不倚的态度"等治史原则十分推崇。发扬兰克史学的治史原则，视搜集史料为第一急务和标榜"不偏不倚"的客观主义态度，与服膺清代学者顾炎武、阎若璩、钱大昕的考证学，学习欧洲近代史家重视田野发掘、推广自然科学方法的"科学史派"，把三者相融会贯通，不仅成为傅斯年的治史方法，而且成为他领导史语所的纲领。

　　傅斯年针对以往学者长期存在的个体分散、各自独立研究的严重缺陷，强调进行有组织、有计划的集体研究，使之构成系统，形成规模，这体现了近代学术为完成重大研究课题而采取集体的、协作或研究的需要。他创办史语所，规划了文籍考订、史料征集、考古、人类及民俗等项，以及设想对各地区语言的研究。以后史语所便大致按此设想分组展开有规模的系统研究工作。史语所在广州中山大学初成立时，分为史料征集、汉语、文籍考订、民间文艺、汉字、考古、人类学、敦煌材料研究八组。1929年史语所迁往北平，调整为历史、语言、考古三组。历史组的学者对于史事、文献作了大量的考证性工作，以及整理居延汉简、《明实录》和明清内阁大库档案，其成绩反映在《史语所集刊》发表的数百篇论文和许多专刊、专著中。语言组对全国各地方言、文字、制度和风俗作调查。考古组则在1928年至1937年有计划地对安阳殷墟遗址进行了15次发掘，成为

① 中国社会科学院近代史研究所中华民国史组编：《胡适来往书信选》上册，中华书局1979年版，第105页。

近代考古学史上的盛事。

既然史语所具有突出的时代意义、崭新的研究风格、巨大的学术影响，那么对它进行深入的探索和总结，就是当代学人应该努力实现的重要任务。

2009 年，张峰同志跟随我读博士，选择了《历史语言研究所与中国现代史学（1928—1948）》作为博士论文题目。他勤奋好学，利用赴台访学的机会，查阅大量关于史语所的原始档案材料，不仅在三年内完成了 30 万字的博士学位论文，而且在 CSSCI 来源期刊发表了 5 篇学术论文。在论文答辩会上，他的博士论文得到答辩专家的一致好评。他到西北大学工作之后，继续以史语所为主线对中国现代史学进行深入探研，并获批了国家社科基金青年项目。现在呈现在读者面前的书稿，就是张峰博士在他博士学位论文和国家社科基金结项成果基础上完成的。通读下来，这部书稿具有如下三个方面的突出特色和价值：

一是开拓性。以往学术界对于史语所的研究，大多侧重从中国本土的语境予以考察，这部书稿首次从"域外"与"本土"两个维度观照史语所的发展脉络，拓展了研究的界域。作者重视从"域外"的视角，揭示国外汉学与史语所的关联，认为域外汉学对史语所的创办与发展深有影响，史语所在同国外汉学界进行交流与竞胜的过程中，实现了将汉学研究中心由国外夺回国内的目标，进而它的成就又在域外被传播与接受，受到欧美、日本等汉学界的推重。同时，作者又从"本土"的角度，通过对史语所学术群体治史成就的分析与总结，梳理出史语所推动中国史学走向专业化与现代化的贡献。

二是系统性。这部书稿打破了撷取史语所某一方面成就加以申论的做法，首次对史语所的演进路径进行了系统研究。作者论述了史语所创办的时代背景、创办经过与发展历程，并从制度层面谈到史语所的组织大纲、研究组别、运作模式、人才培养、经费收支以及刊物出版，由此体现史语所与传统国学院不同的学术建制。再者，作者重点考察史语所在"集众研究"和"个人研究"方面的成就，集众研究主要体现在史料整理、方言调查和考古发掘三个方面，个人研究主要体现在史语所学人的断代史研究和专门史研究两个面相的成就。在此基础上，作者抽绎出史语所学术群体治史的理念、风格与特色，并从理论上加以提升，总结了史语所学术成就在国内外的影响、主流地位受到的挑战和研究局限等。

三是原创性。作者立足档案文献，首次较为全面地使用了"史语所档案"和"傅斯年档案"，同时参以史语所学术群体的日记、著述、笔记、书信，民国时期的期刊、报纸等文献，对于过去研究比较薄弱的问题进行了探讨。譬如，对域外汉学与史语所的创办、史语所组织章程的制定与调适、史语所人才培养的模式、史语所的经费收支与工作开展、《史语所集刊》与中国史学现代化的推进、史语所学人与旧史家治史理念的差异、史语所学术群体历史考证背后蕴含的爱国思想、史语所学术成就的域外回响，以及史语所学人与马克思主义史学派之间的关联等一系列问题，作出了原创性探讨。

总之，这是一部视角独特、史料丰富、论证深入、创新价值突出的学术专著。其中作者所论，不仅展现了史语所学术群体治史的路径、风格、特色，给予我们今人治学诸多启示，而且揭示了史语所学术群体与域外汉学家开展学术竞争、争取学术话语权而进行的不懈努力，这对于我们今天建构中国自主的历史学知识体系是有借鉴意义的。

张峰博士正处在学术研究的最佳时期，希望他能以此书的出版为契机,拿出更多的研究成果,同大家共同阔步前进,为中国史学的发展贡献力量。

是为序。

2024 年 1 月 8 日

序于北京师范大学历史学院

目　录

绪　论

中央研究院历史语言研究所(以下简称"史语所")是在中外学术交融的背景下催生的现代史学研究机构。它创办于 1928 年 10 月,至 1948 年底迁往台湾省桃园县杨梅镇。于此 20 年间,史语所汇聚了众多一流学者,历经九次播迁,在民族危难的境遇中,融西学于中学,自觉保存学术命脉,以在中国建立科学的东方学之正统为使命,成效显著地推动了中国现代史学话语体系的建构,在学术界至今仍有着深远的影响。

长期以来,国内外学术界对史语所的研究取得了较为丰硕的成果。董作宾的《历史语言研究所在学术上的贡献——为纪念创办人终身所长傅斯年先生而作》①是较早对史语所进行研究的专文;其后史语所出版了《新学术之路——"中央研究院"历史语言研究所七十周年纪念文集》②,对史语所第一、二代学者的学术成就进行了回顾。王汎森的《史料观与历史解释:史语所的治学风格》③,孔祥

---

① 载《大陆杂志》第 2 卷第 1 期,1951 年 1 月 15 日。
② "中央研究院"历史语言研究所 1998 年版。
③ 载罗志田主编:《20 世纪的中国:学术与社会·史学卷》(上),山东人民出版社 2001 年版,第 68—102 页。

成的《史语所与抗战史学研究》①，田彤、胡张苗的《创建典范：历史语言研究所论析》②，谢保成的《历史语言研究所与"科学的东方学之正统在中国"》③，陈峰的《趋新反入旧：傅斯年、史语所与西方史学潮流》④，欧阳哲生的《新学术的建构——以傅斯年〈历史语言研究所工作报告〉为中心的探讨》⑤，黄进兴的《机构的宣言：重读傅斯年的〈历史语言研究所工作之旨趣〉》⑥，刘承军的《历史语言研究所与域外汉学的交流（1928—1949）》⑦等论文，从多方面对史语所的成就作出了探讨，提出了一些有益的见解。此外，改革开放以来共出版有关傅斯年研究的论著20余部、发表相关论文百余篇，其间有不少内容关涉史语所的发展。尤其是，近些年来学界有关中国现代史学与20世纪中外史学交流的研究成果不断推陈出新，学者们或纵论20世纪中国史学的发展，或揭橥中外史学交流的内在理路，或考察现代专业史学机构的建制与运作，或发掘傅斯年、陈寅恪等史家的治史理念，都为笔者对此课题的研究提供了宝贵的借鉴。

　　检视前人对于史语所及其学术群体的研究，虽然取得了不少成就，但也存在着可以进一步拓展的空间。譬如，在研究内容上，多撷取史语所某一方面的成就加以申论，缺乏系统性；在研究的思路与方法上，多局限于对史语所自身发展脉络的考察，缺乏多元视角的探讨；在研究的视野上，多偏重于将史语所放在本土语境中予以评

---

① 载《河北学刊》2003 年第 1 期。
② 载《广东社会科学》2006 年第 4 期。
③ 载《江海学刊》2011 年第 1 期。
④ 载《文史哲》2008 年第 3 期。
⑤ 载《文史哲》2011 年第 6 期。
⑥ 载《复旦学报（社会科学版）》2017 年第 5 期。
⑦ 载《国际汉学》2021 年第 3 期。

析,缺乏相应的域外学术背景的审视等。有鉴于此,笔者试图在前人研究的基础上,从中外史学交流的维度重新观照史语所与中国现代史学的关系。

史语所之创办,受到了域外汉学发展的刺激,是晚近以来中国学人对域外汉学研究不满情绪的外化表现。史语所学人在与外人的抗衡中,注重将传统学术优势与外来学理相结合,借助外来工具从事史料整理、方言调查与考古发掘,他们取得的成果,被域外汉学家引介至国外,又进一步推动了域外汉学的发展。这说明,史语所学人借鉴域外,沟通中西,旨在推动中国传统史学向现代转型,并努力在国际学术界建构自身的学术范式与话语体系。

中外古代史学虽然发展模式与演进路径有所不同,但是两者在相对独立的空间中都创造出辉煌的成就。文艺复兴以来,西方史学在反思中世纪史学与吸收古典史学成就的基础上,拓展路径,融合创新,呈现出新的时代特色。伴随着西方国家政治的革新与经济的发展,史学完成了近代化的转型。对比同一时空的中国,史学的发展依然按照惯性的力量前行,然而它的步履却显得有些蹒跚,力不从心,在治史理念与方法的创新上更显缓慢。西方资本主义的深入发展和航海、通讯技术的进步,打破了中外学术原本相对独立的演进格局,当然,这种打破也为中外学术的发展带来了新的契机。中外学术的交流,首先缘于传教士的穿针引线。欧美一些国家的传教士以传教为名来到中国,他们在传教的同时研习中国文化并将一些代表性的典籍译介到西方国家,从而使得西方世界增进了对于中国历史文化的了解与认识。继而,欧美国家的一些探险家、汉学家跟随着他们国家的坚船利炮并行而至,将中国大量文物,尤其是对中国文史研究极具价值的敦煌文书、汉晋简牍、金石碑刻等新见史料劫掠而去,由此激发了欧美汉学家对中国历史文化的研究。他们借助近代以来西方史学的新理论、新方法以及在中国获得的新史料,历经几代学人的努力,使得域外汉学在欧美等国家的研究遍地开花,日益盛行。

域外汉学在法国人伯希和(Paul Pelliot)与瑞典人高本汉(Klas Bernhard Johannes Karlgren)的引领下,臻于巅峰,他们的研究成绩使得中国学人感到汗颜,但也给予中国学人很大的启发。与此同时,日本汉学家直追欧美汉学发展,颇有夺其域外正统地位的趋势。面对此情此景,一些曾经留学日本、欧美的中国史家,对于域外汉学超越中国本土研究的现状,颇感愤懑与不满,超越域外汉学之研究并重建中国文史之学的正统地位,成为20世纪二三十年代众多新型知识分子学术研究的目标与使命。在这种夹裹着民族情绪的中外学术交流氛围中,中国史家意识到化零为整、合众研究工作的重要性,这种尝试首先从北京大学研究所国学门的创建开始。从北大国学门的运作机制来看,它的创办者们有着很大的气魄与世界性的眼光,只因外在政治因素干扰与经济困境致其被迫停办,但其所开创的学术新风,已启示着后来的中国学人沿其路径继续开拓。同一时期,清华国学研究院的创办,也引领了中国学术一度向前迈进,尤其是它所聘请的梁启超、王国维、赵元任、陈寅恪和李济等诸位导师,研究方向与成绩颇能与域外汉学接轨、抗衡。然而,这一机构如同北大国学门一样,因隶属于高校而牵制过多,最终难逃停办的命运。

在"五四"时期成长起来的傅斯年,沐浴欧洲学术的熏陶,目睹中国史学之衰、欧洲汉学之盛,立志修旧起废,汲取西学之长,弥补中学之短,在中研院下创设史语所,延揽志同道合之士,从事史料整理、语言调查、考古发掘，力求在域外汉学家研究的领域与之角逐，旨在为中国文史之学在国际汉学界争取话语权。可以说，史语所积淀着中国众多新史家的革新诉求。

史语所作为现代学术研究机构开创了一套新型的运作机制，它的《中央研究院历史语言研究所组织大纲》《国立中央研究院历史语言研究所暂行组织大纲》与《历史语言研究所各项章程草案》等纲领性文件，从制度层面规范了史语所的人员构成、研究组别、运作模式、刊物出版与所务会议职权等项内容，使得这一研究机构即便在战争年代，仍然能够运行不辍；同时史语所借鉴了北大国学门与清华国学院注重人才培养的做法，不断发掘与扶植青年才俊，为1949年后中国大陆与港台历史、语言与考古学科人才的培养，作出了重大贡献。当然，现代学术研究机构的运作离不开经费的支持，史语所在获得中研院经常费与临时费的同时，不断拓展经费来源，先后获得中华教育文化基金会、中英庚款董事会和哈佛燕京学社等外在机构的经费支持，从而保障了他们能够紧随世界学术步伐，开展多样性的学术工作。同时，作为现代学术建制的一个重要面相，史语所创办有《历史语言研究所集刊》（以下简称"《集刊》"）《中国考古学报》《人类学集刊》等多种具有现代意义的学术期刊，其中尤以综合性期刊《集刊》最具典型，影响亦大。在编辑形式上，《集刊》采用横排、随页注和现代标点，每篇论文附有英文或法文摘要（英文论文则附有中文摘要），反映了它与国际期刊接轨的意向。在刊文内容上，《集刊》不仅发表了大量中国学人的前瞻性研究成果，而且刊发了不少国外学者用外文撰写的论著。引人注目的是，史语所学人所撰与域外汉学家商榷性的文章，引起了域外汉学家的回应与再商榷，为《集刊》平添了国际性的色彩。

对史语所学术遗产的考察，除了着眼于现代学术机构运作层面的建制之外，还应梳理它在域外汉学刺激下所开展的"集众研究"与"个人研究"工作。就"集众研究"的工作而言，史语所主要从事了明清内阁大库档案的整理与出版、《明实录》之校勘、《中国疆域沿革史》的编纂、全国性的方言调查、在山东与河南等地开展的考古发掘等，这些工作取得的成果，使中国学术"在世界上直起腰杆来"。[1] 从"个人研究"的工作来看，史语所学人"不做或者反对，所谓普及那一行中的工作"[2]，主要侧重"窄而深"的断代史研究和专题史研究，这种研究路径，是推动中国史学走向专业化、科学化和现代化的必由之路，也是在国际学术界建构自身话语体系的必经之路。

史语所处在中国新旧学问杂陈、中外学术交流频繁的特殊时期，其学术研究既具有中国特色，又具有世界影响。从中国本土史学发展的维度来看，史语所学人不畏旧史学的阻挠，不惧域外汉学的牵绊，勇于拓展学术新领域、更新治史理念，既表现出与旧学者的分道扬镳，又呈现出对于域外汉学家的抗衡，在艰难险阻的夹缝中开辟出一条学术的新路。以往学术界过多地强调史语所学人专注学术生产而忽视了对于民族、国家与社会的关注，只重求真而少言致用，其实不少档案材料显示他们在民族危难之际大声疾呼对外作战，他们的"经世观"更多地是通过学术研究加以彰显，其显著特征是寓爱国思想于实证研究，从历史的研究中找出与现实的关联点并加以阐发，从而表达他们对于现实的关注与思考。这种治学的思路与理念，是新中国成立后留在大陆的史语所学人接受唯物史观、学

① 参见"史语所档案"，元 451—3，藏台北傅斯年图书馆（下同）。
② 傅斯年：《历史语言研究所工作之旨趣》，《历史语言研究所集刊》第一本第一分，1928 年。

以致用的内在基础。从域外回响的角度来看,史语所的学术成果在欧美、日本影响甚大,引起了同行专家伯希和、高本汉等人的高度赞誉。罗家伦评论傅斯年创办的史语所说:伯希和与高本汉"这两个人对于中国学问的科学性的造诣,给予了孟真很大的刺激。可是孟真办理历史语言研究所的成绩,反过来得了他们两人很深的敬佩"。① 这说明只有以平等的身份与国外学术展开交流,充分吸纳外国学术之长,进而超越他们,才会赢得国外学者的尊重。崇洋媚外、亦步亦趋、仰人鼻息的做法,只会徒增外人之势,而很难在国际学术界建构具有中国特色、中国风格、中国气派的学术话语体系。

当然,史语所在发展过程中亦有不足,其中最为突出的是对于理论与史观的排斥。他们对于"史料"与"考证"的迷恋,使他们的研究越来越呈现碎片化与机械化的特点,这种研究局限不仅使他们的主流地位受到了来自马克思主义史家的挑战,而且在 20 世纪六七十年代的中国台湾亦受到猛烈的批判。这启示着我们,学术研究应坚持史料与史观二者并重,偏重一方或有意弱化一方,都会导致学术研究的失衡。同时,史语所学人的研究,过于强调与域外汉学界的对接,导致对中国本土需要研究的内容有所忽略。这是我们今天在建构自身学术话语体系时,应该加以高度重视和深入思考的问题。

---

① 罗家伦:《元气淋漓的傅孟真》,载王为松编:《傅斯年印象》,学林出版社1997 年版,第 11 页。

第一章　史语所新典范的生成

近代以来,敦煌文书与汉晋简牍等知识原材料的大量外流,激发了域外汉学家对中国学的研究兴趣,他们凭借西方史学理论与方法的更新,重新审视中国历史问题,发明良多,形成了以巴黎、东京为据点的汉学研究重镇。域外汉学的迅猛发展,刺激了中国新史家的民族主义情感,他们一方面痛恨自己国家的历史需要外国人来研治,甚至取得的成绩在某些方面还超越了我们;另一方面他们知己不足,不为民族情绪所囿,广泛引介域外汉学家的成果,希望借彼之长补己之短,冀图在汉学研究领域超越他们,将汉学研究中心夺回中国。在中外学术的交流、碰撞与竞胜中,史语所孕育而生,成为现代中国第一个专业的史学研究机构。

第一节　域外汉学的发展与民国学界的回应

在 1928 年史语所创办之前,域外汉学在欧美、日本等国家出现了繁盛的研究景象。这里“所谓汉学,乃指欧洲人所谓的 Sinology,此是日本人的支那学的译名”。① 域外汉学的发展,一方面受到了

---

① 陈梦家:《美国的汉学研究》,《周论》第 1 卷第 10 期,1948 年 3 月 19 日。

外国人对中国文物掠夺的刺激,使得这些从未利用过的新出史料,为他们探索中国古史问题提供了大量新鲜素材;另一方面他们受惠于近代以来西方学术研究理念、方法的更新,进而利用近代新学理对中国传统历史与语言问题进行再审视,创获颇丰。中国学人面对自己文物史料的大量外流与中国学问题研究落后于外人的局面,内心多有不满,民族情感激发他们要以欧美、日本汉学作为超越对象,于是创设有北大国学门和清华国学研究院,试图在汉学研究领域与外国学人展开竞争。这两所现代学术研究机构的兴起,是民国学人对域外汉学发展有所不满的回应,虽未能延续长久,但已开学术新风。

一、知识原材料的外流与民国学人的忧虑

晚近以来,与外国侵略者相随而至的是,大量探险家深入中国内地从事考察活动,他们假以考察之名,在内地行发掘、盗窃之事,将中国大量文物、史料劫掠而去,由此造成知识原材料的外流。举其要者,如 1906—1914 年英籍匈牙利人斯坦因(Aurel Stein)多次在新疆和甘肃等地调查和发掘一系列古代遗址,盗窃了米兰遗址壁画,从敦煌骗取了大量古代手稿和其他文物;1907 年法国汉学家伯希和在敦煌劫取大量古代经卷等珍贵文物;1908—1911 年日本人橘瑞超等多次深入中国西北地区,除了劫掠文物之外,又在敦煌盗取 600 多份经卷和其他文物。[1] 此外,尚有瑞典人斯文·赫定(Sven Hedin)、德国人勒柯克(A. von Le Coq)、俄国人科兹洛夫(P. K. Kozloff)、日本人大谷光瑞等在西北地区考察和发掘,所劫内容除了不

---

[1] 陈星灿:《中国史前考古学史研究(1895—1949)》,生活·读书·新知三联书店 1997 年版,第 47—48 页。

少有价值的文物之外,尚有大量简牍、壁画和佛经残卷。这种对中国文物和知识原材料赤裸裸的掠夺,给中国知识分子带来了不可名状的刺痛。

面对外国探险家、汉学家对中国文物史料的大肆掠夺,潘光旦不满地说道:"照现在的趋势看去,中国人有一天太平了,想研究本国已往的文物起来,也许要到外国去才行。现在研究西洋文物,非到外国去不可;将来研究自己的文物,怕也非到外国去不可。"外国人利用这些文物对中国历史文化进行研究,造成的结果是"研究的成绩一天精似一天",而对比中国学人"自己作这种研究的人并不见得加多,并且精到的程度未见得能超过外国人,有时竟不如他们"。于是,他感慨道:"中国的古物,比较值钱一些的,几十年来,不断的向外国输送,近来输出的数量和速率似乎更比以前要显著。古物一到了外国,外国人确能利用他们,用十分十二分的精神来阐明中国已往的典章文物。研究的东西既给他们搬运了去,老师的身份又让他们占了去;将来我们若完全不求振作,不想做考古的学问则已,否则怎样能不就教于外国的支那通先生们呢?"①潘氏所忧,在当时的中国学界不乏同调,沈炼之指出:"如果这样下去,中国的古物将来都要搬到外国去了,或则被外国收藏家收去,或则卖到公共博物院里面。结果,我们研究中国古代史,就不得不渡过重洋到巴黎伦敦柏林等处搜集材料。这并非故意吓人的话,现在如果有人想研究敦煌写经,他非到巴黎国家图书馆或大英博物院去一趟不行。这不但太不经济,简直是国家的耻辱!"②

---

① 以上引文,参见潘光旦:《读书问题》,载潘乃谷、潘乃和选编:《潘光旦选集》第三卷,光明日报出版社 1999 年版,第 18—19 页。
② 沈炼之:《谈谈古董》,《申报》1934 年 3 月 13 日,第 15 版。

潘、沈之言，决非危言耸听。在这批被劫掠的文物中，包含大量敦煌经卷，分别被斯坦因和伯希和运至英国和法国，藏于英国伦敦大英博物馆和法国巴黎图书馆。早在 20 世纪初期，敦煌文书被盗之后，中国学人便络绎前往英、法两国观览。1910 年 10 月 26 日，张元济函告友人汪康年在巴黎观看敦煌文书的情形说："法国国家十分郑重，不许常人观览，弟由公使馆介绍特别许可，且由伯君（指伯希和，引者）伴往，跬步不离，重房密室，光线甚乏，而伯君又匆匆欲行，故只能略观大概。而弟亦以行期太迫，不能再往。因晤伯君，知英人某先彼至敦煌，所得亦甚富，到英访得，亦入国家图书馆矣。其珍秘一如法人，四部不如伯君多，而佛经及其他古物则远过之。"①1921 年，傅斯年在英国留学时，蔡元培于当年 5 月 10 日携其与刘复"往观不列颠博物院，访齐勒君（Giles）。见示敦煌石室中所得古写本，有切韵四卷，小公主信一纸，唐时历本二叶，又有木简若干件"。② 1926 年，胡适利用到伦敦参加中央庚款委员会的契机，在伦敦和巴黎查阅敦煌卷子中相关史料，后撰成《整理国故与"打鬼"》一文。在该文中，他说道："这回到巴黎、伦敦跑了一趟，搜得不少'据款结案'的证据，可以把达摩、慧能以至'西行二十八祖'的原形都给打出来。据款结案即是'打鬼'，'打出原形'，即是'捉妖'，这是整理国故的目的与功用，这是整理国故的好结果。"③虽然胡适赴英、法查阅敦煌经卷，收获甚大，但是中国学人面对自己的文物史料，尚需漂洋过海查阅使用，不免使人联

① 上海图书馆编：《汪康年师友书札》（二），上海古籍出版社 1986 年版，第1745—1746 页。

② 蔡元培：《日记》（1921 年），中国蔡元培研究会编：《蔡元培全集》第十六卷，浙江教育出版社 1998 年版，第 132—133 页。

③ 胡适：《整理国故与"打鬼"》，《胡适文存三集》，上海书店 1989 年版，第211 页。

想到陈寅恪所言："敦煌者，吾国学术之伤心史也。"①

继英法之后，日本迅速组建探险队，亦劫获不少敦煌文献。劫后所余，被清政府学部运至北京，藏于京师图书馆。1910 年，京都帝国大学的狩野直喜与他的同事"内藤（虎次郎）、小川（琢治）、滨田（耕作）、富冈（谦藏），奉命去北京出差，作一些调查"。② 可见对于这批敦煌卷子，"法、英、日本，均极重视，搜藏甚夥，且大多整理就绪"；相较之下，"中国京师图书馆虽亦存储若干，然仅外人与私家割弃余剩之物耳"。③ 所以陈垣在编纂北平图书馆所藏敦煌经卷时，将其书命名为《敦煌劫余录》，径以"劫余"二字表达所辑史料为外人历劫剩余之意，他在序言中说："匈人斯坦因、法人伯希和相继至敦煌载遗书遗器而西，国人始大骇悟。"有朋友劝其不要在序中直陈姓名，"因为他们来中国，在学术界集会上彼此还常见面；而且'劫余'二字太'刺激'，是否改一名称"，陈垣的回答是："用劫余二字尚未足说明我们愤慨之思，怎能更改！"④

欧洲及日本学者利用所获敦煌史料，对其展开探讨，极大地激发了他们的汉学研究，并由此造成了域外汉学研究的兴盛局面，陈寅恪言："敦煌学者，今日世界学术之新潮流也。自发见以来，二十

---

① 陈寅恪：《陈垣敦煌劫余录序》，《金明馆丛稿二编》，生活·读书·新知三联书店 2001 年版，第 267 页。

② ［日］狩野直喜：《回忆王静安君》，载陈平原、王风编：《追忆王国维（增订本）》，生活·读书·新知三联书店 2009 年版，第 293 页。

③ 沈兼士：《筹划北京大学研究所国学门经费建议书》，载葛信益、启功整理：《沈兼士学术论文集》，中华书局 1986 年版，第 362 页。

④ 刘乃和：《"书屋而今号励耘"——学习陈援庵老师的刻苦治学精神》，载陈智超编：《励耘书屋问学记：史学家陈垣的治学（增订本）》，生活·读书·新知三联书店 2006 年版，第 190 页。

余年间,东起日本,西迄法英,诸国学人,各就其治学范围,先后咸有所贡献。"①显然,敦煌学已发展成为一门国际性的显学,但令人颇感遗憾的是,这批材料大多落于外人之手,因此"欧洲的东方学者为之考证,译释,成绩斐然",而中国当时学术界从事这门学问的人数却极少。②

二、域外汉学的发展对民国学术界的冲击

域外汉学的发展,更大程度上来自于汉学家采用新的理念与方法研治中国学问,从而获得新解,由此也带给民国学术界巨大的冲击。从总体上看,在第二次世界大战之前,美国的汉学研究还无法与欧洲汉学的成就相媲美。李思纯在 20 世纪 20 年代通览欧洲汉学之发展,总结说:"西人之治中国学者,英美不如德,德不如法。"③陆侃如也强调:"如果论研究'汉学',当以法国为中心,不但欧洲人,日本人都到法国去研究。就是中国人也到法国研究去。"④这实际上反映了当时欧洲汉学以法国为中心的发展实景。

法国作为域外汉学研究的中心,有着长期的积累和悠久的传统。法国汉学最早可以追溯至传教士东来的时候,经 19 世纪初期雷慕沙(Abel Rémusat)的努力,渐开中国学研究之风气。雷慕沙在1811 年发表的《中国言语文学论》,"以其精善切用,轰动了当时欧洲学术界"。此后,他担任了法兰西学院中国语言及文学讲座首席

① 陈寅恪:《陈垣敦煌劫余录序》,《金明馆丛稿二编》,第 266 页。
② 参见贺昌群:《近年西北考古的成绩》,《贺昌群文集》第一卷,商务印书馆2003 年版,第 55 页。
③ 李思纯:《与友论新诗书(节录)》,《学衡》第 19 期,1923 年 7 月。
④ 陆侃如:《欧洲"支那学"家》,《河北省立女子师范学院周刊》第 244 期,1937年 5 月 10 日。

教授、王室文库东方文籍部主任,组织亚细亚协会,创办《亚细亚学报》;撰有《塞外民族言语考》《汉文启蒙》《法显传(佛国记)译注》《遗稿杂编》等论著,"跟着他的活跃,以法国为始,而德国,而英国,俄国,美国等,对于中国的研究,遂以勃兴"。① 在此之后,将雷慕沙开创的学术风气形成一种系统的学问,则与三个人物有莫大关系:一是儒莲(Stanislas Julien),"此君之翻译《大唐西域记》及其对于汉语等之贡献,在同时及后人是有绝大影响的";二是沙畹(Edouard Chavannes),"中国学在西洋之演进,到沙畹君始成一种系统的专门学问,其翻译诸史外国传,今日在中国已生影响";三是伯希和,"我们诚不可以中国学之范围概括伯先生,因为他在中亚各语学无不精绝,然而伯先生固是今日欧美公认之中国学领袖,其影响遍及欧美、日本,今且及于中国"。傅斯年感慨伯希和之"目录学知识真可惊人,旧的新的无所不知",对于新见材料"绝不漠视",尤其是他不同于其他西洋汉学家将"西洋的汉学为全个范围",而是"最能了解中国学人之成绩,而接受之"。② 正是由于法国汉学研究一脉相承,大师辈出,致使欧美学界公认法国巴黎为汉学研究中心。陈定民指出:"英、美、德、荷、比、瑞士及北欧各国研究汉学的专家,接踵而来巴黎,求教于法国汉学家。当时汉学家上课,各国远道来听讲学生甚众。"③福井文雅也有相同的看法:"从 19 世纪后半叶到本世纪前半叶,法国的汉学和东方学迎来了黄金时代。来自荷兰、俄国、瑞

---

① 参见唐敬杲:《近世纪来西洋人之中国学研究》,《东方文化》第 1 卷第 2 期,1942 年 7 月 31 日。

② 《法国汉学家伯希和莅平》,《北平晨报》1933 年 1 月 15 日,第 7 版。

③ 陈定民:《中法文化交换之回顾与前瞻》,《中法文化》第 1 卷第 1 期,1945 年8 月 31 日。

士、德国的学生们，聚集在沙畹的门下，他们回国后又散居于各地，普及了现代汉学。"①汉学在国际间的研究与传播，本是对中国文化的一种宣扬，这对于中国学者而言，理应值得欢呼雀跃，但是这一传播工作却非由他们来完成，而是由外国人代劳，这确实是一件让中国学人感到汗颜的事情。蔡元培在 1914 年的《〈学风〉杂志发刊词》中说道：

> 中国之地质，吾人未之测绘也，而德人李希和为之；中国之宗教，吾人未之博考也，而荷兰人格罗为之；中国之古物，吾人未能有系统之研究也，而法人沙望、英人劳斐为之；中国之美术史，吾人未之试为也，而英人布绥尔爱铿、法人白罗克、德人孟德堡为之；中国古代之饰文，吾人未之疏证也，而德人贺斯曼及瑞士人谟脱为之；中国之地理，吾人未能准科学之律贯以记录之也，而法人若可侣为之；西藏之地理风俗及古物，吾人未之详考也，而瑞典人海丁竭二十余年之力考察而记录之；辛亥之革命，吾人尚未有原原本本之纪述也，法人法什乃为之。其他述世界地理，通世界史，世界文明史，世界文学史，世界哲学史，莫不有中国一部分焉，庖人不治庖，尸祝越俎而代之，使吾人而尚自命为世界之分子者，宁得不自愧乎？
>
> 吾人徒自愧，无补也。无已，则亟谋所以自尽其责任之道而已。……②

---

① ［日］福井文雅：《欧美的道教研究》，冯佐哲译，载［日］福井康顺等监修，朱越利等译：《道教》（第三卷），上海古籍出版社 1992 年版，第 231 页。

② 蔡元培：《〈学风〉杂志发刊词》，载高平叔编：《蔡元培教育论著选》，人民教育出版社 2011 年版，第 34 页。

他又在 1921 年的一次演讲中呼吁："我们应该赶快整理固有的文明，供献于外人，要是让外人先来开拓，那实在是件可耻的事。"①

　　除了法国之外，德国、瑞典、荷兰、英国、俄国、美国、意大利、比利时等国的汉学均有不同程度的进展，虽然不能比肩法国，但是在推进汉学研究的深化方面，亦各有所长。② 在欧美诸多汉学家中，师出沙畹的瑞典汉学家高本汉，是当时国际汉学界与伯希和并重的另一位领军人物，胡适认为"在西洋的支那学者之中，除了法国的伯希和先生（Paul Pelliot），他要算是第一人了"。③ 高本汉在中国语言音韵研究领域尤有建树，他的《中国音韵学研究》即是这一方面的代表作。同时，他将语言学的研究应用到文献与古史考订上，取得了重大突破。1926 年，他发表了《〈左传〉真伪考》，首次采用文法考证《左传》之真伪，例示了文献考订的一条大道，在中国学界产生了极大的反响。林语堂评述高本汉此文"以欧西考订学的方法，研究《左传》真伪问题，在中国考订古书史上可谓开一先例"④。王静如在翻译高本汉的《论考证中国古书真伪之方法》时，评价《〈左传〉真伪考》一文说："高本汉曾著了一部《〈左传〉真伪考》，把《左传》的文法语助词，和别的古书作了一个充分的比较研究，证明《左传》是真实的，他所用的方法完全是逃出了清季和近人因袭的今古文俗套，别创了从语言学立足的新法来解释《左传》真伪的问题，给中国

---

① 参见吴文祺：《重新估定国故学之价值》，载贺昌盛主编：《中西会通》，浙江教育出版社 2014 年版，第 121 页。
② 具体详情，可参见梁绳祎：《外国汉学研究概观》，《国学丛刊》第 5、6、7 册，1941—1942 年。
③ 胡适：《〈〈左传〉真伪考〉的提要与批评》，《胡适文存三集》，第 277 页。
④ 林语堂：《〈左传〉真伪与上古方音（上）》，《语丝》第 4 卷第 27 期，1928 年 7 月 2 日。

渐渐沉寂的考据界造了一条新路。"①高本汉此文的意义，还在于扭转了当时中国学界疑古过甚的风气，正如有的学者所言："古史辨运动如日中天的时候，怀疑先秦典籍多为后人伪造，包括历来争论的焦点《左传》真伪问题，这些多半是一笔糊涂账，订伪极不科学。大抵学者说一声伪书，或疑伪，其他人都不敢复引。然而，自从高氏发表《左传真伪考》，一扫乌烟瘴气，给疑古癖好者以沉重一击……1920～1930 年代中国学术界重新燃起检讨《左传》真伪问题的热情，很大程度上是在高本汉《左传真伪考》的'示范'下发生的，不论支持或反对者，多以高文作为讨论的起点。"②据此可以看出高本汉的学术成就在当时学术界影响之广泛。

但与此同时，高本汉的研究也冲击了民国学人的自尊心，着实刺痛了他们的民族情感，如郑师许说："经学里的《左传》一书，不是人人读过的吗？从前稍为读书四五年的人，便也都可以读到《左传》。为什么直至到瑞典的支那学大家珂罗倔伦（Bernhard Karlgren）才能替我们著一本《论左传之真伪及其性质》（*On the Authenticity and the Nature of the Tsochuan*）？我们中国读《左传》的朋友到那里去了？为什么一向不能以中国文法上的关系来考证中国古籍的真伪？这大约是因为所读的方法不同，自己个人所修养的学术工具不完备吧！"③周予同在看到高本汉之文后，于 1928 年著文评价，

① 王静如：《论考证中国古书真伪之方法·引言》，《历史语言研究所集刊》第二本第三分，1931 年。
② 李孝迁：《域外汉学与中国现代史学》，上海古籍出版社 2014 年版，第101 页。
③ 《郑师许先生的意见》，载《教育杂志》社编辑部编：《全国专家对于读经问题的意见》（夏明方、黄兴涛主编：《民国万象》第一辑），福建教育出版社2016 年版，第 81 页。

深有感触地指出："《左传》的方言和文法的比较研究，让瑞典的专门学者珂罗倔伦（Bernhard Karlgren）着了先鞭……真使我们感到刺骨的惭愧。"①

不惟欧美汉学发展迅猛，日本汉学亦异军崛起。在传统社会中，日本曾亦步亦趋地学习中国文化，现在反而后来居上，他们很自负地"说汉学中心根本不在中国"②，"最近在中国的中国学，只是模写日本的和西洋的方法论而已，尤其是不能逃出日本所予影响的力圈以外"③。这种现状触动了中国学人的民族情感。日本汉学之发展，受到了法国汉学研究范式的浸染，傅斯年说："二十年来日本之东方学进步，大体为师巴黎学派之故，吾国人似不应取抹杀之态度，自添障碍以落人后。"④日本因重视史料与研究方法的更新，因此在对中国传统学术研究上多有卓见，这一点已为当时留日学生所觉察：

> 吾人治国学，不当再用旧日章句腐儒之陈法，而应以科学方法整理之。弟往在东京，见日人之治汉学者，其见解之精确超妙，多非吾国老师宿儒所及。如《易与自然科学》《杜甫与弥耳敦》《诸子新释》等书，直非吾国学者所能梦见，当时为之惊叹不已。及考其所由，皆缘彼邦汉学家，类能通西文，解科学也。日人尝自夸谓二十年后中国之欲治汉学者，必转而求学于

---

① 周予同：《治经与治史》，载朱维铮编：《周予同经学史论著选集（增订本）》，上海人民出版社 1996 年版，第 623 页。

② 洪业语。参见王钟翰：《我为什么专攻清史与满族史》，《文史知识》1996 年第 12 期。

③ ［日］长濑诚：《日本之现代中国学界展望（上）》，《华文大阪每日》第 2 卷第 6 期，1939 年。

④ 傅斯年：《论伯希和教授》，欧阳哲生主编：《傅斯年全集》（五），湖南教育出版社 2003 年版，第 469 页。

　　彼邦，其言虽近妄诞，然实可引为警惕。①

陈寅恪在 1929 年以"群趋东邻受国史，神州士夫羞欲死"②的诗句，赠别北大史学系毕业生，就反映了当时中国学生群趋日本学习中国史的现象，这让中国学人感到羞愧难当。即便像王国维这样的学术大家，都不免流露出对吾不如人的愤慨与羞耻。他在为日本史家那珂通世的《支那通史》作序时指出："以吾国之史，吾人不能作而他人作之，是可耻也！不耻不能作，而耻读他人所作之书，其为可耻，孰过是也！"③1920 年，胡适读到内藤湖南编的《章实斋先生年谱》，感到很惭愧，因为"第一次作《章实斋年谱》的乃是一位外国的学者"④，这成为促使他编纂《章实斋年谱》的动因。1927 年，日人本田成之完成了《支那经学史论》的撰著，周予同痛心疾首地说道："以具有二千多年经学研究的国度，而整理经学史料的责任竟让别国的学者，这在我们研究学术史的人，不能不刺骨地感到惭愧了。"⑤陈垣早年曾赴日本查阅医学史资料，后与日本学界交往甚密，他说："每当我接到日本寄来的研究中国历史的论文时，我就感到像一颗炸弹扔到我的书桌上，激励着我一定要在历史研究上赶过他们。"⑥日本在汉学研究领域呈

---

① 《会员通讯》，《少年中国》第 2 卷第 5 期，1920 年 11 月 15 日。

② 陈寅恪：《北大学院己巳级史学系毕业生赠言》，《陈寅恪集·诗集》，生活·读书·新知三联书店 2001 年版，第 19 页。

③ 王国维：《重刻〈支那通史〉序》，谢维扬等主编：《王国维全集》第 14 卷，浙江教育出版社 2009 年版，第 680 页。

④ 胡适：《〈章实斋年谱〉自序》，季羡林主编《胡适全集》第 2 卷，安徽教育出版社 2003 年版，第 181 页。

⑤ 周予同：《经学史与经学之派别》，载朱维铮编：《周予同经学史论著选集（增订本）》，第 96 页。

⑥ 刘乃和：《"书屋而今号励耘"——学习陈援庵老师的刻苦治学精神》，载陈智超编：《励耘书屋问学记：史学家陈垣的治学（增订本）》，第 189 页。

现出紧追法国的势头,让中国学者感觉到"外国人研究'东方学'的中心原来是在巴黎的恐怕不久就要转移到东京去"。①

面对欧美与日本汉学的蓬勃发展,中国学人深以为耻,决心要将汉学研究的中心从巴黎、日本夺回北京来。胡适在 1931 年 9 月 14 日的日记中写道:"有人曾说我们要做到学术上的独立,我说,此事谈何容易?别说理科法科,即文科中的中国学,我们此时还落人后。陈援庵先生曾对我说:'汉学正统此时在西京呢?还在巴黎?'我们相对叹气,盼望十年之后也许可以在北京了!"②据郑天挺回忆,陈垣数次言及:"现在中外学者谈汉学,不是说巴黎如何,就是说西京(日本东都)如何,没有提中国的,我们应当把汉学中心夺回中国,夺回北京。"③在大学一年级听过陈垣"中国史学评论"课程的翁独健也说,陈垣在课堂上谈到"十九世纪以来,有人标榜东方学、汉学研究中心在巴黎,当时巴黎有几个著名汉学家;后来日本雄心勃勃地要把汉学研究中心抢到东京去,当时日本研究重点是蒙古史、元史。汉学研究中心在国外是我们很大的耻辱,陈垣先生鼓励我们把它抢回北京来。"④这成为启发翁独健走上蒙元史研究的重要导因。陈寅恪此时从事蒙元史的研究,也是要与日本人在这一研究领域展开竞争,他在致傅斯年的信中说:"弟拟将波斯人所著蒙古史料及西人译本陆续搜集,即日本人皆有之者,以备参考。……庶几日

---

① 朱士嘉:《东洋史论文要目》,《燕京大学图报》第 102 期,1937 年 3 月 1 日。
② 胡适:《胡适日记全编》(六),曹伯言整理,安徽教育出版社 2001 年版,第 152 页。
③ 郑天挺:《回忆陈援庵先生四事——致刘乃和同志书》,载《陈垣校长诞生百年纪念文集》,北京师范大学,1980 年,第 12 页。
④ 翁独健:《我为什么研究元史》,载《文史知识》编辑部编:《学史入门》,中华书局 1992 年版,第 102 页。

本人能见之书，我辈亦能见之，然后方可与之竞争。"①

三、民族主义情感推动下学术新风的开创

面对欧美与日本汉学研究的兴盛，民国学人颇感不满，在民族主义情感的推动下，他们试图改变以往研究学问的范式，通过创办具有现代意义的学术机构，延揽志同道合者，采用所谓科学的方法，整理传统文献，冀图在汉学研究领域与国外学者展开一场竞争。这种努力首先尝试于北京大学研究所国学门，继之试验于清华国学研究院。

北京大学国学门成立于 1922 年，设立的宗旨在于整理中国传统学术。作为国学门的主任，沈兼士在草拟的《筹划北京大学研究所国学门经费建议书》中说："窃惟东方文化自古以中国为中心，所以整理东方学以贡献于世界，实为中国人今日一种责无旁贷之任务。吾人对于从外国输入之新学，曰我固不如人，犹可说也；此等自己家业，不但无人整理之，研究之，并保存而亦不能，一听其流转散佚，不知顾惜……以中国古物典籍如此之宏富，国人竟不能发挥光大，于世界学术界中争一立脚地，此非极可痛心之事耶！"②从中不难看出国学门设立的背景与学术的目标。国学门虽借"国学"之名，但从事的却是现代意义的工作，这从 1923 年国学门创办的《国学季刊·发刊宣言》可见一斑。

这份由胡适执笔的《发刊宣言》，颇能反映国学门同人的工作旨趣与求新趋向。在《发刊宣言》中，胡适首先指出从明末以来三

① 此信参见刘经富：《陈寅恪未刊书札整理笺释》，《文史》2012 年第 2 辑。
② 沈兼士：《筹划北京大学研究所国学门经费建议书》，《沈兼士学术论文集》，第 362 页。

百年我们所取得的三大成绩:(1)整理古书,(2)发现古书,(3)发现古物。但在评估成绩的同时,他认为也应该看到其中的"缺点":(1)研究的范围太狭窄,(2)太注重功力而忽略了理解,(3)缺乏参考比较的材料。据此,他强调"要想提倡古学的研究,应该注意这几点:(1)扩大研究的范围。(2)注意系统的整理。(3)博采参考比较的资料"。国学的范围应该包括哪些方面? 他认为:"历史是多方面的:单记朝代兴亡,固不是历史;单有一宗一派,也不成历史。过去种种,上自思想学术之大,下至一个字,一支山歌之细,都是历史,都属于国学研究的范围。"如何进行系统的整理国故,他强调可以分为三种方式:一是"索引式的整理",二是"结账式的整理",三是"专史式的整理"。关于"专史式的整理",他指出:"国学的使命是要使大家懂得中国的过去的文化史","国学的目的是要做成中国文化史","只有这个目的可以整统一切材料;只有这个任务可以容纳一切努力;只有这种眼光可以破除一切门户畛域"。他继而列举出"理想中的国学研究,至少有这样一个系统":中国文化史:(1)民族史,(2)语言文字史,(3)经济史,(4)政治史,(5)国际交通史,(6)思想学术史,(7)宗教史,(8)文艺史,(9)风俗史,(10)制度史。除此之外,整理国学尚需"博采参考比较的资料"。胡适认为在研究国学的方法和材料上,不应因循守旧、盲目排外,而应充分认识到我们确有不如外人处,需要向外人"取经",他写道:"第一,方法上,西洋学者研究古学的方法早已影响日本的学术界了,而我们还在冥行索途的时期。我们此时正应该虚心采用他们的科学的方法,补救我们没有条理系统的习惯。第二,材料上,欧美日本学术界有无数的成绩可以供我们的参考比较,可以给我们开无数新法门,可以给我们添无数借鉴的镜子。学术的大仇敌是孤陋寡闻;孤陋寡闻的唯一良药是博采参考比较的材料。"在这篇《发刊宣言》最后，他再一次强调了国学研究的三个方向：

　　第一，用历史的眼光来扩大国学研究的范围。
　　第二，用系统的整理来部勒国学研究的材料。
　　第三，用比较的研究来帮助国学的材料的整理与解释。①

　　据学者研究，《国学季刊》自1923—1927年共出版5期，所刊内容以"语言文字学"的研究最多，共15篇，尤为重要的是，"在这十五篇讨论语言文字学的文章中，仅有一篇是由北大文科的太炎门生所撰写；而在另外那十四来稿中，更有六篇是属于外国学者的研究成果"②，其中高本汉发表3篇、钢和泰发表1篇，伯希和发表1篇，伊凤阁发表1篇，而这些学者在当时都是国际学术界一流的汉学家。同时，伯希和还是国学门的"通信员"，钢和泰与伊凤阁则是国学门的"导师"。从国学门的人员构成及《国学季刊》的作者群体来看，不难发现国学门在沟通中外、试图融入国际汉学界方面所做的努力。然至1927年，国学门的工作却因政治原因被迫停止，是年"8月，奉系军阀控制下的北洋政府，将北京九校合并为京师大学校。该年9月，北大国学门被勒令改称国学研究馆，直隶京师大学校，由叶恭绰出任馆长。此时不仅同人星散，经费也横遭削减，学术工作实际陷于停顿状态"。③

---

① 以上引文，参见胡适：《发刊宣言》，《国学季刊》第1卷第1号，1923年1月。
② 陈以爱：《中国现代学术研究机构的兴起——以北大研究所国学门为中心的探讨》，江西教育出版社2002年版，第200页。
③ 陈以爱：《中国现代学术研究机构的兴起——以北大研究所国学门为中心的探讨》，第275页。

　　清华国学研究院创设于 1925 年，曾与北大国学门并存。吴宓在《清华开办研究院之旨趣及经过》中述及清华成立国学研究院的旨意说："开办研究院，而专修国学，惟兹所谓国学者，乃指中国学术文化之全体而言，而研究之道，尤注重正确精密之方法，（即时人所谓科学方法）并取材于欧美学者研究东方语言及中国文化之成绩，此又本校研究院之异于国内之研究国学者也。"① 国学院所聘梁启超、王国维、赵元任、陈寅恪、李济等导师皆学界一时之选，与国际汉学界有着密切的互动，因此他们的研究也始终走在学术的前沿。但是，清华国学研究院与北大国学门相比，它的侧重点在于教育，以培养高层次人才为目的；而北大国学门有着"三室"（登录室、研究室、编辑室）"五会"（歌谣研究会、风俗调查会、方言研究会、明清史料整理会与考古学会）的建制，尽管清华国学研究院中的导师也从事学术研究，然其与北大国学门有目的、有侧重地开展对新材料的搜集还是有所差异的。由于"清华内部的学术生态、权力结构和校园思潮等一系列因素的消长"②，清华国学研究院仅短暂存在了四年，便于 1929 年 6 月宣告停办。

　　李济评价北大国学门与清华国学研究院的成绩说："两机关的工作成绩都留有新鲜的及深刻的印象于那时的教育界。"不过，"真正了解这类工作意义的，却限在一个很小的圈子内。这一个小圈子的同情，自是极可宝贵的，至少曾使实际的工作人感觉到一点奖励，

---

① 吴宓：《清华开办研究院之旨趣及经过》，《清华周刊》第 24 卷第 2 期，1925 年 9 月 18 日。

② 朱洪斌：《清华国学研究院的存废之争及其现代启示》，《天津社会科学》2014 年第 4 期。

但于实际的工作之进行及推广，并没有大的帮助"。① 也就是说，北大国学门和清华国学研究院所开创的学术研究新范式，并未得到学界广泛的认可，只是在"一个小圈子"里产生了了解之同情，然在两所学术机构停办之后，这种了解之同情对于实际工作的开展并无效应。因此，当时学界面临的问题是，需要在全国建立一个更大规模的学术研究机构，以推进中国文史之学的发展。

史语所档案中存有一份傅斯年手稿，其中涉及傅氏对北大国学门和清华国学研究院所开创学术新风及其不足的评价："汉学在中国之发达，本应较其他学问为易。因：一、有一长久而精美之遗训，二、近数十年中出来甚多新材料。因是之故，近廿年中，颇有若干独立的精美工作。且民国六至十五年间，北京有了两个汉学的研究所。一在北大，态度极向新方向走，风气为胡适之等所表率，惜在其中工作者，或未能以为专业，后来并因政治情形工作停顿。又有清华之研究院，此院以王静安之力，颇成一种质实而不简陋，守旧而不固执的学风。惜又不久停顿。凡此种种，皆是甚好之萌芽，尤以北大所领导之对付'国故'之新的态度，为最有潜力者。然而工作多是零碎的，而其成绩总觉是个人的，一时的，在组织上未能应付已熟之时机也。"②傅斯年认为北大国学门与清华国学研究院的工作已开学术研究"甚好之萌芽"，"态度极向新方向走"，但同时也存在"工作多是零碎的"和"成绩总觉是个人的，一时的"缺陷。北大国学门和清华国学研究院在实践上的摸索，以及

---

① 李济：《傅孟真先生领导的历史语言研究所——几个基本观念及几件重要工作的回顾》，载《"中央研究院"历史语言研究所傅所长纪念特刊》，"中央研究院"历史语言研究所 1951 年版，第 11 页。

② "史语所档案"，元 377—4。

由此取得的成绩和存在的不足，都为 1928 年傅斯年创办史语所提供了借鉴与基础。

第二节　"与外人角胜"：史语所的创办

关于史语所创办的原因，傅斯年在《历史语言研究所工作之旨趣》中有一段集中的表述：

> 在中国境内语言学和历史学的材料是最多的，欧洲人求之尚难得，我们却坐看他毁坏亡失。我们着实不满这个状态，着实不服气就是物质的原料以外，即便学问的原料，也被欧洲人搬了去乃至偷了去。我们很想借几个不陈的工具，处治些新获见的材料，所以才有这历史语言研究所之设置。①

李济对此的解读是："这一段文字说明了廿余年来历史语言研究所工作的动力所在。文中所说的'不满'与'不服气'的情绪，在当时的学术界，已有很长的历史；等到中央研究院成立后，傅孟真先生才把握着这一机会，把那时普遍存在学术界的'不满的意'与'不服的气'导入正规。现在回想十七年的前后情形，我们可以说，历史语言研究所的意识形态是综合若干不同的历史因素形成的；在这些因素内，潜伏在知识界下意识内的不满与不服，都是重要成分。"②纵然

① 傅斯年：《历史语言研究所工作之旨趣》，《历史语言研究所集刊》第一本第一分，1928 年。
② 李济：《傅孟真先生领导的历史语言研究所——几个基本观念及几件重要工作的回顾》，载《"中央研究院"历史语言研究所傅所长纪念特刊》，第 11 页。

史语所的创办,受到多种综合因素的影响,但域外汉学长期以来对民国学界的冲击以及带给傅斯年的刺激,确实是一个重要的诱因。

一、"睹异国之典型,惭中土之摇落"

傅斯年留欧日久,目睹域外汉学发展之盛,而感叹中国文史之学退步不前,故而欲与外人较短长。他认为,在中国有关历史学、语言学的材料相当丰富,但是我们却没有认真地加以研究;而相较历史学、语言学不甚丰富的欧洲,他们的研究却要比我们更为发达。他不无感慨地说道:

> 我国历史语言之学,本至发达,考订文籍、校核史料,固为前修之弘业;分析古音、辨章方言,又为朴学之专诣。当时成绩,宜为百余年前欧洲学者所深羡,而引以为病未能者。不幸不能与时俱进,坐看欧洲人分其学者、扩充材料、扩充工具,成今日之巨丽,我国则以固步自封而退缩于后,可深惜也。[1]

所以,在他看来,西洋人研究中国学问,相比中国学者而言,本不具有优势,但是他们能够扩大史料研究的范围,注重学术研究的实践性而不囿于书斋中之学问,故能在汉学研究上更高一筹。相形之下,中国学者对文本之外的知识,表现得相对冷漠,"就是'自然'送给我们的出土的物事,以及敦煌石藏,内阁档案,还由他毁坏了好多,剩下的流传海外,京师图书馆所存摩尼经典等等良籍,还复任其

---

[1] 王汎森、杜正胜编:《傅斯年文物资料选辑》,傅斯年先生百龄纪念筹备会1995年版,第62页。

搁置"。① 两两相较，便不难发现西方学者研究中国学问之所以进步而中国学者的研究之所以式微的原因所在。

在借助语言学研究历史方面，傅斯年认为欧洲人已经走在了中国的前面，如亚利安族中各语和吐火罗等，"这些语言，特别是梵语，和中国史学中若干最重的科目之关系用不着详说。现在西洋人研究竺故考订梵籍，除巴里之外，汉藏番藏最要参考的，中国人先已有了能读汉藏的凭藉，则这宗学问中国人为着若干问题有研究之必要，佛典研究又应该是中国的学问，并且已经据着研究这个之方便，至于波斯东向的语言，苏戈底的枝语，以及吐火罗等所有遗文，被几次旅行新疆的人发见者。我们若不和法德人比着求这些知识，怎么可以识大宛而辨大夏，考于阗而迹疏勒？"又如，突厥方言，"东突厥方言现在在中国国境内还是一个最重要的语言，现在地方译手以外，竟无学者，而回纥文发读竟赖德国的学者"。傅斯年强调："若果印度支那语系的一行学问也被欧洲人占了先去，乃真是中国人的绝大耻辱啊！"②因此他认为，语言学之研究已亟不可待，这成为他后来将研究机构命名为"历史语言研究所"的一个重要导因。

实际上，不满域外汉学超越了中国，而欲追步域外汉学的想法，在傅斯年1926年留学归国的途中，已经有了明确的阐释，他说：

> 我们现在必须把欧洲的历史作我们的历史，欧洲的遗传作我们的遗传，欧洲的心术作我们的心术。这个叫做"螟蛉有子，

① 傅斯年：《历史语言研究所工作之旨趣》，《历史语言研究所集刊》第一本第一分，1928年。
② 以上引文，参见傅斯年：《所务记载》，《历史语言研究所集刊》第一本第一分，1928年。

螟蠃负之"，就是说，欧洲人有文明，我们负来。假如我们不这样干，结果却也是一个"螟蛉有子，螟蠃负之"，就是说，我们有土地，欧美人负去。这是郑康成《解》："言有国家而不能治，则能治者将得之也。"①

他对此现状的不满，在后来致陈垣的一封信中也有体现："斯年留旅欧洲之时，睹异国之典型，惭中土之摇落，并汉地之历史言语材料，亦为西方旅行者窃之夺之，而汉学正统有在巴黎之势，是若可忍，孰不可忍？"②所以，他成立史语所，既要追前贤成学之盛，亦要"分异国造诣之隆"。③

后来被傅斯年延聘至史语所的陈寅恪、李济二人，在对中外学术发展水平的评判上与傅氏有着相同的认识。1931 年，陈寅恪在《清华大学二十周年纪念特刊》中撰文指出："东洲邻国以三十年来学术锐进之故，其关于吾国历史之著作，非复国人所能追步。……今日国虽幸存，而国史已失其正统，若起先民于地下，其感慨如何？"④综观他在 20 世纪 30 年代之前所发表的论文几乎全部都是关于"塞外之史，殊族之文"⑤，也就是我们所谓的"东方学"。实际上，这表达了他对于域外汉学超越中国的不满，因而要在这些国外学者关心的学术领域与之竞争。李济也曾说过类似的话："这些外国人，挟其丰富的物质配备以及纯熟的科学技巧，不但把中国境内

---

① 王汎森、杜正胜编：《傅斯年文物资料选辑》，第 55 页。
② "史语所档案"，元 109—1。
③ 王汎森、杜正胜编：《傅斯年文物资料选辑》，第 62 页。
④ 陈寅恪：《吾国学术之现状及清华之职责》，《金明馆丛稿二编》，第 361—362 页。
⑤ 陈寅恪：《陈述辽史补注序》，《金明馆丛稿二编》，第 265 页。

的自然科学资料一部分一部分地搜集走了，连历史的、考古的、美术的以及一般人类学的资料也引起了他们的绝大的兴趣。他们很坚决地跑到中国来，调查我们的语言，测量我们的身体，发掘我们的地下古物，研究我们的一切风俗习惯——这些'学问原料'真是一天一天的被'欧洲人搬了去乃至偷了去'！"①

　　缘于共同的民族情感与思想认识，傅斯年将陈寅恪、李济等新型知识分子聚拢在一起，希望通过共同的努力，建构中国史学的话语体系，改变中土摇落的局面，于是才有史语所的创办及其之后与国外汉学家展开的学术竞争。

二、傅斯年的学术思想与史语所的创办

　　在以往的研究中，言及史语所之创办，则径从傅斯年回国后在中山大学创办语言历史学研究所谈起，很少对傅氏大学时代与留学期间的思想变化及对其创办史语所之影响做一检讨。实质上，将"历史"与"语言"并重，构建一个有组织的研究机构的思想认识，最早可以追溯至傅斯年的大学时代。在留学英德期间，傅氏虽醉心于自然科学知识，但他对于文史之学始终关注与爱好，成为一股潜流蕴含在其脑际。这股思想潜流的实践便是，他先后创办中山大学语言历史学研究所和中央研究院历史语言研究所，并设想将两个研究所同时运作，但实践的困境使他最终放弃中山大学的语史所，而专注于中研院史语所的经营。

---

① 李济：《傅孟真先生领导的历史语言研究所——几个基本观念及几件重要工作的回顾》，载《"中央研究院"历史语言研究所傅所长纪念特刊》，第12页。

(一)将"历史"与"语言"并重的思想渊薮

作为五四新文化运动的旗手与学生领袖,傅斯年对于"五四"的贡献是巨大的,而五四运动对于傅斯年思想的影响也是不言而喻的。从1917年始,傅斯年深受胡适学术思想影响,倡导新文化。他又与罗家伦同道,征得蔡元培、陈独秀的支持,创办了《新潮》杂志,宣传新思想、批判旧制度。他在《新潮》与《新青年》上刊发的大量评论语言、文学、社会、人生、历史与学术等方面的犀利文字,俨然使他成为了新文化运动的健将。有关傅斯年社会改造的思想与文学革命的主张,早为时人关注,并有所研究①,但是新文化运动究竟给傅斯年的史学思想造成了何种影响,对其以后的史学实践又有何启发,似乎还很少论及,值得深入探讨。

新文化运动,磨砺了傅斯年的批判精神与科学思想。以批判为利器,使他对中国传统学术思想的积弊有了更为深刻的认识;以科学主义为指导,使他对如何构建中国的新史学有了初步的考虑。

在五四时期,傅斯年多从事着学术的"破坏"工作,但这恰恰与他所信奉的"批评的精神"②相吻合。他批评马叙伦的《庄子札记》

---

① 参见赵润生:《傅斯年与新文化运动》,聊城师范学院历史系等合编:《傅斯年》,山东人民出版社1991年版;石兴泽:《五四文学革命中的傅斯年》,《聊城师范学院学报(哲学社会科学版)》1991年第2期;王汎森:《傅斯年早期的"造社会"论——从两份未刊残稿谈起》,《中国文化》第14期,1996年12月;齐卫平、张林龙:《五四时期傅斯年述评》,《华东师范大学学报(哲学社会科学版)》1996年第4期;李泉:《傅斯年学术思想评传》第二章,北京图书馆出版社2000年版;欧阳哲生:《傅斯年全集·序言》;耿云志:《傅斯年对五四运动的反思——从傅斯年致袁同礼的信谈起》,《历史研究》2004年第5期;刘集林:《"造社会"与社会改造——以五四前后傅斯年的思想为中心》,《广东社会科学》2010年第6期。

② 傅斯年:《〈新潮〉之回顾与前瞻》,《傅斯年全集》(一),第291页。

"有自居创获之见,实则攘自他人,而不言所自来者"①;指责蒋维乔所译的《论理学讲义》"是部无感觉、无意义、无理性的书"②。这种批评的精神与犀利的眼光,使他对于中国的传统思想与历史文化展开了猛烈的批判。他指出,中国学术思想界存在着七项基本谬误:"一、中国学术,以学为单位者至少,以人为单位者转多。前者谓之科学,后者谓之家学。家学者,所以学人,非所以学学也。""二、中国学人,不认个性之存在,而以为人奴隶为其神圣之天职。""三、中国学人,不认时间之存在,不察形势之转移。""四、中国学人,每不解计学上分工原理(Division of labour),'各思以其道易天下'。""五、中国学人,好谈致用,其结果乃至一无所用。学术之用,非必施于有政,然后谓之用。凡所以博物广闻,利用成器,启迪智慧,镕陶德性,学术之真用存焉。""六、凡治学术,必有用以为学之器。学之得失,惟器之良劣足赖。""七、中国学术思想界中,实有一种无形而有形之空洞间架,到处应用。"③傅斯年这些富有战斗性的文字,与《新潮》上的其他文章,被一些顽固派认为是"非圣乱经、洪水猛兽",破坏性极大。

然而,傅斯年对于自己的行为却有着清醒的认识,他强调:"(1)长期的破坏,不见建设的事业,要渐渐丧失信用的。""(2)若把长期破坏的精神,留几分用在建设上,成就总比长期破坏多。""(3)发破坏的议论,自然免不了攻击别人,但是必须照着'哀矜勿喜'的心理。"④可见,破坏只是手段,对中国传统史学进行改造、并使之获

---

① 傅斯年:《出版界评·马叙伦著〈庄子札记〉》,《傅斯年全集》(一),第116页。
② 傅斯年:《出版界评·〈论理学讲义〉》,《傅斯年全集》(一),第119页。
③ 傅斯年:《中国学术思想界之基本误谬》,《傅斯年全集》(一),第22—25页。
④ 傅斯年:《破坏》,《傅斯年全集》(一),第157页。

得新的生机，才是他从事学术批评之目的。

至于建设的内容与路径，他于此时也已有所思考。他说：

> 我希望有人在清代的朴学上用功夫，并不是怀着甚么国粹主义，也不是误认朴学可和科学并等，是觉着有几种事业，非借朴学家的方法和精神做不来，这事业就是——
>
> （1）整理中国历史上的一切学问。……
>
> （2）清朝人的第一大发明是文字学，至于中国的言语学，不过有个萌芽，还不能有详密的条理。若是继续研究下去，竟把中国语言的起源演变发明了，也是件痛快事。
>
> （3）中国古代的社会学正待发明。
>
> 以上的三种事业，必须用清朴学家的精神才能成功。但是若直用朴学家的方法，不问西洋人的研究学问法，仍然是一无是处，仍不能得结果。[1]

综观傅斯年所论，至少我们可以得出如下认识：一是，中国学术未来的发展应以历史学、语言学、社会学为研究内容与重点；二是，研究这些学问的路径，应兼顾乾嘉学者的治学方法，同时吸纳"西洋人的研究学问法"。这种认识成为傅斯年创办历史语言研究所并将"历史"与"语言"并重的思想渊薮，只是这一认识还处在朦胧状态，至于如何操作与实践，他尚且不能给出具体的意见来，直待他留学英、德之后，对此问题的认识与实践路径才更加明朗化。

（二）留学英德：思想认识的高层次回归

傅斯年留学欧洲，其初衷并非像一些学者所言他要借鉴西方的

---

① 傅斯年：《故书新评·清代学问的门径书几种》，《傅斯年全集》（一），第233页。

自然科学知识来发展中国的历史语言之学。实际上,他在留学之前已经选择了心理学作为自己的研究专业,在其师友之中多因历史学是其强项而劝其研习历史,但是现实社会与人生中的种种困惑,使他无从找到答案,于是他欲通过研习心理学来为这些问题寻得一个彻底的解决。① 同时,他还要通过赴欧留学来改造自己。在去往英国留学的旅途中,他记载道:"社会是个人造成的,所以改造社会的方法第一步是要改造自己。"又说:"我这次往欧洲去,奢望太多,一句话,澄清思想中的纠缠,练就一个可以自己信赖过的我。"②主观愿望虽然如此,然而客观形式却让他醉心于自然科学,并最终回归到文史之学。在六年半的留学生涯中,傅斯年的思想经历波澜起伏,对其一生之学术事业都产生了深远影响。

留学欧洲期间,傅斯年的思想认识发生了很大的转变,这从他1920 年 8 月 1 日写给胡适的信中可以得到明证。他说:"近中温习化学、物理学、数学等,兴味很浓,回想在大学时六年,一误于预科一部,再误于文科国文门,言之可叹";"我自问我受国学的累已经不浅,把性情都变了些"。这种对于自然科学的痴迷态度使他似乎要与传统的经史子集之学断绝关系。尤其是,他决定以后"致力于心理学,以此终身",并告诉胡适,下半年"所习科目半在理科,半在医科"。③ 傅斯年在英国跟随实验心理学的先驱皮尔曼(Charles Edward Spearman,1863—1945)主修了三年的心理学,成绩非常优异,1922 年,

---

① 傅斯年:《致蔡元培》(1920 年 9 月),载王汎森、潘光哲、吴政上主编:《傅斯年遗札》(一),"中央研究院"历史语言研究所 2011 年版,第 19—20 页。
② 王汎森、杜正胜编:《傅斯年文物资料选辑》,第 35 页。
③ 傅斯年:《致胡适》(1920 年 8 月 1 日),载王汎森、潘光哲、吴政上主编:《傅斯年遗札》(一),第 16 页。

他还通过了学士资格考试,同时也是攻读硕士的合格考试。① 从目前"中研院"史语所的藏书来看,仍然存有不少傅氏在留学英国时期购买的心理学专业书籍。甚至中央研究院成立后,傅斯年首先被蔡元培应聘筹建心理研究所,而非历史语言研究所。章士钊也说,傅斯年是中国最懂弗洛伊德的学者。② 为了更好地学习心理学,傅斯年还曾研习了物理、化学、数学等科目。后来,傅氏之所以弃英赴德,是因为他"对心理学相当失望","认为对动物行为的研究不能运用到人身上,即使对他原来最感兴趣的集体心理学也失去信心"。据王汎森教授所言,语言的困扰也应是一个可能的原因。相较而言,在1923至1924年的德国,发生了通货膨胀,为中国的留学生提供了更好的经济条件,这也成为傅斯年离英赴德的一个重要原因。③ 在德国柏林大学,他受到爱因斯坦相对论与普朗克量子论的吸引,因此,他还曾听过爱因斯坦的课程。除了物理学之外,这一时期,他对自然科学各科都表现出较为浓厚的兴趣,例如逻辑学④、数学⑤、地质学⑥、

---

① 胡映芬:《傅斯年与中国近代史学的发展(1900—1950)》,台湾大学历史研究所硕士毕业论文1975年,第30页。

② 傅斯年曾用弗洛伊德的心理学说分析过吴定良之性格,参见"史语所档案",考2—136。

③ 王汎森:《傅斯年:中国近代历史与政治中的个体生命》,王晓冰译,生活·读书·新知三联书店2012年版,第64—65页。

④ 傅斯年在柏林大学上课的课程表上选有逻辑学的课程。参见王汎森、杜正胜编:《傅斯年文物资料选辑》,第49页。

⑤ 据笔者所见,台湾历史语言研究所还珍藏着傅氏在柏林大学读书时的数学笔记。

⑥ 罗家伦说:"有一天,在柏林康德街廿四号中国餐馆吃晚饭,孟真夹了一个其重无比的书包来了。经我们一检查,发现了三厚本一部的地质学。"参见罗家伦:《元气淋漓的傅孟真》,载王为松编:《傅斯年印象》,第9页。

人类学①等等。

　　傅斯年留学英德两国虽然在研究兴趣上发生了极大的转变,但在其思想深处所受四书五经、文史之学的影响仍然处于潜伏状态,尽管他在 1926 年写给胡适的信中说,留学在外六年半,成绩主要有三件,其中之一便是"在国中念得几句中国书,忘得光光净净"。②若从傅氏留学期间对自然科学的兴趣而言,或许不难理解他的这些言论,但是仔细探究他在这六年半的学术实践,即会发现傅斯年的行为与他的言语之间产生了悖论。

　　在留学期间,傅斯年对于文史之学的关注与爱好,始终是一股潜流蕴含在其脑际,只要有合适的机会,这股潜流便会变得隐约可见。我们不妨依照时间的顺序将傅氏有关史学的与语言学的活动作一个简单的罗列:

时　间	所从事的文史活动	文献依据
1920 年	参与英国文学家威尔斯(H. G. Wells)《世界史纲》中的中国中古史部分撰写	王汎森:《傅斯年:中国近代历史与政治中的个体生命》,第 64 页
约 1920 年至 1923 年	见到英国爵虽分五等而非一源,因而怀疑中国之五等爵也有参差	《与顾颉刚论古史书》,《傅斯年全集》(一),第 464—466 页
1923 年 1 月	为刘复的语音学著作《四声实验录》作序,谈到对于语音学的看法	《刘复〈四声实验录〉序》,《傅斯年全集》(一),第 417—424 页

---

① ［德］施耐德根据德文档案,指出傅斯年于 1924 年选修了人类学。参见氏著:《真理与历史:傅斯年、陈寅恪的史学思想与民族认同》,关山、李貌华译,社会科学文献出版社 2008 年版,第 40 页。

② 王汎森、杜正胜编:《傅斯年文物资料选辑》,第 50 页。

续表

时　　间	所从事的文史活动	文献依据
1924 年	探讨统计学在历史中的应用	《评丁文江的〈历史人物与地理的关系〉》，《傅斯年全集》（一），第 425—429 页
1924 年至 1926 年	不断撰写中国上古史相关问题，与顾颉刚讨论中国古史	《与顾颉刚论古史书》，《傅斯年全集》（一），第 445—473 页
留德期间	购买并阅读了伯伦汉的《史学方法论》	王汎森、杜正胜编：《傅斯年文物资料选辑》，第 51 页
留学后期	研读了不少语言学方面的书籍，选修了藏文、梵文等课程，还曾借阅了《波斯宗教》《后期古典佛教》与《中国文法》等书籍	王汎森、杜正胜编：《傅斯年文物资料选辑》，第 49、52—53 页；"傅斯年档案"，V—42"杂记薄"

　　这种留学之前倾心文史之学，留学后期重拾旧业的现象，难免会让我们联想到傅斯年的研究道路经历了从文史之学向自然科学的转变，又从自然科学的道路上拐到了历史学、语言学的康庄大道。重新走上史学道路的他，并不是简单地回到了原点，而是更高层次的回归，即要利用从西方学习的自然科学知识、熏染的社会科学知识，改造中国史学、发展中国史学。这些思想在他留学后期已有酝酿，在其回国的途中诉之笔端、形成较为系统的认识，他说："如不去动手动脚的干——我是说发掘和旅行——他不能救他自己的命。"①显然，傅斯年往返欧洲的旅途路程是漫长的，但在回国途中的想法已与六年前去英国途中要在心理学方面有所作为的想法大相径庭。此时的他，满怀对于史学的热忱与抱负，希望通过调查、发

---

① 王汎森、杜正胜编：《傅斯年文物资料选辑》，第 55 页。

掘,同时参以西方的"遗传"与"心术",为古老的中国史学注入新鲜的血液,这成为他创办史语所、建构中国现代史学话语体系的内在动力。

(三)近代欧洲史学理论方法的滋养

需要注意的是,我们从傅斯年的学术实践中,可以看出他在留学期间对于近代欧洲的史学理论与方法非常重视,尤其是对巴克尔和兰克的史学以及德国"种族—文化"治史理念,有着广泛的吸收与运用,这些方面也为傅斯年创办史语所提供了有益的滋养。

首先,傅斯年对于巴克尔的治史方法有所借鉴。亨利·托马斯·巴克尔(Henry Thomas Buckle,1821—1862)是英国著名的实证主义史学家,两卷本的未竟之作《英国文明史》(*History of Civilization in England*)是其代表作。其史学观点经德国史家伯伦汉、美国史家鲁滨逊的发扬,以及中国学者梁启超、陈黻宸、朱谦之等人的评介,在 20 世纪初期的中国史学界曾风靡一时。[1] 1913 至 1919 年,傅斯年分别就读于北京大学预科与本科国文门。作为五四新文化运动的旗手,他对于西方史学的传入有着敏锐的洞察,此时的他对于巴克尔史学已有所认知。大学毕业后,傅氏旋即留学英国。在留英期间,他虽醉心于自然科学,但对于文史之学始终关注与爱好,巴克尔的《英国文明史》即购于留英时期,这反映了他当时在学术研究上的偏好。

巴克尔之史学对于傅斯年的影响,不仅在于其购买了《英国文明史》,还在于他曾着手翻译该书,这从 1935 年傅氏致函丁文江的

---

[1] 俞旦初:《二十世纪初年中国的新史学思潮初考》,《史学史研究》1982 年第 3 期。

一封私人信件中可以得到明示。他在信中提及欠钱未还之事，并叙述 1934 至 1935 年，历经结婚、生子、捐款等事，开销甚大，希望出售书稿用来还账。傅氏"旧稿将定"而欲出版者主要有：

一、《中国古代文学史》第一册。

二、《战国子家叙录》。

三、Buckle 前五章之译文，附弟之《地理的史观》"Geographic interpretation of history"。①

据此来看，傅氏非对《英国文明史》有相当深入的研究不能做出翻译此书的决定。傅斯年于留学欧洲时期购买了大量外文图书，内容涉及心理学、数学、历史学、比较语言学、物理学、地理学等多个领域。在诸多外文论著中，傅氏急于译介巴克尔之《英国文明史》，恐不惟以此获取稿费来还债，更体现出此书观点对其治史的影响。根据笔者从台北"中研院"史语所图书馆西文书库所见《英国文明史》来看，傅氏在此书中用横线作了大量标识，折射了他对该书内容的谙熟与观点的青睐。

《英国文明史》是巴克尔试图运用自然科学构建历史学的一次努力与尝试，他在该书首章"历史研究底方法"下说道："研究历史之方法及人类活动规律性之证明的叙述，这些活动本为思想定律及自然定律所支配，故两部分之定律皆须研究，且不恃自然科学，历史亦不能成立。"②巴克尔所言的自然科学，在很大程度上是指统计学。他冀图运用统计学的知识与方法，对人类社会活动的现象作出

---

① "傅斯年档案"，Ⅱ:610，藏台北傅斯年图书馆（下同）。

② ［英］巴克尔：《英国文化史》上册，胡肇椿译，商务印书馆 1936 年版，第 1 页。

统计,如他在前几章所探讨的统计学对于人类犯罪行为的重要性,统计学在自杀率、结婚率、性别出生的比例等方面的应用等,均是借助统计学的方法进而探讨人类历史演进的"定律"。傅斯年在留欧期间即对统计学表现出浓厚的兴趣,回国后还曾在中山大学讲授"统计学方法导论"。① 1924 年,他在写给顾颉刚的信中,谈到了丁文江运用统计学探讨"历史人物与地理的关系"时给他的刺激:"这篇文章我非常的爱读,当时即连着看了好几遍。我信这篇文章实在很有刺激性,就是说,很刺激我们从些在欧洲虽已是经常,而在中国却尚未尝有人去切实的弄过的新观点,新方术,去研究中国历史。"②可以看出,傅斯年对于统计学在历史学中的应用极为欣赏,因而对于巴克尔在历史学中运用统计学的方法感同身受,这也是他以后在历史著述中善于运用统计、归纳的一个重要原因。

在探讨地理与历史的关系方面,傅斯年同样受到巴克尔史学方法的影响。在《英国文明史》中,巴克尔特别强调,地理因素对人类历史所发生的影响,主要有四大类:气候、食料、土壤及自然之一般现状。③ 在 20 世纪初期东方学界史学研究法一类的论著中,大多设有"历史与地理"一目,如日本学者浮田和民的《史学通论》设有"历史与地理"一章,专门讨论地理环境在历史发展中的作用,"反映的大体是巴克尔的史学观点"。而梁启超在 1902 年《新民丛报》

① 参见王汎森、杜正胜编:《傅斯年文物资料选辑》,第 61 页。
② 傅斯年:《评丁文江的〈历史人物与地理的关系〉》,《傅斯年全集》(一),第 425 页。
③ [英]巴克尔:《英国文化史》上册,胡肇椿译,第 23 页。

上发表的《地理与文明的关系》,"系译自浮田氏《史学原论》第五章'历史与地理',仅在文字上略作修改,对当时学界影响至深,后来出现的一系列讨论地理与文明关系的文章大致不出该文范围"。① 傅斯年受到巴克尔的启发,撰写了《地理的史观》并附于自己所译《英国文明史》之后。在"傅斯年档案"中有一份杂记,是傅斯年编纂中国通史的拟纲,其中一目即为"地理与历史"。② 傅斯年在史学论著中也很重视地理因素对历史进程的影响。从其未刊稿《由部落到帝国》③的提纲来看,首重"地理的导引",反映出地理因素在傅斯年史学研究中的重要地位。傅氏在《夷夏东西说》一文中指出:"历史凭借地理而生……现在以考察古地理为研究古史的一个道路。"④可见贯穿该文的主线便是着重阐发地理与历史之间的互动关系,从而对上古史作出新解释。值得注意的是,傅斯年在撰写《夷夏东西说》的同时,亦在翻译巴克尔的《英国文明史》,两者相辅并行,时间正相吻合,由此不难看出,傅斯年所倡言的治史方法与巴克尔人文地理史观之间的渊源关系。

实质上,以地理的视角作为探讨历史研究之途径,在傅斯年大学时期便对此有所认识。他说:"历史一物,不过种族与土地相乘之积。"⑤换而言之,历史学之研究,实为种族变迁与地理环境双重交互作用的结果,因而可以通过"种族"与"地理"作为切入点,进而探

---

① 参见李孝迁:《巴克尔及其〈英国文明史〉在中国的传播和影响》,《史学月刊》2004 年第 8 期。

② "傅斯年档案",Ⅰ:808。

③ "傅斯年档案",Ⅱ:609。

④ 傅斯年:《夷夏东西说》,《傅斯年全集》(三),第 181 页。

⑤ 傅斯年:《中国历史分期之研究》,《傅斯年全集》(一),第 33 页。

讨中国历史之进程。而巴克尔在《英国文明史》中对地理的重视，无疑会进一步对其历史研究予以刺激，只是"他从未如此僵硬地套用"①而已。

其次，傅斯年间接受到兰克治史主张的影响。在19世纪欧洲史学发展史上，兰克史学曾居于主导地位，其学术辐射力不仅波及欧洲各国，而且对整个西方史学演进的路径也产生了极为深远的影响，正如有的学者所言："西方近代史学家对后世影响之大，无过于兰克者。"②兰克史学在惠泽西方史学发展的同时，也在中国学术界产生了强烈的回响。"在现代中国史学界，为引入德国兰克及其学派的史学、进而为中西史学的沟通与交融作出更大贡献的当数傅斯年。"③

在大陆学术界，无论是研究傅斯年的学者，抑或研究兰克的学者，均将傅斯年的学术思想与兰克史学相互联系进行探讨。原因在于兰克强调史学的实证、客观，强调史料，而傅斯年曾留学德国，回国后标榜"近代的历史学只是史料学"，"材料愈扩充，学问愈进步，利用了档案，然后可以订史，利用了别国的记载，然后可以考四裔史事"。为获取史料，傅氏主张"上穷碧落下黄泉，动手动脚找东西"。④基于此，很多学者将兰克与傅斯年之史学主张相互比照，进而将傅

---

① 王汎森：《思想史与生活史有交集吗？——读"傅斯年档案"》，《中国近代思想与学术的系谱》，河北教育出版社2001年版，第331页。

② 孙秉莹编著：《欧洲近代史学史》，湖南人民出版社1984年版，第167页。

③ 张广智：《二十世纪前期西方史学输入中国的行程》，《史学理论研究》1996年第1期。

④ 傅斯年：《历史语言研究所工作之旨趣》，《历史语言研究所集刊》第一本第一分，1928年。

氏这一思想之渊源追溯至兰克史学。①

　　观之傅斯年的言行与实践,他对兰克的治史主张及其成就深为服膺。在北京大学就读期间,傅斯年已初识兰克史学。1915 年,留德博士徐子明在北大讲授德国语文与历史,而徐氏乃为民国学术界最早通读兰克主要著作的学者,傅斯年曾是他班上的学生。② 1926年,傅斯年留学回国后,先于中山大学创办语言历史学研究所,继在中央研究院创办历史语言研究所。傅斯年之创办史语所,笼络大批学术人才,实"要建设中国的朗克学派"。③ 对于傅斯年的这一理想,从张致远的回忆中也可以得到旁证。抗战前夕,傅氏告知张致远:"史语所的研究系根据汉学与德国语文考证学派的优良传统。"④可见史语所的创办及规划均与兰克的史学主张有所关联。当年轻的周一良于 1936 至 1937 年在史语所工作时,傅斯年叮嘱其将来可以学习点德文,"以便看兰克和莫姆森的原著"。⑤ 在 1945年史语所出版的《〈史料与史学〉发刊词》中,傅氏亦明确表示:"本所同人之治史学,不以空论为学问,亦不以'史观'为急图,乃纯就

① 参见张致远:《兰克生平及其著作》,《自由中国》第 12 期,1952 年 7 月;张广智:《傅斯年、陈寅恪与兰克史学》,《安徽史学》2004 年第 2 期;李泉:《傅斯年学术思想评传》,第 132 页;侯云灏:《傅斯年与朗克学派》,载《傅斯年》,第 125—133 页;易兰:《兰克史学研究》第五章《兰克史学的世界影响及其中国回响》,复旦大学出版社 2006 年版。
② 汪荣祖:《史学九章》,生活·读书·新知三联书店 2006 年版,第 25 页。
③ 岳玉玺、李泉、马亮宽:《傅斯年:大气磅礴的一代学人》,天津人民出版社1994 年版,第 135 页。
④ 张致远:《兰克生平及其著作》,《自由中国》第 12 期,1952 年 7 月。
⑤ 周一良:《史语所一年》,载杜正胜、王汎森主编:《新学术之路——"中央研究院"历史语言研究所七十周年纪念文集》下册,"中央研究院"历史语言研究所 1998 年版,第 557 页。

史料以探史实也。史料有之,则可因钩稽有此知识,史料所无,则不敢臆测,亦不敢比附成式。此在中国,固为司马光以至钱大昕之治史方法,在西洋,亦为软克、莫母森之著史立点。"①这些言论均明示傅斯年对于兰克史学的推崇。

问题在于,尽管傅斯年对兰克史学在中国学术界进行了大张旗鼓的宣扬,但其推许的兰克史学并非源于兰克的著述。王汎森曾指出,"傅斯年和史语所长期被看作中国兰克学派的化身,但是在任何傅斯年的藏书中都没有发现兰克的著作"。② 王晴佳也从治学旨趣与研究倾向上辨析了傅斯年与兰克的差异,他强调:

> 傅斯年对实物、考古史料的热衷和对"通史"著述的厌恶,都无法归之于兰克的影响。因为兰克一生,虽然重视原始史料的爬梳,但却没有参与任何考古工作;他所研究的重点,是近代早期的欧洲史,所以也大致上不需要考古史料。其次,兰克虽然强调批判史料,但其目的是为了著史,亦即用叙述的手段,交待历史的演化。……兰克对"著史"的兴趣和对写作"通史"的热忱,显然是傅斯年所无法认同的。由此看来,我们若把傅斯年视为、或奉为兰克史学在中文学界的代言人,显然也是有所偏颇的。③

实际上,强调对于史料的批判只是兰克史学的一个要点,而非兰克史学的全部。兰克对于著史的重视,对于实证背后精神力量的

---

① 傅斯年:《〈史料与史学〉发刊词》,《傅斯年全集》(三),第335页。
② 王汎森:《傅斯年:中国近代历史与政治中的个体生命》,第69页。
③ 王晴佳:《科学史学乎?"科学古学"乎?——傅斯年"史学便是史料学"之思想渊源新探》,《史学史研究》2007年第4期。

推崇，以及对于自然科学与史学关系的认识，均与傅斯年的主张不尽相同。

从 20 世纪 20 年代国际学术发展的趋势来看，傅斯年留学德国时期，兰克史学适逢低潮，傅氏极有可能未曾阅读兰克的著作。同时，一个人购书的爱好，也从一个侧面反映了其学术兴趣，傅斯年于留学时期不曾购买兰克的史著，在一定程度上表明其阅读兴趣并未达于兰克的原著。兰克一生，门徒众多，再传弟子与三传弟子遍布学林，其学术思想早已被后辈学人吸收、消化于个人的著述之中，而傅斯年所认识的"兰克形象"或受到兰克史学的影响，即源于后人对兰克治史理念的阐发。

傅斯年的藏书中虽未收藏兰克之著，但他却购买、批阅了不少受兰克学术影响的史著，其中，伯伦汉（Ernst Bernheim）的《史学方法论》（*Lehrbuch der historischen Methode und Geschichts-philosophie*）即为重要之一种。伯伦汉于治史理念方面承袭了兰克的衣钵，在德国学术界极富盛名，《史学方法论》是其代表作之一。在版图设计上，该书共分为"史学之概念及本质"、"方法论"、"史料学"、"考证"、"综观"、"叙述"六章，作者直言其史学方法，多源于兰克的著述，"探讨、解释、结合、综观及叙述等方面之反求作用，兰克氏亦曾致力于其形成，其工作殊不易以数语了之，著者惟有承认本书中有关此之诸篇，其中大部分之知识及规例，均系得之兰克氏之实例及启发者"。[1] 伯伦汉强调，历史知识的客观性，并可经由史料批判方法获致，以及方法论可以驾驭史家的想象，使史著达到高度的客观性。兰克所言的客观与史料，经过伯伦汉的发扬与发挥，"被约化为

---

① ［德］伯伦汉：《史学方法论》（上），陈韬译，商务印书馆 1937 年版，第 182 页。

史学方法论"。① 傅斯年对兰克治史主张的认识,多半源于伯伦汉的倡导。在中文世界里,伯伦汉《史学方法论》的中文本出版于1937年,在此之前,傅斯年曾反复阅读过该书的德文版,以致书损不得不重新装订。② 究其所自,"这本书是当时候有意跨入史学门槛,接受新史学者的重要读物"。③ 检核以傅斯年对于史学的理解,以及他所宣称的兰克史学,可以看出主要源于伯伦汉的《史学方法论》。

朗格诺瓦、瑟诺博司合著的《史学原论》,是傅斯年对于兰克史学认识与宣扬的又一来源。朗格诺瓦与瑟诺博司虽与兰克未有师承渊源,但在著史思想上却秉承了兰克的治史主张。《史学原论》重点探讨了"搜索史料"、"史料之类分整理"、"校雠考证与校雠考证家"、"事实之汇聚分组"等内容,尤其是在上篇第一章开篇即言:"历史由史料构成,史料乃往时人类思想与行为所留遗之陈迹。在此等人类思想与行为之中,所留遗可见之陈迹,实至微少。且此等陈迹,极易遇意外而磨灭。凡一切思想行为,有未尝留遗直接或间接之陈迹;或其陈迹之可见者皆已亡失;则历史中亦无从记载,正如未尝有兹事之存在者然。以缺乏史料之故,人类社会过去无量时期之历史,每成为不可知晓,盖以彼毫无史料之供给故:无史料斯无历

---

① 汪荣祖:《史学九章》,第30—31页。

② 王汎森、杜正胜编:《傅斯年文物资料选辑》,第51页。按,根据李孝迁的研究,傅斯年在北大主讲"史学方法论"课程的架构,除了受到伯伦汉《史学方法论》的影响之外,还参照了其《历史学导论》。参见李孝迁、胡昌智:《史学旅行:兰克遗产与中国近代史学》,上海古籍出版社2021年版,第322—323页。

③ 周樑楷:《傅斯年和陈寅恪的历史观点——从西方学术背景所作的讨论(1880—1930)》,《台大历史学报》第20期,1996年11月。

史矣。"①这一表述，可视为傅斯年"史学便是史料学"的另一种说法。

再者，傅斯年对于德国"种族—文化"的治史观念非常推崇。傅斯年留学欧洲多年，学术视野聚焦于"西方学术整体发展的情形"②，虽然他对兰克史学的认识并未达于兰克的经典著作，但是他仍然受到了积淀甚深的德国史学的影响。这种影响突出地表现在德国"种族—文化"观念对其治史灵感的激发。

从18世纪末期以来，德国学者特别重视从文化史的视角，思考政治与民族（种族）的关系。从赫德到兰克，以致其后的日耳曼学者，无不偏重种族和文化问题，因而在当时的学术界形成深厚的传统积淀。至20世纪二三十年代，"德国学术界承其遗风"，仍然"以种族和文化论述历史"。③ 以"种族"为视角研究历史的重要性，在傅斯年的大学时期即有认识。他在评价日人桑原骘藏的《东洋史要》时，指出：

> 中国历史上所谓"诸夏"、"汉族"者，虽自黄唐以来，立名无异。而其间外族混入之迹，无代不有。隋亡陈兴之间，尤为升降之枢纽。自汉迄唐，非由一系。汉代之中国与唐代之中国，万不可谓同出一族，更不可谓同一之中国。

此时的他已明显意识到"种族"之升降、变化对于历史研究的关键作用，遂提出"研究一国历史，不得不先辨其种族……种族一经变

---

① ［法］朗格诺瓦、瑟诺博司：《史学原论》（上），李思纯译，商务印书馆1933年版，第1页。
② 王汎森：《中国近代思想与学术的系谱》，第344—345页。
③ 周樑楷：《傅斯年和陈寅恪的历史观点——从西方学术背景所作的讨论（1880—1930）》，《台大历史学报》第20期，1996年11月。

化,历史必顿然改观"的深刻见解。① 可以说,傅斯年"有此民族史观,则在德国接触德国史学中的民族史观,自然两相契合,以致将德国特殊的学术角度,转化为治中国历史的方法"。②

20世纪30年代,傅斯年执教于北京大学史学系,在他的一本笔记中曾有撰写《赤符论》的计划,内容之一便是"论封建之中国在民族和文化上不是一元"。③ 从另一份"傅斯年档案"——"北京大学中国通史纲要讲义"的内容来看,对中国史之分期,他仍以"民族迁动"作为标准,并以此将中国史划分为三个阶段:(一)古世——周秦汉魏晋南朝;(二)中世——后魏后周隋唐五代宋;(三)近世——元明清。并主张按照这种划分标准来"叙说中国史上,制度、文化、社会组织、人民生活之变动,及外来影响之结果"。④ 史语所曾有编纂中国历史教科书的计划。⑤ 对于历史教科书该如何编纂,傅斯年于1935年在《教与学》杂志上发表《闲谈历史教科书》一文,倡言其编纂中国史的理念。他认为中国史的编纂应重视政治、社会、文物三者之间的"相互影响",并以此呈现"文化演进之阶段,民族形态之述状"。⑥ 在这几部欲撰而未完成的著述计划中,傅斯年都不约而同地将"种族—文化"观念作为一种观察中国历史的工具,足见

---

① 傅斯年:《中国历史分期之研究》,《傅斯年全集》(一),第30—31、33页。文中"隋亡陈兴"当作"陈亡隋兴"。
② 许倬云:《傅先生的史学观念及其渊源》,载杜正胜主编:《考古、文明与历史》,"中央研究院"历史语言研究所1999年版,第97页。
③ "傅斯年档案",Ⅴ:117。
④ "傅斯年档案",Ⅱ:625。
⑤ 《国立中央研究院历史语言研究所二十一年度报告》,《傅斯年全集》(六),第389页。
⑥ 傅斯年:《闲谈历史教科书》,《傅斯年全集》(五),第55页。

这一观念对其学术思想的影响。

傅斯年所受"种族—文化"观念的影响，还表现在如下几个方面：一是，他对王国维治学特色的评价。他说："十六年（1927 年）八月，始于上海买王静庵君之《观堂集林》读之，知国内以族类及地理分别之历史的研究，已有如《鬼方猃狁考》等之丰长发展者。然此一线上之题目正多……"①言下之意，他见到以"种族"观念治史在欧洲司空见惯，至读王国维之论著，始知国内学者亦有以此观念研治古史者。但他认为，秉持此种治史理念可以获得的"题目正多"，这预示着他将以此为视角展开内容更为丰富的研究。

二是，在傅斯年致陈寅恪的一封讨论治学的私人信件中，也曾言及"种族—文化"观念对于中古史研究的重要性。文云：

> 自尔朱乱魏，梁武诸子兄弟阋墙、外不御侮之后，南北之土客合成社会，顿然瓦解，于是新起之统治者，如高齐、如宇文周、如杨隋、如李唐，乃至侯景，皆是武川渤海族类之一流，塞上杂胡，冒为汉姓，以异族之个人，入文化之方域。此一时代皆此等人闹，当有其时势的原因，亦当为南北各民族皆失其独立的政治结合力之表现。②

傅斯年言及高齐、宇文周、杨隋以及李唐等皇朝在种族上皆为"塞上杂胡"，"以异族之个人，入文化之方域"，从而获得新的生命力。这种从种族、文化角度对历史的认识，实与陈寅恪的治史理念不谋而合。

三是，从学术研究实践的层面来看，"种族—文化"观念实为一

---

① 傅斯年：《〈新获卜辞写本后记〉跋》，《傅斯年全集》（三），第 142 页。
② "傅斯年档案"，Ⅰ:1692。

条主轴贯穿于傅斯年的上古史研究之中。他的《大东小东说——兼论鲁燕齐初封在成周东南后乃东迁》论殷周之际政治集团与文化之间的变动，指出："春秋战国之际，封建废，部落削，公族除，军国成，故兼并大易。然秦自孝公以来，积数世之烈，至始皇乃兼并六国，其来犹渐，其功犹迟。若八百年而前，部落之局面仍固，周以蕞尔之国，'壹戎殷而天下定'，断乎无是理也。"①在《夷夏东西说》中，傅斯年认为夷与商属于东系，夏与周属于西系，"这两个系统，因对峙而生争斗，因争斗而起混合，因混合而文化进展"。② 可以看出，"种族—文化"学说对傅斯年学术研究的影响。诸如此类的观念，在《周东封与殷遗民》《论所谓五等爵》等论文中亦不乏见。

从以上三个面相来看，傅斯年在欧期间虽早期关注自然科学，但是他对于欧洲近代的史学理论方法也不无观察。利用新理论、新方法研治中国历史、语言问题，正是西方汉学家取得成功的真谛，因此傅斯年的西学素养对其创办史语所也有所助益。万事俱备，只欠东风。既熟悉域外汉学发展的实情，又了解近代欧洲史学的理论与方法，因此傅斯年急需找到一个实践的机会，为其学术主张的实现提供平台，而受朱家骅之聘，担任中山大学文学院长兼国文、历史两系主任，则开启了他人生旅途的新征程。

（四）从中大语史所到中研院史语所

傅斯年到了中山大学为什么要成立"语史所"？而后又成立"史语所"？对此，傅斯年有着他的打算与考虑，他着眼的角度不可谓不宏大，因为他思忖的不是个人文史学之发展，而是整个中国文

---

① 傅斯年：《大东小东说——兼论鲁燕齐初封在成周东南后乃东迁》，《傅斯年全集》（三），第 60 页。
② 傅斯年：《夷夏东西说》，《傅斯年全集》（三），第 181—182 页。

史学如何向前推进，如何突破个人的局限而整合一支力量从事大规模、有计划的史料搜集，从而为史学的发展寻找一个新的方向。在"史语所档案"中尚存有一份傅氏手稿，颇能表达他对于中国史学发展取向与路径的思考：

> 自民国十五六年1927——以来，有一派少年文史学者，颇思大规模的向新的方向走，以为文史学之发展，决非个人单独的工作，或讲学的风气，所能济事，必须有一个广大精严的组织，以临此际会，方可收大效力。此派学人，初试验于中山大学中，继试验于中央研究院中。今之历史语言研究所，即其结果也。①

傅斯年的这段话至少向我们传递了这样一层含义：中国史学欲要获得大的发展，必须以组织为单位，罗网各方面人才，从事各项个人难以开展的活动。这并非傅斯年的初步设想，而是他在史语所已经从事了史料整理、考古发掘、语言调查等工作之后，得出的深刻体会。所以，如果我们采用一种"倒放电影"的方式回头再看史语所的成立、发展与成就，似乎可以得出"其作始也简，其将毕也必巨"的结论。

在中山大学，傅斯年除教授课程、延聘教授外，他的重心工作在于筹办一个研究机构以实现其学术主张。就是在此时，国立中山大学语言历史学研究所应运而生，同时出版《国立第一中山大学语言历史学研究所周刊》，倡导运用现代的研究方法对中国传统的语言学与历史学进行研究。该研究所的研究旨趣，在1927年11月1日的《发刊词》中有着鲜明的表述：

---

① "史语所档案"，元377—4。

　　语言学和历史学在中国发端甚早,中国所有的学问比较成绩最丰富的也应推这两样,但为历史上种种势力所缚,经历了二千余年还不曾打好一个坚实的基础。我们生当现在既没有功利的成见,知道一切学问,不都是致用的。又打破了崇拜偶像的陋习,不愿把自己的理性屈伏于前人的权威之下,所以我们正可承受了现代研究学问的最适当的方法,来开辟这些方面的新世界。语言历史学也正和其他的自然科学同目的同手段,所差只是一个分工。

　　……我们要实地搜罗材料,到民众中寻方言,到古文化的遗址去发掘,到各种的人间社会去采风问俗,建设许多的新学问。①

至 1928 年,中央研究院成立之后,傅斯年又在中研院中筹划成立历史语言研究所。值得注意的是,中央研究院在最初设置的研究机构中,并无史语所,赖傅斯年煞费苦心申说历史语言学研究之重要性,最终说服院长蔡元培与总干事杨铨,才得以在中研院中设立史语所。

　　那么已经存在了中大语史所,傅氏为何还要在中研院成立史语所呢?笔者以为,语史所与后来成立的史语所虽然在指导精神上一以贯之,但是在实际的操作过程中却面临着不少困境,尽管傅斯年

---

① 原载《国立第一中山大学语言历史学研究所周刊》第一集第一期,1927 年 11 月 1 日;又见《傅斯年全集》(三),第 13 页。这篇文章的著作权,历来有争议,顾潮在《顾颉刚年谱(增订本)》(中华书局 2011 年版)中认为是顾颉刚所作,但大多数研究傅斯年的学者认为是傅斯年所作,也有学者认为是顾、傅商量后的结果。根据这篇《发刊词》所反映的内容,无论出于谁手,至少反映了傅斯年的思想,这一点是毫无疑问的。

最初曾设计成立两个"语史所"：一是"中山大学之语言历史研究所仍其旧"，一是"另设之一属于中央研究院之语言历史研究所"。① 但傅斯年终因各种困难而割舍中大语史所，专注于中研院史语所的筹备。在当时，傅氏面临的主要困难有：其一，语史所的成员皆为中山大学教师，而研究所的许多工作需要外出调查，教师的教学工作限制了研究工作的开展，基于此点，傅斯年在成立史语所后，强烈反对教师在校外兼课。傅斯年在 1934 年发表的《大学研究院设置之讨论》中，现身说法，指出在大学中设置研究机构不如专门之研究机构"便当处甚多"，如"凡一事之需要较大量的设备、大规模的组织者，在大学各科并立的状态之下，颇难得一部分过分发展（虽然有时应该如此，例如北大之地质系），而在专作研究之机关中，可以较少此样的限制。又如需要长期在外工作者，不是担任教科之教授所便于长久负荷的"。② 其二，在经费周转及学术影响上，语史所隶属于中山大学历史系，研究机构的调查、发掘以及图书购买、发行刊物均需要经费，中山大学很难保障持续的经费来源。如北京大学在 1921 年底便成立了考古学研究室，"但为财政拮据所困，无法着手。该会成立后，除了呼吁保护文物古迹并在北京附近做过几次调查外，只有马衡前往河南新郑、孟津调查出土古物，经费还须校长另行专门拨款"。③ 而史语所隶属于中研院，为国家最高研究机构，无论在经费上还是在学术影响上，都要优于隶属高校的语史所。也正是由于以上两个方面的原因，傅斯年认为史禄国（S. M. Shirokogoroff）既从

---

① 王懋勤：《"中央研究院"历史语言研究所所史资料初稿》，"中央研究院"历史语言研究所傅斯年图书馆所藏 1969 年稿本，第 4 页。
② 傅斯年：《大学研究院设置之讨论》，《傅斯年全集》（五），第 37—38 页。
③ 桑兵：《东方考古学协会述论》，《历史研究》2000 年第 5 期。

属于中山大学，又隶属于中研院史语所，可以说为中大与史语所共用，由此带来诸多弊端，因此他在 1928 年 12 月 1 日致函蔡元培，请求改聘史禄国为专任研究员：

> 查史禄国君系中山大学聘任之教授，中山大学与之订合同时，亦得职所筹备处之同意，薪俸及研究之供给由中大及职所分担，故为职所之兼任研究员。惟此种办法现在感觉甚多不便。盖事事与中大商量，无专责者，轻则感觉迟缓，重则感觉纠纷，且研究成绩属之何方，恐亦不免于争论。因是，此间同人金拟改史君为职所专任研究员，俾专责成而利进行。案中山大学之语言历史学研究所目下仅有月千二元毫银之经费，于人类学工作之发达未能下手，而本院历史语言研究所暂设广州之意义，即在努力为方言及人类民俗学之调查，一年两年之后，基础既定，职所同院中各所俱移南京时，即留此间根据为工作站。故此次为料此时在粤尤宜加意进行，既因材料之便利，亦缘事业之急需，若改为专任研究员，俾事可速行，功可核量，宜为便利。①

其三，傅斯年在筹备史语所时期，最初希冀中研院史语所借助中大语史所的房屋、图书等条件，但后来意识到"中国人之事件，每以人的关系为重而机关为轻，如中大有人的变动，则此中央的研究所之将反感不便"，所以主张在中山大学之外"寻到一公房或赁一民舍为稳当"②，而这一想法已经昭示着史语所要脱离语史所而独立发展了。其四，当时兵火连天的社会环境，给语史所的室外工作带来

① 傅斯年：《致蔡元培》（1928 年 12 月 1 日），载王汎森、潘光哲、吴政上主编：《傅斯年遗札》（一），第 169—170 页。
② 王戎勤：《"中央研究院"历史语言研究所所史资料初稿》，第 9 页。

不少安全上的隐患，而史语所却可以借助中央的力量与地方相协调，更加有利于室外工作的开展，相较之下，语史所则没有这种特权与便利。基于此，傅斯年所筹备的史语所便渐渐与中山大学语史所呈现分离的趋势。

需要说明的是，中研院史语所与中大语史所一脉相承的仅仅是组织机构与研究精神，史语所迁到北平后，中大的教师极少跟随傅斯年到北平来，因此在史语所的研究队伍上，应该说是清华国学研究院的师资弥补了史语所研究人员的不足。在某种意义上，也可以说史语所承继了清华国学研究院的人脉。试看清华国学研究院的"四大导师"，陈寅恪与赵元任分别被傅斯年聘为史语所历史组和语言组的主任，李济在清华国学研究院中虽为讲师，但很受傅氏钦佩，于是聘其为考古组主任。傅斯年对梁启超颇多成见，曾说在北大读书时与顾颉刚闲谈的"题目总是骂梁启超"①，因此梁启超是不在傅斯年受聘之列的，随着梁氏 1929 年 1 月 19 日的去世，而此时的史语所尚在广州，故而梁启超与史语所基本没有交集。但是，值得注意的是，梁启超的次子梁思永，作为中国第一个取得考古学硕士学位的留学生，归国后却加盟了史语所。傅斯年对于王国维很是敬仰，但是王在 1927 年 6 月 2 日即投湖自杀，此时史语所尚未筹备，因此王氏与史语所也无关联。引起我们注意的是，"史语所初期，傅斯年招募了一大批王国维的学生"②，而徐中舒就是其中典型的一位。这批聚集在北平的新型学术社群，大多有着留学欧美的经历，他们秉持争夺国际汉学中心、建构自身话语体系的学术理念，书

---

① "傅斯年档案"，Ⅳ：116。

② 王汎森：《傅斯年：中国近代历史与政治中的个体生命》，第 94 页。

写了现代中国学术史上的华丽篇章。

三、"要科学的东方学之正统在中国"

为了扭转学术上的落后局面,傅斯年反对发扬"所谓国学",倡导运用自然科学的研究方法去整理中国历史学、语言学,旨在建立"科学的东方学之正统在中国"。[①] 根据这一学术理念与发展方向,傅斯年一再强调,史语所"不是一个国学院"[②],设置之目的非抱残守缺发扬国学,而是要建设科学的历史语言学,从而与域外汉学争"正统"。关于此点,傅氏在史语所研究人员的聘书中有着淋漓尽致的表达:

> 现在中央研究院有历史语言研究所之设置,非取抱残守缺、发挥其所谓国学,实欲以手足之力,取得日新月异之材料,借自然科学付与之工具,而从事之,以期新知识之获得。材料不限国别,方术不择地域,既以追前贤成学之盛,亦以分异国造诣之隆。[③]

为了实现这一目标,一方面要"扩充材料",即"上穷碧落下黄泉,动手动脚找东西";另一方面要"扩充工具",即"利用自然科学供给我们的一切工具,整理一切可逢着的史料"。惟有如此,才能打破过去

---

① 傅斯年:《历史语言研究所工作之旨趣》,《历史语言研究所集刊》第一本第一分,1928 年。按,与其说傅斯年要在中国建立"东方学"之正统,不如说他要在中国建立"汉学"的正统。从史语所后来的学术实践看,他虽关注于欧洲学界的东方学进展,但是他们自身所从事的工作主要是以中国历史、语言文化为主的研究,这部分内容属于国外学者关注的"汉学"(Sinology)范畴。

② "史语所档案",补 1—3。

③ "史语所档案",元 130—1。

"读书就是学问"的旧风气和缺乏"问题"意识的研究思维。傅斯年自信循此路线发展的史语所，"两年之后，必有可观"。① 据此，史语所在筹备阶段便拟定了一份欲聘研究人员的名单：蔡元培、胡适、陈垣、陈寅恪、赵元任、俞大维、刘复、马衡、林语堂、朱希祖、容庚、许地山、李宗侗、徐炳昶、李济、袁复礼、罗家伦、冯友兰、史禄国，共 19 人。② 其中，除陈垣、马衡与容庚 3 人没有留学国外的经历之外，其他学者或留学欧美、或留学日本，且史禄国本身即是俄国人类学家。实际上，这份研究人员名录正彰显了史语所在现代学术研究领域革新的诉求，和追赶超越欧美、日本汉学的雄心。

关于傅斯年要将科学的东方学之正统建设在中国的目标，目前学界已有不少述论，本书在探讨史语所的学术成就与地位时，也将进一步加以阐释。在这里，主要分析史语所在当时关注的三个面相。

第一，重视西文及日文图书资料的购置，以了解域外汉学发展的前沿动态。史语所在筹备时期，傅斯年等人即向蔡元培说明："因我等建设此研究所之目的，本想开辟几条研究的新途径，故不能不广备西洋研究中国学问有大贡献之著作及报。"③1928 年，史语所尚在筹备阶段时，陈寅恪即建议购置日本人藤田元春《尺度综考》、滨田青陵《支那古明器泥象图说》、松冈静树《日本古俗志》《日本言语学》、伊波普东《琉球古今记》等书。④ 为了更为全面搜求域外历史、

① 傅斯年：《致胡适》（1928 年 4 月 2 日），载王汎森、潘光哲、吴政上主编：《傅斯年遗札》（一），第 113 页。
② "史语所档案"，补 1—3。
③ "史语所档案"，补 1—1。
④ 陈寅恪：《致傅斯年》（1928 年 8 月 12 日），《陈寅恪集·书信集》，第 16 页。

语言、考古等各方面图书资料,史语所于 1930 年召开所务会议时专门就此展开讨论,最终决定由陈寅恪专项负责"西人之东方学"与"四裔语言学"书目的开列,以便史语所"选购"。① 至 1948 年底迁台前,史语所共收藏西文图书 11623 册(不含日文图书),也许这个数量并不算大,但是这些西文图书"都是直接与中国的研究有关或足为典型的著作"。由于外国期刊杂志能够反映域外考古学、语言学与人类学发展的最新动态,所以它成为史语所购置的另一个重点,在 1937 年全面抗战爆发之前,史语所所订"西文专门期刊曾达二百五十八种",其中有代表性的全份期刊有:东方学方面如 1822 年创刊的法国《亚洲学报》(*Journal Asiatique*),1890 年创刊的《通报》(*T'ung Pao*),1901 年创刊的河内《远东博古学院学报》(*Bulltin de l'École Francaise d'Extrême-Orient*);考古学方面如 1770 年创刊的英国考古学会编辑之《考古学》(*Archaeologia*),1914 年创刊的《埃及考古学报》(*The Journal of Egyptian Archaeology*);语言学方面如 1889 年创刊的《语音导师》(*Le Maître Phonétique*);人类学方面如 1872 年创刊的《英国皇家人类学会学报》(*Journal of Royal Anthropological Institute of great Britain and Ireland*),1901 年创刊的《生物统计学报》(*Biometrika*),1906 年创刊的《人类学》(*Anthropos*),1918 年创刊的《美国体质人类学报》(*American Journal of Physical Anthropology*)等。此外,史语所还"特别注意近东及东南亚的考古报告,南太洋及美洲的人类学报告,尤其尽力获得外国人关于中国的研究结果。新疆、西藏各种探险报告和记录,以及游记的收藏近于完备,其

① 《历史语言研究所十九年度上届第一次所务会议》,《傅斯年全集》(六),第 275 页。

中不少难得之品，如瑞典陆军参谋本部出版斯文·赫定测绘中亚和南部西藏的两大科学报告，及英国牛津出版斯坦因历次在中亚考古的十一巨册详细报告，都已是绝版的珍籍，并在收藏之列"。①

第二，对接域外汉学研究的范畴，与国外学者展开合作、交流、对话与竞争。与中国学者关注中国境内历史发展不同，域外汉学家多注重"史籍上的四裔问题"，如当时"丁谦君的《诸史外国传考证》远不如沙万君之译外国传，玉连之解《大唐西域记》，高几耶之注《马哥博罗游记》，米勒之发读回纥文书，这都不是中国人现在已经办到的"。于是傅斯年强调："凡中国人所忽略，如匈奴，鲜卑，突厥，回纥，契丹，女真，蒙古，满洲等问题，在欧洲人却施格外的注意。说句笑话，假如中国学是汉学，为此学者是汉学家，则西洋人治这些匈奴以来的问题岂不是虏学，治这学者岂不是虏学家吗？然而也许汉学之发达有些地方正借重虏学呢！"②傅斯年注意到了域外汉学家关注的范围，所以他曾致力于在这些方面与之争胜。譬如，国外敦煌学研究盛极一时，傅斯年在史语所成立之初便拟设立"敦煌材料研究"一组，聘请陈垣担任主任。他在 1928 年 12 月 14 日致函刘复、陈寅恪说："前在上海，我们所谈中央研究院历史语言研究所请陈援菴（庵）先生在所中组织'敦煌材料研究'一组事，未知寅恪兄接洽如何？……北平敦煌材料之动手久矣，援菴（庵）先生如为我们的研究指导此事，幸何如之！"在这封信的最后，傅斯年还有一条附录，是谈到 1929 年 6 月史语所将派余永梁赴法国巴黎和英国伦

① 以上引文，参见徐高阮：《图书室》，载《"中央研究院"历史语言研究所傅所长纪念特刊》，第 41—44 页。
② 参见傅斯年：《历史语言研究所工作之旨趣》，《历史语言研究所集刊》第一本第一分，1928 年。

敦"搜集敦煌材料"的事情,他认为这两处所藏敦煌材料收集完备,"合之北平者,此事必大发达也"。① 史语所迁至北平后,傅斯年亲自致函陈垣,邀请他加盟史语所,同时对他和王国维的学术成就多所称赞:"静庵先生驰誉海东于前,先生(指陈垣,引者)鹰扬河朔于后,二十年来,承先启后,负荷世业,俾异国学者莫我敢轻,后生之世得其承受,为幸何极! ……此所根基,均赖先生与寅恪、元任、半农、济之诸先生成之。从此前征,必能超乾嘉之盛,夺欧士之席,国家且与有荣,岂特斯年等之大幸而已。"②傅斯年所言王国维与陈垣的成绩使得"异国学者莫我敢轻",不无来历。王国维和陈垣都是伯希和钦佩的学者,王国维去世之后,伯希和在《通报》发文纪念称:"现代中国从未产生过走得这般前面又涉猎如此丰富的博学者。"③而陈垣在 20 世纪 20 年代关于火祆教、摩尼教和基督教的研究,曾引起伯希和的关注,二人始有书信交往,故致 1933 年伯希和从北平返回巴黎时,对送行诸人言:"中国近代之世界学者,惟王国维及陈先生两人。不幸国维死矣,鲁殿灵光,长受士人之爱护者,独吾陈君也。"④基于这些事实来看,傅斯年认为在中国境内陈垣之研究,可以与国外一流汉学家相角逐,这也是他极力延聘陈垣之内在原因。

史语所学人在学术活动开展与研究对象上,也注重与域外汉学相互竞争。1931 年,西陲学术考察团成立,翁文灏就推荐李济任团长一事征询傅斯年的意见,傅氏对此除表示赞同之外,又言:"此事

① "史语所档案",元 29—7。
② "史语所档案",元 109—1。
③ [法]伯希和:《王国维》,原文刊于《通报》1929 年第 26 期,后收入陈平原、王风编:《追忆王国维(增订本)》,第 354 页。
④ 尹炎武:《致陈援庵函》(1933 年 4 月 27 日),载陈智超编注:《陈垣来往书信集(增订本)》,生活·读书·新知三联书店 2010 年版,第 124 页。

成否,关于中国后来学业之发达及国际地位上大有关系。三来可以出大气(与洋鬼子呕气)。"①在史语所档案中,存有一份傅斯年大约撰于 1934 年的手稿,其中谈到陈寅恪的研究为"四裔语言及历史",他指出:"中国学人,每偏于注意纯中国的题目,而互忽于四围各民族。研究所中,对此有精美之贡献。西藏之民间文学,中亚之历史的地理,皆已发轨,尤以陈寅恪之著作为最有价值。"②跟随伯希和留学的史语所学人王静如评价陈寅恪的学术说:"陈先生之功不仅在著作一方,其所谈论之学友及指导之门人,亦莫不受此熏染。或纯理国故,或治中亚史语,或研蒙元历史,或治语言文字,或专于近代外交史,或上及古史。大概均能参考法国汉学名著,或赴法请益。现代中国史语研考精深,方法谨严,能与西人汉学相竞者,多是其友人或门人。"③对于史语所学人驳斥域外汉学家的行为,傅斯年尤为欣赏。他决定聘请李济担任史语所考古组主任的原因之一,在于傅氏"见其驳史禄国文,实在甚好"④;他对于李方桂发表古韵之文而引起与高本汉的争论,颇感兴奋,认为"高君在中国语学之地位,不久将转到方桂身上矣"⑤。1942 年 11 月 24 日,傅斯年致信中央研究院评议会,建议根据《杨铨奖金章程》将奖金授予杨志玖,原因在于杨氏之《关于马可波罗离华的一段汉文记载》一文"持论有据,考订细密,确史学一重要贡献。且马可博罗入华事迹,迄未于汉籍中

① 王戎勤:《"中央研究院"历史语言研究所所史资料初稿》,第 362—363 页。
② "史语所档案",元 377—4。
③ 王静如:《二十世纪之法国汉学及其对于中国学术之影响》,《国立华北编译馆馆刊》第 2 卷第 8 期,1943 年 8 月 1 日。
④ 傅斯年:《致冯友兰、罗家伦、杨振声》(1928 年 10 月 6 日),载王汎森、潘光哲、吴政上主编《傅斯年遗札》(一),第 153 页。
⑤ "傅斯年档案",Ⅲ:81。

得一证据,今此说既成,足证马可博罗离华之年";傅斯年尤其强调:
"历来汉学权威如玉里安、伯希和等皆不免有小误,此实中国史学界
一可喜之事也"。① 从这些细微史实,不难觉察史语所为与域外汉
学争正统而作出的努力。

第三,重视原始档案购置与出土文献整理,力图在知识原材料
上与域外汉学争胜,为国增荣。因敦煌经卷与部分简牍被欧美国家
所劫掠,因此史语所学人对于知识原材料尤为重视。其中一例是关
于明清档案的购置问题。在傅斯年、陈寅恪等史语所开创者看来,
明清内阁大库档案固然"为第一种有价值之材料",但是极力促使
他们购买这批档案的一个重要原因在于法国与日本深羡其价值,日
本与教会所办燕京大学都有购置之议,于是傅斯年和陈寅恪颇为担
心这批档案流入国外。傅斯年在致蔡元培的信中说:

> 罗振玉稍整理了两册,刊于东方学会,即为日本、法国学者
> 所深羡,其价值重大可想也。去年冬,满铁公司将此件订好买
> 约,以马叔平诸先生之大闹,而未出境。……今春叔平先生函
> 斯年设法,斯年遂与季、骝两公商之,云买,而付不出款,遂又有
> 燕京买去之议。昨日适之、寅恪两先生谈,坚谓此事如任其失
> 落,实文化学术上之大损失,《明史》《清史》,恐因此搁笔。且
> 亦国家甚不荣誉之事也。

所以傅斯年力劝蔡元培以中研院的名义购置,然后由史语所进行整
理,这不仅可以使"明清历史得而整理",史语所"有此一得,声光顿
起",而且"此一段文物,不至失散",对于国家而言,是一件"于国有

---

① "傅斯年档案",Ⅳ:72。

荣"的大事。①

　　再一个例子是关于居延汉简及其研究论著的出版。居延汉简自被发掘之后，便受到域外汉学家的关注。傅斯年本欲早日将其出版，但因战事频起导致居延汉简辗转多处，而影印出版的工作也一再受到迁延。关于居延汉简的出版及其价值，傅斯年在1936年9月11日致函商务印书馆总经理王云五说："此书价值，世界无双，流传久远，必为贵馆之一佳话，此可为预贺者也。"②对于出版的工料，他也特别重视。1939年4月8日，傅氏再次致函王云五等人说："此书工料，以国际名誉所关，仍乞勿减。"③然至1940年时，居延汉简仍未出版，对外无法显示中国学者整理之功，因此傅斯年在该年8月25日写给袁同礼的信中说："此物出土，约十五年矣，久不出版，学界之耻，国家之耻。"④在对居延汉简的研究方面，劳榦率先完成了释文，于是傅斯年意欲及早出版劳著，但是此简出土时曾与瑞典人有约，需要两国"共同研究"。傅斯年指出，"正文既出版，人人可以研究发表"，即便以国际惯例论之，居延汉简出版之后，对其研究亦无限制，于是他认为，劳君之书"不必再加以审定，以搁日子（实则劳君于此事之学力，能审改之者亦不多）"。其实，傅斯年之所以急于出版劳榦对居延汉简的释解，是"恐瑞典人高本汉氏之书先出矣"。⑤ 这说明，对居延汉简的研究是国际汉学界关心的议题，如果不及早出版对其研究的论著，则会导致域外汉学领先掌握居延

---

① "史语所档案"，元308—4。
② "史语所档案"，元393—2、3。
③ "傅斯年档案"，Ⅰ:58。
④ "傅斯年档案"，Ⅰ:64。
⑤ 以上引文，参见"傅斯年档案"，Ⅰ:66。

汉简解读的话语权。

可以说,在 1928 年至 1948 年间,史语所的发展正是遵循了傅斯年最初的设计路线,有条不紊地推进历史、语言、考古各项工作,遂取得了震惊中外的重要学术成就,不仅推进了中国史学的大步向前发展,而且在国际间也赢得了很高的声誉,得到了伯希和与高本汉"他们两人很深的敬佩"[1],为中国文史之学在国际汉学界挣得了一席之地。

四、世界眼光:"外国人之助力断不可少"

傅斯年因强烈的民族情感而创办史语所,并希望借此作为阵地与域外汉学家角逐,但是他在"恨"域外汉学家的同时,又充满了"羡",这种复杂的心态导致他并没有因为自己的民族情绪而阻止他向域外汉学家"取经",恰恰相反,他已经意识到"此日学术之进步,甚赖国际间之合作、影响与竞胜"。[2] 因此,他在向蔡元培和杨铨述说史语所的筹备情况时,明确提出史语所的发展离不开外国人的帮助:

> 此研究所本不是一个国学院之类,理宜发达我国所能欧洲人所不能者(如文籍考订等),以归光荣于中央研究院,同时亦须竭力设法将欧洲人所能我国人今尚未能者而亦能之,然后国中之历史学及语言学与时俱进,故外国人之助力断不可少。[3]

傅斯年对外国通信员(最初称外国所员)的聘任,极为重视,自然要

---

① 罗家伦:《元气淋漓的傅孟真》,载王为松编:《傅斯年印象》,第 11 页。
② 傅斯年:《论伯希和教授》,《傅斯年全集》(五),第 469 页。
③ "史语所档案",补 1—3。

求也非常高,史语所的《组织大纲》中最初这样规定:"为取得研究之材料及图研究之方便起见,所务会议(在所务会议未成立以前为筹备员会议)得对国外之历史学者或语言学者以过半数之决定,呈请中央研究院院长聘任为外国通信员。其在历史学或语言学中,著作贡献为世界所公认为有极大之价值者,得由所务会议(在所务会议未成立以前为筹备员会议)全体决定,呈请中央研究院院长聘任为外国所员。"①依据这一要求,在傅斯年看来,域外汉学家中唯有伯希和、米勒和高本汉三人符合史语所外国通信员要求。

　　傅斯年决定聘请伯希和担任外国通信员,还应从他在留学时期对伯希和汉学地位的认知说起。傅斯年与伯希和的交往可以追溯到1925年,当时他持着蔡元培的介绍信到达巴黎拜访伯希和。其时正在柏林大学就读的傅斯年,研究兴趣已从自然科学转向了历史语言学,而伯希和恰好是这方面最权威的域外汉学家。据法国吉美博物馆所藏一封傅斯年1925年10月15日写给伯希和的信来看,他想要以后到新疆从事考古发掘,并希望得到伯希和的指导,因为新疆的历史与考古,关系到中国中古史的许多问题;同时在这封信中,他还流露出对于语言学研究的兴趣,并表示"非常喜欢高本汉(Bernhard Karlgren,1889—1978)这一方面的著作"。② 这可能成为后来他决定聘请伯希和与高本汉为史语所外国通信员的最早依据。1928年10月8日,傅斯年致信伯希和,告知他被选聘为史语所外国通信员,同时支付了伯氏从9月份至12月份共4个月的津贴400

---

① "史语所档案",补1—2。
② 参见王汎森:《伯希和与傅斯年》,《傅斯年:中国近代历史与政治中的个体生命》,第297页。

元。① 其后，伯希和于 1932 年底来华，傅斯年于 1933 年 1 月 10 日在史语所举行招待公宴。傅氏对伯希和推崇备至，声称："伯先生在学术上之伟大，以他在东方学中各面的贡献，以他在汉学上的功绩，以他在中央亚洲文史的发见与考证，他不仅是以中国学著名的，而他正是巴黎学派中国学之领袖。"②1935 年伯希和再次来到中国，此次他是以英国伦敦中国艺术国际展览会选择委员的身份造访，负责挑选中国文物运至伦敦展览，因特殊的身份，致使中国学术界将伯希和此行与斯坦因盗宝之后卷土重来，同等看待。这使得伯希和深陷舆论讨伐之中。为此，傅斯年撰写《论伯希和教授》，文中说："论伯君与敦煌卷子之关系，应详察当时之经过与责任，未便与斯坦因氏混为一谈……伯君之学问与贡献，为汉学造若干新页，自应为此大国民族所敬佩。不便等之于其他英国应该所派各人之下。彼若干人古董商耳，博物院之典守官耳，夫古董商之行为，固为中国内地盗掘之渊泉。"③显系为其辩解。但从中不难看出，傅斯年对伯希和之尊崇。当然，除此之外，另一个方面的原因是，傅斯年希望借助伯希和的影响力为史语所在国际上做宣传，从而提升史语所的知名度与域外影响。事实证明，伯希和确实利用他域外汉学祭酒的身份，在多种场合宣扬了史语所的考古发掘与出版品。④

史语所之所以聘请高本汉，是因为他是域外汉学界仅次于伯希和的汉学家，他的语言学成就曾在中国学界引起很大的震动与反响。从 1925 年傅斯年写给伯希和的私人信件中，亦可知他对高本

---

① 参见"史语所档案"，元 114—1。
② 《法国汉学家伯希和莅平》，《北平晨报》1933 年 1 月 15 日，第 7 版。
③ 傅斯年：《论伯希和教授》，《傅斯年全集》（五），第 469 页。
④ 具体可参见本书第五章第四节"学术成就的域外回响"。

汉的研究很是倾慕。傅斯年、史语所与高本汉的交往，主要通过书信往来，因为在史语所成立后高本汉并没有来过中国，只是在 1948 年傅斯年在美治病期间，他们二人在异国他乡相谈甚欢。但是值得注意的是，在 20 世纪 30 年代初，傅斯年曾组织赵元任、李方桂和罗常培将高本汉的代表作《中国音韵学研究》"作一忠实能读之翻译"。① 几经努力，至 1940 年正式出版了此书。这可以看做史语所借助高本汉研究方法的一个案例。

实际上，傅斯年最初决定聘请伯希和与高本汉时，是希望他们能够"择一语音学家来此，以便训练出若干能分别方言并记录之人"②，因为当时史语所地处广东，此处人类学与语言学的材料极为丰富，傅斯年亦热心于此，但是这一愿望并未实现。

在这里，还要提及的是钢和泰。钢和泰精通梵文学，傅斯年认为如果中国的梵文学不发达，"一切佛故及中国中世史均无从下手"。③ 在 1927 年的时候，钢和泰在北京大学的生活非常窘迫，陈寅恪曾致信傅斯年问其中山大学有没有解决办法，甚至希望中山大学能够"寄彼千元，留其在京"，傅斯年认为"此恐非根本解决之策"，于是他致信胡适，邀请钢和泰赴中山大学任教，并承诺"他可以带助手带学生。我们让他任意买书，薪水亦决不低，盼先生劝之"。④ 钢和泰在当时确实面临着经济危机，虽然任职北京大学，担任梵文教授，但是北大因受时局影响，拖欠钢和泰薪水致其生活窘

---

① "史语所档案"，元 265—1。
② "史语所档案"，补 1—3。
③ "史语所档案"，补 1—3。
④ 傅斯年：《致胡适》（1929 年夏），载王汎森、潘光哲、吴政上主编：《傅斯年遗札》（一），第 110 页。

迫,导致他常常为购书发愁。从 1927 年 7 月 27 日北京大学教务长
陈大齐致其书信,可见其生活状态:

> 亲爱的钢和泰男爵:
>
> 　　由于所有政府机关所面临的财政困难,我们非常愧疚,未
> 能按时支付阁下薪水。过去二十二个月(1925 年 9 月 12 日—
> 1927 年 7 月 12 日)的欠款共计 8800 元($ 8800.00)。扣除阁
> 下预领的 1925 年 9 月的部分薪水 148 元($ 148.00),至今尚
> 欠阁下总共 8562 元($ 8562.00)。
>
> 　　我相信,大学一定就此事引起政府重视,采取具体步骤,以
> 分期付款方式偿还所欠阁下之款。
>
> 您非常真诚的朋友
陈大齐
教务长①

遂在此时,位于日本东京的法日研究所向钢和泰发来邀请。傅斯年
对于钢和泰的学术研究应是有一定的认知。钢和泰 1923 年发表的
《音译梵书与中国古音》一文,首先在中国提出"应仿照西方学者推
求印欧原始语言方法,用比较语言学推求中国原始语言",同时"提
示中国学术界注意欧洲学者伯希和、高本汉等人的研究进展",从而
"使国人知道高本汉的成绩,由此开始大量翻译介绍,中国音韵学因
而进入新的发展时期"。② 而就在陈寅恪写信咨询中山大学能否解
决钢和泰去处问题时,"恰当中大停顿,钢去日本矣,但居日本非其
所愿",于是史语所成立后,傅斯年又致函陈寅恪"问其尚愿在中国

————————

① 参见王启龙编著:《钢和泰学术年谱简编》,中华书局 2008 年版,第 80 页。
② 参见王启龙编著:《钢和泰学术年谱简编》,第 35—37 页。

工作否?"其后，钢和泰先后受到位于越南的法国远东学院和哈佛燕京学社的资助。在经济困难得以缓解后，他在北平主持中印研究所。聘任钢和泰不成，傅斯年与陈寅恪也曾考虑"约柏林国家图书馆印度部主任 Nobel 君来"，但终究出于各种原因未获成功。[①] 至1932 年时，史语所选聘钢和泰为通信研究员，但并未给史语所带来实质性的助力。

在伯希和、高本汉、米勒与钢和泰之外，史语所于 1931 年还曾聘请"德日晋君（法人），系因编安阳兽骨而聘"；聘请"步达生君（英人），系因合组人类学工作室"。[②]

当然，聘请域外汉学家作为通信员的做法并非肇始于史语所，北大国学门在创办后曾聘请伯希和、今西龙、泽村专太郎、吴克德、阿脑尔特、卫礼贤、田边尚雄等法国、日本、丹麦、德国汉学家作为通信员。[③] 与此不同的是，傅斯年的世界眼光使其认识到域外汉学家之聘任"断不可泛"[④]，所以在史语所创办之初，除了伯希和、米勒[⑤]与高本汉之外，其他域外汉学家一律未聘，据此也可以看出史语所对于外国通信员选聘标准之高、要求之严。

这里再举两个被史语所拒绝的域外汉学家事例，以见史语所对

---

① 以上引文，参见"史语所档案"，补 1—3。
② "傅斯年档案"，Ⅲ：89。
③ 参见陈以爱：《中国现代学术研究机构的兴起——以北大研究所国学门为中心的探讨》，第 83 页。
④ "史语所档案"，补 1—3。
⑤ 按，傅斯年对域外汉学家实际上只重视伯希和与高本汉。米勒在 1928 年受聘为史语所外国通信员时，已经退休，史语所只聘其至 1929 年。同时，史语所因早期经费较为充裕，曾给同批受聘的伯希和、高本汉每人每月国币 100元作为津贴，但并未支付米勒。在史语所此后的发展过程中，傅斯年等史语所学人也很少提及米勒。

待域外汉学家的态度。中研院曾有意聘任德国汉学家佛兰阁（Otto Franke）为通信研究员或者给予名誉研究员之荣职，并就此事征询史语所的意见。李济将中研院的意思函达傅斯年后，傅氏于 1934 年 1 月 30 日给李济的回信中首先说明了"名誉研究员，史语所查无此物。只丁巽甫的物理有此荣衔，以奉洋人也"。其次，他再次重申史语所选聘外国通信员的标准："请外国人有二条件：一、学问值得，二、学问虽稍差，而还能勉强且有用处。似此时宜决者，请他研究有何用处（大约也还有用处，然须细考量□）若以此名号为应酬之具，则社会所之前事可看也。且请之愈滥，此名愈不值钱。此等事件之公道办法，是院中既有此意时，先集其著作，看而平衡之，以决可否？"最后，他再次提醒李济："请外国人是天下最要谨慎的事。"①其后，史语所也曾动议增聘佛兰阁为外国通信员，傅斯年就此事询问陈寅恪的意见，陈氏不无忧虑地回复说："此人在今日德国情形之下，固是正统学人，此无待论者，但除有他种可考虑之事实外，若仅据其研究中国史之成绩言，则疑将以此影响外界误会吾辈学术趋向及标准，此不能不注意也。"②所以，史语所最终取消了聘任佛兰阁的计划。佛兰阁为德国柏林大学藏文教授，傅斯年与陈寅恪在德国柏林大学就读期间，都曾听过他讲授的几门西藏课程③，但是傅、陈终究将其拒之史语所大门之外，其中的原因可能在于他们受到伯希和对于佛兰阁评价的影响，认为佛兰阁"基本上是写教科书的"④，

---

① "史语所档案"，考 2—61。
② 陈寅恪：《致傅斯年》（1936 年 11 月 13 日），《陈寅恪集·书信集》，第 53 页。
③ 王汎森：《傅斯年：中国近代历史与政治中的个体生命》，第 71 页。
④ 王汎森：《伯希和与傅斯年》，《傅斯年：中国近代历史与政治中的个体生命》，第 299 页。

做的是普及一类的工作,而史语所则意在提高,主要从事的是窄而深的专题式研究,两者路向差异显著。

另一个例子是,史语所下属山东古迹研究会负责人王献唐曾推荐加拿大汉学家明义士作为研究会顾问,遭到傅斯年的拒绝。明义士 1882 年出生于加拿大安大略省,父母皆为虔诚的新教教徒,他虽然后来考入多伦多应用科技学院的土木工程专业,但因受父母影响而笃信新教,遂于 1910 年被教会派往中国河南北部宣传新教。河南出土的甲骨文,引起了他极大的兴趣,于是他大量收集并从事研究。1932 年,明义士被齐鲁大学聘为考古学教授。1933 年 7 月 6 日,山东古迹研究会召开第三次会议,其中一项议案即为聘请加拿大人明义士为山东古迹研究会顾问,董作宾将此议案函达傅斯年、李济、梁思永,征询意见。① 傅斯年在回信中说:

> 彦堂我兄:
>
> 　　明义士君一事,弟熟思未能赞同。外国人很喜欢借名义招摇,故对外国人最易慎重。如为酬齐鲁大学好意,不妨加聘其中国教授也。此等情结系弟经验之谈,兄幸勿河汉之也。一切乞转告献唐先生,至感! 专此,敬颂
> 日祺
>
> 弟斯年 七月十日②

傅斯年说"外国人喜欢借名义招摇",实是他对当时一些假借汉学家名义的外国人行径的观察,因为他深识外国人的把戏是能用我们则用。在夏鼐留学英国期间,傅斯年去信告知:"外国汉学家每好收

---

① 参见"史语所档案",考 13—11。
② "史语所档案",考 13—12。

罗中国学生炫人。"①于道泉留学期满不愿返回,想要跟随外国汉学家赴藏考察,傅斯年致函劝说:"兄与外国人以前曾有不少来往矣,结果如何乎? 钢先生尚是外国人中之上上乘也。外国人者乃用兄以便其自己之工作,非有所爱于兄之将来也。彼以兄有用处,故用之,一入其彀,不可收拾矣。"②所以他告诫于道泉:"外国人的把戏,切不可轻于尝试。"③罗家伦评价傅斯年说:"他办历史语言研究所时所树立的标准很高,观念很近代化。他的主张是要办成一个有科学性而能在国际间的学术界站得住的研究所,绝对不是一个抱残守缺的机关。他对于外国研究中国学问的汉学家中最佩服的只有两个人,认为其余的许多都是洋骗子。一个是瑞典的高本汉(Karlgren),讲中国语音学的专家;一个是法国的伯希和(Pelliot),讲中国唐史、中央亚细亚研究的专家。"④正是因为傅斯年对于域外汉学家学识的了解,所以他对史语所选聘外国通信员一事最为慎重,这正反映了傅斯年尊重域外汉学家,但又不为外国人名声所欺的实况。

第三节　时代环境变迁与史语所的演进路径

史语所的学术命运与时代环境的变迁休戚相关。从早年寻求

---

① 此语为傅斯年致夏鼐信中言。曾昭燏在英国留学期间,写信向傅斯年请教问学时,曾引用此语。参见王汎森、杜正胜编:《傅斯年文物资料选辑》,第215页。
② "史语所档案",元62—30。按,信中所言钢先生指钢和泰,是于道泉在北京大学读书时期的老师,傅斯年在这里似乎暗指于道泉之前为钢和泰所用。
③ "史语所档案",元62—31。
④ 罗家伦:《元气淋漓的傅孟真》,载王为松编:《傅斯年印象》,第11页。

自身发展将所址由广州迁往北平，到后来因受战事影响而不断播迁，以致所址不断变更。然而，在动荡的时局中，史语所学术群体并未因此解散，恰恰相反，他们自觉保存中华学术命脉，戮力前行，在困境中开辟了学术研究的新境界，丰富了现代中国学术史的内涵。从史语所自身的发展路径以及中国社会的演进历程这个维度来观察，大致可以时间为脉络将史语所的发展分为两大阶段：前一阶段是筹备与奠定规模时期，时间从 1928 年至 1937 年；后一阶段为播迁与进一步发展时期，时间从 1938 年至 1948 年底。当然从史语所发展的整个历程来看，它自大陆迁至台湾，持续发展未曾间断，截然将后一阶段划至 1948 年底似有不妥；但从另一方面来看，1948 年底恰是史语所在大陆发展的终结，本书也正是在这个意义上对研究对象加以考察的。

一、十年有成：初创与发展

史语所的创办及其初期的研究工作并非一帆风顺，研究人员聘用、经费筹措等问题相继困扰着它的发展，但其发展的阻力更在于：人们对于史学研究的认识，尚停留在国学的层面，因此要想建立一个现代的史学研究机构，就非要破除人们思想上存在的偏见；同时，战乱的社会环境为筹备中的史语所平添了不少困难，它的调查工作常因战事而阻隔。再者，史语所居于广州，较为偏狭，为了延聘更多优秀人才、扩大研究规模，不得不将研究所从广州迁至北平。这一系列的现实问题，不仅未能摧残史语所这棵正在成长的幼苗，反因岁月的磨砺而更加苗壮。在短短的十年内，史语所取得了在世界学术界足以为傲的研究成就。

作为一个专业的现代史学研究机构，史语所的创办在中国尚属首次。如同任何新生事物的产生一样,史语所的创办起初并不被人理解。因此,中央研究院筹备时期,并未有设置史语所的考虑,原因即在于很多人"认为史学属于国故学术,而不属于科学的范围"。[①]为了破除人们在思想认识上的成见,为史语所的创办扫除思想障碍,傅斯年曾在不同场合宣示史语所的性质与国学院有着根本的区别,他在致信王献唐时,解释史语所是要发展科学的历史学,"并非求继续汉学之正统","拙作《历史语言研究所工作之旨趣》一文,意在标举此意,以求勿为正统汉学者误为同调"。[②] 由此观之,澄清人们思想认识上的误区,在当时成为史语所创办的一个前提。

在实践上,傅斯年在史语所筹备及创办之初,便开展了与整理国故不同的研究工作——动手动脚调查与发掘。但此项研究受社会环境的影响极大,从《国立中央研究院历史语言研究所十七年度报告》中,颇能显示因时代影响而对研究工作造成的不便:

> 本所筹备处成立时,即托通信员董作宾往勘,董君行至白马寺,阻于土匪,不能前往。
>
> 史君(史禄国)至云南省城后,因土匪未清,东行未得政府许可……
>
> 黄君(黄仲琴)至泉州,匪患极炽,不能往乡……
>
> (黎光明)不幸至叠溪时,为松潘战事所阻……[③]

在 1929 年至 1930 年的工作中,仍然存在相同的问题:"自本年 3 月

---

① 王戎勤:《"中央研究院"历史语言研究所所史资料初稿》,第 1 页。

② 张书学、李勇慧:《新发现的傅斯年书札辑录》,载近代史资料编辑部编:《近代史资料》总 91 号,中国社会科学出版社 1997 年版,第 149 页。

③《国立中央研究院历史语言研究所十七年度报告》,《傅斯年全集》(六),第 10、11、12 页。

起，因阎、冯叛乱，北方军事繁兴，本所之田间工作及调查，大都受其影响而停顿。"①所以史语所的研究工作在初创时期很大程度上受到社会环境的牵制，举步维艰。

再者，成立于广州的历史语言研究所还面临着发展上的困境。从傅斯年致蔡元培、杨铨的信函中可以获悉，中山大学语言历史学研究所已经开展的工作主要有：人类学调查，沿粤汉路、沿西江古物之调查，广州回教及阿拉伯人遗址之调查，民俗材料之征集，《广东通志》之重修，《经籍纂诂》之扩充等。细心观察便不难发现，这些工作开展的范围大多还囿于广东省内，与史语所作为一个全国性的研究机构并不匹配，所以傅斯年在筹备时期即有将研究所迁至北平的打算。1928 年 11 月 14 日，傅斯年致函陈寅恪，请其在北平代觅所址，并希望陈寅恪能够担任史语所北平分所的主任：

> 督察院在户部街，或刑部街，其地不如北海，请兄便中一看北海尚有地否？如无，乞一看故北京图书馆址如何？究竟何日可以腾出？中海南海稳当否（稳当云者谓后来不又圈入"官闱"也）？次则求景山北之大殿一带。六部衙门大而少用，房子数百间，恐修费巨万，故或不上算。然若实无地方者，则取衙门。弟于所房子之标准悬拟如下，想兄必以为然也。1. 地方幽雅或有历史陈迹；2. 适用而不耗费；3. 为人抢去之可能性小。……此研究所本是无中生有，凡办一事，先骑上虎背，自然成功。……北平各事接洽，须有总负责之人，而所址既有，尤须有主持者。……弟思之熟，此间同人亦同此意，推兄为北平分

---

① 《国立中央研究院历史语言研究所十八年度报告》，《傅斯年全集》（六），第 58 页。

所主任。①

此时,距离史语所的正式成立,尚不足一个月,但此信即已透露出史语所开始向学术中心北平迈进的意图。在人事上,固然傅斯年拟将国内著名的历史、语言两科的学者"一体收罗"、"无有遗漏",但因广东地处南方,研究条件受到资源限制,因而很难将北平的学者延聘到广州来。随着国民革命军对中原的统一,中央研究院为使各所集中于南京、上海办公,史语所的北迁工作也被提上议程。经所务会议议决,决定在北平成立分所,傅斯年在 1928 年 12 月 1 日致函蔡元培说:"查职所之暂设广州,实因迁就方言及人类民俗学两项材料之方便,在粤动手,易立基础,一年二年之后,职所与本院各所偕同移入南京时,可留此地为工作站。惟史料及其他各种历史的及语言的科学之材料在北平者最多,职所各组亦多设北平者。职所行政方面在粤而若干工作在平,如不于彼设立分所,轻感涣散,重妨工作,且目下北平各组将次成立,承领官廨正在进行,宜设分所以集中事物,循序责功。"②其后,终因工作开展之需要,史语所于 1929 年 6 月将全所迁至北平。

史语所自迁入北平之后,各项研究工作逐渐有序开展,史料整理、方言调查、考古发掘及其仪器、图书购置渐具规模。1933 年 3 月,除史语所第一组徐中舒等负责明清史料整理的研究人员留京之外,其他研究人员与第二、三组同时迁入上海曹家渡小万柳堂。此次搬迁,史语所"同人几皆反对","然以无可如何,故只得将工作计

① "史语所档案",元 9—1。
② 傅斯年:《致蔡元培》(1928 年 12 月 1 日),载王汎森、潘光哲、吴政上主编:《傅斯年遗札》(一),第 168—169 页。

划加以变更",实际上它对史语所工作的影响,正如傅斯年与李济在致杨铨的一封信中所说:"此时所中虽力求工作不停顿,然也就是如此一句话罢了。东西装了箱,工作焉得不少停顿? 只求在可能范围内求补救耳。"①翌年10月,史语所位于南京钦天山麓的新所址竣工,于是全所再次迁至南京工作,"自此至二十六年秋,各组工作,突飞猛进,为史语所的极盛时代"。②

自1928年史语所筹备至1937年抗日战争全面爆发止,史语所的发展处于一个相对稳定的时期,研究队伍不断壮大、研究规模不断扩大、学术影响波及海外。尽管在这期间发生了九一八事变、社会研究所的并入与分离、所址先迁上海继迁南京等重大事件,但并未对史语所的整体工作的开展造成严重影响。第一、二、三各组工作均渐次展开,并取得了影响甚巨的学术成就。具体而言,有如下数种:

一、专书部分:29种

(一)单刊(13种)

《说文阙义笺》(丁山)、《宋元以来俗子谱》(刘复、李家瑞)、《广西猺歌记音》(赵元任)、《厦门音系》(罗常培、赵元任记音、于道全编注)、《第六代达赖喇嘛仓洋嘉错情歌》(赵元任记音、于道全编注)、《金石书录目》(容媛辑、容庚校)、《山东人体质之研究》(吴金鼎)、《中国算学史(上卷)》(钱宝琮)、《中国俗曲总目稿》(刘复、李家瑞)、《唐五代西北方音》(罗常培)、《北平俗曲略》(李家瑞)、《韩

---

① 傅斯年、李济:《致杨铨》(1933年3月15日),载王汎森、潘光哲、吴政上主编:《傅斯年遗札》(一),第496—497页。

② 董作宾:《历史语言研究所在学术上的贡献》,《大陆杂志》第2卷第1期,1951年1月15日。

非子考证》(容肇祖)、《甲骨年表》(董作宾、胡厚宣)。

(二)专刊(11种)

《敦煌掇琐》(刘复)、《敦煌劫余录》(陈垣)、《校辑宋金元人词》(赵万里)、《秦汉金文录》(容庚)、《慧琳一切经音义反切考》(黄淬伯)、《鼄氏编钟图释》(徐中舒)、《元秘史译音用字考》(陈垣)、《金文编》(容庚)、《金文世族谱》(吴其昌)、《爨文丛刻(甲编)》(丁文江)、《北平风俗类征》(李家瑞)。

(三)外版专书(5种)

Mattole, An Athabaskan Language(李方桂)、《中国今日之边疆问题》(凌纯声)、《基本英语留声片课本》(赵元任)、《新国语留声片课本》(赵元任)、《浚县彝器》(郭宝钧)。

二、论文:245篇

1.《历史语言研究所集刊》第一本第一分至第七本第二分,共收论文177篇;

2.《安阳发掘报告》第一至四册,共收论文27篇;

3.《中国考古学报》第一册,共收论文6篇;

4.《庆祝蔡元培先生六十五岁论文集》,共收论文35篇。

三、史料丛刊:4种

1.《延平王户官杨英从征实录》;

2.《内阁大库书档旧目》;

3.《清代官书记台湾郑氏之事》;

4.《明清史料》甲、乙、丙编(每编十册)。

四、正在进行中或已撰成待付梓的论著有:

1.《湖北方言调查报告》——调查已毕,正在撰写中;

2.《殷墟文字甲编》——编撰已成,稿送商务印书馆,尚未出版;

3.《中国考古报告》第二集——共收论文 7 篇，已撰成；

4.《左氏春秋义例辨》——陈槃撰，已撰成专著付印，未出版；

5. 收入《集刊》第七本第三、四分及第八本的论文 37 篇，待付印；

6.《性命古训辨证》——傅斯年撰，已付印，未出版；

7.《广韵校勘记》——周祖谟撰，已付印，未出版；

8.《辽文汇》——陈述编，已付印，未出版。①

在实践领域，史语所在河南安阳开展了十五次考古发掘，学术成果震惊中外。除此之外，中央研究院又分别与山东省政府、河南省政府成立山东古迹研究会和河南古迹研究会。其中山东古迹研究会在历城县龙山镇城子崖进行了两次考古发掘，在潍县、曲阜、济宁、邹县、滕县、日照等多地进行了考古调查与试掘；而河南古迹研究会在河南的辉县、浚县等多地进行了考古发掘，成果颇为丰富。史语所的考古成就，因梅原末治与伯希和等学者在东西方学术界的宣传，而大受国际学界的关注。

抗日战争爆发前夕，史语所各组均取得了值得重视的学术成就，其组织机构、人员规模、研究内容、国际影响均已初步奠定。今天看来，在以发达近代自然科学为职志的中央研究院中，史语所却是规模与影响最大的研究所。仅从 1935 年的研究人员来看，史语所在全院十个研究所中人数最多，占有 79 人，其次为社会研究所 56 人；在自然科学研究所中，规模较大的气象、物理与地质研究所人数一般在 30 至 40 之间，而天文和心理研究所则均

---

① "史语所档案"，补 29—32。

不足 20 人。①

二、再创辉煌：播迁与成就

从 1937 年起至 1948 年底的十余年间，史语所因政治环境的影响而不断播迁。1937 年 8 月，淞沪会战爆发后，"敌机不断来京轰炸"②，史语所为了维系既存研究成果和学术研究的统绪，决定将全所人员内迁。随着战事的扩大，史语所各组开始将善本图书与重要仪器、标本装箱，一部分经李济督运，保存在江西南昌省立农学院，一部分随史语所迁至湖南长沙圣经学校。1937 年 8 月 22 日，助理员芮逸夫率先抵达湖南，开始料理一切；23 日，王湘、石璋如、胡福林、那廉君续到；24 日，梁思永与董作宾等人相继抵湘。这时，史语所将办公地点迁至长沙韭菜园圣经学校。在随后的两个多月，史语所成员陆续赶往圣经学校，至 10 月 23 日，不计第四组学人及其他工作人员，此时到达湖南的史语所学人计有 35 人。董作宾在抵达长沙后致函傅斯年，从一个迁徙者的角度叙述了所址播迁给整个史语所研究人员带来的种种困难：

> 孟真兄：
>
> 　　白费了半个月的光阴，今天（九月三日）才把一个漂泊的家安插，有一张桌子可以写信了。由思永兄那里借读大示，深感吾兄维持大局之苦心。一切，弟当努力协助诸公刻励进行，至少，自己是不敢贪图苟安的。前日南昌消息不好，同人极焦

---

① "中央研究院"八十年院史编纂委员会编：《追求卓越："中央研究院"八十年》卷一《任重道远（全院篇）》，"中央研究院"2008 年版，第 22 页。
② 《历史语言研究所二十六年度至二十八年度报告》，《傅斯年全集》（六），第 535 页。

灼。及电询，始知存件安全。弟等私计，拟派人前往照料，或者运湘，但均非易；因移动须有院中文件，往返需时，又运费浩大，恐此间存款不便动用。南昌存件之移动与否？或更谋安全办法，一切，思永兄当有函奉商也。

运箱之船，一再拖延，今日仍未到，又推云明日可达。计二、三批均由此船（湘潭）装来，来即分别存入地下室也。

关于本所工作，此时尚有所待。一、需待平大联合办公处来人商量分配房子各事。二、房子分配后，各所工作室再为分配。三、始能计及应作之工作。日来有本院或一部分迁南岳之说，弟与思永兄觉无论如何，本所不便迁往；即本所他组可迁，三组必不可迁，因吾等材料太多，搬运费钱，且亦难保较长沙为安全耳。一两日内必有各项决定，容即另函详陈。

济之兄在京否？为言巽翁老伯暨其家人安健。此间无眷属者较易安插，皆往圣经校宿舍，有眷者租房颇不易，朱经农夫妇为此破费功夫。现弟正觅得城内浏正街七七号楼下三间，尚可暂居，押金百卅元，行租月十三元。思永、元任、济之太太皆已租定房子，同人多已安定。惟劳榦君此来同行，因负担太重，不胜其苦（其家大小七口吃饭），弟一路目睹，然亦爱莫能助耳。

长沙屋多卑温，不宜久居。所幸者，虽曾有警报三次，皆未果来。如此苟安旦夕，能将安阳报告粗成梗概，亦可稍尽一点自己之责任也。第三组工作之分配，乃安阳报告编制办法，日内有所拟定，即当奉闻。弟所租之斗室，已摆书摊子，且先理未完成之一部分稿件（第五期之祀典之未完稿）耳。

　　专此，即颂近安。济之、籽原、毅候、及在京同人，祈为
道候。

弟作宾

九月三日夜①

此函传递出史语所学人在生活苟安旦夕的境遇中，首先考虑的不是
个人安危，而是史语所的存件安全与否、安阳发掘报告的编制办法
以及个人文稿的撰述问题，由此反映出史语所学术群体学术研究的
使命感与责任感。

　　尽管史语所学人受尽迁徙之苦，不愿将所址再次变动，但因南
京战事失利，中央研究院无奈只能决定再度西迁，史语所也根据
1937 年底院务会议所定原则，决定将所址迁往云南。迁徙工作从
是年 12 月起，持续至 1938 年 4 月，其间战乱频仍、交通阻断；加之
史语所人员众多，迁徙较缓；图书、仪器等物数量之巨，更为迁徙带
来不便，因而整个迁徙工作异常艰辛。在迁徙过程中，凡不能随史
语所迁徙的员工，予以疏散解职；随迁的人员，亦要分担押运公物迁
往重庆与昆明。所中图书、仪器、标本、档案、册籍等物多达 1132 箱
（其中第一组 101 箱，第二组 61 箱，第三组 262 箱，第四组 126 箱，
图书 381 箱，文书、会计、庶务三处的档案共计 24 箱，出版品 157
箱），因此不得不采取分投疏运的方法，即运往昆明 356 箱，运往重
庆 300 余箱，运往桂林 34 箱；另有 68 箱存在长沙，2 箱存在汉口，52
箱存在香港，160 箱图书借于西南联合大学，3 箱借于资源委员会，
将 157 箱出版品移售于商务印书馆。② 其余尚有 60 余箱以及研究

---

① "史语所档案"，补 29—32。
② "史语所档案"，杂 4—4—1。

人员的个人图书、文物，因缺乏运输工具，而不得不封存在长沙圣经学校。迁往昆明之后，第二组研究人员率先租用城东拓东路663号楼房作为办公地点；随后，第四、第三、第一各组人员亦先后抵达，加租城北青云街靛花巷3号大楼之一部分作为备用的办公地点。直至7月份，史语所四组人员才齐聚靛花巷办公大楼，研究工作始步入正轨。但好景不长，9月28日，昆明陷入敌机的轰炸之中，考虑到史语所同仁的安全，乃决定将所址再次迁徙至昆明城北十一公里处的龙泉镇棕皮营村响应寺及龙头书坞。同时，保留昆明靛花巷房舍作为城内办事处。

史语所在昆明的研究工作持续了近两年的时间。至1940年，滇边军事吃紧，不得不再次考虑迁徙所址。6月20日，史语所召开临时所务会议，讨论了所址迁徙问题，并决定请总办事处拨款准备将图书、文物装箱。为了给史语所成员寻觅一个长期安定的研究基地，所中派遣芮逸夫先行到四川川南寻觅，于是年9月确定将所址迁至四川南溪县李庄西约六里的板栗坳张家大院。整个迁徙工作困难重重，波折不断。在陆路运输方面，10月份，史语所文物相继迁徙，途中有两辆卡车出现翻车事故，一辆卡车在昆明北易隆翻车，另一辆在四川叙永县翻车落水。在水路方面，11月10日，由四川民生公司负责自泸县运往宜宾转至李庄的文物、书籍140箱，卸载在五号驳船。由于五号驳船船舷破漏，堆货超载失衡，加上夜间经过航轮鼓浪冲击，以致驳船倾覆、文物全部落水，后经全力打捞、晾晒、维修，才避免过大的损失。

史语所的全体人员在四川李庄度过了六个春秋，这六年也是全国抗战的关键时期，由此造成后方物资奇缺、物价持续膨胀。在艰苦的岁月中，史语所群体创造了许多学术精品，直至今日仍为学界称道。1945 年 8 月,日本宣布无条件投降,史语所也开始筹备复员工作,并相继派石璋如、王崇武、何兹全等人赴南京筹备还都事项。在此期间,史语所接受了"北平东方文化研究所",并设立"北平办事处",聘余逊为主任,一方面商借北海公园静心斋及蚕坛作为清查以前遗存史料之用,另一方面负责接受东方文化研究所等相关事宜。1946 年,史语所将大本营迁回南京鸡鸣寺。因政治原因,史语所于 1948 年底迁往台湾桃园县杨梅镇,历经六年风雨,再次将所址迁至台湾南港区,并相沿至今。

虽然从 1937 年底至 1948 年底史语所屡经迁徙,研究人员饱受战争之苦,不曾获得安定的学术环境,但他们抱定书生救国,"唯期贡其一得"①的信念,在艰苦的学术环境中仍然创造了辉煌的学术成就。在此,我们逐次胪列其主要学术成果,以便集中观览其成就所在。

表 1-1 史语所 1938—1948 年间研究成果

时　间	成　就
1938 年	1. 出版专刊《广韵校勘记》 2. 出版《历史语言研究所集刊》第七本第四分,载论文 7 篇 3. 出版《人类学集刊》第一卷第一期,载论文 6 篇 4. 出版《中国人类学志》第二册《华北平原中国人之体质测量》
1939 年	1. 出版单刊《钟祥方言记》 2. 出版《历史语言研究所集刊》第八本第一、二、三、四分,共载论文 25 篇 3. 出版《周公测景台调查报告》
1940 年	1. 出版单刊《性命古训辨证》《龙州土语》《临川音系》三种 2. 出版《中国音韵学研究》
1941 年	出版《人类学集刊》第二卷第一、二期合刊,共载论文 10 篇

---

① "史语所档案",李 13—8—1。

时　　间	成　　就
1942 年	出版《历史语言研究所集刊》第十本,载论文 18 篇
1943 年	1. 出版专刊《居延汉简考释·释文部分》 2. 出版单刊《莫语记略》
1944 年	1. 出版专刊《隋唐制度渊源略论稿》《唐代政治史述论稿》《居延汉简考释·考证部分》《唐宋帝国与运河》4 种 2. 出版单刊《上古音韵表稿》 3. 出版《历史语言研究所集刊》第十一本,载论文 19 篇 4. 出版《集刊》外编第二种《史料与史学》上册,载《发刊词》及论文 2 篇
1945 年	1. 出版专刊《殷历谱》 2. 出版《集刊》外编第二种《史料与史学》下册,载论文 7 篇 3. 出版《集刊》外编第三种《六同别录》上、中册,载《编辑者告白》及论文 21 篇
1946 年	出版《集刊》外编第三种《六同别录》下册,载论文 8 篇
1947 年	1. 出版专刊《左氏春秋义例辨》《庄子校释》2 种 2. 出版单刊《湘西苗族调查报告》 3. 出版《历史语言研究所集刊》第九本,载论文 12 篇 4. 出版《清内阁旧藏汉文黄册联合目录》 5. 出版《中国考古学报》第二册,载《前言》及论文 6 篇
1948 年	1. 出版专刊《明靖难史事考证稿》《明本纪校注》《奉天靖难记注》《湖北方言调查报告》《两汉太守刺史表》《列子补正》《元和姓纂四校记》7 种 2. 出版《历史语言研究所集刊》第十本、第十二至二十本上册,共载论文 125 篇 3. 出版《中国考古学报》第三册,载论文 4 篇 4. 出版《中国考古报告集》之《殷墟文字甲编图版》与《殷墟文字乙编图版上辑》2 种 5. 存上海商务印书馆待刊布之论著有: (甲)专刊:《汉魏六朝墓志铭》《辽文汇》《广韵校本》《郭向庄子校注记》《中国考古学报》第四册 5 种; (乙)《历史语言研究所集刊》第二十本下册及第二十一本; (丙)《人类学集刊》第一卷第二期; (丁)《明清史料》丁编

在内忧外患交织的战争年代,史语所学人作为一个现代学术社群,虽经战火的淬砺,却依然坚如磐石,矢志不移地以发展中国学术文化为职志,于曲折发展的 20 年间创造了辉煌的成就。

第二章　史语所的运作机制

20世纪二三十年代,以中研院史语所为样板的现代学术研究机构在中国大地生根发芽。这一效仿欧美学术生产机制的做法,折射出中国现代学人力图改变晚近以来学殖落伍国外的局面。史语所作为迥异于传统国学院研究模式之现代学术研究机构,对于自身的组织机构、研究组别、运作模式、人才培养和经费收支等方面,都建立了一套制度性的约束与管理办法,从而使得身处其中的职业史家能够安心工作,他们的学术成就也按照学术贡献的大小作为职称评审的依据。这套运作机制保障了史语所即便是在时代环境急剧变动的背景下,依然能够维持自身的良性运作而不中辍,同时形塑了现代中国史学的诸多特征。

第一节　组织章程:制度与人事

史语所的运作有赖于组织章程的规范与引导。在史语所的筹备与创立期,组织章程的制定经历了一个不断完善的过程。

一、《组织大纲》的拟定与缺陷

中央研究院作为民国时期国家学术研究的最高机关,在内部的机构设置与规划中本无史语所。匆忙之际筹备起来的史语所,早期仅有傅斯年、顾颉刚与杨振声三人,不具规模,故亦无组织大纲与章程可言。直至 1928 年 5 月 5 日,才由傅斯年等拟定了《中央研究院历史语言研究所组织大纲》(简称"《组织大纲》")①,共设 24 条,因涉及到史语所后期的组织架构与运作机制,故全文移录于下:

中央研究院历史语言研究所组织大纲

一、中央研究院历史语言研究所设置之目的如下:

(1)系统的并以科学的方法取得一切历史学及语言学范围内之材料,以免自然之损失及因鲁莽的搜集或发掘而生之损失。

(2)研究一切新得及旧有材料,以增加历史学及语言学中各科目之科学的智识。

二、本研究所,由大学院院长聘任下列人员组织之

所长,

所员,

研究员,

常任秘书。

三、所长须负国内外历史学或语言学伦辈中重大物望并能领袖表率此数种学科之进行者;在必要时,得由中央研究院院

———————————

① "史语所档案",补 1—2。

长兼任之。

四、研究员须于历史学或语言学范围内各科之一有超异之贡献，为同科学者所承认，并现在仍以继续作该科之研究为业者。

五、研究员无定额，在创置时大学院院长就国内学者中之合于上项资格者聘任之，并聘任中山大学教员中参与本所筹备工作并在本所正式成立前以研究论文或报告刊于本所出版物，其将来之继续贡献可就此识得者。

六、研究员不支薪俸及津贴；但专任本所之研究及事务者得由中央研究院院长依大学院及中央研究院关于此类事之通则规定其薪俸或津贴。其非在本所专任研究及事务而为谋其工作之方便及有效，有酌给津贴之必要者，亦得由中央研究院院长依大学院及中央研究院关于此类事之通则行之。

七、研究员无任期；但一年以上未与本所为学术之通信及未报告其研究工作时，即自动的失其研究员之资格。如须回复其资格时，应经所务会议审查通过。

八、大学院院长就研究员中聘任五人至九人组织所务会议，此项所务会议决定下列事项：

（1）下年工作计划书之编制，

（2）下年豫算之编制，

（3）研究员或所外学者提议举行某种工作时决定其可行与否，

（4）综核全所人员一切研究之工作，

（5）决定其他重要之所务。

九、自所务会议成立后，研究员之聘任须首由所务会议全体通过,呈由大学院院长聘任之;其多数通过而未全体通过者,中央研究院院长保留聘任与否之决定。

十、大学院院长就所务会议之分子中聘任一人为常务秘书;常务秘书承所长之指导执行所务会议之决定案并其他一切所务。

十一、本所设事务部,由常务秘书统理之,其中分文书、庶务、会计等组。

十二、所务会议决定工程、守藏、编刊三委员会之组织,并为每项推定主任一人,商承所长执行事务。

十三、为取得研究之材料及图研究之方便起见,设置通信员若干人。通信员须由所务会议过半数之决定,呈请中央研究院院长函聘之。其为本所切实工作之通信员,有补助其研究费用及生活费用之必要者,得由中央研究院院长酌定给与津贴。

十四、为取得研究之材料及图研究之方便起见,所务会议(在所务会议未成立以前为筹备员会议)得对于国外之历史学者或语言学者以过半数之决定,呈请中央研究院院长聘任为外国通信员。其在历史学或语言学中,著作贡献为世界所公认为有极大之价值者,得由所务会议(在所务会议未成立以前为筹备员会议)全体决定,呈请中央研究院院长聘任为外国所员。

十五、外国所员与将来设置之所员同等,如本所所员开会,外国所员在其地时,得为同样之列席;但表决权之取得与否,由中央研究院院长随时决定之。

十六、在研究所服务之非中华民国国籍人,得与中国人同样聘为研究员。

十七、本所得设学侣,无定额;凡于历史学或语言学范围内之学科已开始为研究之工作,有良好之成绩,以后可因与本所之关系,得研究之方便,助成其研究之前进者,随时由所务会议议决,经所长函任之。

十八、本所得设置研究生,无定额;以训练成历史学及语言学范围内共为工作之人,而谋集众工作之方便以成此等学科之进步;其规定另定之。

十九、为某种研究之进行需用技师或助手时,得随时添置之;其规定另定之。

二十、所务会议成立以后,每年选举所员一次,至多四人,无相当者缺之。所员必须于历史学或语言学范围以内科目中有极超越之贡献,开辟研究之新道路,为国内外同科学者所共认者,其最多额为十五人。

二十一、所务会议成立三年以后,所员之举出逾十人时,取消在创置时聘任之所务会议,改由所员组织所务会议,重选常任秘书。

二十二、本所研究之结果作为下列刊物发布之:

(1)报告书　长篇之研究报告或调查报告,每种可独立成册者(八开本)。

(2)集刊　较短篇之研究报告或调查报告,每种不能独立成册者(十六开本)。

(3)史料集　经过相当整理之史料(八开本)。

(4)历史语言目录学报(十六开本)。

(5)其他随时由所务会议决定之刊物及副刊物。

二十三、本大纲如有未尽事宜,得随时由所务会议讨论改拟，呈请大学院院长核准修正之。

二十四、本大纲于大学院公布之日施行。

史语所于筹备时期拟定的《组织大纲》，在内容上主要涵括史语所设置的目的，所长如何任命，研究员的任职条件、薪俸津贴与任期，所务会议的权力，及学侣、研究生、外国所员、通信员的设置与任职办法等。以后来史语所的发展观照这份筹备时期的《组织大纲》，可以看出其中含有不少空想的成分，甚至存有某些缺陷。譬如，关于史语所内部专职研究人员的职称设置，在《组织大纲》中仅有研究员一种，以至后来傅斯年想要聘请董作宾、商承祚、容肇祖、余永梁与黄仲琴五人来史语所从事研究工作，因没有合适的职称匹配而咨询蔡元培："下列五人聘之为研究员则不能，任之为助理员则不能，未知可否设一名目介于两者之间者？"①随着时间的推移与工作的开展，史语所的组织架构也处在不断变动之中。

二、《暂行组织大纲》与组织架构的奠定

1928 年 9 月，史语所在原有《组织大纲》的基础上，又制定了《国立中央研究院历史语言研究所暂行组织大纲》（简称"《暂行组织大纲》"）②，共设 11 章，分别为：

---

① 南京中国第二档案馆"中央研究院档案"，全宗号 393，案卷号 421。

② 参见苏同炳：《手植桢楠已成荫——傅斯年与中研院史语所》，学生书局 2012 年版，第 174—179 页。按，苏氏认为这篇《暂行组织大纲》"拟定时间似在十七年底至十八年六月之间"。根据王愐勤的考订，《暂行组织大纲》拟定时间在 1928 年 9 月份。参见《"中央研究院"历史语言研究所四十周年纪念特刊》，"中央研究院"历史语言研究所 1968 年版，第 2 页。

第一章　建置

第一条　国立中央研究院于院中设置历史语言研究所,以便用科学赋给之工具,整理历史的及语言的材料。

第二条　历史语言研究所以从事下列工作为目的:

甲、辅助从事纯粹客观及语学之企业。

乙、辅助能从事且已从事纯粹客观史学及语学之人。

丙、择应举之合作工作次第举行之。

丁、成就若干能使用近代西洋人所供用之工具之少年学者。

戊、使此研究所为中国或外国为此两类科学者公有之刊布机关。

己、发达历史语言两科之目录学及文籍检字学。

第三条　历史语言研究所以院长聘任之研究员、编辑员组成之。

第四条　历史语言研究所暂设下列各组:

一、史料

二、汉语

三、文籍考订

四、民间文艺

五、汉字

六、考古

七、人类学及民物学

八、敦煌材料研究

第五条　历史语言研究所设所长一人,统理全所事务;秘书一人或二人,执行所中事务。所长及秘书必须为专任研究员。

第二章　所务会议及所长

第六条　历史语言研究所之所务会议,由各组主任组织之,所长及秘书均为当然议员,院长得就组主任以外之研究员指定若干人加入所务会议。

第七条　所务会议以所长为主席,秘书为书记。

第八条　所务会议决议下列各事:

一、制定本所一切章程。

二、每组之废止及增加。

三、编制预算,审定决算。

四、决定与研究员及编辑员之约定。

五、集众工作之决定。

六、工作报告之审查。

七、出版事件之大体。

八、财务报告、购置报告之审查。

第九条　因各组不设一处,所务会议得以传函签注之法举行之。所长因事实之需要及急切,得为便宜之处置,但必须于一个月内向所务会议请求追认,若所务会议五分之三以上否决时,此项便宜处置无效。

第三章　事务系统

第十条　所长、秘书之下,设图书员一人至三人,工程员一人至二人,会计员一人,庶务员一人,书记若干人,技术员若干人。

第十一条　秘书为事务之总负责者。秘书考核职员之规则另订之。

第四章　组别

第十二条　每组设主任一人,由专任或兼任研究员任之。其在特种情形之下,由特约研究员担任时,须由所长请院长特别核准,并须于此组中任一事务负责人。

第十三条　各组均须定一预算。

第十四条　凡不属于各组之集众工作及研究员之工作,由秘书综其事务。

第十五条　研究员得于组外作研究,其工作之性质虽属于某一组,然若愿不以此工作加入该组时,得向所务会议声明。

第五章　研究员及编辑员

第十六条　研究员分专任、兼任、特约三类。

专任研究员通常不得兼任其他任何职务。如院长以某一种职务之兼任不妨碍其研究工作时,得特别许可其兼任,但由此而得之薪水、津贴,须缴付本所。

兼任研究员在约定时,须叙明本所任务占其全部工作几成。在此成数之内不得移任他事。

特约研究员如工作上需要本所之协助时,得向所务会议提出。所务会议依本所需要及经济力量随时决定之。

特约研究员如担任组主任及其他重要工作时,得承受本所之津贴。

第十七条　专任研究员任期二年至四年,得延长若干时或连任。兼任研究员任期一年至三年,得延长若干时或连任。特约研究员任期二年,得连任。

第十八条　编辑员分专任、兼任、特约三类。此三类之责任及待遇,均与第十六条及第十七条对于研究员之规定同。

第六章　外国通信员

第十九条 院长得聘外国语言、历史学者为本所外国通信员。

第二十条 前项之外国通信员如其工作需要若干经济的帮助,而此项工作与本所之工作有切实之关系者,院长得决定对之为一次之资助或按月之资助。按月之资助由一年至三年,但得继续。

第二十一条 其不属于第十九条所规定之外国学者,本所如有事件委托时,院长或所长得聘其为通信员,与次章之通信员同,不与本章之外国通信员同。

第二十二条 外国通信员在中国时,得与组主任同样参加所务会议。

第七章 通信员及其他

第二十三条 院长及所长得就本所需要,聘请或任用通信员及其他为本所工作有需要而设之人员。所长作此项聘任时,须先经院长核准。

第八章 助理员

第二十四条 历史语言研究所任用助理员若干人,助理各组及组外之研究工作,以训练其在后来独立自作研究。

助理员任用,经院长核准后由所长行之。

第二十五条 助理员之工作,一部分为其自己之研究,此项研究,须先将题目拟就,由组主任及所长许可,并由组主任及所长视察其工作又一部分由组主任及所长分配之工作。

第二十六条 助理员成绩特别优善者,由本所或本院奖励之。

第九章 学生

第二十七条 历史语言研究所之学生,须合于下列要求,由本所以考试方法取录之。

一、国立大学毕业,或有相类之学力者。

二、于历史、语言各科之一,曾有多少研究者。

三、有一种主要欧洲文能读书者。

四、愿此后专致力于历史、语言科目之一者。

第二十八条 历史语言研究所得以需要随时设置额外学生。

第十章 出版

第二十九条 历史语言研究所编印下列刊物:

集刊

单刊

史料集

历史语言目录学报

特种刊物

所务会议为上项刊物之编辑者。

第三十条 各组如有自办一种刊物之必要时,得由所务会议议决,并委托组主任编整之,但所务会议仍保留其修正权。

第十一章 杂则

第三十一条 每半年秘书须协同会计主任将支出报告刊印之。

第三十二条 本组织大纲得由研究员满三人之提议,交所务会议议决修正,经院长核准行之。

第三十三条 本组织大纲由院长核准之日施行。

附条

一、此大纲未核准以前，所长举行之事，须交所务会议追认之。

二、本年内因各组未一律成立，所务会议之组织仍施用八月中院长所指定者，待十八年七月份改用由第　条规定而成立之所务会议。

相较于 5 月份拟定的《组织大纲》而言，《暂行组织大纲》更为系统，内容由原来的 24 条删改增订为 33 条，并且有了较大的变化，其中有四个方面的内容最为显著：一是，在研究组别的设定方面，《暂行组织大纲》规定史语所暂设史料、汉语、文籍考订、民间文艺、汉字、考古、人类学及民物学、敦煌材料研究八个组别开展研究工作，同时规定每组设主任一人，由专任研究员或兼任研究员担任。有关此点，在《组织大纲》中尚未体现。二是，在史语所内部研究人员的构成上，《组织大纲》分为研究员与所员；而《暂行组织大纲》则分设研究员、编辑员与助理员，并且将研究员与编辑员分为专任、兼任与特约三种类型，对不同类型研究人员的任职与分担的工作做出了详细的规定。三是，《暂行组织大纲》相较《组织大纲》增设了行政系统人员，如所长、秘书之下，设图书员一至三人，工程员一至二人，会计员一人，庶务员一人，书记若干人，技术员若干人。四是，关于所务会议的人员构成及职能方面，《组织大纲》与《暂行组织大纲》也存在较大差异，兹列下表比较两者异同。

表 2-1　史语所《组织大纲》与《暂行组织大纲》关于所务会议主要内容异同

内容	《组织大纲》	《暂行组织大纲》
会议人员构成	由院长就研究员中聘任五人至九人组织所务会议	所务会议由各组主任组织之，院长得就组主任以外之研究员指定若干人加入所务会议

续表

内容	《组织大纲》	《暂行组织大纲》
会议组织者	未说明	以所长为主席,秘书为书记
会议议决内容	(1)下年工作计划书之编制 (2)下年预算之编制 (3)研究员或所外学者提议举行某种工作时决定其可行与否 (4)综核全所人员一切研究之工作 (5)决定其他重要之所务	(1)制定本所一切章程 (2)每组之废止及增加 (3)编制预算,审定决算 (4)决定与研究员及编辑员之约定 (5)集众工作之决定 (6)工作报告之审查 (7)出版事件之大体 (8)财务报告、购置报告之审查

据此可见,《暂行组织大纲》规定了所务会议在审定组别设置、财务预算、集众工作的实施及出版事宜等关涉史语所发展的重大问题方面所具有的决议权。

观照史语所之发展路径,重审史语所成立初期的这份《暂行组织大纲》,尽管傅斯年等人最初的设想与史语所在后期发展过程中面临的实际情况并不完全吻合,但是不难发现它已基本奠定了史语所的内部组织结构,进而从制度层面规范了史语所的发展方向。

三、《章程草案》与组织结构的实景反映

1936 年,历经八年发展的史语所,羽翼渐丰,制度运作亦走上正轨。此年,根据中央研究院之统一要求,各所均需依照中央研究院研究所组织通则制定相应的章程,以便完善研究院之规章制度。傅斯年根据史语所之现状,在原有组织条例的基础上,草拟了《历史

语言研究所各项章程草案》①(简称《章程草案》)。据此《章程草案》,不仅可知史语所组织架构之变动完善,而且从中亦可管窥学术实践的发展对史语所运作机制的影响。

国立中央研究院历史语言研究所章程

第一条　本章程依据"国立中央研究院研究所组织通则"第二条之规定制定之。

第二条　国立中央研究院设置历史语言研究所,用近代治学之工具,整理并研究史学的、语学的、考古学的,及人类学的各类材料,并以下列之工作为纲领:

一、各种集众工作;

二、上文所指各种材料之寻求、考订、编辑及刊行。

第三条　本所暂设左列四组:

第一组　史学、文籍校订学等,属之;

第二组　汉语学、边疆各语学、一般语言学等,属之;

第三组　考古学属之;

第四组　人类学属之。

第四条　本所设所长一人,由中央研究院院长聘任之。所长综理所务并指导研究事宜。

第五条　本所设专任研究员若干人,分任研究、整理及考察工作。并得依必要设通信研究员若干人。专任研究员及通

---

① "史语所档案",元526—6。按,此《章程草案》因未呈所务会议审议,故傅斯年在封面"章程"后增补了"草案"二字;然行文中仍使用"国立中央研究院历史语言研究所章程"。这份《章程草案》,于1936年9月29日,经所务会议讨论通过(参见"史语所档案",元525—4)。在此之前,傅斯年曾致函陈寅恪、李济、吴定良三人,先行商讨(参见"史语所档案",元525—2)。

信研究员均由中央研究院院长聘任,其聘任之手续另定之。

第六条　本所所务得由所长在专任研究员中指定一人或数人协助之,所长请假时,得依院长之裁可委托专任研究员一人代理之。

第七条　本章程第三条所列各组各设主任一人,由所长依所务会议之同意,就该组专任研究员中推荐一人于院长,由院长函聘兼任之,所长得自兼为一组之主任。

第八条　依研究所通则第　条之规定,本所得设专任编辑员若干人,担任采集、典守及编定与本所研究范围有关之学术材料及指导助理员工作。并得依必要设通信编辑员若干人。专任编辑员及通信编辑员,均由中央研究院院长聘任,其聘任之手续另定之。

第九条　专任研究员及专任编辑员应长川在所工作,如因必要与其他学术机关定有契约者,其变通方法,须经所务会议之通过、院长之裁可。通信研究员及通信编辑员如于有特殊事项时,由本所临时委托到所或在所外工作。

第十条　本所研究员及编辑员之人选,以曾于史学、语学、考古学或人类学之范围内有重要之贡献,并限制仍继续作研究者为限。

第十一条　本所设助理员若干人,由所长提请院长函任之,在研究员及编辑员指导之下,从事研究工作。助理员之资格,依研究所组织通则第　条之规定。

第十二条　本所得设练习助理员若干人,由本所用考试方法选拔,提请院长函任之。应练习助理员考试者之资格,依研究所组织通则第　条规定。

　　第十三条　研究员、编辑员、助理员及练习助理员之任期均为一年，但得连任。

　　第十四条　依研究所通则第　条之规定，本所得设图书员、技士及技术员各若干人，均由所长提请院长函任之，分任典守、整理、编定、测绘、计算、化学分析及其他特殊工作。

　　第十五条　本所设各项事务员及书记若干人，由所长提请院长函任之。

　　第十六条　本所所务会议，以所长、各组主任及专任研究员组织之，专任编辑员得列席所务会议。所务会议由所长随时召开，但至少须每六个月召集一次，开会时，以所长为主席。

　　第十七条　所务会议之职权如左：

　　一、审议本所预算及决算及其他财政事项；

　　二、审议本所各项规划；

　　三、审议本所工作进行计划并审查工作之成绩；

　　四、审议图书及设备事项；

　　五、审议有关本所之学术奖励事项；

　　六、审议本所与国内外学术机关之联络事项；

　　七、审议其他院长交议及所长、研究员、编辑员提议事项；

　　八、审议本所各项人员任免事项。

　　第十八条　本章程之修改，由所务会议提请院长核准行之。

　　第十九条　本章程经院长核准公布之日施行。

　　这份《章程草案》主要说明了史语所工作之旨趣、主要分组、人员构成及所务会议的权限，内容更倾向于从宏观层面展现当时史语所的运作模式，而较少空想的成分。如1934年社会科学研究所之民俗学组划归史语所，构成了史语所之人类学组，所以《章程草案》之第三条言本所暂设历史学、语言学、考古学与人类学四组。又如，傅斯年常因工作繁忙而请李济代掌所长之职，故而《章程草案》第七条云："本所所务得由所长在专任研究员中指定一人或数人协助之，所长请假时，得依院长之裁可委托专任研究员一人代理之。"这实际上反映了当时史语所的情形。还如，第十七条所定"所务会议的职权"，也较《暂行组织大纲》的规定更为切合实际，这也是史语所在运行过程中，根据所务会议的实责，作出的实事求是的规定。因此，《章程草案》更注重反映当时史语所已经形成的运作机制，是史语所制度建设的实景呈现。

第二节　研究组别：困境与调适

史语所的机构组成在相当长的一个时期内分为历史、语言与考古三组，直至1934年合并社会所的民族学组后，才构成了四组并存的格局。历史、语言与考古三组的设置，显示了史语所工作的重点所在和努力方向，然而这三组的设置是傅斯年不断对史语所研究方向与内容进行调适的结果。史语所在草创阶段，因未能准确定位工作难度、人员选聘与经费支出等项，研究组别的设置相当混乱。在傅斯年1928年至1929年不同阶段的研究计划、报告与书信中，曾出现将史语所分为九组、八组、六组、七组等不同情形，通过在工作实践中的渐续合并、裁撤，才最终将史语所的研究组别厘定为历史、语言与考古三组。

一、最初的设想

史语所是在中山大学语言历史学研究所的基础上成立的，所以在组织机构上，二者之间也存在一定的继承性。从傅斯年等人创办的《国立第一中山大学语言历史学研究所周刊》可以获悉，语史所研究的范围异常广泛，门类众多，涵括实验语音、汉语、汉字、考古、文籍校订、民间文学、中国乐梵汉番经论较读、民俗学、人类学、中国古代史、近代史料、英语学、英当代文学等 13 个门类。① 这些门类与以后史语所所从事的研究工作在总体路径上并无二致。然而，史语所成立之前，中山大学语史所研究工作的开展并不充分，故史语所亦未完全承袭语史所的 13 个研究组别。1928 年 5 月，傅斯年撰写《历史语言研究所工作之旨趣》，宣示史语所之创办。在《旨趣》中，他设想于两年之内次第成立九个研究组别：

> 一，文籍考订；二，史料征集；三，考古；四，人类及民物；五，比较艺术；以上历史范围；六，汉语；七，西南语；八，中央亚细亚语；九，语言学；以上语言范围。②

但在 1928 年 10 月 22 日史语所正式成立之日，已废除预设九组的计划，决定筹设八组：史学组、敦煌材料组、文籍校订组、汉语组、汉字组、民间文艺组、考古组与人类学组。③ 次月，由傅斯年撰

① 参见《附白》，《国立第一中山大学语言历史学研究所周刊》第一集第一期，1927 年 11 月 1 日。
② 傅斯年：《历史语言研究所工作之旨趣》，《历史语言研究所集刊》第一本第一分，1928 年。
③ 王懋勤：《"中央研究院"历史语言研究所大事年表》，载《"中央研究院"历史语言研究所四十周年纪念特刊》，第 2 页。

写的《国立中央研究院历史语言研究所十七年度报告》表明,史语所已循此八组开展工作。同时,傅斯年初步选定了各组的拟聘人员,从下表可以见其梗概。①

表 2-2　史语所初创时期所设组别及拟聘人员

组次	组别	主任	其他研究人员
一	史料学组	陈寅恪	无
二	汉语组	赵元任	罗常培(研究员)、祁顺之(书记)
三	文籍校订组	顾颉刚	无
四	民间文艺组	刘　复	常惠(助理员)、刘天华(民间音乐采集员)、郑祖荫(民间音乐采集员)、李家瑞(书记)、李荐侬(书记)
五	汉字组	无	丁山(研究员)、余永梁(编辑员)、朱芳圃(助理员)、黄蔼如(书记)、谭舜卿(书记)
六	考古学组	李　济	董作宾(编辑员)
七	人类学民物学组	无	史禄国(研究员)、黎光明(助理员)、李裕坪(算术员)
八	敦煌材料研究组	陈　垣	徐中舒(编辑员)

　　尽管史语所八组的基本框架已初步奠定,但是这种“以事为单位……组别较多”②的情形,却使初创阶段的史语所因精力过于分散而自陷困境。这首先表现在研究人员的网罗与聘用方面。汉字组与人类学民物学组囿于经费所限而未设主任一职③;史料学组与

---

① “史语所档案”,元 128—2。
② 《国立中央研究院历史语言研究所十七年度报告》,《傅斯年全集》(六),第12—13 页。
③ 傅斯年在 1929 年 1 月 6 日致函蔡元培、杨铨的信中说:“汉字此组暑假前暂无主任研究员,亦不设主任,以求节省。”参见“史语所档案”,元 254—3。

文籍校订组虽有主任，却未物色到合适的研究人员。文籍校订组主任顾颉刚因"中大方面不能去职"①，傅氏因此建议中研院改聘其为特约研究员。这样一来，傅斯年最为重视的文籍校订组，既无实际负责的主任，亦无组员，形同虚设。此外，史语所当时地处广州，研究条件受到资源限制，所聘史料学组主任陈寅恪、汉语组主任赵元任、考古学组主任李济、敦煌材料研究组主任陈垣，皆任职北平，实际上很难为史语所效力。其次，经费的拮据也使史语所八组工作的开展举步维艰。在史语所成立之前的国学院，多以整理国故为要务，故而经费开销有限，而史语所与之性质迥异。傅斯年一再强调史语所不是一个存古学堂，而是一个现代性的研究机构，因此有许多"动手动脚"的开销，这些开销的范围主要包括：发掘费、调查费、购置费、刊物费、专任研究员薪金及其每人工作费、外国专家薪金及其工作费、专任研究员工作补助费、学侣留学费，以及其他杂费等

---

① "史语所档案"，元 208—1a。按，其间也掺杂着傅斯年与顾颉刚的矛盾，从顾颉刚 1928 年 11 月 13 日的《日记》来看，两人多年的学术交谊此时似乎断绝。顾在《日记》中说："今日上午，与孟真相骂，盖我致适之先生信，为孟真所见，久不慊于我，今乃一发也。予与孟真私交已可断绝矣。"（《顾颉刚日记》卷二，《顾颉刚全集》本，中华书局 2011 年版，第 222 页）1973 年 7 月顾颉刚又在追记他与傅斯年交恶的原因时说："傅在欧久，其欲步法国汉学之后尘，且与之角胜，故其旨在提高。我意不同，以为欲与人争胜，非一二人独特之钻研所可为功，必先培育一批班子，积迭无数数据而加以整理，然后此一二人者方有所凭借，以一日抵十日之用，故首须注意普及。普及者，非将学术浅化也，乃以作提高之基础也。此意本极显明，而孟真乃以家长作风凌我，复疑我欲培养一班青年以夺其所长之权。予性本倔强，不能受其压服，于是遂与彼破口，十五年之交谊臻于破灭。"（《顾颉刚日记》卷二，《顾颉刚全集》本，第 160 页）如此而言，两人因学术观点有异而导致学术友谊的破裂。这应当是顾颉刚不愿离开中山大学而加盟史语所的主要因素。

等。史语所创办后,中研院每月给予史语所的经常费为 5000 元(其他研究所则为 10000 元／月),显然以此费用很难顾及八组的全部工作,因此傅斯年函告蔡元培、杨铨说:"假定月万元,尚感觉此困难,则月五千元之难成事,可以想见。其故皆由发掘、调查等为普通所谓'国学院'不甚用得到者,在我等乃是切己之工作,外国专家又以此研究所如此立质之故为不可少,是皆甚耗费者。"①而解决史语所的经费不外二途:一方面由中研院增加对史语所的投入,另一方面则要求史语所精简自身的研究组别,以节省开支。再者,当时政治环境动荡,史语所的工作又需外出调查、发掘,于此情形,自然组别越多,给研究工作带来的安全隐患就越大。

二、困境与调适

史语所面临的这些困境,使其八个组别的设置在实际操作过程中并非想象的那么顺利。于是,傅斯年对组织机构不断予以调整,从他制定的"历史语言研究所十八年度每月预算"②来看,划定经费的组别仅有六个,分别为:史料组、汉语组、考古组、民间文艺组、人类学及民物学组、敦煌材料研究组。但 1929 年 4 月 15 日傅斯年呈给蔡元培的一张史语所"现在进行工作清单"③中,又言及史语所分为七组,依次为史料组、汉语组、考古组、民间文艺组、人类学组、敦煌材料组、经籍文字组,并于各组之下陈述了工作现状。至此,傅斯年对于史语所组别的设立,始终未能最终确定,各项正在进行的工作也还与理想的设计存在一定的差距。当然,傅氏之意愿是将最初

①　"史语所档案",补 1—3。
②　"史语所档案",元 254—5。
③　"史语所档案",元 208—1a。

确定的八组各自有序的展开,但终因困难重重而不得不作罢。

随着史语所从广州迁至北平,史语所研究组别的设置因工作开展的需要,再次被提上日程。1929 年 5 月,傅斯年等就工作的范围与组织架构重新作出检讨:"一、所外工作,一致取消,史禄国君在粤之件,以致旧有材料整理工作完成为止;成后或亦迁北平。二、凡在二年以内未能期有成效之工作,暂停止之。三、将原来以事业为单位之组取消,更为较大之组;目前先设三组:第一组,史学各面以及文籍校订等属之。第二组,语言学各面以及民间文艺等属之。第三组,考古学、人类学、民物学等属之。"①6 月 11 日,史语所在北海静心斋召开了迁入北平后的第一次所务会议,再次重申研究组别的设置:

> 本所原分七组,从研究上及经济上着想,似应改组合并。曾于五月中由傅斯年邀集本所同人陈寅恪、赵元任、刘复、徐中舒在北平德国饭店商议,合并为第一、第二、第三组。史料学组、敦煌组为第一组。汉语组、汉字组、民间文艺组为第二组。考古组、人类学组为第三组。②

从最初预想设立九个研究组,到最终裁撤、合并为三个组别,折射出史语所在研究组别设置上的两难境地:一方面期望尽可能地扩大历史学、语言学材料搜集与整理的范围,以拓展研究的规模;另一方面却受到研究人员、经费筹措、研究地域等方面的牵制,从而不得不将研究组别一再缩减。也许正因此故,才使得史语所不至于将精力过度分散,而能够重点发展历史、语言与考古三个学科。所以李

---

① 王愻勤:《"中央研究院"历史语言研究所所史资料初稿》,第 53—54 页。
② "史语所档案",元 207—3。

济后来回忆说:"这一决议,较之原来的设计,不但是一件切合实情的改进,同时在理论上及组织上也是一大进步。廿余年来,三组工作之相辅相成,就是这一决议案合理的最大证据。"①

研究组别的再次调整,是到了 1934 年。其时,中央研究院因经费压缩,欲将社会科学研究所与历史语言研究所合并,但这一做法遭到傅斯年等史语所学人的强烈反对,最终的结果是社会科学研究所与北平社会调查所合并,而将其民俗学组划归史语所,由此构成了史语所之人类学组,成为继历史、语言与考古三组之后的第四组。

第三节　运作模式:集众研究与个人研究

史语所首创现代中国"集众研究"模式之先河,同时参以"个人研究",从而将过去学术界只重个人零碎的研究化为整体的工作。中国史家自古便重视"家学传统"与个人研究的"别识心裁",从汉代的司马迁、班固,历经唐宋时期的刘知幾、郑樵,到清代的乾嘉学者,无不以个人之力,在各自的研究领域精耕细作,从而形成中国史学发展的一个又一个高峰。然而,"在现代学术的运作环境下,个人书斋式的研究凭借其深厚的传统人文素养,在思维逻辑方法、舒展史家灵性等方面虽仍有用武之地,但必须看到,这种方式无论在技术手段、活动空间、历史视野,还是在人力物力资源的配置上,都很

---

① 李济:《傅孟真先生领导的历史语言研究所——几个基本观念及几件重要工作的回顾》,载《"中央研究院"历史语言研究所傅所长纪念特刊》,第 13 页。

难达到现代学术机构的那种规模效应"。① 因此,随着现代史学的深入发展,个人作独立研究固然能够取得斐然的成就,但一些大型学术工程的开展非有学术团体的共同努力不能完成,于是集合众多史家于一学术研究机构,从事大型学术工程逐渐成为一种趋势。② 正如齐思和在检视百年来史学发展路径时所言:"现代的史学和现代的科学一样,已经走到集体工作的阶段上,没有和以前像司马迁、刘知幾等震耀一时的名星了。"③

一、集众研究

傅斯年因留学国外,对欧洲之学术研究机构有所体察,回国后便思忖成立历史语言研究所。在史语所中,他拟开展与"个人研究"并重的"集众研究"。这种思想萌发于傅氏创办中山大学语史所时期,从一份"傅斯年档案"中可知,他在个人研究之外,设置了"数种合众研究"。④ 这一思想到史语所筹备时期,也有了明确的表述。他说:"历史学和语言学发展到现在,已经不容易由个人作孤立的研究了,他既靠图书馆或学会供给他材料,靠团体为他寻材料,并且须得在一个研究的环境中,才能大家互相补其所不能,互相引会,互相订正,于是乎孤立的制作渐渐的难,渐渐的无意谓,集众的工作

---

① 胡逢祥:《现代中国史学专业机构的建制与运作》,《史林》2007 年第 3 期。
② 中国古代有重视官方修史的传统,政府笼络史家文臣,馆于一阁,由监修负责,诏修史书。此制从中古时期设馆修史以来,绵延不断,遂成传统。从今天的认识来看,这种集众史家于馆中修史的格局,实为后来傅斯年倡导"集众研究"的模式开辟了先路。只是到了现代以来,"集众研究"有了不同的时代内涵与研究任务。
③ 齐思和:《近百年来中国史学的发展》,《燕京社会科学》第二卷,1949 年 10 月。
④ "傅斯年档案",I:814。

渐渐的成一切工作的样式了。这集众的工作中有的不过是几个人就一题目之合作，有的可就是有规模的系统研究。"①傅斯年在写给胡适的一封信中，也谈到史语所与传统学术的生产方式迥然有别："这个研究所确有一个责任，即'扩充工具扩充材料'之汉学（最广义的），这样事业零星做也有其他的机会，但近代的学问是工场，越有联络，越有大结果。"②所谓"近代的学问是工场"，也即是傅斯年一再强调的"集众研究"。"集众研究"与"个人研究"如何区别，傅斯年认为："严确以论，此种分别本难，盖据材料为研究之工作，于材料之搜寻及参考上，俱不能一人闭户为之，不取于人也，然一人为搜求之业，或数人谋集合的分工，固有不同，今姑名此大别耳。个人工作，存乎其人之所好。"③

　　史语所在未迁北平之前，"集众工作"主要分为如下数种：人类学调查，沿粤汉路、沿西江古物之调查，广州回教及阿拉伯人遗址之调查，民俗材料之征集，《广东通志》之重修，《经籍籑诂》之扩充，方言调查。此外，史语所尚欲进行"梵汉番经论较读"的"集众工作"。从大的方面来看，史语所有其整体之"集众工作"；从小的方面观之，史语所早期之专任研究员均有"集众研究"。目前尚有两份档案材料，可以管窥其个人所从事的"集众研究"工作。第一份是顾颉刚所制定的"国立中央研究院历史语言研究所文籍考订组工作计划"④，这份"工作计划"，除了顾颉刚个人所从事的《尚书》校勘等"个人研

① 傅斯年：《历史语言研究所工作之旨趣》，《历史语言研究所集刊》第一本第一分，1928 年。
② 耿云志主编：《胡适遗稿及秘藏书信》第三十七册，黄山书社 1994 年版，第409—410 页。
③ 王懋勤：《"中央研究院"历史语言研究所所史资料初稿》，第 13 页。
④ 中国第二历史档案馆，档号：393-0-0421-01-pp.85-100。

究"之外，设置有 7 项"集众工作"，分别为：（1）汉以前人名索引，（2）汉以前地名索引，（3）历代名人生卒年表，（4）《国语》《左传》《史记》记载比较，（5）汉以前文籍考，（6）汉以前年代考，（7）故事流行地域考。第二份是语言学组罗常培制定的"个人工作计划"①，除了广州语和等韵等"个人研究"之外，"集众工作"主要有 4 项，分别为：（1）《广韵》索引，（2）反切汇编，（3）两汉三国六朝诗文韵读，（4）音韵学书目提要（或名韵学考）。从这两份研究计划中，我们可以观照史语所早期"集众研究"的进路。

　　史语所迁至北平之后，各组工作的开展步入正轨，均沿着"集众研究"与"个人研究"两条主线相辅并行。就"集众研究"的工作来说，史语所第一组主要从事档案整理与文籍校订工作，包括对"八千麻袋"明清内阁大库档案的整理、对居延汉简的考释和对《明实录》的校勘。第二组以赵元任、李方桂为首进行的汉语言调查与非汉语调查，也是实践"集众研究"的重要面相。"集众研究"在第三组工作的开展中表现得异常明显，主要包括在河南安阳组织了十五次震惊中外的考古发掘，以及在山东济南从事了城子崖遗址的考古发掘。所以，曾经参观过殷墟第十一次发掘现场的法国汉学家伯希和，在 1937 年哈佛大学 300 周年校庆的演讲中如是评价史语所的考古成就："这是近年来全亚洲最重大的考古挖掘。中国学者一下子获得了耶稣降生以前一千年中国历史的大量可靠材料。"②"集众研究"的运作模式，使史语所能够集中人力、物力、财力从事个人难以完成的学术工作，从而取得了享誉海内外的重大学术成就。李济

---

① 中国第二历史档案馆，档号：393-0-0421-01-pp.122-138。
② 王汎森、杜正胜编：《傅斯年文物资料选辑》，第 77 页。

在回首史语所的研究路径时,针对傅斯年设计的"集众研究"工作模式,不无感慨地说道:"现代的学术是一种集众工作,或者说,用傅先生的一个旧名词,是一种'合众'工作。……以考古学论,若要推进这一门学问,绝不是一两个私人所能担负的。试看斯文赫定、斯坦恩等,在中亚工作的组织,他们差不多有全国家的力量在他们的背后作后盾。再就研究方面说,各部门都极端专门化了,一次发掘的收获,往往需要十数个专家整理;不然,你就得不到适当的结论。"①李济以切身的感受,印证了傅斯年开创"集众研究"运作模式在现代学术发展史上的重要意义。王汎森认为:"这种以集众的力量,有计划、有步骤、长时期到各地搜集史料的方式,给当时人留下深刻的印象,今天回顾起来,或许不觉得这种工作方式有什么特别之处,可是在当时如此这般获得史料、扩充史料,的确是前所罕闻的。"②这正道出了"集众研究"在现代学术视野下所具有的崭新内涵。

二、个人研究

在史语所中,与"集众研究"同时进行的是"个人研究"。史语所学术群体之"个人研究"有两点值得重视:一是利用新史料研究新课题。傅斯年开创"集众研究"的旨趣,即在通过"集众"获取个人难以索觅之新材料,进而为所中"个人研究"提供大量新鲜素材。如在史语所1930年度的工作报告中,如是述说第一组的个人研究

① 李济:《"中央研究院"历史语言研究所考古年表序》,载石璋如:《"中央研究院"历史语言研究所考古年表》,"中央研究院"历史语言研究所1952年版,第2页。
② 王汎森:《民国的新史学及其批评者》,载罗志田主编:《20世纪的中国:学术与社会·史学卷》(上),第76页。

工作：（1）以商周遗物甲骨、陶瓦等为研究上古史的对象。（2）以敦煌材料及与此有关之材料，为研究中古史的对象。（3）以内阁大库档案为研究近代史的对象。所以这一年度傅斯年的研究范围界定在"中国经典时代语言的及历史的研究"；陈寅恪为"蒙古源流及敦煌材料之研究"；徐中舒为"青铜器形制花纹断代之研究并就内阁大库遗存书叶为文渊阁内阁藏书之研究"。① 二是根据史语所学人的研究兴趣，发挥各家所长，使之成为某一研究领域的专家。以史语所 1944 年度工作报告②中历史组学人的研究为例，可以看出各研究人员之学术兴趣与治学方向。

表 2-3　史语所 1944 年度个人研究方向

研究人员	研究方向
陈寅恪	南北朝隋唐五代史研究
岑仲勉	突厥集史与元和姓纂研究
陈槃	古谶纬通纂集说
全汉昇	中古经济史研究
傅乐焕	宋辽金史研究
王崇武	明史研究
张政烺	目录版本学、金石文字、通俗文学及九经三传、楚辞注之校雠学研究
王明	道藏研究
逯钦立	古诗纪补正研究
王叔岷	庄子研究

---

① 《国立中央研究院历史语言研究所十九年度报告》，《傅斯年全集》（六），第199 页。
② "史语所档案"，李 65—8。

史语所学人的治史成就，在当时学术界已获得高度认可与推崇，譬如顾颉刚在 1947 年出版的《当代中国史学》中称述："魏晋南北朝史的研究，以陈寅恪先生的贡献为最大"；"岑仲勉先生治唐史用力最勤，创获亦多"；全汉昇在经济史研究领域的贡献"多而重要"；"辽金史的研究，以陈述、傅乐焕两先生的成就为最大"；"关于明史的研究，以吴晗、王崇武二先生的贡献为最大"；"张政烺先生学问极为广博……见解均精确不易"。① 可知史语所的"个人研究"在现代中国史学的版图上已占据重要的阵地。

综上观之，史语所从事的"集众研究"取得了重要成就，扩大了史语所的学术影响力，同时通过集众研究所获取的新材料又为史语所学人的个人研究打开了无数法门，进而奠定了他们在各自研究领域的学术成就与地位。这种"集众研究"与"个人研究"相辅并进的运作模式，不仅对于史语所的良性发展至关重要，而且对于当今学术机构的运作亦不无借鉴意义。

第四节　人才培养：成就若干"少年学者"

史语所在创办伊始，便自觉以培养史学人才为目标。对此，傅斯年在《史语所报告》第一期中对史语所的基本工作有这样的陈述："成就若干能使用近代西洋人所使用之工具之少年学者。"并加按语解释说："此实后来历史语言学在中国发达命脉所系，亦即此研

---

① 参见顾颉刚：《当代中国史学》，辽宁教育出版社 1998 年版，第 82、83、92、84、85、110 页。

究所设置之最要目的。"①

　　基于傅斯年这种治所理念,史语所在发展过程中除引进知名学者之外,不断扶植史学新秀,笼络了大批学术新人,为中国现代史学的持续发展储备了大量生力军。除史语所第一代学人傅斯年、陈寅恪、赵元任、李济、董作宾、李方桂、梁思永、罗常培、徐中舒等外,在三四十年代选拔了众多在史学、语言学、考古学等领域崭露头角的学术新人,如史学领域的劳榦、周一良、陈述、傅乐焕、张政烺、王崇武、陈槃、全汉昇、何兹全、李光涛、严耕望等;语言学领域的丁声树、董同龢、马学良、张琨、杨时逢、王静如等;考古学领域的吴金鼎、石璋如、刘燿、高去寻、夏鼐等。这批年轻学者,经史语所的培养,在 40 年代的学术界已各有成就并成为相关领域的专家。齐思和在回顾百年来中国各专门史范围内的主要领导者时,便对史语所第二代学人劳榦、周一良、陈述、李晋华、王崇武、吴金鼎和王静如的成就给予了极高的评价。② 这从一个侧面反映了史语所人才培养的成就。尤其是,史语所培养的各方面人才,在 1949 年后分别在中国社会科学院、北京大学、北京师范大学、中央民族学院,以及台湾大学、新竹清华大学、"中央研究院",新亚书院等科研单位与高校任教,发挥了学术骨干与领军的作用。

　　史语所之所以能在学术人才的培养方面做出重要的成就与贡献,与所长傅斯年对史学人才培养的高度重视密切相关。在中国现代史上,傅斯年不仅是一位史学家、社会活动家,他还是一位著名的

---

① 《中央研究院历史语言研究所报告第一期》,《傅斯年全集》(六),第 30 页。
② 齐思和:《近百年来中国史学的发展》,《燕京社会科学》第二卷,1949 年10 月。

教育家。他为史语所制定的人才培养理念，采取的人才培养模式，对于今天学术人才的培养机制而言，仍不无启迪意义。

傅斯年曾在《独立评论》上发表过《再谈几件教育问题》一文。该文指出，若把一个大学毕业生，置入社会，"不上几年，旧学尽荒，从此落伍"，因而有必要对他们进行"多年的训练与培植"。而这种"训练与培植"的内容，则包括如下三项：一是，"在学问进步的环境中"；二是，"有能作典型的前辈做指导"；三是，"充实为研究需用之工具，及所学事项之熔化"。① 傅氏此文作于 1932 年，当时史语所之学术规模初定，所内学人亦多"元老"，尚未输入新血。然自此以后，史语所之人才队伍建设，便按照傅斯年之设想一步步在实施，且卓有成效。

一、人才招收的方式

史语所之研究人员构成主要有两类，一类由创所元老傅斯年、赵元任、陈寅恪、李济、董作宾等组成，即便是其后加入史语所的李方桂、梁思永、岑仲勉等人，亦因学术上的突出贡献，而被直聘为研究员，成为引领史语所发展的领军人物。还有一类是通过考试招收、自我选拔与他者推荐进入史语所的年轻学人。这批学者虽然刚刚走出大学校门，但是他们在大学期间已经表现出良好的学术素养，后因史语所的培养而成为各领域的后起之秀。这里主要探讨史语所第二类人员之来源及构成。

第一，考试录用。对于一般助理员与练习助理员的聘用，史语所最初采取考试择优选用的原则。为了了解史语所招收助理员的

① 傅斯年：《再谈几件教育问题》，《傅斯年全集》（五），第 34 页。

制度,我们从"史语所档案"中择取了一份 1928 年筹备时期的"国立中央研究院历史语言研究所通告",借以管窥史语所初期招聘助理员之资格、待遇与应征手续:

> 本研究所为下列三项工作之从事及训练此三项工作之人,特招任助理员每项二人至五人。
>
> 甲、工作
>
> 一、南部方言调查
>
> 二、西南民族调查
>
> 三、田野考古工作
>
> 乙、助理员之资格
>
> 助理员须合下列各条件:
>
> 一、身体健强,能耐长期田野工作之劳苦者;
>
> 二、行品端直,不惯说谎者;
>
> 三、志趣在学问,无心于社会虚荣者;
>
> 四、二十岁以上三十五岁以下者;
>
> 五、国立大学或大学院立案大学毕业;
>
> 六、于历史语言各科目之一有切实研究者。
>
> 如无上项大学毕业之资格,而学力相近,并于历史语言各科目之一有切实研究,成为著作者,如将著作随同应征书一并寄来,亦可体察成绩,不拘于前一项之规定。
>
> 丙、助理员之待遇
>
> 一、薪俸　自五十元至一百八十元,视资格、经历、贡献分别定之;但初任时非有特别情形,不得过百元。
>
> 二、奖金　以工作之良否,定其有无,及其数目。此项奖金须参照本所之财务实况,由本院院务会议决之。助理员之奖

金,应比研究生之奖金为少。

三、住宿等　在广州时,本所可供以住房一间,不附一切,在田野工作时,本所供给其旅费,及生活与工作必须之费。

四、义务　助理员本是研究工作者,故须绝对接受所管研究员之指导,从事研究,同时亦是负治理事务之任者,故须绝对接受所长及所管研究员托给之任务。

五、通则　本院对于各研究所之助理员之一切普遍规定,在本所当然均适用之。

丁、应征之手续

凡合乙项所定,有志应征者,须具应征书,寄交本所所长,此项应征书中须备有:

(一)姓名及籍贯。

(二)年岁。

(三)学历(注明有无证书,可即时交验否)。

(四)缘何理由愿任上列三项工作之一之助理员。

(五)列举以前研究之成绩。有著作者,须一并附入,介绍信以曾从学过之教师为限。在本所所长接到上项应征书后,当于两周内回信,说明本所之决定。如认为可以约其受检定时,当用时告以时日、地点,受下列之检定:一、国文实验,二、外国文实验,三、特殊实验(以所欲工作之项目,参以应征书中之情形,随时定之),四、口试。一、二、三项得酌量情形免除之,但口试不能免。

(六)为助理员时欲研究何事,计划为何。

检定及格者,经院长核准,由所长函任之。

自登报之日起,即可随时应征,但第一期于本年十月三十日截止,额满后不更任。①

　　史语所草创之初,对于助理员招聘的要求尚且不算严格,重点在于招收具有南部方言调查、西南民族调查、田野考古工作等专业知识背景的青年学者,并要求能够吃苦耐劳,然后"训练此三项工作之人"。而到了1936年,史语所经历近九年的发展之后,招收助理员的要求显然较之先前把关甚严,对于招聘对象的学历、专业能力等方面更为看重。如1936年5月27日,史语所"招考语言学助理员简章稿"言:

　　　　国立中央研究院历史语言研究所招考语言学助理员或练习助理员一名。报考练习助理员者,须曾在大学或与大学相当之专门学校毕业,对于审音特别专长或具有汉语、方言知识者。报考助理员者除上述资格外,须曾在学术机关服务二年,并须有专门著作。练习助理员月薪自六十元起,助理员月薪自八十元起。

　　　　合资格之愿征者,须于七月五日以前报名,并将(一)毕业证书,(二)成绩证明书,(三)籍贯、年龄、性别,(四)过去对语学或声学上工作及知识之叙述,(五)著作及其有资证明学力之件(无者不缴),寄南京北极阁本所,经审查合格后再定期举行考试。考试地点分南京、北平两处。其托人写不关证明成绩之荐信者,即作为取消投考资格。

　　　　详细办法:

　　　　甲、待遇

　　　　一、此两项助理员或练习助理员除大部分时间助主管研究员工作外,本所并给以该项工作上之必要训练,俾后来能在所

――――――――――

① "史语所档案",元242—2。

外或所内独立作该项学术工作。

二、助理员初任月薪八十元,练习助理员初任月薪六十元。但有特别技能及资格者均得酌加。

三、录取后以三个月为试用期,在此期内照支初任薪,但本所得随时辞退,另以备取补额。

四、其余待遇照本所规定及习惯。

乙、考试

一、本所于审查后择其优者分别通知以考试日期。审查未合者,退还各项文件。

二、考试科目:

1、语音学记音,2、汉语音韵,3、汉学常识,4、英文,5、口试,6、主管研究员依论文之情形加考应征者以其他科目。

廿五年五月廿七日①

由此可见,史语所招聘练习助理员需要满足"在大学或与大学相当之专门学校毕业,对于审音特别专长或具有汉语、方言知识",而对于助理员的招聘,除了满足这一条件外,尚需要在学术机关服务满二年,且必须有专门著作,如此才有报名参与考试的资格。与此同时,史语所为了招纳真正具有学识的助理员,作出了"托人写不关证明成绩之荐信者,即作为取消投考资格"的规定。又如,人类学组也曾公布招考助理员与统计学计算员之简章,除要求有相关知识背景外,也需毕业证书、成绩证明书、履历及过去工作之叙述、著作及其他有资证明学力之文件。除此之外,凡所有通过招考方式应聘史语所的人员,在考试科目上除应考相关专业知识与参加口试外,皆需

---

① "史语所档案",元241—10。

参加英文考试。① 据此来看，史语所对普通助理员之录用，相较一般的高校与科研单位而言，要求更为严格，这也正是史语所作为最高学术研究机构的特质所在。

第二，自我选拔。傅斯年等史语所成员因在当时中国最高学府北京大学任教等因，便以工作之便，选拔大学毕业生中成绩突出、能够独立从事学术研究且可堪造就之人才入史语所从事研究工作。如钱穆就曾评价傅斯年说："凡北大历史系毕业成绩较优者，彼必网罗以去。"②邓广铭后来也回忆说："傅先生所以在北大兼课，主要是想为史语所选拔人才。当时史语所人才济济，像陈寅恪、徐中舒、董作宾、郭宝钧、李济等等，但总要培养些青年学者做接班人。所以，傅斯年、董作宾、李济、梁思永诸先生都在北大讲课，想发现选拔人才。"③确如钱穆、邓广铭所言，傅斯年的确在北京大学为史语所选拔了许多优秀的毕业生，经过史语所的培养，以后均成为各研究领域的著名学者。如北京大学史学系 1936 年的毕业生中有所谓的"四大金刚"，分别为张政烺、邓广铭、傅乐焕、王崇武。④ 这四大金刚除邓广铭因事先和胡适商约留北大任教外，其他三人均被傅斯年选拔到史语所中从事学术研究工作。从他们三人的学术履历表中可以看出，在北大求学期间，他们已经具有独立从事科研的能力，是众人之中的佼佼者。张政烺就读期间曾发表《猎碣考释初稿》《平

---

① "史语所档案"，元 244—6—1b。
② 钱穆：《八十忆双亲　师友杂忆》，生活·读书·新知三联书店 1998 年版，第 168 页。
③ 邓广铭：《回忆我的老师傅斯年先生》，载《傅斯年》，第 3 页。
④ 宁可：《回忆在北大受业时的四位老师》，《光明日报》2008 年 5 月 4 日，第 7 版。

陵陈得立事岁陶考证》等文，深受傅斯年赏识；其学位毕业论文也曾得到傅斯年的许可与指导。① 傅乐焕在大学期间发表了《宋人使辽语录行程考》《关于宋辽高梁河之战》，尤其是后文影响深远，1991年漆侠教授撰写《宋太宗第一次伐辽——高梁河之战——宋辽战争研究之一》②时还曾坦言受到傅乐焕的启发。王崇武在北大就读期间也是一位多产的学生，相继发表了《秦汉之户口与政治》《明代的商屯制度》《明初之屯垦政策与井田说》《明代户口的消长》等论文，在学界对于明史研究相对薄弱的情况下，王崇武可谓后起之秀。这三位品学兼优的高材生，自然在傅斯年的延聘之列，所以1936年至1937年，张政烺、傅乐焕、王崇武均迈进史语所，开始了从事专业研究的学术生涯。

这里还要特别提到傅斯年对高去寻的选拔。高去寻在1929年攻读北京大学文科预科期间，日本考古学家原田淑人在北大和清华做了两个月的学术演讲，内容涉及对朝鲜新浪的发掘，因此引起了他对考古学的兴趣。同时，他又抄录了《殷虚书契考释》，广泛阅读与甲骨文、金文及青铜器相关的论著。1930年，他以优异的成绩考入北京大学史学系，课程之余，涉猎铜器、简牍、封泥、玉器、漆器、砖瓦等方面的论著，并在傅斯年的指导下撰写了《李峪出土铜器及其相关之问题》的毕业论文。傅斯年对于高去寻特别赏识，曾两次去函向李济推荐高氏。第一封信言：

> 济之吾兄：
>
> 　　弟本届在北大教书，发现一个很可造就的青年，其人名高去寻。

① 参见"史语所档案"，元121—1。
② 载《河北大学学报（哲学社会科学版）》1991年第3期。

先是弟在北大教书之前，曾询颉刚以北大好学生，颉刚开五、六人，其中有高去寻。旋又云高不行，因此弟未深注意。后来发见颉刚所谓顶行者，乃真不甚行，因此，又注意其所谓好中之不好者，乃觉此君大可有为也。近又询颉刚，则云此君（高）最好，可知颉刚胸中实无定见也。

与思永谈及。思永云，他在北大教书时发见此人，极为注意。然以研究所无钱，未向弟提及。弟将其原著文一，及论文一，送思永一看。思永云，此人实好。彼能认识此问题，并知how to approach it. 可称难得。他赞成约他到研究所来。弟今将其两文送上，乞兄一看，并决定。

ⓐ 研究所可留否？如留自然是得薪五十之研究生也。（如此，则每年需六百元。）

ⓑ 如不能留，北大留之（弟已推荐，或有希望），研究所可以许其在田野工作期中实习否？

适之很想留他（弟荐），然以预算事未决，搁着。弟觉此人如给以学考古之机会，或甚有造就也。

以本所经费而论，最好由北大用，但以训练此人论，或以在所做二、三年工为宜耳。

弟既发见此事，分应注意，但用否弟无成见，乞兄决之。专叩

日安

　　　　　　　　　　　　　　弟斯年　七月四日①

---

① "史语所档案"，考 2—81。

从傅斯年此信可知,他对于青年人才的珍视,极力想要将高去寻引入史语所,但因史语所进人需要得到各组主任的同意,所以他才会向李济大力推荐高去寻,即便因经费紧缩而无法引进高去寻时,也希望李济能够同意让高氏"在所做二三年工","给以考古之机会"。不久,他再次致信李济,表达对于高去寻学才的赏识,希望能够从经费中省下一部分作为支付高去寻的薪水,信中说:"高去寻事,北大很想留他,故在他得一地方之问题上不大成问题。但他自己想练习田野工作,故云如在北大,愿意在本研究所田野工作时,请假来学,并效力,其间不受北大薪,自己备赀云云。但此恐非一办法。弟觉本所考古方面小将如林,各有所长,但仔细算一下为考古组为博物院之人文馆,皆当感不足,兄必有此同感。高之文籍根根〔柢〕很好(此其过于虞铭①处),其外国文能看书,英、日(法文今夏学,此其过于数位小将处),故弟觉如是年六百元之问题,或者仍于预算中一努力,必不得已,以买书为注,留他在所为宜。北大空气松懈,须自修,不能学,恐初出茅庐而在彼者,为此误耳。两年后,研究生之期限满,仍可将其送回北大文学研究所,我们又占一小小地盘矣。兄谓如何?"②史语所中的其他研究人员如丁声树、劳榦、余逊、全汉昇、胡厚宣、周祖谟等也都出身北大。作为 1937 年北京大学毕业的高材生,吴相湘的自述更是体现了傅斯年的"拔尖主义"做法:"民国二十六年五月,在我完成大学四年课程前一月,姚从吾先生特邀

① 按,此处"虞铭"即为"禹铭","禹铭"为史语所考古组吴金鼎之字。傅斯年有时候在书信中会将"禹铭"写成"虞铭",如他 1933 年 4 月写给李济的信中,称吴金鼎即吴虞铭。参见"史语所档案",考 2—13。
② "史语所档案",考 2—96。按,此信未署收信人、未署日期,从书信内容,推知是由傅斯年写给李济,日期当在 1935 年高去寻大学毕业之前。

约六七位同学在其寓所便餐。傅斯年先生突然的出现，同学们都感惊喜。后来才知道，这次餐聚，是为傅先生'拔尖儿'（选优）而安排，被邀集的同学均有论文在各大报或杂志上发表。姚、傅二先生均已看过，这次是'面试'。"①

正是如此，学界长期以来认为史语所、傅斯年任用助理员尤为看重出身，大有非北大毕业生不取的倾向，这实在是一种误解。我们从"傅斯年档案"中看到一份傅氏手写的本所"现任助理员出身"的表格，其内容如下：

　　　北大　　丁声树、劳榦、余逊、全汉昇、胡福林、高去寻、张政
　　　　　　　烺、傅乐焕、周祖谟

　　　清华　　祁延霈、吴宗济、董同龢

　　　师大　　陈述

　　　中山　　陈槃、李晋华

　　　中央　　芮逸夫、王衍采

　　　河南　　石璋如、刘燿

　　　南开　　李景聃

　　　齐鲁　　于道泉

　　　燕京　　周一良

　　　光华　　俞大纲

　　　焦作　　刘屿霞

　　　非大学毕业出身　　杨时逢、李家瑞、陈钝、李光涛、李光宇、
　　　　　　　王湘、唐虞、程霖②

① 吴相湘：《三生有幸》，东大图书公司1985年版，第28页。
② "傅斯年档案"，Ⅲ：672。按，这份手稿的时间当为1936年至1937年之间。

由此可见,史语所采取"拔尖主义"吸纳年轻助理员,虽以北京大学的毕业生为主,但又并不限于北大的毕业生,清华大学、北平师范大学、中山大学、中央大学、河南大学、南开大学、齐鲁大学、燕京大学与光华大学等校的优秀毕业生亦是史语所"拔尖"的对象,甚至没有大学背景的年轻人,只要热心于学术研究事业,史语所同样向他们敞开了大门。

第三,他者推荐。依靠著名学者推荐优秀人才,也是史语所人员录用的方式之一。但对于傅斯年来说,除非是他认为被推荐者可堪造就或有相当的研究水准,否则一切人情关系在他那里似乎很难行得通。故一位经别人介绍而被傅斯年拒之门外的王世襄,后来回忆说:

> 1943 年冬我从北京来到重庆,一心想去李庄历史语言研究所工作,主要的考虑是当时很多著名学者都集中在这川南小镇,到那里可以有请教学习的机会。史语所所长正是傅先生,办公地点在重庆聚贤新村。承蒙梁思成先生亲自带我去拜见他。这次进谒,傅先生只说了两句话。第一句问:"你是哪个学校毕业的?"我回答:"燕京大学国文系本科及研究院。"傅先生说:"燕京大学毕业的不配到史语所来。"我只得赧然而退。[1]

其实,傅斯年拒绝王世襄并非因为"燕京大学毕业的不配到史语所来",恰恰早期在史语所中从事《明实录》校勘的李晋华,以及 1936年到史语所工作的周一良都曾毕业于燕京大学。王世襄虽经梁思成推荐,但其在大学时期不务正业,一副"'玩主'姿态,根本不是傅

---

[1] 王世襄:《傅斯年先生的四句话》,《锦灰不成堆:王世襄自选集》,生活・读书・新知三联书店 2007 年版,第 21 页。

斯年对史学新秀的期望"。① 但傅斯年对于"关系户"推荐之人才，有时却非常看重，因为其间不乏真才实学者。以下几位学者即为傅斯年友朋推荐入所，且均取得了重要成就。

全汉昇是我国经济史研究的开拓者之一，著有《唐宋帝国与运河》《中国经济史论丛》《中国经济史研究》等专著。1935 年，他毕业于北京大学，受陈受颐之推荐，入史语所工作。对此，全汉昇回忆说："民国廿四年（1935）我从北京大学历史系毕业后，因恩师陈受颐先生的推荐，得以进入中央研究院历史语言研究所，自此，与史语所结下终身不解之缘。"②确如全氏所言，自从进入史语所后，他勤勉于学，不断推进学术界对于中古时期经济史的纵深研究，后得傅斯年与陶孟和的大力推荐，留学美国，从而进一步开拓了经济史研究的新天地。

陈述是现当代辽金史研究的著名学者，20 世纪 30 年代曾就读于北平师范大学史学系。他毕业后入史语所，与陈垣向傅斯年、陈寅恪的引荐密不可分。在大学期间，陈述曾撰有《金史氏族表》，甚得陈垣的青睐。于是陈垣将该文推荐给时任史语所历史组主任陈寅恪。陈寅恪阅后认为，该文"没有什么问题，很好"，作者年龄"起码四十"。③ 随后陈垣又将此文推荐给《历史语言研究

---

① 潘光哲：《为什么是史语所的"拒绝往来户"：以王世襄为例》，《何妨是书生——一个现代学术社群的故事》，广西师范大学出版社 2010 年版，第 146 页。潘光哲引用王世襄的自嘲："我自幼及壮，从小学到大学，始终是玩物丧志，业荒于嬉。秋斗蟋蟀，冬怀鸣虫……挈狗捉獾，皆乐之不疲。而养鸽飞放，更是不受节令限制的常年癖好。"又言及王世襄在燕京大学就读时，在邓之诚的课堂上，揣着蝈蝈，弄出声响，惹得邓之诚非常气愤。
② 全汉昇：《回首来时路》，《古今论衡》创刊号，1998 年 10 月。
③ 刘凤翥、陈智超：《陈述先生忆往事》，《中国史研究动态》1992 年第 3 期。

所集刊》。傅斯年在致函陈垣的信中评价说："陈述先生潜修成此一书，精勤可佩，坚实可钦。承先生赐登本所《集刊》，尤感光宠。"①陈述亦因此而进入史语所。在史语所从事史学研究的他，并未辜负老师陈垣的推介，而且作出了许多重要成就，颇受傅斯年的赏识。傅氏在 1937 年致函中研院总干事朱家骅的信函中提到，史语所在著作上"有特殊贡献者六人"，其中之一便是陈述，他说："陈述最近将出版有《辽文汇》一书，并著有重要论文。"②尽管陈述于 1940 年被借调到东北大学，而后离开了史语所，但他治学的基础与成就的奠定却根源于史语所。因为他的一些重要研究成果，如《阿保机与李克用盟结兄弟之年及其背盟相攻之推测》《曳落河考释及其相关诸问题》《东都事略撰人王赏称父子》《契丹世选考》《头下考（上）》等均发表于《史语所集刊》；或是问题之研究导源于史语所时期，如在《东北集刊》上发表的《头下释义》《契丹女真汉姓考》等论著即是如此。这说明陈述虽是依靠陈垣与傅斯年的"关系"进入史语所，但却为史语所的发展输入了新血。

　　周一良是海内外著名的魏晋南北朝史专家。他当年能入史语所有赖于陈寅恪的推荐。周一良于 1935 年毕业于燕京大学历史系，因未找到合适的工作遂攻读研究生。1936 年，经史语所助理员俞大纲向陈寅恪介绍之后，陈寅恪决定向史语所推荐周一良。到达史语所后，傅斯年因周一良在燕京大学时曾写有《魏收之史学》，而交代他研究魏晋南北朝史。于是，在一年的时间中，周一良遍读了

① 参见陈智超：《陈垣先生与中研院史语所》，载杜正胜、王汎森主编：《新学术之路》上册，第 235 页。
② "史语所档案"，元 127—11b。

"八书"中除《隋书》以外的七部正史。在精读正史之外,他"还涉猎一些有关时代的子部著作,如《世说新语》《异苑》《颜氏家训》等;集部著作,如《全上古三代秦汉三国六朝文》中有关部分;金石书如《金石萃编》《八琼室金石补正》等"。周一良在广泛阅读的基础上,善于发现问题,相继撰写了四篇论文:《南朝境内的各种人及政府对待之政策》《领民酋长与六州都督》《论宇文周之种族》《评魏楷英译〈魏书·释老志〉》。尽管周一良在史语所的时间仅有一年,但对其一生的治学却影响深远,他在自述中说:"我在中央研究院历史语言研究所工作过一年——一九三六年秋至一九三七年夏。这一年,时间虽然不长,但我饱尝到在书海中遨游、自由自在搞研究的乐趣,打下了我在魏晋南北朝史研究的基础,也写出了几篇在这一尚少人耕耘的领域中还算有见地、有内容的文章。对我来说,这短短的一年确是很值得回忆的宝贵的一年。"①

就以上几位史语所的"关系户"来说,推荐年轻学者入所从事研究工作,诚为史语所的良性运作注入了活力,也实现了傅斯年希冀通过史语所来培养"少年学者"的发展目标。

二、人才培养的路径

首先,注重营造良好的学术环境,开阔史语所年轻学人的视野。史语所学人不将个人封闭在各自的研究领域里,而是能够及时地将研究成果与学术同仁相讨论,这为青年学者的学术成长提供了一条捷径。史语所之学术传统之一,为不定期请所内同仁举

---

① 周一良:《史语所一年》,载杜正胜、王汎森主编:《新学术之路》下册,第553页。

办讲论会,所讲内容多为史语所学术群体之最新研究成果。目前根据史语所保存的"历史语言所同人讲论会本学期次序表"①,可知史语所举办之讲论会,始于 1936 年春,其中 3—7 月份讲论会的主题分别为:

表 2-4　史语所 1936 年 3—7 月讲论会次序表

日期	演讲者	题目
三月二十七日②	赵元任	方言记录中的几个问题
四月十日	梁思永	河南安阳侯家庄商代之墓地
四月二十四日③	罗常培	绩溪方音述略
五月八日	吴定良	人类额骨凸度之比较
五月二十二日	李　济	容量器分类问题
六月五日	李方桂	泰语比较研究(一)舌根音
六月十九日	董作宾	整理全部甲骨文的问题
七月三日	傅斯年	车骑大道
七月十七日	凌纯声	临时通告

为了使讲论会进一步走向常规化、制度化,史语所于 1936 年下半年继续开展讲论会活动,档案记载了是年 8—12 月份的主讲人、主讲日期及部分主讲论题:

---

① "史语所档案",元 232—8。

② 按,赵元任原定 1936 年 3 月 27 日之讲论会因病改期至 4 月 3 日。参见"史语所档案",元 232—2。

③ 按,原定 1936 年 4 月 24 日讲论会由吴定良主讲"人类额骨凸度之比较",后改为罗常培主讲"绩溪方音述略"。参见"史语所档案",元 232—6。

表 2-5　史语所 1936 年 8—12 月讲论会次序表

日期	演讲者	题目
八月七日	凌纯声	云南民族分类之讨论
八月廿一日	傅孟真	广"性命古训"
九月四日	董彦堂	整理全部甲骨文的问题①
九月十八日	徐中舒	关于《诗经》的几个问题
十月二日	赵元任	(讲题在演讲前一星期公布,下同)
十月十六日②	梁思永	
十月三十日	刘虚谷	
十一月十三日	陈玉书	
十一月廿七日③	陶云逵	
十二月十一日	李济之	
十二月廿五日	芮逸夫④	

根据上表的演讲人员可知,除了创所元老与专任研究员之外,还有刚刚加入史语所不久的年轻学人,如上表所提刘虚谷(即刘燿)原本为史语所的研究生,至 1934 年方成为史语所的助理员;陈玉书(即陈述)则是 1935 年进入史语所。这种在史语所全体学人面前的公开演讲,实际上既是对他们学术能力的一个训练,也是对他们学

----

① 按,本期讲论会,董作宾实际主讲的内容为"甲骨文第五期之祀典",演讲的时间为 1936 年 9 月 11 日。参见"史语所档案",元 232—11。

② 按,是日改由吴定良主讲"中国人锁骨形态之研究"。参见"史语所档案",元 232—13。

③ 按,陶云逵的实际演讲日期改为 1936 年 12 月 4 日,主讲的论题为"几个云南土族的现代地理分布"。参见"史语所档案",元 232—14。

④ 按,此日芮逸夫主讲的论题为"湘西苗族的洪水故事与傩神崇拜"。参见"史语所档案",元 232—15。

术成就的一种检验,因为在演讲过后,由学者自由讨论①,这些年轻学人要接受所中其他研究人员的质询,并对此作出回应。史语所的讲论会制度,因抗战的爆发而暂停举行,至 1942 年史语所发布公告,拟恢复讲论会制度,并请所内同仁上报讲论的日期、主讲人与讲论题目。② 这种良好的学术风气与环境氛围,开阔了所内年轻学人的学术视野,丰富了他们的知识体系,无疑为他们的学术成长提供了难得的机会。

其次,史语所采取导师制,由专任研究员指导年轻学人。史语所中专任研究员指导年轻学人,主要分为两类情形:第一类是指导研究生。在史语所最初的组织架构设计中,曾拟招收学生一类,并对此作出了具体的要求。从后来的学术实践看,这类学生主要是研究生,并明确了研究生采取导师制,由专任研究员指导。傅斯年在 1928 年 9 月 20 日致函陈寅恪,曾提及:"本研究所之研究生须分附研究员名下,以便指导其工作,或须请先生担任此项研究生一人或三人,至感高谊。"③傅斯年在同年 11 月 7 日写给中研院总干事杨铨的信中,提及聘请李济担任史语所考古组主任,同时提出由李济"负训练史语所考古学研究生之任"。譬如,石璋如、刘燿曾以河南大学学生的身份在史语所考古组从事实习工作,二人优异的表现及成绩得到梁思永与董作宾的赏识,李济在致傅斯年的信函中说:

---

① 周一良曾言:"有一次会上讨论中,傅先生对张政烺说:'你是最 critical 的,你对这问题怎么看?'"参见氏著:《史语所一年》,载杜正胜、王汎森主编:《新学术之路》下册,第 557 页。
② "史语所档案",李 31—72。
③ 中国第二历史档案馆,档号 393-0-0421-01-pp. 52-53。

> 河南两学生(石璋如、刘燿)来安阳学习工作已三季。思永、彦堂对二人工作均极赞许,两人均于此年毕业,对前途似有所希冀。此事研究所当然办不到,作何结果,弟意或可发基金补助调查项(二千五百元今年未用)划出一部,按研究生例(每人月五十元),津贴二人各一年。①

从李济之言可以看出,史语所似乎面对着一种困境:一方面石璋如、刘燿二人在考古发掘中均有较好的表现,恰如梁思永的评价:"查此次本团发掘安阳小屯村及后岗两地,河南大学实习生刘燿、石璋如二君,参加工作,始终其事。于遗物之搜检,遗迹之观察,均能勤慎详密,记载绘图,亦极明晰。……裨助本团不少。"②另一方面,想要将二人直接留所工作,"此事研究所当然办不到"。于是史语所在召开所务会议时,便采纳李济之见,商讨录取二人为研究生,然后上报中央研究院批复,以便研究生毕业后将二人留所工作。故史语所在 1931 年 7 月 13 日致函石璋如、刘燿二人,告知正式被录取为研究生:

> 径启者:五月廿八日本所所务会议议决,准予执事为本所研究生,由中华教育文化基金补助费项下每月津贴五十元,自本年度七月份起,以一年为限,关于本年度工作分配,除由考古组另函通知外,特此函达,希即早日到所工作为盼,此致
> 石璋如先生
> 刘　燿先生③

---

① "史语所档案",元 208—4。
② "史语所档案",元 159—6。
③ "史语所档案",元 159—9。

在考古组李济、梁思永、郭宝钧等人的指导与培养下,石璋如、刘燿均有重大进步,并分别撰写了《侯家庄遗址发掘经过述要》《河南浚县大赉店史前遗址》等文,二人成绩均获好评,甚至可以独立从事考古发掘工作,例如石璋如就曾主持了安阳殷墟的第十五次发掘工作,刘燿主持了后冈的第三、四两次发掘。"史语所档案"中还存有一封1933年2月21日史语所发给劳榦的信函,其内容是告知劳氏"为本所研究生,在傅斯年先生指导下工作"。[1] 此年,劳榦致信傅斯年,汇报了自己的学术进展:"汉代人口问题现仍在整理中,惟恐材料有漏略处,故再将《后汉书》阅读一次。现更补抄兵制、尚书侍中职掌两种材料,拟作'两汉兵制考'或'汉魏中央政权之转移与政治上之关系',拟在今年年底将材料抄完,明年一月底以前作成论文一篇,未识可否? 今年下季因校对《盐铁论》稍费时(本书约五万余字,用六种版本,各校对二次,则有六十余万字,校《明实录》一朝所差有限),故再作一篇论文,总须明年一月方能完卷也。"[2] 从劳榦此信来看,在史语所中,作为学生应向导师定期汇报自己的研究进展,然后由导师给出指导性意见。这种导师负责制的学术关系,对于史语所内的年轻学人而言,可因名师指导而学术能力获得迅速提升,这也是史语所第二代学人能够快速成长且发挥主力的原因所在。

第二类是指导助理员。史语所《暂行组织大纲》第八章第二十四条规定:"历史语言研究所任用助理员若干人,助理各组及组外之

---

① "史语所档案",元6—3。

② "傅斯年档案",Ⅲ:472。按,劳榦此信所署日期为"十一月十五日",未注明年份,从信函内容推测应是1933年,因文中提到校对《盐铁论》要明年1月才能完卷,此文后来以《盐铁论校记》为题发表在《集刊》第五本,于1935年出版,故而文中提到的1月,应指1934年1月。

研究工作，以训练其在后来独立自作研究。"①如何才能训练助理员"独立自作研究"，主要依靠主管研究员的指导。史语所虽采取职称聘任制度，但专任研究员与助理员或助理研究员之间并非单纯的上下级关系，而是一种师徒关系，或曰师生关系。助理员为专任研究员借书、查找资料，专任研究员则负责指导助理员的工作。在傅斯年的杂记中，存留一份"史语所一组助理员之主管研究员"，记录了傅斯年、陈寅恪等人指导史语所年轻学人的情况："李家瑞，刘（复）指导；陈槃治《春秋》三传，题为'以《春秋》本文证三传义例之不成立'，以甲骨文、金文、竹书等推求《春秋》书法之'文法'的来源，傅（斯年）指导；李晋华治明史，傅（斯年）指导；俞大纲治唐史，陈（寅恪）、傅（斯年）指导。"②这里以语言学组助理员杨成志为个案，借以管窥史语所对助理员职责的界定及其由研究员指导而从事工作之必要性。在史语所筹备之前，杨成志为中山大学助教。1927年，他随俄籍人类学专家史禄国夫妇受中研院与中山大学指派，赴云南从事少数民族情况的调查，结果史禄国夫妇先行返回，而杨成志则继续从事调查，且成绩显著。基于此，李方桂于1930年4月12日致函赵元任，请示聘请杨成志为史语所助理员。③ 事后，赵元任与傅斯年电复李方桂，告知杨成志任助理员一事，由其"完全自决"。④ 所以杨成志担任史语所助理员后，傅斯年写信告知他由专任研究员李方桂指导：

> 足下在云南时……这样刻苦的工作，真是一个新纪录。

---

① 苏同炳：《手植桢楠已成荫——傅斯年与中研院史语所》，第177页。
② "傅斯年档案"，Ⅰ:779。
③ "史语所档案"，元64—5。
④ "史语所档案"，元64—6。

……至于来到研究所工作，大家自然是欢迎的，不过此时没有悬空的助理员，助理员必是某一位研究员的助理员。你的信来，我就想到李方桂先生及辛树帜先生，已经写了信去问他们，而李先生来信要约你，这真巧极了！即于上月所务会议中议决，任你为助理员，月薪一百廿元（自然是大洋，此数是此时最高薪额），任函由院直接寄给李先生，转你。

希望你以后继续你的冒险、吃苦、耐劳的精神，切切实实的随同李先生工作。这个研究所，现在完全是实事求是、不求速效、不假借、不务外、不学一闹之市的机关。一切有秩叙的工作均努力进行，一切无秩叙的工作均逐一停止。你这两年工作是极可佩的，但此时断断不可自满。第一要义是免去宣传及Journalism之滥调，第二是随李先生学方言等细密的方法，第三则随时扩充自己工作的工具，而一切观察工作尤要细心。这样行之三、四年，然后是个入门的民族学者，行之七、八年，然后可以专门名家。云南两年的事，只是这精神可佩，不能自谓是有结果，不能听人恭维的话。①

傅斯年这封意味深长的书信，除了告知杨成志由李方桂指导之外，还对其提出了不少要求与期望，并一再强调不能因过去之成就而骄傲自满，还应虚心跟随李方桂学习。但因杨成志对史语所助理员一职薪水不满，曾于1930年8月5日函询史语所，史语所的复函再次表达了助理员的职责只是"助理其所属之研究员工作"，而非某一方面的专家：

　　本所前因李方桂先生之提议，经由所务会议议决，任执事

_____

① "史语所档案"，元64—8。

为本所助理员各节，业经具达。兹因执事来函，对薪数有所讨论，并审明来函词意，有不得不于执事担任此项任务之前，预先声明者。查执事前次在川滇界上调查猓猡，一住经年，不避艰难，诚为幸事。然若因此自负，则与本所任执事之意不合，并恐于执事学业前途不无影响。一种专门学问，必须有严整之训练，方可取得可靠之成绩。执事上年之行，只可认为试作，如以为学业便是如此，自己已可负独立之责任，则非敝所同仁所敢知矣。因此提明下列二事：一、助理员之最重要任务，为助理其所属之研究员工作。因此，一切助理员须绝对受其所属之助理员（此"助理员"当为"研究员"之误，引者）之指导及嘱托，对组主任亦然。并应遵守本院本所一切公规。二、助理员之成就，在期因受专门之训练而能于将来独立研究。故在助理员任内，必须虚心勤勉从事，而避去一切浮动不实之趋向及新闻式之工作，及类于此者。以上两条，本为当然的。同仁等感于此时有书式述明之必要，故具函前达，此即作为受任职条件。希查明见复为荷。此致

杨成志先生

国立中央研究院历史语言研究所①

这封书信，看似是史语所对杨成志职责的规范，实则表明了史语所对于助理员一职的诠释及其要求，它不仅对杨成志具有个案约束的意义，实则这一要求适用于史语所中所有担任助理员之年轻学者。

再者，注重扩充年轻学人研究之工具，为其学术成长提供平台。史语所注重史料之拓展与工具之扩充，这种研究理念也被傅斯年等

---

① "史语所档案"，元64—11。

人运用到对年轻学人的培养方面。一是,强调目录学的重要性。傅斯年很重视目录学,认为这是治学之门径,故而他在指导年轻学人时,特别指出:"中国学业不发达,甚由于目录学之忽略,故前人成绩,后人不知;此地成绩,彼地不知,发达此学,甚可改其凝止性,累层凭借而筑之,乃可隆高。"①由此可见,目录学在学术研究中的重要性,所以他指导学生从事某一领域的研究,总是让学生首先对研究这一时期历史的目录学有所了解,然后按图索骥进行资料的查找与研究,这样便可以掌握治学的利器。譬如,王静如留学法国期间,傅斯年曾致函指导,强调应注意以下之要点:"第一、语言,第二、通论(以广眼界),第三、工具(以便回国后应用),第四、目录学。"②二是,重视外语能力的培养。傅斯年为了让所内年轻学人了解国外学术发展的最新趋势,极为重视对其外语能力的培养。在一份"二十三年上届第一次所务会议谈话会"③的档案中,第七条提案甚为引人注目,即"本所若干助理员之外国语知识应设法提高案",最后会议讨论的结果是:"由各组主任办理,明年暑假前务得收效。"实际上,史语所在北平时,助理员已有在北大学习外国语的举措。史语所迁徙南京之后,傅斯年希望助理员能至中央大学旁听外国语课程,所以他在1936 年 9 月 7 日致函时任中央大学校长罗家伦的信中说道:

> 志希吾兄:敝所助理员,例须学习外国语,故英语之外,每兼习法、德语。……兹迁来此地,颇思仰仗贵校继续此事。兹有助理员劳榦、全汉昇、傅乐焕三员拟于本学年内听贵校英文

①《国立中央研究院历史语言研究所报告第一期》,《傅斯年全集》(六),第30 页。
②"史语所档案",元 59—21。
③"史语所档案",元 215—1。

　　系之"英文阅读及作文"。①

这表明史语所助理员不仅要学习英文，还要学习法文与德文。陈述也曾回忆："在北海时，和劳榦等三、四人，请了一位教师，每周用三个晚上，在俞大纲家里学日文。"②何以史语所如此重视对研究人员外语水平的训练，这恐怕与史语所要建立"科学的东方学之正统在中国"的学术目标有所关联，因为法国、德国、英国、日本等国家正是汉学研究的重要阵地，因此掌握外语便能够了解国外汉学发展的动态，从而实践"把汉学研究的中心夺回中国来"的学术使命。实践证明，史语所对年轻学人外文的培训，在推动中外学术交流方面发挥了至为重要的作用，如吴金鼎、周一良、全汉昇、傅乐焕、王静如、于道泉、王崇武、何兹全等人出国留学或访学，均能借助语言上的优势，融汇西学之长，有所成就。

　　最后，扶植年轻学人出国留学，造就专门人才。史语所的创所元老多有留学国外之背景，他们身处中西学术交融的时代，深知异域之学的理论、方法对于研治中国学问的意义，因此他们特别重视扶植年轻学人出国留学，以便接受西学训练。从史语所早期设计的规章制度来看，在经费预算方面，设有"学侣留学费"。傅斯年等人认为，"此为发达语言、历史学必有之费"。③ 然而，在史语所后来运作的实践中，未能设置助理员出国的名额及经费。于是，傅斯年总是想尽办法培植有为青年，从而为国家储备人才。他在 1932 年 10

① "史语所档案"，元 7—15。按：此函未曾收录于《傅斯年遗札》。"史语所档案"标注此函的时间为 1936 年 9 月 7 日，但从信函内容来看，此函当写于1937 年罗家伦掌管的中央大学迁于重庆之后。
② 陈述：《陈述先生自述》，载景爱：《陈述学术评传》附录一，花木兰文化出版社、槐下书肆 2006 年版，第 110 页。
③ "史语所档案"，补 1—3。

月 12 日写给中研院总干事杨铨的信中,反映了他对年轻学人出国留学接受新思想、新工具的态度:

杏佛我兄:

本所助理员中有几位成绩斐然,有专门之知识,在此时中国情形,做大学教员算是好得的。本所待遇虽也在百元以上,然而比其此时中国教育界之情形,实不为厚。而本所情形,助理员又决无升研究员、编辑员之希望。彼等之所以肯在所者,乃为其学业之前途计耳。因此,本所对之不能不负使其学业前进之责任。且国家设置中央研究院,其第一要义似乎即为培植专门人才,以求后来有所贡献于国家耳。此类助理员现在可断其成绩优异者,有:

于道泉(专藏文等)

吴金鼎(考古)

王静如(语言)

诸人,其他亦皆不错。造就之第一要义,是使他们能到外国走一躺(趟)。他们都是"专家",断用不到我那样子的留而不学。到外国走,无非开开眼界(此事极要紧),带点工具回来。本所同人皆同此意,思之数年矣。然而研究所焉有派人留学之力量,故不得不另想他法。今夏何仙槎兄表示赞助,与之说好,由院行文到教部,由部令山东教厅,看看吴金鼎(山东籍)可派否。此事已由山东省政府于上个月通通(过),免考派吴金鼎官费赴美留学,(英国无缺)此事仙槎帮忙实大,山东以前(北伐革命后)尚无此例,可感也。吴出国大约须明年夏天,他此时去,考古组虽不甚便,然决不误人前程也。此一问题,即如此决解矣。(他去应是辞职,故研究所无担负。)于道泉君藏文精通，藏语纯熟，蒙藏会必无如此人才也。他本山东籍，此次巴黎之 Musée de Guimet 之主任 Hackin 君到北平，以 Lessing 君之介绍，于君往晤之，谈谈巴黎有机会去否。Hackin 谓弟云，他很愿意约于君去，但本所能担任"一任"否？（a little）弟当时惟欲助成其事，直应曰"可以"。或者他觉得弟回答太痛快了，遂曰："我们彼此出一半，如何？"弟答以商量商量看。弟意，外国的钱不可多用，须为于君保留自己用功之时间。（虽说他在 Musée de Guimet 的事不过看藏文、抄目录，究太机械，于"学"之效力差些。）弟意，具体办法如下：

一、巴黎出一千五百佛朗（每月）。

二、我们出二百元（于君原薪一百元）。

北平图书馆出六十元（他在北平图书馆有一副务，编藏文）。此一办法与于有益，盖我们没有多材料。前经兄核准，故我们的薪水较少一百元，非全薪也。北平图书馆之六十元供其家用。

三、旅费，法国、中国各一半，而中国之一半，由我们与北平图书馆分担。

四、须与巴黎约定，于君须保留至少一年时间求学。

五、此办法以两年为限。

研究所出甚少之费（原薪之外加一百元，旅费四分之一仅数百元耳），而深深造就一个人才，实是佳事。且于君专门藏语佛典，以后必有贡献于本院也。此办法如承兄同意，弟即向对方正式提出矣。

王静如君事，弟拟于伯希和（Pelliot）到平时，请他想法，或中俄复交之后设法，使其到俄京。（我们与俄国学院关系甚好。）我想，两路之中，有一路可通。如此办法，虽则费事，但吾

等主持国家机关之人,本有此责任,且研究所为青年学人谋出路,亦是一种鼓励也。兄自与弟等同此意见。专颂

日安!

弟斯年　廿一年十月十二日①

我们从傅斯年及其扶植出国留学的史语所年轻学人吴金鼎、于道泉、王静如等人的往返书信中,可以管窥史语所对于造就专门人才之贡献。

吴金鼎早年就读于清华国学院,跟随李济从事人类学专业学习,后入史语所考古组工作。在史语所期间,他曾出版有《山东人体质之研究》,并与李济等人合撰了《龙山城子崖发掘报告》。在取得成绩的同时,他也时常感觉自身学力不足,想要出国留学深造,但又苦于缺乏经费,于是他将自己的想法在1932年5月17日写信告知傅斯年:"鼎近年深感学识浅陋之苦,急求得一读书求学之机会,谅先生早知之,鼎意先赴英国读书一年,再往伊及巴比伦一带实地工作两年,此三年中所费颇巨,势非公共机关资助不可,不知吾鲁方面如何? 他学术机关如有机会,即或在某种条件之下亦所乐从,仰鼎力图之。先生嘉惠后学,谅不以我为烦琐也。"②此时,史语所没有公费留学名额与资金,傅斯年为提携后进,便利用自己与山东省教育厅厅长何思源的同乡与同学关系,冀求以山东省教育厅的名义推荐吴金鼎从山东省政府获得公费留学机会。在傅斯年向何思源推荐吴金鼎的过程中,始终面临着山东省没有公费留学的空缺,直至是年9月才有留美名额,于是何思源在省府会议上将吴金鼎公费出

---

① "傅斯年档案",IV:378-43。
② "史语所档案",元97—2。

国之事提了出来。为了确保吴金鼎出国深造顺利，傅斯年又致信时任山东省建设厅厅长张鸿烈，请其便中维持，信中说："兹有恳者，敝所同事吴金鼎君，山东安邱人，绩学之士也。专习人类学及考古学，山东城子崖即其发现之遗址，发掘时工作最专，故成绩极佳。近拟专治史学，留学国外以便有所贡献于国人。今春弟赴南京，适遇仙槎（仙槎为何思源字，引者）兄与之谈起，仙槎甚愿助成此志，当由敝院函教育部，再由教部转山东教育厅办理。近闻仙槎拟以其成绩优良，补以留美官费，将提出省府会议，在会议中如荷我兄助以一言，以便玉成其事，不特为山东造就人才之幸，弟亦同感如身受矣。"①傅斯年之所以劳神费力帮助吴金鼎，主要在于他惜才如命，希望能够为年轻学人的学术成长提供足够的空间，正如他在推荐吴金鼎的信函中所言："本所最有成绩之助理员中有山东籍者吴金鼎一员，研究历史学、民族学等，著作已刊者有《山东人体质之研究》等；待刊者有《历城龙山城子崖考古报告》等。此项已刊著作正受国内外专家学者之称许，认为确是中国最近之科学精作；其待刊之件此关尤为重要，所有本院与山东省政府合组古迹研究会之发掘工作，由其经手办理，……似此专家之才，苟得再在国外前迎之学术团体中加以培植，后来成绩必更无限量，惟本院限于经费，……如能由院函致教育部转饬山东教育厅查照情形，酌量办理，亦助成人才之道也，且山东省富于历史与文化，该所研究者皆属于历史学及民族学之范围，学成之后，必能有所贡献于本省。"②吴金鼎后赴英国留学，当其三年留学期满后，傅斯年又致函总办事处，让总办事处转函

①"史语所档案"，元97—9。
②"史语所档案"，元97—1。

山东省教育厅,按照之前约定"留学期限为三年,必要时得延长一年",准予吴金鼎"继续在英留学一年,至廿六年八月,再行回国,俾得专力所学,竟其全功,用副国家造就专门人才之旨"。① 同样,于道泉留学期满之后,提出再延长一年留学的请求,傅斯年也会利用自己的人脉关系为之争取,如他在 1936 年 2 月 10 日写给钱昌照的书信,便表达了这一思想:

乙藜我兄:

　　惠书敬悉。于君道泉事,弟以为最好能延长一年。在君兄以为于、王两君,两年留学不足,非三年不可,故去年夏季已允王君之延长。于君实为最难得之边事人才,在君以为希有之天才,走此一路又与国家关系至大,似当成其所学。于君久无报告前来,大约学者每多此等不情之举。然据自巴黎来人言,及去年伯希和言,彼实精勤不倦,除藏语外,又习得土耳基语及边疆史地。此君日夜用功,断无他务,弟所绝对担保者也。敝所目下拮据万分,实无方法,如有,决无不尽力之理。迫不获已,惟有恳兄与咏霓兄设法为之延长一年,似乎一切方可告一结束而免功亏一篑。回国之后,自当先尽贵会延用,敝所仅为造人才耳,(如贵会不用,敝所即用之。)千恳万恳,感如身受矣。……于君事仍乞惠弟一信。其报告弟当函催之。专此,敬颂

日安!

弟斯年　二月十日②

① 参见"史语所档案",元 97—21。
② "史语所档案",元 62—19。

通过扶植年轻学人出国留学的方式,确实使他们了解了国外学术研究的最新趋向、掌握了学术研究的工具,取得了一定的成效。吴金鼎在致函史语所的报告中,谈到了他在英国留学期间三年来学习的课程、参与的考古发掘以及取得的成就,同时谈到了他留学第四年的工作计划:

已往期间工作之经过

吴金鼎　廿五年二月廿七日报告

第一学年　即二十二年秋至二十三年秋:

甲、在暑期内参加 St. Allans 之发掘,开始草"野外考古学"。

乙、往巴利斯坦住五个月,参加 Ancient Gapa 之发掘,续草"野外考古学"。

丙、回伦敦后,在校内学习人骨测验及地理。

第二学年　即二十三年秋至二十四年秋:

甲、草完"野外考古学"。

乙、参加 Dolcheslés 之发掘。

丙、校内学科有:佛教与道教艺术,测量照像,铜器制作及陶器制造。

丁、暑期内回国考查国内考古界之新发现。

第三学年　即二十四年秋至二十五年秋:

草报告时虽在第二学期,但全年工作已大致规定

甲、古代铜器

乙、矿石学。

丙、草毕业论文。

丁、野外测量实习。

第四学年之工作计划

本学年之期限自二十五年秋起至二十六年秋止,拟学科目,及应完工作如下:

甲、汉代文化与西方之关系(校内全年课程)。

乙、草完毕业论文。

丙、试验 初民陶冶技术

丁、写生画(考古学用)

在假期内,拟参观各地博物馆。①

吴金鼎在留学英国期间,已用英文撰写了《中国史前的陶器》一书。1937年,他从英国伦敦大学毕业,成为第一位获得考古学博士学位的中国学者。尽管他回国之后,适值抗战军兴,无法施展自身所学,但是他仍然利用有限的考古空间,于1938—1940年对云南大理附近的苍洱地区进行了考古调查,发掘了其中几处遗址,"写成了《云南苍洱境考古》一书,奠定了西南地区史前考古学的基础";同时,他于1941—1943年,对"四川彭山汉代崖墓和成都前蜀王建墓进行了清理发掘,对于汉代和五代十国时期的艺术史研究,做出了卓著的贡献"。②

史语所人才培养的模式是多元并存的,所长傅斯年常常根据助理员的学术个性与特质采用不同的培养方法。如王叔岷欲入史语所,想以《庄子》作为未来的研究课题,傅氏告诫王叔岷:要想研究《庄子》就必须要从校勘训诂入手,于是规定他"三年内不许

① "史语所档案",元97—23。
② 参见郑学信、郑岩、贾德民:《吴金鼎——中国现代考古事业的先驱》,载中国人民政治协商会议山东省潍坊市委员会文史资料研究委员会编:《潍坊文史资料选辑》1993年第九辑,第120—121页。

发表文章"！① 如同王叔岷一样，张政烺、傅乐焕、王崇武等人进入史语所后，傅斯年要求他们不要急于写出文章，而是先要打下基础，专业有所攻之后再撰写文章。正是这种学术训练，奠定了史语所第二代学人治学的深厚基础。曾在史语所语言学组工作过的吴宗济回忆说："我这大半生从少而壮而老，在'音路历程'上，度过了六十五个春秋。……其起步点就是史语所；而后来在学习研究上的态度和方法，又无不和史语所的培育有关。"②张政烺也指出："当时的史语所为每个青年人创造了优越的学习环境和充足的实物和文献资料，只要能坐下来，钻进去，都会在或长或短的时期内收到成效。这是我在史语所十年间的亲身体会。"③所以，傅斯年在 1944 年 2 月 17 日写给罗伯希的一封书信中颇为自豪地说："助理研究员之资格，依法律所规定，等于大学之专任讲师。然中央研究院之标准，远比各大学平均之程度为高，此时敝所助理研究员就业大学者，至少为副教授。"④这里可以丁声树在史语所中的学术成长，印证年轻学者学问之进步。丁声树在 1932 年从北京大学毕业时，傅斯年即想邀其来所工作，他曾给胡适写信说道：

> 适之先生：
>
> 　　丁声树君来谈了一次，我觉得他的经学训诂的根柢很好。若

---

① 参见潘光哲：《"三年内不许发表文章"：从王叔岷的故事说起》，《何妨是书生——一个现代学术社群的故事》，第 141 页。

② 吴宗济：《我对史语所的回忆》，载杜正胜、王汎森主编：《新学术之路》下册，第 605—606 页。

③ 张政烺：《我在史语所的十年》，《张政烺文史论集》，中华书局 2004 年版，第 850 页。

④ "傅斯年档案"，Ⅰ：83。

能加上些审音的功夫,和语言学的观念,则用他的根柢,可以做进于汉学家一步的学问。所以我想拉他到研究所来,已和莘田、方桂两位商量过,他们都很赞成。想到待遇如下(现势只能如此):

一、语言组助理员

二、月薪八十元(初任皆此数)(现在九折发,七十二元)。

如是他可以在元任、莘田、方桂三位指导及协助之下,做些声音训诂学的研究。这待遇是不及中学教书的,然而似比在大学教书(此日中国之大学也)的作学问机会还好。(此虽笑话,亦实情也。)

请先生问问他,可有意思吗?

学生傅斯年上　六月七日①

丁声树来到史语所后,受到良好学术环境的浸染,加之自身的努力,至1939年1月傅斯年向蔡元培提议晋升丁声树为专任编辑员②,他的理由是:"查本所第二组原有研究员三位,赵元任先生兼主任,罗常培先生、李方桂先生。罗常培先生于四年前由北大借聘,至今仍在联合大学。李方桂先生由本所允许,往耶鲁为客座教授,依约须明年方归。赵元任先生又于去夏请假,赴夏威夷教书。在此无研究员之时期中,曾与元任先生商定,托罗莘田先生就近照料,其杂事则由助理员丁声树君为之,丁声树君在助理员中年绩为长,其治学方法之严谨,学问根底之充实,皆为同仁所敬佩,论其程度,足为大学教授之第一流。昨经本所所务会议决议,拟提请院长聘任为本所专

① "史语所档案",元48—1。

② 史语所在1939年12月11日呈蔡元培的信函中说:"建议取消编辑员名义,改聘丁声树为专任副研究员。"参见"史语所档案",杂23—7—16。

任编辑员,月薪一百八十元。谨述实在情形如上,如蒙考虑核准,无任公感。"①从丁声树大学毕业时,傅斯年评价其学问"若能加上些审音的功夫,和语言学的观念,则用他的根柢,可以做进于汉学家一步的学问",经历不足七年的发展,傅氏认为丁声树的学问"足为大学教授之第一流"。由此可以管窥史语所在不长的时间内对人才培养所取得的成效。

第五节　经费收支:时局波动与工作开展

史语所因从事调查、发掘、出版等工作,较之一般的国学院开支为大,因此经费的充足与否,是决定史语所运作成败的关键。史语所运作之基本开支主要来自中央研究院的经常费用,但是这一经费来源时常会受到时局的影响。因此,在中研院经常费用之外,史语所之研究尚得到中华教育基金会等院外机构的资助,从而使其在战乱频仍中仍能运作不辍。现将史语所之经费收支与工作开展略述于下,以见现代中国学术机构生存之样态。

一、时局波动与经常费、临时费收支

1928 年 7 月,史语所尚处于筹备阶段,中研院按照每月经常费5000 元的标准拨付。相较物理研究所、化学研究所、工程研究所、天文研究所、气象研究所每月 10000 元的经常费而言,史语所的经常费颇显不足。因为在院长蔡元培和总干事杨铨的观念中,史语所

①"史语所档案",杂 23—6—5。

之工作开展与理工类研究所需要购置大量仪器、设备,耗资甚大,有所不同,所以对于史语所每月的经常费较之其他研究所减少了一半。然而,这种现状只维持了 4 个月的时间,也即是从 1928 年 11 月份起,史语所便收到了中研院每月 10000 元的经常费。

史语所之经常费用从 5000 元追加到 10000 元,是根据史语所的现实需求做出的调整。傅斯年在史语所奠基之时,便将研究工作的范围和规模不断拓展,蔡元培与杨铨有所不解,常与傅言:"怎么到底范围这么大了,不是一天到晚告诉你节省吗?"傅斯年对此有不同的意见,认为"办此研究所本来有两条路,一、小小的,以几个人个人为单位的;二、国立的。如照以几个人为单位的法子去办,虽一千元,也可以办出些成绩来,但'惟器与名不可以假人',既号称国立,偏又显出一个窃名的样子,即在外国人看了,亦不像话"。①

基于这一理念,同时根据史语所的实际情况,傅斯年向蔡元培和杨铨说明了"入款分配标准"。按照月入万元预算,支出分配主要包括如下诸项:(一)于每月款收到之时,即由会计处提出 3000 元另存,作为购置费。(二)每月零杂各费,包括邮电、茶水、文具、消耗品、车资、木器及其他费用,总数不超过 200 元。(三)办事处的薪水,包括会计、庶务、图书员文书、书记等,不得超过 500 元。(四)所长薪水 400 元,目下实在只有 300 元。(五)不属于各组之款项,包括房租 220 元,支付外国通信员伯希和、高本汉两人津贴 200 元。(六)史料学组,陈寅恪薪水 200 元,2 名助理员、10 名书记和 1 名工人薪水 450 元,纸、架等杂费 150 元,合计 800 元。此外,傅斯年欲引进俞大维进入史语所。在他看来,俞大维专门整理近代外交史料

———————————

① "史语所档案",补 254—3。

及外国文书中之中国史料,为希有之天才。若引其入所,除支付专任研究员薪水之外,尚需工作费,共计 600 元。(七)汉语组为最大之组,因为史语所中历史各组多,语言只有一组,所以傅斯年认为此组不可不大,不能不大,预设经费为 1800 元,如果再将藏语纳入其中,每月 2000 元乃是此组之最大需要量。但在 1929 年六、七月之前,实支付每月 900 元。(八)文籍校订组顾颉刚薪水和工作费每月总共 700 元。(九)民间文艺组刘复薪水和工作费每月总共 500 元。(十)汉字组暑假前暂无主任研究员,亦不设主任,以求节省。现有助理员 1 人,每月 100 元。此事暑假前月费 400 元以内,由丁山主持。但暑假以后,丁山改为专任研究员,或更有他位,恐亦须月 600 元。(十一)考古组李济之津贴每年 1000,助理员每年 1200,假定有 3 个学生每年 1200,平均每月尚不到 300 元,加上董作宾的薪水 200 元,每月只需 500 元。(十二)人类学组史禄国每月薪津 400 元,助理员 1 人每月 100,尚需加 1 人,因助理员黎光明现在藏边,如再有 Völkeramde 助理员 1 人,全组须 700 元。(十三)敦煌材料研究组。陈垣每月津贴 100 元,徐中舒自 2 月入此组薪水 240 元,余永梁每月 100 元;合作费 140 元;再为余永梁暑假时准备赴法川资,此组每月须 700 元。(十四)图书馆杂费须每月数十元,合之不属组之助理员赵邦彦每月 120 元,暂算在图书馆内,共计 200 元。据此,每月各项开支可列表为:

表 2-6　傅斯年草拟史语所初创时期每月开支项目及金额

开支项目	金额(元)	开支项目	金额(元)
购置费	3000	语言组	900
总费(零杂各费、办事处薪水、所长薪水)	1000	文籍校订组	700
		民间文艺组	500
房租	220	汉字组	350

续表

开支项目	金额(元)	开支项目	金额(元)
图书馆	200	考古组	500
外国通信员	200	人类学组	700
史料组	800	敦煌材料研究组	700
合计			9770

其实,在这里傅斯年还有一些订购图书、档案的费用未加入预算中。由此看来,每月 10000 元的经常费勉强可以维持史语所的运作。但是我们从"十八年度各组预算及实支数"①来看,史语所之经常费尚有结余:

表 2-7　史语所 1929 年度各组预算及实支数

	十八年度各组预算(元)	十八年度各组实支数(元)	−差或+余
总务每月 2000 元	24000	34086.202	−10086.202
第一组每月 3000 元	36000	35233.043	+766.957
第二组每月 3000 元	36000	18740.528	+17259.472
第三组每月 2000 元	24000	15519.755	+8480.245
共计	120000	103579.528	+16420.472

1929 年史语所经费总务部分开销之所以数量庞大,一则源于史语所是年 5 月从广州迁往北平,涉及一部分搬迁费;二则因为所长薪水亦从总务中支取,故而导致总务费用超出原定预算较多,而其他三组经费则较之预算均有程度不等的结余。这一方面得益于史语所由原来八组的规模压缩、合并至三组,节省了一些不必要的

①"史语所档案",元 254—14。

开支,另一方面在于史语所第二组之音档购置与第三组之发掘费用,得到中华教育基金会的资助,节省了经常费的开支,故有结余。然至1930年,史语所之实际开支要超出原定预算①:

表2-8　史语所 1930 年度各组预算及实支数

	十九年度各组预算(元)	十九年度各组实支数(元)	-差或+余
总务每月 1000 元	12000	27426.29	-15426.29
第一组每月 3000 元	36000	38233.29	-2233.29
第二组每月 3000 元	36000	30985.31	+5014.69
第三组每月 3000 元	36000	24699.74	+11300.26
共计	120000	121344.63	-1344.63

从上表可以看出,史语所各组实际开销大于预算者,主要是总务和第一组两项。在总务经费的预算上,一方面史语所没有上年度搬迁之耗费,另一方面所长傅斯年在人事关系上隶属于历史组,其薪水不再由总务中支出,而由第一组支出,故而总务经费预算较之1929年度减少了一半。但是,从总务实际的开销来看,仍然超出预算15426.29 元。其中的缘由在于,总务部分需要支付两位外国通信员伯希和与高本汉的津贴;除此之外,总务部分的印刷费用在1929年度是1421.218 元,而1930年度增至7753.51 元,因为史语所此时要示人以成绩,故而加大了《集刊》、专刊、单刊等学术产出的力度。第一组的开销在1929年度是35233.043 元,尚在预算之内;1930年度是38233.29 元,超出了额定的预算,但是差额并非太大。从1929年9月起,第一组投入大量人力、物力对明清内阁大库

---

① "史语所档案",元 254—14。

档案进行整理,中间的变化不大,所以第一组在这两年度的实际开销差异亦不大。相较而言,第二、三两组虽然实际开销在预算之内,同时也有中华教育基金会的资助,但是实际开销额度却较之 1929 年度分别增加了 12244.782 元和 9179.985 元,在数字增加的背后折射出史语所工作的进展。

1931 年,史语所的经费预算略有增加,在每月 10000 元经常费的基础上,"借用本院教育图书费一千元,档案整理费三百五十元",这样算来全年经费收入共计 136200 元。从史语所致函会计处的"二十年度概算"①,可以看出各项开支预算:

表 2-9 史语所 1931 年度经费预算

摘要	每月数(元)	全年数(元)
第一组研究员、编辑薪	1850	22200
第一组助理员及书记薪	530	6360
第一组档案整理费	350	4200
第二组研究员薪	1140	13680
第二组助理员及书记薪	480	5760
第三组研究员薪	300	3600
第三组助理员及书记薪	440	5280
第三组田野工作费	1000	12000
事务员薪	380	4560
图书馆书记薪	60	720
夫役及工匠工资	218	2616
木器家具		2000

---

① "史语所档案",元 254—14。

续表

摘要	每月数(元)	全年数(元)
标本及古物		1000
杂置		500
仪器		1500
图书		25000
照相材料及器皿		800
文具、邮电、消耗及杂支等	500	6000
共计		117776(保留 18424)

此时的史语所,各项工作均有拓展、深入,人员规模亦有扩大,基础设施及物件已与工作开展不相匹配,中研院原下拨每年 12 万元的经常费在维持史语所工作基本运转的情况下,基础设施难以满足工作的开展。因此,在经常费之外,史语所向中研院函送临时费预算 16 万,并言这一预算"系本所常务会议决编算",主要用在印刷费、整理内阁大库档案费、考古照相室及研究室设备费、调查方言及音档费、语音实验室修建及设备费、临淄发掘费与玻璃房及黑房建筑费等方面。① 然而,九一八事变使得史语所之经常费及临时费大受时局影响。傅斯年在是年 11 月 21 日给杨铨的书信中说道:"目下停止购置,工作之缓者放后,每月有七千五百至八千元已足(本所每月一万一千。三分之二为七千三百四十元)。故如三个月领到两个月的经费,可以维持,工作一时不生影响。"但是更坏的打算是:"若并每三月领两月经费亦办不到,可于两个月后缩小范围。……只求维持几位专任研究员之薪水,及必要助

① 参见"史语所档案",元 248—2。

员、职员之薪水,而牺牲其他。如此,每月五千五百元,或尚可工作。然此法伤筋动骨,非万不得已,不如此办理。"①在这种情况下,杨铨和丁惟汾两人合力推荐姜叔明入所,傅斯年只能以"限于经费之故,未克延揽"回绝他们。因为在当时,"旧有人员既无从更动,而近来经费更形拮据,维持现状已觉不易,从事扩充,大属不能"。② 从中可见时局变动对史语所经费及其工作开展影响甚大。

继九一八事变之后,1932 年又发生了一·二八事变。同一天,史语所召开了"二十年度下届第一次所务会议"。根据此次会议记录可知,史语所的经常费收入急剧下滑:

> 本所经费,一月份已领一成,但去年十一、十二两月尚无着落。现在本所共欠二万三千余元。此次南去,在京沪参加本院临时院务会议两次。第一次在沪开会讨论本院紧缩办法,详细情形见本院临时会议记事录。在紧缩期中,即二、三、四三个月中,本所经费按六成支付,即六千六百元。在本院方面,除总办事处外,以本所社会研究所支付数为最多,其他各所有减至三成者。第二次在京开会,审核本院各处、所、馆在紧缩期间应付旧账。本所在此期中,以一万元为限。③

后来,傅斯年在写给赵元任的信中也谈到了战事对史语所的影响,他甚至认为史语所在当时"生存之希望十之一耳,故不得已想了好些节省的办法",其中最大者是:"在万不得已时,一、二组减至每组

---

① "傅斯年档案",Ⅳ:378—25。
② 参见"傅斯年档案",Ⅳ:378—40。
③ "史语所档案",杂 23—2—5。

一位研究员，考古组可以不动，因为没有许多薪水，或者第一组全部取消亦可，因为考古也是历史，无论如何，我自己当然是要走的，如此，以济之负责，由中基会月出三千元光景。"①由此折射出经费减缩给史语所带来的生存困境。

根据 2 月 10 日总办事处下发至史语所的公函可知，"在此国难期间，薪六十元以下者照发，以上者发维持生活费六十元"。② 3 月份时，按照中研院紧缩期的要求，史语所只领到 6600 元的经常费，相当于平时的六成。这种现状每况愈下，以至 5 月份，中研院不得不要求各所裁员以节省经费，同时也欲将史语所的经费减至每月 5000 元。傅斯年为此大为着急，先是致电杨铨和王敬礼，指出："弟等思三月六千之数实不能更少，乞在弟函未到时暂勿发表新办法。"③继而，他又致信蔡元培、杨铨说："本所经费在紧缩期间规定每月为六千六百元……同人等深知当兹国难严重时期，自须刻苦共济，对于此项紧缩办法，完全接受。数月以来所有一切工作仍按预定程序进行，并不受紧缩影响。此同人皆可以告慰。……本日所务会议中同人等获观院方会计处来函悉本院经费较前益加艰窘，同人等对于先生及院方同人毅力维持渡此难关，无任感佩，兹当下年度虑如之时而大局可期。同人等对于本院经费之前途何敢存过分之奢望。现有人员除助理员、绘图员计三人薪职及经会议议决不予继续外，其余各研究员、编辑员、助理员、事务员等就现有工作分配实属裁无可裁。"④经此努力，史语所

① "史语所档案"，元 490—18。
② "史语所档案"，元 248—4b。
③ "史语所档案"，元 248—10。
④ "史语所档案"，元 248—11。

之经费虽然没有再减①，但其工作仍然受到掣肘。是年 9 月，杨成志留学法国，请求补助，傅斯年在回信中谈到了当时中研院、史语所面临的经济困境以及史语所学人的薪水问题，他说："敝院经费近中万分艰难，求不关门足矣。一切补助，皆谈不到，盖薪水也是折扣，而后来并不保也。"②

　　1933 年至 1934 年，史语所的经费收入受到社会科学研究所并入与分出的影响，其工作也产生了一定的波动。中研院决定将社会科学研究所合并至历史语言研究所，始于 1932 年经费紧缩之时。当时，中研院总干事杨铨想要通过考核成绩、裁员、合并等方式，大力整顿院务，旨在减少开支，节省经费。③ 其中合并一项，即将社会科学研究所并入历史语言研究所。1933 年 3 月，史语所与社会所合并，称为历史语言社会研究所。由此，中研院每月原下拨社会所10000 元经费并拨史语所。这部分经费经所务会议作出如下分配：第一组月支 2500 元，第二组月支 2500 元，第三组月支 4500 元，第四组月支 3000 元，第四组设备费月支 3000 元，建筑费月支 3000元，历史博物馆筹备处月支 500 元，总务费用月支 2000 元。1934年，社会科学研究所与北平社会调查所合并，故而原来由中研院下拨给历史语言社会研究所的经费，此时从史语所中剔除。此年，史语所的经常费依然为每月 10000 元，经所务会议议决，经常费的分配分别为第一组、第二组、第三组及总务费用，各占 25%。其时，傅斯年已经聘请吴定良作为人类学组的主任，因此在史语所原来的经

---

① 傅斯年在 1932 年 5 月 15 日致信李济、董作宾说："院中经费情形，实不佳。幸蔡、杨诸位对本所甚好，未再减费。"参见"史语所档案"，考 2—2。
② "史语所档案"，元 64—24。
③ 参见"史语所档案"，考 2—2。

常费之外，他又为人类学组向中研院争取了一笔临时设备费。傅氏在写给总干事丁文江的信中说道：

> 在君先生总干事公函：
>
> 　　关于人类学组临时费项下设备费一事，曾以此中情形面陈，并将弟与吴定良先生来往信件交兄面阅，一切当已洞悉矣。查此组创置伊始，设备费之需要，自是当然。且弟对吴君既有允诺之数，而凌、陶二君归来后整理其材料，或需要设备之增置。弟为事业进行，及然诺之信，不得不提出临时设备费一万元之数。……即希在全院总预备费中留此万元，以待吴君返国后再与吾兄作细目之决定。如何即乞
>
> 示复为感。专此，敬颂
>
> 著安！
>
> 弟斯年　谨上
> 二十三年十一月十五日①

对此，丁文江回复说："人类学组临时设备费由全院预备费项下付给一万元一事，弟同意照办，并无问题。"②所以，在 1934 年度国内战事相对缓和的情况下，史语所的经费亦相对充足。

因为人类学组在史语所中创设不久，耗费较大，因此傅斯年在史语所原来每月 10000 元经常费的基础上，又为人类学组单独争取了每月 2000 元的经常费，所以在 1935 年史语所的经费预算中，经常费项目下除了常规的"十二万元，又人类学组二万四千元，共十四万四千元"。同时，为第一组争取"临时费六千元"，为第四组争取

---

① "史语所档案"，元 248—15。
② "史语所档案"，元 248—16b。

临时设备费 10000 元。① 至此,史语所在 1935 年的经常费与临时费总和为 160000 元。到 1936 年,史语所之经费仍然按照 1935 年度预算数额列拨,但是很显然,经费投入已难以满足史语所日益扩大的工作需求。从此年 9 月份傅斯年草拟的"史语所经费情形"②,可以了解史语所当时面临的经费困境:

> 史语所经常费实际上最大时期为民十八、民十九至民二十三。此期中每月一万一千元,但有时未能发耳。

> 自在君先生到后,此项一千元之零数除去,加入社会所之人类组月二千元,但人类学组每月薪水即已有一千六百,故每月不足,零星由所中其他费用补足之也。

> 今各组人数比较充满,深感经常费不足,盖临时费之把注非所以付薪水也。

> 目下拟请考量之办法:

> 一、人类学组独立为研究所。查人类学组之主体为体质人类学,此自然科学也。置之史语所中似嫌不合逻辑,似非长久之计也。此组与博物院之关系甚大,斯年之意为不妨商之教部,将本院津贴博物院项下之经费中扣出三万为此一部分(或所或独立组)之经费,如此,虽加亦可不与其他各所发生影响也。

> 二、人类学组既独立,史语所之经常费改为每月一万二千元,此为以往合人类组在内之经费。故如上项办法,虽史语所之经费改为一万二千,亦不至影响他所也。

---

① 参见"史语所档案",元 248—15。
② "傅斯年档案",Ⅲ:673。

本年度史语所经常费及临时费：

经常费　每月 12000（内原有一万，加入人类组二千）

临时费　本年　1. 安阳发掘　12000（在博物院项下支付）

　　　　　　　2. 第一组　6000

　　　　　　　3. 第四组（人类学组）　6000

下年度拟请：

经常费（人类组除外）　每月 12000

临时费（人类组除外）　1. 安阳等处发掘　一年 12000

　　　　　　　　　　　2. 第一组　一年 6000

人类所或独立组：

经常费　每月 2500（与博物院商量挪动该院补助项下作此）

临时费　全年 6000（本年度旧有者）

从这份档案材料可以看出，在人类学组创设之前，史语所一直保持着历史、语言、考古三组鼎力的局面，每月 11000 元的经常费；自从人类学组成立之后，中研院每月在史语所 10000 元经常费的基础上，仅仅增加 2000 元的经常费，这笔经费每月支付人类学组人员薪水即高达 1600 元，而剩下的 400 元很难开展工作，加之总务费用中亦要为人类学组增加开支，因此相较于原来三组时的情况，史语所颇感经费支绌，因此提出了将人类学组独立成所或者将其经费独立预算的办法，旨在缓解史语所因工作范围扩大而不断增加的开销。

1936 年 11 月，史语所开始编制 1937 年度的经费预算。这一年的经费预算编制方案与往年有很大的不同，之前史语所均是根据上年实际开销与中研院的实情制定预算，但是此年，史语所在拟定 1937 年的经费概算时对此做了全盘考虑，即编制两种概算草案：一系假定中研院在下年度不能增加经费而编制；一系假定中研院在下年度领到增加预算而编制。史语所在致中研院的公函中说：

> 院长、总干事钧鉴：
>
> 　　兹谨将本所二十六年度概算草案两种另纸抄呈，并说明编制纲领，诸希鉴核！
>
> 　　一、甲种概算，系假定本院在下年度不能增加经费而编制者。查本所目前情形，如不增加经费，诸事皆感困难，前曾以此意面陈。钧听旋承指示。以在本院未加经费之前，各所经常费一律不加。同人乃不能不仰体斯意，勉为其极难，在编此类预算时，经常、临时各费均如二十五年度，同时仍有二点敢以奉闻者：（1）如他所在院经费不加时，亦可酌加该所之经常费，乞亦为本所酌加若干，俾工作得以维持。（2）二十五年度中之第三组临时费一万二千元，原由本院补助博物院项下支给，兹请直由本院拨发。
>
> 　　二、乙种概算书系假定本院在下年度领到增加预算而编制者。
>
> 　　　　　　　　　　　　　　　　　　历史语言研究所谨呈①

制定两种经费预算，在史语所的发展脉络中是不曾有过的。其实，无论"甲种概算"还是"乙种概算"，目的只有一个，即希望中研院增加对于史语所的经费投入。当然，这种现象的出现，一方面缘于史语所工作的扩大，经费需求量增加；另一方面则应是傅斯年提前知晓中研院在 1937 年度的经费有可能增加。面对史语所的这一请求，朱家骅先是官样谈到中研院下年度之经常费虽有增加之可能，

---

① "史语所档案"，元 248—22b。

但是却别有用处，如有结余，则会用于增加各所经费："下年度概算八月十四日院务谈话会决定拟请政府增加经常费三十万元，临时费十五万元，故下年度全院概算总数应为经常费一百五十万元，临时费十五万元，此系本院所希望并拟向政府请求之数，现在此事已开始向各方接洽，虽结果尚佳，希望亦多，但在此内忧外患紧急之时，能否由政府核准全部或一部尚难预卜，临时费专列外省工作站与京院职员宿舍建筑费及地理、生理两研究所开办费等，似属名正言顺，故得政府核准之希望较多，至经常之新增数三十万元，除拟办之新事业（如地理、生理两所）经费与本院预备费等应列一部分外，余均拟增加于现有各所经费中。"朱家骅在书信中除了言及中研院下年度的经费总体用途之外，也针对史语所要求增加经常费的情况予以了单独说明："贵所下年度经费总数十八万元乃包括所拟增加之经费在内，即系照全院一百五十万元之概算而支配者以上种种均经面罄，兹为办事上之便利起见，姑不问下年度本院概算核准增加多少，贵所下年度之经常费仍以本年度经常费十四万四千元为标准，其余三万六千元均假定为贵所下年度之特别费，如是贵所下年度经费之数目即可依本院下年度经费增加之比例成数而变更，换言之倘所请求增加三十万之数能邀全部核准，则贵所预算即可照目前商定之数办理，不然亦得依照核准增加之数比例分配，无庸届时有所商榷也。总之，本院下年度临时费十五万元中所分配者与经常费三十万元中为创办新事业而预定者，皆不过为目前进行便利起见而如此列入，并非定案。"①朱家骅的回复内容似乎略显含糊。其意为史语所下年预算除 144000 元经常费不变之外，其余 36000 元临时费，需要依

① 以上引文参见"史语所档案"，元 248—23b。

照中研院之财政增加之数的比例分配。对此，傅斯年认为极为不妥。在他看来，史语所的经常费不仅未能在原有基础上增加，反而降低了，所以他写信质询朱家骅并为史语所的经费再次据理力争：

骝先先生总干事赐鉴：

顷奉惠书，内开：

"姑不问下年度本院概算核准增加多少……无庸届时再有所商榷也。"

查本所在本年度内临时、经常两项共十六万八千元。故拟定加至十八万元之数，内中仅有一万二千元为增加者。设如本院在下年度中能增至年一百五十万元，固应照加此一万二千元，如不能增加，则只有施用本年度之十六万八千元之实数。如有增加而不足年三十万，则本所增加之数，似应以下年拟加之一万二千元为基数，而求其比例。如将本年已有之临时费二万四千元一并列入明年拟加之数，则如本院在下年度中仅能领到经常费二十万，时本所不特无所增，且将有所减矣，此必非先生之意也。因此，拟请先生赐允下列之解释：

"如在下年度增加经费不足三十万时，应依现在拟定下年度实际增加数为此例递减之，惟不可少于今年度之经、临两项实数。"诸希

垂察至荷！专此，敬颂

钧安！

廿五年十一月三十日[1]

傅斯年认为，史语所在 1936 年度之经常费与临时费两项共 168000

---

[1] "史语所档案"，元 248—24b。

元，而 1937 年度的财政概算欲加到 180000 元，其中要求增加的款数只有 12000 元，因此下年度的财政概算中 168000 元应是固定不变的数目，而 12000 元的欲加款随中研院之财政的增加数之比例进行分配，所以他在信中说"如将本年已有之临时费二万四千元一并列入明年拟加之数，则如本院在下年度中仅能领到经常费二十万时，本所不特无所增，且将有所减矣"。对于傅斯年的疑惑，朱家骅也再次去信解释："关于本院各所下年度经费支配情形业经函达，计荷台詧，兹以前函所述下年度增加费一节如所请增加之经费，不足三十万元时，应据贵所现在拟定下年度特别费新增加数为比例递减之，例如本年度特别费列五千元，下年度列七千元，则新增加数二千元，如下年度所请增加之经费不足三十万时，则递减之比例即依此新增加数二千元为标准。总之，下年度向政府请增加之经费即全部不能核准。"但他同时也向傅斯年允诺："贵所经、临两费，亦决不能少于本年度之经、临两项实数也。"[1] 据此可知，傅斯年借助自身的人脉关系与影响力，希望在中研院下一年度经费增加的情况下，为史语所多争取一些经费资源。

然而，现实政治变动对于整个中国社会的发展都产生了极大的影响，史语所亦未能幸免。1937 年，全面抗战爆发，史语所的经费不仅未能增加，反而大幅缩减。根据当时中研院的通知，奉国民政府密令，从 9 月份起，按照"国难时期各项支出紧缩办法"第五条之规定，以原预算七成支发。此项减成支给办法，员工待遇系先除去基本生活费 50 元不予扣减，余数按成计算。历史语言研究所的经费，折实月发国币 9566.67 元。其中属于薪给、工资的为 7190 元，

_____

[1] 参见"史语所档案"，元 248—25b。

属于事物、行政开支的为 2376.67 元,这也意味着史语所除了保障所内人员的基本生活费用之外,所有"动手动脚"的工作因经费不足和战时影响而基本处于停滞状态。1937 年 12 月 13 日,根据中研院临时院务会议决议:各所保管及杂费均应减至最低限度。自 1938 年 1 月份起,职员薪给标准为:50 元以内的实发,自 51 元至 100 元部分八折,101 元至 200 元部分四折,201 元以上部分二折。然至 1938 年时,中研院的经费情况比预想的还要更差一些,1 月份的经费到 2 月 28 日才领到,从 3 月份起,史语所每月领到的经常费,减为七成之九折,即 6.3 成,月以国币 8610 元为度。一切需要费用的工作,如学术调查、发掘、出版等项,均难进行。

实际上,在整个抗战时期,史语所的经费都极为拮据,有三个例子可以为之作注脚。第一个例子是,傅斯年 1940 年 2 月 22 日致函赵元任,谈到史语所"全所经费,与兄一年之薪水差不多(全所每年约十万元,兄之 5000 等于(18 换)90000)"。[①] 第二个例子是,东北大学 1941 年借聘陈述从事东北、辽金史研究,借聘一年期满之后,陈述提出要返回史语所,而史语所却囊中羞涩,拿不出路费。傅斯年说:"盖一人旅行,已经不堪,而一家旅行,直非我辈所可能也。"同时,傅斯年还告诉陈述,陈寅恪同样因"无搬家费留在桂林",无法返回史语所在李庄的大本营;他又历述当时李庄的米价、肉价和鸡蛋的价格,以示史语所学术群体在经费万分紧张的情况下生活不易。[②] 第三个例子是马学良 1942 年在昆明调查,花了将近三万元,傅斯年 1943 年 1 月去信批评他是 1942 年"花研究所钱最多之一

---

① 傅斯年:《致赵元任》(1940 年 2 月 22 日),载王汎森、潘光哲、吴政上主编:《傅斯年遗札》(二),第 1069 页。
② "史语所档案",李 15—2—8。

人,远超过李方桂先生、吴定良先生"。在这封信中,傅斯年透露了史语所的经费情况,其中经常费一项之用途,"所有薪水、暂加薪、柴贴、工人伙食、大厨房、燃料、一切与'吃'字有关者,每月共去一万七千几百元,然则每月一切用费(包括房租在内)只有不足三千之数。其困苦可知。故一切从省,省得可怜",甚至他已经靠卖书来维持史语所的运转。① 由此可以想见,史语所在经费如此困难的状态下,不仅没有解体反而运转不辍,实属难能可贵,这与傅斯年的组织领导能力是分不开的。

二、中基会与史语所工作之开展

史语所的工作开展,除了依靠中研院拨付的经常费与临时费之外,从 1930 年起,还曾在出版、音档与考古三个方面持续获得中华教育文化基金董事会(以下简称"中基会")的补助。中基会之成立,缘于 1924 年 5 月美国众议院通过的第二次退还庚款案。根据美国众议院外交股委员会庚款审查报告书所载,"美国退还庚款余额之总数为美金一千二百五十四万五千四百三十八元六角七分,就中本金为六百一十三万七千五百五十二元九角,息金为六百四十万七千八百八十五元七角七分,分二十年交付"。② 美国明确要求这批退款用于教育文化事业发展,时任驻美公使施洛基在收到美国国务卿休斯(Charles E. Hughes)的照会以后,立即回复说:"美国于 1908 年第一次退还庚款,使得中政府得以自由用于教育之目的,其试验之结果,使中国政府确信此种方向乃明智之举。对于目前美国

---

① "史语所档案",李 14—8—7。
② "史语所档案",元 271—1。

政府退还之余额,中国政府仍继续从前之政府办理,惟应时势及经验之需要,需做变更。近年来中国科学教育需要甚殷,中国政府本贵国之盛意,将退还之款项,悉用于教育及文化事业,而特别侧重于科学之需要。且本国政府之意愿,欲将办理退款事宜,委之于中美人士合组之董事会,并已聘请专家,规划细节。"[1] 在这一背景下,由15位中美人士构成的中基会于 1924 年 9 月 18 日在北京正式成立。中基会设立的目的之一,是使用该款促进中国教育文化之事业。其设定的款项分配原则,核心内容包括:"与其用以补助专凭未来计划请款之新设机关,毋宁用以补助办理已有成绩及实效已著之现有机关";"有因本会补助,可以格外努力前进,或可以多得他方之援助者,是种事业,本会更应重视之";"其他属于教育文化之事业,影响及于全国者,亦在考虑之列";"对于某种机关加以补助时,除须有(1)过去成绩,及(2)维持现状之能力外,以(3)能自筹款项之一部分为重要条件"。[2] 比照史语所已经开展的工作,与中基会的补助原则正相契合,所以史语所在 20 世纪三四十年代的发展一直得到中基会的襄助。

史语所获得中基会的补助始于 1930 年。[3] 其实,在 1929 年,史语所刚迁入北平后不久,傅斯年等人已经意识到中研院每年拨付的

---

[1] Copy of Note from Chinese Minister to U. S. Secretary of State, June 14, 1924, Record Group No. 59, General Record of the Department of State, Decimal Files, "中基会档案"。转引自杨翠华:《中基会对科学的赞助》,"中央研究院"近代史研究所 1991 年版,第 10—11 页。

[2] "史语所档案",元 271—1。

[3] 按,杨翠华认为:"中基会自 1931 年起补助史语所每年三万元,做为考古工作、语言研究、以及出版研究报告之用。"(氏著:《中基会对科学的赞助》,第 198 页)杨说有误。从史语所档案来看,史语所接受中基会的补助始于 1930 年。

经费不足以支撑工作的开展，于是在迁平后的第二次所务会议上，傅斯年即提出："临时费，他研究所得文化基金之补助，以后本所亦易设法请求他款。"①此后，史语所加强了与中基会的互动，并正式向其致函请求补助。在 1930 年，史语所首次获得中基会 25000 元的补助，用于出版、语音实验室设备购置和考古发掘三个方面工作的开展。至 1931 年时，这批补助款共花费"贰万贰千零捌拾元零叁角捌分，结存尚余国币叁千壹佰壹拾元零捌角捌分（共多余一百九十一元二角六分为银行利息）"，于是傅斯年与中基会总干事任鸿隽商妥，将"十九年度补助余款拨入二十年度预算中"，以便继续开支。②

1931 年，史语所改变了上一年度以一年为单位的请款计划，而是一次性向中基会请求三年的补助，每年补助 30000 元，三年共计90000 元。史语所在致中基会的公函中说："查去年贵会开年会时曾承一次补助敝所三项费用共二万五千元，内分：出版费一万元，语音实验室设备一万元，考古工作费用五千元。敝所同人异常感谢，其与上列三项有关之工作，更力求速进，本年度完结时当有详细之报告，送达贵会，此三项既荷贵会之鼓励有所贡献，皆所以纪念贵会提倡赞助之盛谊也。敝所工作本年度虽依既定计划进行，惟经费有限且在一二年中，亦无增多，希望考古、音档、出版三项既承贵会赞助于前，想贵会亦殊不愿在以后三年中有所停滞，敝所在此种支绌情形之下不得不于贵会本年会中继续请求补助此三项补助费每年共三万元，三年共九万元，其数目即照去年补助标准略加二成，以迁

---

① "史语所档案"，元 207—3。
② 参见"史语所档案"，元 271—11。

就金价暴涨之影响,此项请求其立意即在维持去年由贵会资助之件继续进行无辍也。"①与此同时,史语所还附上了请款说明书,用以阐释经费的开销。这份说明书对于揭示史语所所开展的工作颇具价值,因此移录于下,以见中基会的资助对史语所发展之重要:

说明书

现在拟请中华教育文化基金董事会补助之款目约三项,其一为出版费之补助,其二为考古所需之田野工作费,其三为音档。此中三项每项每年皆为一万元,三项合起每年三万元,三年合起共九万元。兹分述之如下:

第一项 出版

本所出版物大致有下列不同性质:

甲、文史资料之流通

乙、单篇论文之集合刊物

丙、专著

本所自己所有之出版费为数甚微。工作结果,无论是材料之整理,或论著出版之品件,若将其搁置,无异延缓此项学问之进行,殊为可惜。此项品件亦非本所经费所能全部担负,拟请贵会补助其一部分,其标准大致如下:

一、研究时用力最多之著作;

二、国内外急切盼望之著作,如方言调查、考古报告等。

因此次请款系三年之计划,故颇难逐件开列,如去年说明书中之式,兹先将第一年者开列如左:

一、方言调查 赵元任,约二册以上,每册一千五百元,共三

---

① "史语所档案",元258—2。按,"史语所档案",元271—1,内容与此相同。

千元

二、考古报告 李济等,约二册以上,每册二千元,共四千元

三、其他专著 约二册,每册一千五百元,共三千元。

如上列刊物付印较迟时,以《集刊》为代。以后二年,如方言调查、考古报告等均继续第一年之工作,内容大致全同。

第二项 考古所需之田野工作费

十九年本所在济南附近所发现之黑色陶器文化,从好几方面说,都是一件极重要的事实;它不但为中国史前的文化放出一道新的光彩,并且证明在那石铜时期,中国北方文化,东部的与西部的很有些重要的分别。那西部的(即仰韶式的)经好些人八年来不断的努力,已为世所深知;这新发现的东部的至少也值得我们同样的注意。我们下三年(民国二十年至二十三年)田野工作的计划就是想在黄河流域下段即中国北部的东方,以山东为根据,作一个有系统的研究,最紧要的目的为:(一)寻找在这境内史前及古史期的文化遗留及其分配。(二)研究他们所包含的内容。

同时别方面的发掘工作亦须进行,那已经开始的,如河南的安阳,尤须要继续下去,以完了为止。本所自当以竭力进行此种已开端之工作为第一义务。但东部文化研究之计划,若不得特别财力上之帮助尚难进行;此部既已有重要之发现,进行亦不容缓。若欲实行此计划,三年之中,每年约需一万元之帮助,其用途拟分配如下:

一、地面调查及测量 每年三千元

二、发掘工作 每年七千元

共计每年一万元。

第三项　音档

在十九年度向贵会请款书内预算"三（三）"项下，即根据补助实数修改的预算"一4"项下，有语言片的购置和中国方言的灌音的计划。这一部分的工作也是因为金价的关系不能全照预定计划发展。年内只定了大约一百件现有的语片，灌音的材料也只预备了最主要的几种，在今年春天收音就是包括：一、国际音标的音值，二、中国语的表情语调，三、北平语，四、苏州语，五、福州语，六、广州语，七、厦门语，八、西藏拉萨语。

这种音片的蒐集和方言的灌音的范围应该要大加扩充才可以算合乎设立音的图书馆或"音档"这观念。去年贵会既然补助了一部分的经费作为赞同这计划的具体的表示，本所今年更希望贵会多加补助，好让这"音档"可以起头粗具规模。如有每年一万元继续三年的数目，就可以把六十种最重要的方言材料记下来成为永久的语史的材料。据本所管这部分工作的职员说，这数目已经是"比最低的限度还低"了，因为这是照现在物价计算，并且是把发音人的酬金除外计算的。①

这份请款说明书集中谈到了史语所在出版、考古工作以及语音实验室设备方面已经取得的成就与基础，以及史语所所从事的各项工作在当时对于推进中国学术现代转型所具有的重要意义，同时"说明书"中拟开展的工作也为史语所进一步的发展指明了方向。实际上，史语所每年都有工作总结，但是年度性的工作总结涉及的面相极为广泛，对于各项工作进展的情况只能简单述及，无法深度窥其

---

① "史语所档案"，元258—2。

面貌，因此这份请款"说明书"并非简单地向中基会阐述哪些项目需要款项，而应视作史语所对现有成绩的总结和对未来工作的期待，它对于史语所工作的开展具有引导性。故而，这一请款计划在中基会 1931 年 6 月 26 日举行的第七次董事年会上获得通过。中基会决议补助史语所三年，"每年叁万元以为继续语言研究及古物发掘之用"。①

中基会分配款项原则规定："本会分配款项，应规定期限，到期继续与否，由本会斟酌再定"；"在补助期内如无相当成绩，本会得随时停付补助金"。② 基于此，史语所获得资助之后，每年均需向中基会呈送中英文报告，说明补助费之用途，作为中基会监督史语所经费使用及决定是否继续资助的重要参考。从十九年度史语所报送中基会"关于中华教育文化基金董事会补助费之用途"③来看，内容甚为简略，采用条目列举的方式说明了在中基会资助下，史语所的设备购置与出版情况，于此项目之下并未标注各项实际开销以及结余情况。两相比较，史语所报送给中基会的二十年度"补助费支付报告"更为科学规范，比如二十年度由中基会补助费所支付的出版费，下列书刊名称及使用金额，包括：1.《慧琳一切经音义反切声类考》（最后付款）687.50 元，2.《秦汉金文录》3195.62 元，3.《敦煌劫余录》2099.80 元，4.《集刊》第二本第三分 1434.75 元，5.《西夏研究》750 元，6.《集刊外编》（订款）1000 元，"以上合计共用洋9167.67 元，内《西夏研究》尚未清结，《集刊外编》正在印刷中，均须俟印刷完毕时继续清付"。于音档一项，作了如下说明："计本年度

---

① "史语所档案"，元 271—7b。
② "史语所档案"，元 271—1。
③ "史语所档案"，元 260—4。

所已开支者为音档设置费九宗,共计用洋 4184.15 元。余俟柏林大学及赵元任先生购置永久性音档办理完竣,陆续支付。"至于二十年度史语所购置哪九宗音档,每项开支多少并未说明。在考古田野工作费项目下,则开列如下内容:1. 第二次发掘龙山城子崖工作费 1036.72 元,2. 第五次发掘殷墟工作费 2342.56 元,3. 第六次发掘殷墟工作费 3063.77 元,4. 第一次发掘浚县辛村工作费 1662.99 元,5. 吴金鼎调查胶东一带古迹 113.87 元,6. 人体测验仪器(三、四两批)1881.40 元,以上合计共用洋 10101.30 元。最后,史语所在报告书中谈到了这一年度的结余情况:"本年度除已经支付以上三项共计洋 23453.13 元,结存洋 9943.52 元,内预付美国赵元任先生 1419元,实在存洋 7837.17 元,此项存款拟以 5000 补足《宋金元韵变汇刊》《西夏研究》等之印刷费,以 2000 元为考古组工作之费,800 余元为二十年度未付之零帐。"①之后,史语所每年均定期向中基会报送补助费使用情况。

在经历三年一个周期的资助后,1934 年,史语所再次致函中基会,请求第二个三年周期的补助。这份公函首先对中基会过去三年的补助表示感谢,指出:"此三年中,国难方兴,迭更事变,而同人仍黾勉迈进,不易初衷,于上列三项工作中各有相当之贡献,以期无负贵会提倡赞助之盛谊,其详细报告,已于历届年度终了时,送达贵会,当邀鉴督。"其次,谈到九一八事变以来,史语所暂时能够维持现状,而"最近奠其初基,此后殊不愿因经费所限以致中途停顿",于是继续向中基会请求补助。此次请求补助的金额较之 1931 年请款的金额略有增加,即每年 32000 元,三年共计 96000 元。对此,公函

①"史语所档案",元 271—23。

中解释说:"其数目即照前三年补助标准,惟于考古工作费项下增加研究生二名,故每年多出二千元。"[①]与上次请求补助相同,史语所这一次也附上了请款说明书。这份说明书包含出版费、考古所需之田野工作费、音档三大主体。从中我们可以看出,史语所在中基会资助下所取得成绩:"三年以来共计出版发掘报告一种,其他专著七种,《集刊》七本,《集刊外编》两巨册,其在印行中者,尚有《城子崖考古报告》及《集刊》三分";"田野考古工作,自廿年度以来,均照预定计划,在固定预算内继续进行,计已完成者为山东济南城子崖遗址(共作二次),山东藤县安上村遗址(一次)及曹王墓之汉墓(一次),河南浚县大赉店之遗址(一次),刘庄之遗址(一次)及辛村之卫墓(四次)。仍在继续中者,为河南安阳之殷墟,现已作至第九次";"赵元任先生赴美调查各种永久性灌音仪器,曾购 Seeger 式记音器一套,以供实验室中研究;又购 Fairchild 轻便记音器一套,以便田野工作时携带"。说明书中也规划了未来三年史语所在中基会的资助下拟开展的工作,就出版而言:一、中国考古志,例如《安阳考古报告》《浚县考古报告》之类,每年拟出一种,每种约需四千元。二、中国语言志,例如《两广方言调查》《汉语、台语比较研究》《徽州方言调查》之类,每年拟出两种,每种约需一千五百元,共计三千元。三、其他专著,每年拟出两种,每种约需一千五百元,共计三千元。就考古工作而言,主要从事下列诸项:一、黑陶遗址之普遍的调查及发掘,二、山东沿海古遗址之调查及发掘,三、河南境内彩色陶器之普遍的调查及发掘,四、平汉陇海两铁路沿路附近遗址之调查及发掘,五、各处随时发现之重要遗址之发掘。其中,史语所谈到了对于

① 参见"史语所档案",元 263—1。

考古研究生的训练,并因此请求中基会在原来补助的基础上增加2000元用以津贴研究生:"自廿一年起,曾呈请贵会并蒙允许在田野考古费项下每月开支一百元作津贴田野考古研究生之用,以利此项工作之进行。施行以来,成效甚大。惟发掘及调查费因此稍受影响。查贵会早有津贴研究生之举,故自廿三年度起,三年之中,除请继续协助本所调查发掘费每年一万元外,并津贴考古组研究生每年二千元,计每年共需一万二千元。"这一部分的经费开销,主要分为三个方面,一是地面调查及测量每年2000元,二是发掘工作每年8000元,三是研究生津贴每年2000元,合计每年12000元。在语言实验室设备购置方面,史语所以列表的形式对请款的用途与金额作了预算:

表 2-10　史语所 1934 年度向中基会申请资助的额度及经费用途

款额				用 途	备 注
二十三年度	二十四年度	二十五年度	共计		
350 元			350 元	手摇发电机	第二架,备田野用
8350 元			8350 元	电气长时间腊简灌音器	此器备收长篇材料用,可无限制记甚多材料,以后选重要者再用电转记永久片上
4000 元	4000 元	4000 元	12000 元	闽北、江西、湖南、山东方言调查	
1000 元	1000 元	1000 元	3000 元	添购片简等材料	

续表

款　额				用　途	备　注
二十三年度	二十四年度	二十五年度	共计		
500 元	500 元	500 元	1500 元	添置别人所收的新音片	
	2000 元	2500 元	4500 元	自制共鸣电路法之自动画调器	
	500 元		500 元	自制速视音高计	
14000 元	8000 元	8000 元	30000 元		

　　从现有的史语所档案来看，中基会对于史语所 1934 年度的第二个三年补助计划未能赞同，而是暂定补助时间为一年。因此，1935 年，史语所再次致函中基会请求"继续补助本所出版、考古、音档费用三年，每年三万元，共九万元"。在请款说明书中，强调了资助的时限是"自民国二十四年度起，至二十六年度止"，申请补助的款项仍分为三项：一、出版费之补助，每年为 8000 元，三年共 24000 元；二、田野考古费，每年为 12000 元，三年共 36000 元；三、音档及方言调查费，每年为 10000 元，三年共 30000 元。[①] 值得注意的是，此次请款用于出版费的补助每年减少了 2000 元，而这 2000 元用在了田野考古工作的开展方面。这一方面说明史语所田野考古取得重大进展，开销甚大；另一方面则缘于史语所与商务印书馆合作，改革了原有的书刊出版方式与销售方式，节约了成本。史语所向中基会请款时，时值中基会经费短绌，于是中基会在回复史语所的公函

① 参见"史语所档案"，元 268—1。

中,答应补助史语所 25000 元,其中在出版费项下减少 3000 元,在音档及语言调查费项下减少 2000 元,"期限定为一年"。① 1936 年,史语所继续函请中基会,请求补助出版、考古、音档及方言调查三项费用。由于中基会"历年收入情形,未能确定",因此,史语所此年的请款只限于"二十五年七月一日至二十六年六月三十一日",请款的额度仍为 30000 元,具体开销分为三项:第一项出版费 5000 元,第二项考古所需之田野工作费 17000 元,第三项音档与方言调查 8000 元。三项工作开展所需费用,均是史语所根据实际工作开展进行的调配,比如史语所有大量出版品,何以出版费设置为 5000 元? 缘于史语所"依合同存商务印书馆之制版费为数尚巨,本年度贵会所补助此项费用,又有盈余,故仅拟请贵会在下年度内补助五千元为出版之用"。那么为何考古所需田野工作费上调至 17000 元,这主要是因为史语所"现有之田野考古工作仪器,因工作之进展及田野工作人员之增加,已不敷应用,测量及摄影仪器皆有大量增加之急须"。而将音档与方言调查费设置为 8000 的原因在于,"方言调查之工具方面,在下年度可暂无添设重大仪器之必要"。② 对此,中基会经过第十二次董事年会议决,同意补助史语所"国币叁万元以为古物、语言研究暨出版费之用","期限一年"。③

1937 年,史语所欲将建所九年来的"各项工作作一全体的检讨,务将以前动手各工作,求其早日结束",因此"出版一项固须甚多之费用,而方言调查及田野考古,所需之款尤不可少"。同时,史语所的工作计划"甚难以一年为一段落",于是再次向中基会提出

①"史语所档案",元 268—4b。
② 参见"史语所档案",元 268—9。
③ 参见"史语所档案",元 268—12b。

请求三年补助的计划，时限"自二十六年七月份至二十九年六月份"。从其请款说明书来看，史语所每年所请经费为 28000 元，三年共计 84000 元，具体分配为：第一项出版，每年 5000 元，三年共计 15000 元；第二项考古所需各费，每年 15000 元，三年共 45000 元；第三项音档与方言调查费，每年 8000 元，三年共 24000 元。在这份请款说明书中，我们依稀看出史语所工作的突飞猛进，比如 1936 年度在中基会的支持下，出版《集刊》第五本第三、四分，第六本第一至四分，《集刊》第七本第一、二分；出版专刊《田野考古报告》第一册，《金文世族谱》《汉魏六朝冢墓遗文》；出版单刊《韩非子考证》《金石书录目重编》，出版史料《明清史料》乙编共十本，《明清史料》丙编共十本。在 1937 年已付印，春夏或至秋季可出版者，有如下数种：《集刊》第七本第三、四分，单刊《钟祥方言说》《龙州泰语》，专刊《中国考古报告集之三——殷墟文字》《中国人类学志》第二种，单刊《甲骨年表》《北平风俗类征》《辽文汇》。在中基会的资助下，1936年度从事的考古调查成就包括：山东日照县、河南永城县两先史黑陶文化遗址之发掘，获得多数黑陶时期殷代及沿海区早期文化遗留互相关联之证据，足以证明史语所黄河下游、淮河流域及沿海区先史遗址调查发掘计划有扩大继续进行之必要。河南安阳方面即小屯村殷墟南部及西南部发现排列复杂结构宏大之版筑台基、沟槽、窖穴、墓葬后，发掘工作又转入一新阶段。① 从这些方面来看，史语所在中基会的资助下，工作范围大大拓展，取得的成就亦极为显著。中基会虽然同意了补助史语所 28000 元的计划，但是补助的期限仍

———————

① 参见"史语所档案"，元 268—15。

为一年。①

　　全面抗战的爆发,打乱了中基会对于史语所每年固有的补助,而史语所对于中基会补助的使用,也不再囿于出版、考古与语言调查之列,如傅斯年在1938年4月30日与李济的通信中,谈到史语所因抗战迁徙走散不少研究人员,此时需要将石璋如、王湘等一部分人召回史语所,因为在傅斯年看来,"当时一批走去数人,皆是好手",但是将他们召回来之后,中研院无力支付他们薪水,于是傅斯年与李济商议:"此一批中诸位回来时,其薪水恐须在'中基会'补助中支。"②将中基会之补助用作研究员的薪水,显然是有悖于中基会补助费使用原则的,但却是在"战时"状态的变通之举。这一点在史语所向中基会提交的"二十九年度所受中华教育文化基金董事会补助费项下之事业进行状况报告"中,也有所体现。在这份报告中,补助费的用途主要有两项:一是出版费;二是整理发掘遗物工作费。出版费一直是中基会资助史语所的范畴,而整理发掘遗物之工作费则不在原来资助之列,从细目来看,主要用于支付副研究员石璋如全年的薪水和助理员李景聃十个月的薪水。③ 其后,在"战时"考古发掘和语言调查无法进行的情况下,中基会对史语所的补助主要限于出版费一隅。1942年6月16日,中基会致函史语所,其中仅提到资助史语所"印刷临时费补助费国币五万元"。④ 1943年,中基会因自身的困难,对史语所的补助以半年为限,补助出版费的额度为25000元。在是年7月7日,中基会非常时期委员会第四次会议上,通过了补

---

① "史语所档案",元268—16。
② "史语所档案",考2—131。
③ 参见"史语所档案",李23—2—2。
④ "史语所档案",李23—1—5b。

助史语所"三十二年度下半年印刷费二万五千元"①的议案,史语所因之得以将《集刊》第十本第四分、《史料与史学》第一册及第二册出版,同时资助董作宾的《殷历谱》在李庄自缮石印。② 1944 年,中基会非常时期委员会第五次会议通过在卅三年度内继续补助史语所五万元的决议,这对于特殊时期史语所的出版事业而言,已是弥足珍贵。③

综观中基会对于史语所的补助,无论是出版也好,还是考古发掘、语音设备购置,在史语所的发展脉络中都是至关重要的。史语所在中研院经常费的基础上开展工作,取得了很大的成绩,但终究不敷开销,甚至有时会因资金的短缺而导致工作的中辍,中基会的资助作为一种辅助经费来源,使得史语所工作的开展如虎添翼,在一定意义上助推了史语所事业的发展。正如史语所在1937 年 2 月 23 日函请中基会补助时所言:"本所于国难严重、所址迁徙数度之环境中,不断的进行其工作,实赖贵会此项补助之力。"④诚非虚言。

三、中庚会与哈佛燕京学社的资助

梳理史语所的经费来源,还可以看出管理中英庚款董事会(以下简称"中庚会")与哈佛燕京学社对史语所工作的补助。中庚会于 1931 年 4 月 8 日在南京成立,依照《管理中英庚款董事会章程》

---

① "史语所档案",李 23—1—10。
② "史语所档案",李 23—2—4。
③ "史语所档案",李 23—1—12。
④ "史语所档案",元 268—15。

来看,其职责主要是"管理并分配英国退还庚款部分之职权"。① 中庚会的息金"以用于有永久纪念性之教育文化之建筑及有关全国之重要文化事业为原则,不得用以补助任何机关之经常费及临时费"。② 傅斯年与当时中庚会董事会董事长朱家骅关系甚密,遂于1932 年朱家骅到北平时,将史语所向中庚会的请款计划书送给朱家骅,朱氏谓其:"一切放心,我做委员长比你做还要好些。"但是此前中研院总干事杨铨多次向傅斯年提及"研究院是一整个的,要到时必分给你们一大份,你们不要自己要"。故而,史语所并没有因此单独行动。③ 然而,中研院在获得中庚会的资助后,并未将款项分配给史语所,而是将其着重分配给了物理、化学、工程等研究所。

史语所获得中庚会的资助始于 1937 年。在 1936 年时,中庚会拨息金国币十万元设置专款,用以补助保存国内固有文化史迹古物,以三年为限,每年用途支配规定如下:"1. 发掘史迹古物,四万元;2. 修理防护史迹古物(包括史前重要遗迹在内),三万元;3. 收集古物及艺术品,三万元。"④根据中庚会补助保存国内固有文化史迹古物委员会的补助原则与息金用途,史语所于 1937 年 1 月 30 日向该会提出申请三年补助 36000 元用于整理史料的计划书。

在"史语所档案"中,有一份"继续并扩充本所整理史料工作说明书及三个年度概算表",内容关涉请款用途与数目,更多涵括史语所对待史料之观念、以往史料之整理成就及出版情况、未来史料的

---

① 《管理中英庚款董事会章程(二十年四月十三日国民政府公布)》,《管理中英庚款董事会年刊》1931 年 12 月。
② "史语所档案",元 269—1。
③ 以上引文,参见"史语所档案",元 266—8。
④ "史语所档案",元 267—4—9。

整理与刊布计划,从中透视出史语所第一组工作之进展及成绩。在此之前,我们从史语所历年的工作总结中,只能逐年了解史语所史料搜集、整理之成就,无法从整体上获得其工作之总相,恰好这份史料为我们提供了一个观察史语所八年来史料建设的视角。鉴于国内外学界鲜有运用者,现全文征引如下:

> 史之良窳,视史料为准。史料而充实,则非第一等史家,亦得据以为上等史籍。史料而贫乏,则虽有第一等史家,亦不能撰成一部充实之作。此无他,历史以传信为主;史料不信,何有信史? 史料不充,何有文质彬彬之史?
>
> 现存之史,大概皆出于展转传述而来。在今日视之,其叙述之轻重失宜,与真伪杂糅,自不能免。故今日之治史学,惟有搜集当日最直接之史料以为研究之资。直接史料者,即与史实发生时最接近之记述或遗迹。此等史料最为坚实可据,然而最易于丧失者,亦无过于此。历史语言研究所创立之初,即以搜寻及刊布可逢遇的直接史料为职志。以搜寻扩充研究之范围,以刊布绵延保存之机构。七八年来,不断的努力向此迈进,计已搜得及已整理者如次:
>
> (甲)自国家册府出者(State Archives),清内阁大库所藏明清两代档案
>
> 此项档案本所于民国十八年购入,计十余万斤,费约二万元,以后更有购入。经三四年之整理,已分类编年上架。现分存南京及北平两处。此为研究明清史最直接之史料。其中叙述者皆当时构成历史者负责之记载,或最切近之报告,年月时地,皆极可据。其关涉明清之际者,尤可补私著之阙,官书之妄。至已编印出版者,计有《明清史料》甲、乙、丙三编,每编十

本,甲编已出版,乙编由商务印书馆印行,即出版,丙编同在印刷中。

（乙）未刊并无定本之史料

此类史料仅次于直接史料一等。盖其中大部分皆为以档案为依据而编成之史料长编。如《明实录》、杨英《从征实录》等,其中不免删改漏略,但较之档案已有组织,亦不无较胜处。其档案中较次之史料,亦入此类。计已整理及印行者：

（1）明列朝实录共三百本,自民国二十三年开始校勘整理,迄今年六月内可以完全就绪（即可付印）。

（2）史料丛书有杨英《从征实录》,清代官书记明台湾郑氏之事,内阁大库书档旧目,及补编四种。并已刊行。在付印中者有六种。

（丙）金石刻

此为地下或地上陆续发现之有文字遗物,其重要与档案等。档案为官府文书,此则公私纪念之物。两者各有所长,而皆为史家所不可缺少之资料。计已整理及印行者：

（1）周秦金石文　如铜器铭、石鼓文、秦刻石等,均在编辑中。

（2）汉至隋碑碣　迻写汉至隋摩崖刊石碑碣墓志等,按年月编排成书,统论前人考证。在编辑中。

（3）汉至隋墓志　搜集汉至隋墓碑墓志约数百种,按年月编排,照原迹影印之。下月出版。

（4）唐碑碣　迻写唐代刻石墓志等,按年月编排成书,统论前人考证。在编辑中。

（5）唐墓志　搜集唐代墓志,按年月编排,照原迹影印之。

在编辑中。

(6)宋石刻　迻写宋代石刻墓碑等,按年月编排成书。在编辑中。

以上皆为本所已往及正在进行中之工作。以后吾人仍将本已往之旨趣完成并充实扩大之,如次:

(甲)搜集可逢遇的史料史籍　例如官方文书之既经散佚者,金石刻拓本或原物及未刊成已绝版之史籍。

(乙)校编有关历史的文籍　除继续以往各项工作,即校编《明清史料》丛书、《明实录》及金石文外,如因整理金石文及汉至隋碑碣墓志等工作之便,即可重编严可均所辑《全上古三代六朝文》。因整理唐碑碣墓志等工作之便,即可重编乾隆时钦定之《全唐文》。因整理宋石刻等工作之便,即可编成《全宋文目录》。

(丙)刊布　各项整理之成绩,拟于三年内陆续刊布之。①

以上这些铺垫性的文字,旨在说明史语所工作已取得很大成就,如能获得中庚会的补助则会取得更大进展,然目前受到经费的限制,致使工作不能按照原计划加以推进:"关于以上各项工作,现由本所两助理员、四书记任之。其月薪助理员各百元,书记各四十元,杂费(纸张装裱等)一百四十元,每月共五百元。在本所经常费内,已无从再事增加。"因此,史语所希望能够从中庚会息金中每年获得12000元的补助,共计三年。为此,史语所列有"三个年度概算表",即"自二十五年度至二十七年度,共三年(一九三六——一九三八)",用途及开销预算如下:1.购置史料,每月200元,每年2400

---

① "史语所档案",元258—3。

元,三年共计 7600 元;2. 购置参考书,每月 200 元,每年 2400 元,三年共计 7600 元;3. 编辑抄写费用,每月 400 元,每年 4800 元,三年 15600 元;4. 杂费每月 200 元,每年 2400 元,三年 7600 元。以上四项总计每月 1000 元,每年 12000 元,三年 36000 元。①

对于史语所的这份请款计划,经中庚会补助国内固有文化史迹古物委员会 1937 年 3 月 4 日召开的第一次会议决议:"就本年度第二类专款内补助八千元。"②嗣后,又将议决结果提交第三十九次董事会议议决,通过之后,中庚会才以公文致函史语所告知补助情况。③于是史语所又重新拟定了中庚会 8000 元补助费的用途与预算。④

尽管史语所未能按照每年 12000 元的补助标准获得中庚会的资助,但是一年 8000 元的补助费对于史语所史料的整理与刊布而言,同样意义重大。相较之下,史语所同时向中庚会提交申请补助建设实验室的结果,就没有那么顺利。史语所在向中庚会下设国内固有文化史迹古物委员会申请补助史料整理费的同时,也向中庚会提交了一份申请 60000 元建筑费的报告。这份报告包含三大部分:第一部分是史语所之工作概况,主要谈及第一组在历史学及文籍校订方面开展的四项工作:一是史料之搜集,二是史料之整理,三是专题研究,四是文籍校订。第二部分为请款说明,文曰:"本所缘上开各项工作之进行,聚集各种学术材料,数量浩繁,以箱论,其数在二万以上;以件论,更不可以数计。整理如许多之材料,必需宽大之工作室与实验室,否则不能将同类者一齐摊开,工作甚难着手。(三分

① 参见"史语所档案",元 258—3。
② "史语所档案",元 267—4—9。
③ "史语所档案",元 269—8b。
④ 参见"史语所档案",元 269—9。

之二的材料）仍存本所仓库中。此真工作上极不方便之事，必使本所学术工作进行异常迟缓者也。深维本所聚集学术资料之不易，工作进行之不宜缓，因有于本所现有所址之外，建设六个实验工作室之议，本院限于经费，此事无从进行。"史语所在说明书中强调："窃以为本所基础，今已大致建立，颇为国际所推许，目下所缺者，为此项工作实验室。如此项工作实验室得以成就，学术进行之速，何止事半功倍。此必贵会所乐闻也。"第三部分为请款数额及建筑计划。史语所拟建实验室包括陶器整理室、陶器实验室、铜器整理室、骨器整理室、史料整理室、史料装裱室、民族学整理室、人骨整理室、大照相室，附属小工作室，总共请款数目为 60000 元。①

从中庚会发给中研院总办事处的公函来看，中庚会并没有补助史语所的建筑计划。尽管它的息金用途中明确记载："分期补助国内成绩昭著之各高等教育及研究机关必需之建筑费或设备费"，但是它资助的重点在于"农工医理四科"。② 当然更重要的原因，在于1936 年度中庚会的息金收入可供支配的总额为 350 万元，而此年中庚会收到全国教育文化事业请款案 142 件，合计请款总额为国币13619807 元，可供支出的款项与需要补助的数额相差甚远，因此第四十六次董事会议决议："国立中央研究院补助设备费十五万元，指定以三万元补助物理研究所，余十二万补助化学、工程两研究所各六万……至气象、历史语言、社会科学、心理等研究所请求补助各费，实在无法支配。"③

在此之后，史语所还曾在 1944 年 6 月 16 日致函中庚会，请求

<hr />

① 参见"史语所档案"，元 258—6。
② 参见"史语所档案"，元 269—1。
③ "史语所档案"，元 266—3b。

补助语言组马学良调查费。事情的缘由是,马学良从事语言调查开销甚大,花费 30000 元,史语所"未能报销"。于是傅斯年与中庚会总干事杭立武商议,拟请中庚会设法补助 15000 元,剩下的调查费由史语所自行筹划。① 中庚会以"年来经费困难,支付浩繁"为由,拒绝了史语所的补助请求。因此在史语所的发展过程中,中庚会给予的资助是非常有限的。

如同中庚会对史语所的补助形式一样,哈佛燕京学社亦非持续对史语所予以补助。1944 年 6 月,史语所的研究工作获得哈佛燕京学社 5000 美金的补助。其时,史语所地处李庄,各项工作开展困难,唯有研究人员的读书、写作没有停止,所以傅斯年决议将这批补助费"分人补助之",即将对史语所研究工作的补助"变之为生活补助",他认为这是"今日最切要之事,盖个人不能维持,工作更不能维持也"。② 基于这一理念,史语所的董作宾、梁思永、李济、芮逸夫、陈槃、傅乐焕、张政烺、劳榦、高去寻、王崇武、岑仲勉、马学良等人分别获得了六万、四万和三万不等的生活补助③,从而得以维持生活并继续从事学术研究。在抗战尚未结束的情况下,哈佛燕京学社资助史语所的 5000 美金,实为一笔巨款,当时学人生活普遍难以维系,因此这笔补助金在学人之间也引起了一些波动,如李光宇将个人的困难向傅斯年陈述,希望能够予以"津助国币三千元"④;董同龢致函傅斯年说,如果最后哈佛燕京学社的补助款分配有余,想

---

① 参见"史语所档案",李 23—3—1。
② 参见"史语所档案",李 69—3—3。
③ 参见"史语所档案",李 69—3—12。
④ "史语所档案",李 69—3—8。

用余款将其《上古音韵表稿》出版①。即便是已经离开史语所的陈文永亦想获得补助，他在给傅斯年的信中说："近闻贵所得哈佛燕京社捐赠巨款补助，职前在贵所服务期间关于殷墟骨骼之统计工作大部已由职计算，似可请求该项补助费，况职家计颇重，尚祈体察下情赐予眷顾。"②向达在西北从事考察，他托夏鼐函告傅斯年，希望能够将此补助款分一部分给西北考察团作为考古工作之用。③ 1945年 12 月，哈佛燕京学社致函傅斯年，告知董事会已经通过今年继续给史语所拨款 5000 美金，作为购置图书、仪器之用。④ 其后，史语所用这笔补助费购买了考古组照相器材、又购买了 1853—1928 年出版的全套 JOURNAL ASIATIQUE（《亚洲杂志》）及其他西文图书杂志等。1947 年 5 月 3 日，傅斯年在写给宗兄傅晋生的信中提及"本年敝所得一巨款"，但是并未明言这一巨款源自何处，从同月傅斯年致史语所同仁的信看，极有可能是哈佛燕京学社的补助费，信中说："李济之先生之太翁，病在重庆，须接其前来，久病及沿路各事，在在需款，拟在哈佛补助费中助二百元（美金）。陈寅恪先生已盲，随时需人照理，拟补助一百元（美金）。梁思永先生久病，拟续补助一百元（美金）。"⑤

经费是维持史语所运作最重要的支撑。近代以降，学术研究机构不断兴起，但因政治未稳、经费来源无法保障而致使解散者有之，或因经费缺乏而无法正常开展工作、停办刊物等等，已是屡见不鲜。

---

① 参见"史语所档案"，李 69—3—9。
② "史语所档案"，李 69—3—15。
③ 参见"史语所档案"，李 38—4—17、李 38—4—21。
④ 参见"史语所档案"，李 69—3—16。
⑤ "史语所档案"，补 16—8—2—31。

但史语所之所以能够持续发展不断，就是依靠源源不断的经费支持，方才取得重大成就。而史语所经费之来源，除中央研究院之经常费与临时费之外，傅斯年还广泛利用他与胡适、杭立武等人的学术交谊，尽量在中基会与中庚会中为史语所争取院外补助，使得史语所之刊物出版、音档购买、考古发掘、资料整理能够获取持续不断的经费支持。譬如，他在 1936 年 2 月 13 日写给王世杰、段锡朋、朱家骅和童冠贤的信中说道："四月十八日中基会开会（在北平），因本所请款，势必前来运动，如有必要，弟可在北平稍稍久留。"①对此，顾颉刚指出："傅斯年是中央研究院历史语言研究所所长，他一手抓住美庚款，一手抓住英庚款，可以为所欲为。"②又说：傅斯年在史语所成立后，"玩弄所识之贵官达人，操纵各文化机关事"。③ 这种评价虽是对傅斯年的指斥，但恰从另一个方面说明了傅斯年利用其社会影响力为史语所的发展做出了重要贡献。

① "傅斯年档案"，Ⅲ：1277。
② 顾潮：《历劫终教志不灰——我的父亲顾颉刚》，华东师范大学出版社 1997 年版，第 179 页。
③ 顾颉刚：《顾颉刚日记》卷二，《顾颉刚全集》本，第 160 页。

第三章　《历史语言研究所集刊》的求新趋向

　　作为一种新型知识传播媒介,报纸杂志在近代中国的兴起,实有重要影响,康有为言:"昔之学,尊古而守旧,故其学在读书;今之学,贵通今而知新,故其学贵阅报。"①这道出了近代报刊在新旧学问转型中发挥的作用。相较晚清而言,中国学术界在 20 世纪二三十年代创办的报刊种类更为多样,内涉政治、经济、文化、法律、史学、地理等多个方面,而其中尤"以史学刊物为最多"。② 中研院史语所创办的《历史语言研究所集刊》是其时最具影响力的学术期刊之一,与《国学季刊》《清华学报》《燕京学报》并称"四大学术刊物","代表着当时学术研究的最高水准,享有很高的学术声誉。其刊载的史学研究论文亦应标志着当时史学研究的最高水平"。③

　　为了展现学术研究的成果,史语所编纂了众多书刊,以类区分则有专刊、单刊与一般性刊物。专刊主要包括单行专刊、安阳

---

① 康有为:《日本书目志》,姜义华、张荣华编校:《康有为全集》第三集,中国人民大学出版社 2007 年版,第 326 页。
② 汪荣祖:《五四与民国史学之发展》,杜维运、陈锦忠编:《中国史学史论文选集》(三),华世出版社 1980 年版,第 509 页。
③ 张越:《新旧中西之间——五四时期的中国史学》,国家图书馆出版社 2007 年版,第 356 页。

发掘报告、中国考古学报、方言调查报告四类；单刊分为甲、乙两种①；一般刊物则涵括最广，主要有史料丛书、《集刊》《中国考古报告集》《人类学集刊》《中国人类学志》，以及其他刊物数种。这些出版物集中展现了史语所学人"集众研究"与"个人研究"的成果，不仅走在了国内历史学、语言学、考古学、人类学研究的最前沿，而且在国际学术界也产生了重要的影响，使得不少国外汉学家将瞩目的眼光聚焦在史语所，为中国史学争得了话语权。《集刊》是史语所众多出版物之一种，最具典型，正如有的学者所言："如果要了解中国现代人文学术的发生、发展，尤其是历史学、考古学、语言学等学科的发展，《中研院历史语言研究所集刊》不可绕过。该刊创办于 1928 年，从广州、北平、李庄到南京，历经战乱，未有中辍，1949 年以后，在台湾继续出版至今，延续时间如此之长，在中国现当代学术史上极为少见；该刊依托于'中研院'历史语言研究所，曾是陈寅恪、李济等学术大师的重要成果的首发之地，积累了崇高的学术声誉。"②所以，在史语所的众多出版物中，最能彰显其学术水准的当推《集刊》。从中国史学演进与世界学术背景的双重视角观察，《集刊》反映了史语所学人的研究成绩与治学特色，在国际汉学界发出了中国学者的声音。故而，《集刊》在更新史学观念、反映现代学术机构与学人之互动、培养史学人才、加强中外学术交流、推进中国史学现代化等方面均扮演着重要的角色。

---

① 两者的区别在于：甲种用洋纸双面印刷，乙种用中国纸单面印刷。

② 王洪波：《"史语所集刊"：院士文章也不能免审》，《中华读书报》2009 年 10 月 21 日，第 9 版。

第一节 《集刊》的创办与史语所工作之彰显

一、《集刊》的创办与刊印历程

在史语所成立初期,傅斯年致陈寅恪的一封信函中,提到史语所的工作不求速效。因为在他看来,许多大型的学术工程,如没有长期的团队合作难有巨大的成就与发明。其后,史语所明清档案之整理与公布、《明实录》的校勘与出版等项,均历经数年、甚至几代学者的接力方才完成。但这并不意味着史语所可以一味埋头整理、研究材料而不出成果,恰恰相反,史语所在创建伊始,"为 justify 此研究所之存立……尚须发布一点较小而可以示人以成绩之工作"①,从而为起步阶段的史语所在中研院中争取生存权。尤其是,傅斯年在筹备史语所时,一再向蔡元培承诺:此研究所"半年之内可期小成,一年之间基础可立,必不负大学院之雅意"。② 由于蔡元培等人最初并未考虑在中研院中设立史语所,故而史语所成立后若在短期内没有相应的成果,则很难在中研院中获得一席之地。在史语所筹备阶段,唯有董作宾安阳殷墟试掘,略有成效,所以傅斯年在1928 年写给董氏的信中说:"我们研究所弄到现在,只有我兄此一成绩。"③在这一背景下,《集刊》成为铸牢史语所"所基"、示人以成绩的重要凭借。傅斯年在向友人的约稿函中,表达了这一心情:

———————

① "史语所档案",元9—1。
② "史语所档案",补1—1。
③ "史语所档案",元23—2。

此次斯年到院方接洽,俱知院方对吾等推诚之殷,期望之切。宜于返后奉陈一一。吾所出版事件,实吾所兴废隆污之所系。研究机关在中国本为创举,社会初不明了此设置之意义,如不于短期内有可以自立之露布,以慰国内而信国外,实无以自解。此情各所皆然,而吾所为尤甚:缘历史语言之学人谓成绩可以早出也。为此重申前请,务望于前约集稿期内分列惠下大著。其单册、专刊在拟计划或杀青中者,可能早日成就,尤为感致。果明年暑假以前吾等《集刊》可出至二卷,单刊可出至十五,专刊可出六、七数,不患所基不固矣。创始艰难。①

由此看来,《集刊》的出版,关乎史语所的"兴废隆污"。其次,《集刊》的出版,也牵涉到中国历史语言之学在世界学术版图中的地位。傅斯年冀图在短期内出版大量成果,使得史语所成为国外汉学家关注的中心。当然,这其中的缘由主要在于中研院是中国最高学术研究机构,位列其中的史语所所取得的成果自然代表着中国学术界在历史学、语言学领域的成就与水平。在当时,国际学术界公认汉学中心在巴黎或东京,而傅斯年则赋予了《集刊》提升中国学术话语权、夺回汉学研究中心的使命。

傅斯年在创办《集刊》之时,第一本与第二本均由其编纂,从第三本"实行以所务会议为编辑部之法"②,由傅斯年、陈寅恪、赵元任、李济和罗常培五人担任《集刊》委员,罗常培为常务委员;后因罗氏离职,在抗战时期则由董作宾担任常务委员。实际上,《集刊》的集稿、编辑和出版与傅斯年的苦心经营是难以分割的。

---

① "史语所档案",元 326—1。
② "史语所档案",元 9—1。

《集刊》之创办，本为季刊，原计划一年出一本，一本共分为四分。从现存史语所档案来看，《集刊》早期的印刷出版并不及时、稿源亦不丰富，在最初几年《集刊》的出版中均未实现一年出一本的目标。这也从一个侧面反映了史语所早期发展的艰难历程。1930年9月15日，傅斯年在给《集刊》作者的发函中说："《集刊》第二本第一分稿准于本月底编齐送沪排印，如有文稿登入，请早赐下……《集刊》印刷事业经历三灾八难，现京华及科学印刷公司均允改从速办，自下月起当可免去一印经年之弊矣。"①时隔三月，在傅斯年12月16日的另一封发函中，又说："《集刊》已出版者为第一本第一、二两分，第二本第一分，最近即将出版者为第一本第三分，一个月半内可出版者为第二本第二分，早已付印者为第一本第四分，此样参差不齐之现象，实由于印刷各项困难所致也。"②从傅斯年所言，《集刊》印刷"经历三灾八难"、"一印经年"，各本出版时间先后颠倒，可以推想其中的重重困难。同时，傅斯年将《集刊》分别送往北平的京华印书局和上海的科学印刷公司排印，以求加速《集刊》的出版。③ 实际上，《集刊》在印刷过程中所遇到的这一难题，在1930年出版的第一本第二分时已初露端倪：

> 本刊第一本第二分于十八年十月初旬付印。因刻字较多，及英文一篇，延至本年五月始经排完。又因英文一篇抽去末两

---

① "史语所档案"，元 326—3a。
② "史语所档案"，元 326—2a。
③ "史语所档案"中存有傅斯年 1932 年 3 月 24 日写给徐韦曼的信，云："《集刊》二卷三号样本，弟于赴京前收到的（即一月初）……又第四号三校稿，也不寄来了。乞兄即示复！使此事可早结束也。又科学公司尚承印物件否？乞一并示知。此间京华太忙，吾等或仍可分一部分至上海印也。"参见"史语所档案"，元 336—39。

节,改排两短文,以符原排叶数,再延一星期。今始出版,不胜
歉然!但本刊第一本第三分及第四分均于本年一月付京华印
书局排印;其第二本第一分及第二分已分于本年四月及六月付
上海科学印刷公司排印,数月内均可印就。以后当竭力设法免
去此类一印经年之憾事。①

当然,不同的印刷公司印刷进度不同,也导致了《集刊》各本出版时
间的先后不一,甚至《集刊》之第一本、第二本、第三本、第四本和第
七本的出版均持续了三年之久。通过对《集刊》前七本分册出版时
间的梳理,可以窥见《集刊》在早期出版时面临的困境。

表 3-1 《集刊》第一至七本各分出版时间

《集刊》各本	分册	出版时间
第一本	第一分	1928 年
	第二分	1930 年
	第三分	1930 年
	第四分	1930 年
第二本	第一分	1930 年
	第二分	1930 年
	第三分	1931 年
	第四分	1932 年
第三本	第一分	1931 年
	第二分	1931 年
	第三分	1932 年
	第四分	1933 年

① 《告白》,《历史语言研究所集刊》第一本第二分,1930 年。

续表

《集刊》各本	分册	出版时间
第四本	第一分	1932 年
	第二分	1933 年
	第三分	1934 年
	第四分	1934 年
第五本	第一分	1935 年
	第二分	1935 年
	第三分	1935 年
	第四分	1935 年
第六本	第一分	1936 年
	第二分	1936 年
	第三分	1936 年
	第四分	1936 年
第七本	第一分	1936 年
	第二分	1936 年
	第三分	1937 年
	第四分	1938 年

　　早期稿源的不足,同样对《集刊》的出版造成了延时的影响。史语所初创时期,研究人员较少,这自然导致内部稿源不足,故而傅斯年于此时向学术界名流广发约稿函,希望能够充实《集刊》的内容。在1930 年 12 月份的征稿函中,他说:第二本"第四分稿至今尚缺,为此奉白左右,如先生有文稿登入此期,务盼于明年一月十五日以前交下"。①

---

① "史语所档案",元 326—2a。

傅斯年希望能在 1931 年 1 月 15 日征齐《集刊》第二本第四分的文稿，但是未能如愿，以至于他不得不再次推迟截稿时间，并于 3 月 4 日向罗常培、丁山、李济、梁思永、林语堂、徐中舒、董作宾、陈寅恪、陈垣、容肇祖、赵元任、朱希祖、商承祚、刘复、顾颉刚等人发函约稿："本所《集刊》第二本第四分本应于十九年十二月齐稿，因文不足，叶数至今未齐，兹定于三月三十一日齐稿送沪，此日计算尚差一半之数。"①另一方面，傅斯年为了丰富稿源，要求时在北平各高校兼课的所内研究人员"所任之课必是自己目下研究之范围内者"；其次，授课各人"不编讲义，只做论文，论文即是《集刊》的稿子"。他如此规定的目的，是"借此使《集刊》的文章做得快些"。② 这都表露出《集刊》的持续出版，对于史语所发展的重要性。

《集刊》稿源不足的现状大约在 1932 年至 1933 年略有改观，这从傅斯年发函告知友人的书信中可以得到明示。他在 1932 年 10 月 5 日的发函中说道：

先生道鉴：《集刊》编辑及印刷情形奉告如下：

二本四分，已印就待装（上海）

三本一分，已出版

三本二分，将印就待装（北平）

兹拟于明年六月将四期编完以符年出一本之例，谨拟集稿期如下：

三本三分，二十一年十月底，已有文约三分之一

三本四分，二十一年十二月底，已有文两篇

① "史语所档案"，元 326—4a。
② "史语所档案"，元 6—8。

四本一分,已付印(上海)

四本二分,二十二年二月底,已有文约三分之一

四本三分,二十二年四月底

四本四分,二十二年六月底

如荷！先生在此数本中惠赐大著以光此刊,感荷之至！专此奉达,无任切盼。敬颂

弟傅斯年　谨启

廿一年十月五日①

然而,好景不长,《集刊》的出版再次受到所址迁徙与时局变动的影响。1934 年,史语所因新址落成,需由上海迁往南京,"诸事待清",《集刊》之出版亦因之"稽迟"。② 但至此时,史语所已将《集刊》"编至六卷二号矣",只是因为出版的延迟,导致是年"《集刊》(五卷一号),排好数月,迄未出书",故而傅斯年致函王云五加速出版。③ 全面抗战爆发后,位于上海的商务印书馆因被日本封闭,导致"《集刊》第九、十两本皆陷沪",于是不得不在抗战后方对第十本重新排版。④ 根据后来出版之《集刊》第十本第一分载:

本所《集刊》,原编至十本二分。九本一分至十本二分均陷于上海,九本一分出版否,亦未得通知。今将九本一至四分暂行空出,俟战事终结后,查明情形,调整补印,并将原编之十本一至二分取消,另集新稿自十本一分编起。本年拟出《集

---

① "史语所档案",元 326—5b。

② "史语所档案",元 339—4—1。

③ "史语所档案",元 339—4—3b。

④ "傅斯年档案",Ⅲ:62。

刊》两本（即十本一至四分，十一本一至四分，共八册）。其音
标或特别字体较多之单篇文章，尚拟集为《集刊外篇》，油印
出版。①

此时，《集刊》出版面临的更大问题，在于没有印刷厂可以负责印
刷。"史语所档案"中存有一封傅斯年 1942 年 1 月 21 日写给顾颉
刚的信函，内容关涉此一时期《集刊》的出版状态："敝所刊物，向由
商务印书馆在沪印刷，自该馆被倭封闭后，遂无法出版。最近该馆
在渝有接受稿件之举，恐其生产力量未必大。目下敝所积存待印之
稿件有数百万字，而宜宾一带并无较大之印刷厂可托，极为焦灼。
贵所各种刊物，未知均在何地印刷？办法若何？拟请示知，以作参
考。如贵所与成都、重庆或昆明之大印刷厂有往来足以委托印刷
者，并请介绍，至感。"②与此同时，傅斯年也向李四光去信咨询位于
桂林的开明书店印刷厂，以期能够及时将积压的《集刊》稿件予以
出版。③ 最终，傅氏还是将《集刊》的出版寄托于商务印书馆，并允
诺"制版、纸张等一切费用"全由史语所负担，实际上只是借助商务
印书馆的名义代史语所印刷而已。在这一前提下，傅斯年提出"出
版须迅速为唯一要求"。④ 在他的努力下，《集刊》第十本由中央文
化驿站刊印，《集刊》第十一本由商务印书馆刊印，但两处印刷的
《集刊》"仍迟迟不出"。⑤ 造成这种现象的原因，依然在于抗战时期

---

① 《本所刊物沦陷港沪情形及今后出版计划》，《历史语言研究所集刊》第十本
　 第一分，1942 年。
② "史语所档案"，李 8—2—4。
③ 参见"史语所档案"，李 8—2—2。
④ "史语所档案"，李 8—6—1。
⑤ "傅斯年档案"，Ⅰ:78。

印刷受限,加之《集刊》"图版、刻字、音标,皆无法子办",从而导致《集刊》的出版举步维艰。① 至 1942 年时,中央文化驿站印成《集刊》第十本;而商务印书馆则因自身的困境,提出由史语所自行印刷《集刊》并出售的要求。傅斯年认为《集刊》由史语所"自印自卖,实在太麻烦"。他在致王云五的信中强调"值兹国难,一切可以因陋就简",即音标文字"另付油印,制铜版者亦然","排表之线亦可省,人名、地名、书名符号均可省",旨在加速《集刊》的出版。② 但尽管如此,傅斯年对于《集刊》的校对质量与用纸依然极为用心,这表现在两个方面:一是对《集刊》稿件的校对工作特别重视。1942 年,他特派史语所副研究员全汉昇"长住"在渝,"担任校对"。③ 二是对《集刊》印刷用纸极为讲究。他在 1942 年 4 月 2 日写给杨时逢的信中说:"洋报纸既贵又不耐久,土报纸两面印简直模糊。"他嘱咐杨时逢在《集刊》印刷用纸方面,"必须与印刷厂中主管人接洽,方为有效"。④ 次日,他又去信说:"用纸一事,必须坚持,万不得已,一半用白报纸,一半熟土料(此为万不得已,亦须看看其两面印法究竟透出若干,且是否常有烂纸),白报纸可由我们替他向经济部接洽。"如果这一点印刷厂做不到,傅斯年认为《集刊》印刷"宁可停顿"。⑤傅斯年对《集刊》之印刷出版如此重视,实因《集刊》不仅代表着史语所的形象,而且代表着中研院在国内外学术界的形象。正如他向杨时逢所言:"本所此时倾家荡产而印《集刊》者,无非为本院在学

---

① "傅斯年档案",Ⅲ:62。

② "史语所档案",李8—6—6。

③ 参见"史语所档案",李8—3—8。

④ 参见"史语所档案",李8—4—4。

⑤ 参见"史语所档案",李8—4—7。

术上争些面子耳。"①

在 1943 年《集刊》第十一本出版后,商务印书馆因自身困境而决定不再刊印《集刊》。此时,傅斯年又与独立出版社之潘公展、卢逮曾商定,由该社于 1944—1945 年刊印《集刊》外编之第二种《史料与史学》上、下册;1945 年,史语所再次解决《集刊》印刷的困境,将同人之研究成果采用石印的方式刊成《集刊》外编第三种《六同别录》,并于同年出版上册和中册,翌年出版了下册。《集刊》出版迟延的状况,至抗战胜利后才得以改观,1947 年出版了第九本和第十二本,1948 年出版了第十、十三、十五、十六、十七、十八、十九本和第二十本上册,1949 年出版了第十四本。②

《集刊》从 1928 年出版第一本第一分,至 1948 年出版第二十本,其间还曾出版《庆祝蔡元培先生六十五岁论文集》(以下简称"《论文集》")③上、下册。作为《集刊》外编第一种,《论文集》共载论文 35 篇,与《集刊》表达了同样的著述旨趣。于此二十年间,《集刊》始终坚持高起点、严要求、重把关等原则,因而在国内外史学界产生重大影响。当时得陈寅恪推荐而在《集刊》上发表论文的季羡林评价说:"我写了一篇论文:《浮屠与佛》,首先读给他(指陈寅恪,

---

① "史语所档案",李 8—4—4。

② 史语所将《六同别录》中的论文列为《集刊》第十三本及第十四本、《史料与史学》中的论文列为《集刊》第十五本,故而本章不再将《六同别录》《史料与史学》列为考察对象。

③ 在 1931 年 3 月 26 日由傅斯年、陈寅恪、赵元任、李济、陈垣、朱希祖、刘复、林语堂等人具名的函件中,强调编纂《庆祝蔡元培先生六十五岁论文集》一事"在中国为创举"。据此可知,同《集刊》一样,作为一种现代学术建制,"纪念集(Festschrift)虽在今天已成习惯,但在 1930 年代则属创举"。参见王汎森:《伯希和与傅斯年》,《傅斯年:中国近代历史与政治中的个体生命》,第 305 页。

引者)听,想听听他的批评意见。不意竟得到他的赞赏。他把此文介绍给《中央研究院史语所集刊》发表。这个刊物在当时是最具权威性的刊物,简直有点'一登龙门,声价十倍'的威风。"①曾在史语所工作过的王明也指出,《历史语言研究所集刊》的"文章要求比较严格",因而具有较高的学术价值,"往往令人注目,社会上各种刊物都给稿费,唯《史语所集刊》不给酬金,成为惯例……所以投稿者的目的在此(名誉)不在彼(酬金)"。② 这说明,《集刊》在当时学人心目中的地位之高、影响之大。

二、《集刊》与史语所的工作进路

蔡元培在 1928 年出版的《集刊》第一本第一分之《发刊辞》中,阐明了将语言与历史两科合为一个研究所的原因:"语言学的研究,或偏于声音,或偏于语式,或为一区域,一种族,一时期间的考证,或注重于各区域,各种族,各时期间相互的关系;固不必皆属于历史,但一涉参互错综的痕迹,就与历史上事实相关。历史的研究,范围更为广大;不但有史以来,人类食衣住行的习惯,疾疫战争的变异,政教实业的嬗变,文哲科学艺术的进行,都是研究的对象;而且有史以前的古物与遗迹,地质学上的化石,生物学上进化的成例,也不能不研究;固然不都是与语言学有关,而语言学的材料,与历史学关系的很多;所以我们把这两种科学,合设研究所,觉得是很便利的。"③同期刊载的傅斯年之《历史语言研究所工作之旨趣》,对史语所的

---

① 季羡林:《回忆陈寅恪先生》,载张杰、杨燕丽选编:《追忆陈寅恪》,社会科学文献出版社 1999 年版,第 128 页。

② 王明:《王明学术自传》,巴蜀书社 1993 年版,第 101—102 页。

③ 蔡元培:《发刊辞》,《历史语言研究所集刊》第一本第一分,1928 年。

性质、学术宗旨、研究方法、工作计划等内容作了详细规划。同时，《集刊》第一本第一分还刊载了史语所之"所务记载"，内容涉及"造像征集启"与"本所对于语言学工作之范围及旨趣"两个方面。

作为史语所最为重要的学术刊物，《集刊》除了反映史语所个人的学术研究成果之外，也很重视对各组开展的集众工作进行报道，以期国内外学术界及时了解史语所在历史学、语言学、考古学和人类学领域所取得的成就。史语所第一组初期的集众工作，主要以整理明清内阁大库档案为主，为了便于史学界获悉档案的整理情况，徐中舒继发表《内阁档案之由来及其整理》（载《明清史料》甲编第一本）之后，又在《集刊》上发表了《再述内阁大库档案之由来及其整理》一文，对史语所接收明清内阁大库档案的过程、整理档案的经过与方法、档案的分类及其内容等相关问题作出了系统考察。① 李光涛虽是书记出身，但是他在史语所中也一直从事明清内阁大库档案之整理，他在《集刊》上发表的《内阁大库残余档案内洪承畴报销册序》一文，是史语所从事内阁大库档案整理之阶段性成果。作者认为洪承畴的报销册虽然仅有一些数目字，看来与洪氏的事业没有多大的关系，"但清初应付南明，军力的分配，粮饷的接济"均与此有所关联。② 对居延汉简的释读是史语所第一组的另一项重要工作。居延汉简虽然在 20 世纪 30 年代既已出土，但是在国内迟迟未能出版，加之抗战的爆发，这批简牍辗转运往各地。此一时期，史语所第一组的劳榦一直从事居延汉简的释读与考证工作。1942年，劳氏在《集刊》上发表了《居延汉简考释序目》，对居延汉简之由

---

① 参见《历史语言研究所集刊》第三本第四分，1933 年。
② 参见《历史语言研究所集刊》第六本第一分，1936 年。

来、分类、年代等问题进行了较为系统的阐述,同时将简文内容与《史记》《汉书》等传世文献记载钩距参伍,探讨了汉代的兵制、户籍制度、烽燧制度等内容。① 这些方面均反映了第一组工作的最新进展及成就。

史语所第二组之语言调查工作,在《集刊》中也有彰显。史语所尚在筹备之时,即派史禄国、容肇祖等人赴云南东部猓猡地区进行人类学与语言学调查。② 史禄国在此地记录并分析了猓猡区域的元音、辅音以及方言等内容。其后,他在调查材料的基础上撰写了 *Phonetic Notes on a Lolo Dialect and Consonant L.* 一文,发表在《集刊》上。③ 李方桂的《广西凌云猺语》利用颜复礼、商承祚两人在广西凌云猺人地区的调查报告,探讨了苗语同凌云四种猺语的关系,并指出:“单就凌云四种猺语而论,其中亦有关系深浅的分别,大约红,长两语较近,蓝,磐二语较近。”④他的《武鸣土语音系》同样是根据 1935 年秋在广西武鸣县调查当地人发音而撰写的佳作,其目的是“用音位法去标音,并且把各音位在本语言的构造上的功用,分布及性质研究一下,并且把各音位在不同环境中的音值叙述一下”。⑤李氏在《集刊》上还曾刊行《莫话记略》一文。此文是 20 世纪 40 年代初他在贵州荔波县通过对莫孟儒的发音所作的研究,尽管调查时间不过一星期,所获材料亦不多,“但是这个语言一向还没有见过记载”,所以对于研究莫话的音韵、词汇以及与其他语言之关系的学者

①　参见《历史语言研究所集刊》第十本,1948 年。
②　《国立中央研究院历史语言研究所十七年度报告》,《傅斯年全集》(六),第 11—12 页。
③　参见《历史语言研究所集刊》第一本第二分,1930 年。
④　《历史语言研究所集刊》第一本第四分,1930 年。
⑤　《历史语言研究所集刊》第十二本,1947 年。

而言,该文显得弥足珍贵。① 张琨曾于 1941 年底至 1942 年 7 月间
在贵州搜集苗傜语材料,并依此撰成《苗傜语声调问题》一文,发表
在《集刊》上。② 董同龢亦据史语所对四川方言调查的材料,撰成
《华阳凉水井客家话记音》一文并发表于《集刊》,一则将史语所语
言调查之成果及时刊布,一则将调查材料供于学界作进一步研究
之用。③

　　《集刊》对第三组有关调查、发掘与研究的最新成果也有所刊
布。吴金鼎为李济任教清华国学院时指导的学生,所撰《平陵访古
记》记载了他在山东所作的考古调查,这为以后龙山文化的发掘提
供了线索。④ 梁思永是我国第一位正式受过西洋近代考古学训练
的学者,留美回国后,就职于中研院史语所。他在黑龙江昂昂溪地
区所作的考古调查,是其归国后首次在国内从事的考古实践。根据
调查所得,他撰成《昂昂溪史前遗址》一文,详细介绍了调查的缘
起、经过、东三省及附近各地的石器时代遗存、挖掘的经过、所获考
古标本等。他以敏锐的眼光,对考古发掘的标本详加分析,指出该
地"文化和外界已有相当的接触","以幺石器与遗址沙岗的环境为
标准,昂昂溪的新石器文化不过是蒙古热河的新石器文化的东枝而
已"。⑤ 同时,梁思永还领导、参与了龙山文化与安阳殷墟的考古发

---

① 参见《历史语言研究所集刊》第十九本,1948 年。
② 参见《历史语言研究所集刊》第十六本,1948 年。
③ 作者在文中说:"本篇的主旨在供给材料。……因记的东西不够多,我只做
　到把材料整理出来使人家可用的程度。……老实说,这是一个相当复杂的
　方言,就这一些材料还不能引出什么可靠的'结论'来。"参见《历史语言研
　究所集刊》第十九本,1948 年。
④ 参见《历史语言研究所集刊》第一本第四分,1930 年。
⑤ 参见《历史语言研究所集刊》第四本第一分,1932 年。

掘,据此撰成《小屯、龙山与安阳》,运用考古学知识,断定"龙山文化的时代早于小屯,而仰韶文化又早于龙山"。① 这使得长期以来众说纷纭、莫衷一是的问题因考古新发现而得以解决。《集刊》第十一本发表的潘悫之《山东滕县下黄沟村宋代墓葬调查记》一文,介绍了作者1933年对山东滕县下黄沟村墓葬调查的相关情况。② 石璋如的《河南安阳后岗的殷墓》发表在《集刊》第十三本,该文介绍了史语所对安阳后岗四次发掘的大概情形,尤其对发掘的小墓、大墓进行了详细介绍,并依据考古遗物对墓葬的建造程序与内部结构进行了研究。③ 夏鼐在随同西北科学考察团调研之后,于《集刊》上发表了《新获之敦煌汉简》一文,记载了夏氏1944年赴敦煌"冒雪冲寒,入漠探险,访两关遗址及汉代烽燧遗迹"之后获得的数十片汉简。同时,作者参核文献记载,对简文内容进行了考释,为古史研究提供了新材料。④

尽管史语所人类学组的研究成果大多发布于《人类学集刊》,但其工作进展亦有见诸《集刊》者。如凌纯声发表在《集刊》上的《畲民图腾文化的研究》一文,即是根据其1934年在浙江丽水等县对畲民所作的考察而撰成的研究论文。以往对浙闽两省畲民的研究,主要有何子星的《畲民的图腾崇拜》和史图博(H. Stübel)的 *Die Hsia—min vom Tse-mu-schan*。凌氏在前人研究的基础上,依据调查材料,对畲民的图腾文化进行了较为全面的研究,内容涉及图腾

① 参见《庆祝蔡元培先生六十五岁论文集》下册,《历史语言研究所集刊》外编第一种,1935年。
② 参见《历史语言研究所集刊》第十一本,1943年。
③ 参见《历史语言研究所集刊》第十三本,1948年。
④ 参见《历史语言研究所集刊》第十九本,1948年。

起源的槃瓠传说（包括口传、画传、笔传）、图腾艺术（包括图腾装饰、雕刻、图画、舞蹈、文学）、图腾禁忌、图腾与宗教（包括祖先崇拜、祭祖）、图腾制与外婚制、槃瓠图腾与世界各犬图腾等相关问题，较之前人的研究更为深入与细化。① 1935 年，陶云逵在对澜沧江及怒江上游碧罗雪山栗粟族住区进行调查的基础上，撰成《碧罗雪山之栗粟族》一文刊发于《集刊》。② 陶文对栗粟之名称及其现代分布、栗粟之自然环境与社会环境、栗粟的物质文化、社会文化、精神文化等诸多方面进行了"详细的客观的描述及科学的研究"，实为"一部傈僳民族志"。③ 除此之外，史语所在初创时期，还曾刊载了中山大学生物采集队员庞新民的《广东北江猺山杂记》《广西猺山调查杂记》及姜哲夫的《记广东北江猺山荒洞猺人之建醮》等文章，根据调查所得对猺人居住地的风俗进行了介绍。④

　　史语所虽有多种书刊展示其学术成就，然而《集刊》作为一种综合刊发历史学、语言学、考古学、人类学论文的刊物，确是一扇向国内外学者全面展示其学术成果的窗口，同时也反映了现代中国学术在以上领域所取得的崭新进展。

第二节　《集刊》与中国史学的现代化

　　从今天的认识来看，《集刊》对于推进中国史学从传统走向现

---

① 参见《历史语言研究所集刊》第十六本，1948 年。
② 参见《历史语言研究所集刊》第十七本，1948 年。
③ 华彬清主编：《南京社会科学志》，方志出版社 1998 年版，第 419 页。
④ 三文分见《历史语言研究所集刊》第二本第四分，1932 年；第四本第一分，1932 年；第四本第一分，1932 年。

代,意义尤为重大,台湾史家逯耀东对此评价说:"《集刊》的创刊,象征着中国史学的研究真正从传统迈向现代,以后《集刊》继续出版,影响中国现代史学的层面扩大。所发表的论文从上古到明清,任何一个时代都有,其内容则有民族、政治、经济、法制以及地理和自然科学的论文。和《集刊》性质一样的学报,如北京大学的《国学季刊》、清华大学的《清华学报》、燕京大学的《燕京学报》、辅仁大学的《辅仁学志》,虽有类似之处,但只有《集刊》从出版以来,差不多没有间断过,而且是集稿态度单纯而严肃的,这是其他学术刊物所没有的,是一面引导中国史学从传统迈进现代的旗帜。"①《集刊》作为一种综合性刊物,何以说它对推进中国古代史学向现代史学的转变起到了重要的作用呢? 这从它以"历史"为重点的发文倾向中,可以知晓《集刊》在新旧史学嬗变过程中的价值。

一、《集刊》论文分类与发文倾向

《集刊》与《论文集》共刊论文、文章 448 篇,其中《集刊》413篇,《论文集》35 篇。要想对每一篇论文的主旨一一作出探讨,不免陷入简单的介绍而难见该刊编辑的旨趣,因此我们期冀从内容的性质上对这 448 篇论文作出分类,然后在此基础上探讨《集刊》(下文所言《集刊》,含括《论文集》)所反映的研究重点与研究趋势。

1950 年,史语所的终身所长傅斯年在台湾因突发脑淤血而逝世,所中学人为纪念其规划与发展史语所之功绩,编纂了《"中央研究院"历史语言研究所傅所长纪念特刊》,并于翌年三月出版,其中

① 逯耀东:《傅斯年与〈历史语言研究所集刊〉》,《胡适与当代史学家》,东大图书公司 1998 年版,第 229—230 页。

收录了曾参与《集刊》编辑工作的劳榦之文，题为《出版品概况与〈集刊〉的编印》。劳文对《集刊》刊载论文的内容依照研究方向作了初步分类，因此笔者在前贤研究的基础上将劳文与《集刊》目录逐一核对、校改错讹、删除重复、增其所遗，对《集刊》所载内容的数量及分类重加厘定①，从中可见这些论文所涉及的研究范畴：

表 3-2　1928—1948 年间《集刊》所载论文分类及各类篇数

《集刊》所载论文的分类	篇数
历史（一般性）	111
经籍问题及校勘	69
文字及训诂	33
古代民族及古代地理	32
社会史及经济史	22
语言学（包含中国古音及现代汉语研究及非汉语语文研究）	81
考古学、古器物学（附金文）	29
人类学（包括文化人类学及体质人类学）	19

① 劳榦之《出版品概况与〈集刊〉的编印》一文，在统计上存在一些重复，如傅斯年的《周颂说》同时胪列在"经籍问题及校勘"与"古代民族及古代地理"两目之下；陈寅恪之《武曌与佛教》分别条列在"历史（一般性）"与"哲学史及宗教史"两目之下；岑仲勉之《四库提要古器物铭非金石录辨》及《宣和博古图撰人》两文分别列于"经籍问题及校勘"与"古器物学（附金文）"两目之下；等等。劳氏在该文中对《集刊》所载文章的统计，遗漏甚多，其中徐中舒、岑仲勉、周一良、夏鼐、陈述、全汉昇、傅乐焕、严耕望等学者的文章都有遗漏。此外，该文也有不少错讹，如岑仲勉的《唐集质疑》刊于《集刊》第九本，而劳文将岑氏之文误作《唐集志疑》刊于《集刊》第八本，等等。此类问题，不一而足。尽管如此，劳榦依然是最早将《集刊》内容进行分类的学者，所以才有笔者在劳文基础上所作的修正。劳文之统计情况，参见《"中央研究院"历史语言研究所傅所长纪念特刊》，第49—60页。

续表

《集刊》所载论文的分类	篇数
文学	18
哲学史及宗教史考证	13
历法及其他自然科学	7
古代艺术	4
纪念文字	10
共计	448

从上表可以看出，《集刊》的发稿范围虽涉及众多研究领域，但仍有重点，其中历史、语言、考古与人类学方面的文章占据荦荦大端。在这四大门类之中，又以历史学类的论文最多，由此反映出历史学作为一个独立学科在史语所中所受到的重视，我们也是从这个意义上考察《集刊》对于推动中国史学现代化所起到的作用的。其次，语言学方面的文章是仅次于历史类的第二大门类，分为汉语类与非汉语类两种。《集刊》以刊载历史类与语言类论文为主体，正体现了该所以"历史语言研究所"命名的意蕴。

史语所于 1935 年增设人类学组，由此形成历史、语言、考古、人类学四组共存的局面，所以《集刊》的论文种类也包括了考古学与人类学方面的研究，其中考古类论文（含古器物学）29 篇，人类学方面的论文 19 篇。依照历史类与语言类发表论文的数量来看，考古学与人类学两方面的文章似乎显得分量较少，这实因考古学与人类学两组均有专门刊物而使然。就史语所考古学组而言，其研究人员的成果大多刊发于《城子崖》《安阳发掘报告》《中国考古学报》《中国考古报告集》；而人类学组则有专门刊物《人类学集刊》《中国人类学志》等刊物，以便于刊发专业论文。

史语所倡导考证、重视史料的学风，在一定程度上为《集刊》的征稿奠定了基调。因此《集刊》很少刊载考证学之外的文章，尽管上表中刊有一些"文学"、"历法及其他自然科学"、"古代艺术"之类的文章，但数量不多，并且这些文章虽不纯粹属于历史、语言、考古或人类学，但终究不离考证的宗旨。这是新历史考证学派学风在《集刊》中的贯彻与体现。此外，在《集刊》中尚发表有 10 篇纪念性文字，内容皆较为简短，并非《集刊》的重点所在。

20 世纪 20—40 年代中国史学界的版图，颇为驳杂：一方面传统的旧学体系仍以惯性的力量蹒跚前行，另一方面西方的新学知识则被源源不断地引介进来，新旧中西间不同的学问在同一时空背景下相互交织、碰撞，共绘了民国史学复杂的景象。出版于新知旧学更替、中西学问并用时代的《集刊》，浸染了时代的印迹，从整体上呈现出重视西方新学理、运用新见之史料、继承传统考证法的风格特色。

二、融合西方学术理念研治中国史

近代以降，输入西方史学理论为中国史学谋求新发展，一直是有志之士挽救旧史学界的不二法门。众所周知，梁启超留日、留欧受到西方新学影响，从而将其新见熔铸于个人著述之中，在许多问题的研究上开风气之先。这种学风从新会梁任公之后，屡有学者秉持，其中《集刊》发表的史学成果便反映了当时学术研究的这一风尚。

作为《集刊》的创办者，傅斯年在这份刊物上发表了《论所谓五等爵》《大东小东说》《姜原》《夷夏东西说》《周东封与殷遗民》等多篇名文。观照这些文章所论，虽为中国上古史问题，但研究的视角却不同程度地受到西方历史或学术理念的触发。譬如,傅斯年在英国留学时期,"见英国爵虽五等而非一源,因而疑心中国之五等爵也有参差",留学德国之后,发现"德国爵亦非一源"①,在此认识的基础上,他回国后撰写了《论所谓五等爵》。《大东小东说》一文言及他受到欧洲历史的启发:"大小之别,每分后先。罗马人名希腊本土曰哥里西,而名其西向之殖民地一大区域曰大哥里西(Magna Grecia)。名今法兰西西境曰不列颠,而名其渡海之大岛曰大不列颠(Magna Britannia)。则后来居上,人情之常。小东在先,大东在后,亦固其宜。"②相较于将西方历史与中国历史进行类比研究,傅斯年更为重视融合西方的"种族—文化"观念,并以此为切口疏通中国上古史中的缪辕。《周东封与殷遗民》和《夷夏东西说》两文,是傅斯年意欲撰著的《民族与古代中国史》中的两章,两文同受德国"种族—文化"观念的影响。他在《周东封与殷遗民》中说道:"西罗马之亡,帝国旧土分为若干蛮族封建之国。然遗民之数远多于新来之人,故经千余年之紊乱,各地人民以方言之别而成分化,其居意大利,法兰西,西班牙半岛,意大利西南部二大岛,以及多脑河北岸,今罗马尼亚国者,仍成拉丁民族,未尝为日耳曼人改其文化的,语言的,民族的系统。地中海南岸,若非因亚拉伯人努力其宗教之故,恐至今仍在拉丁范围中。遗民之不以封建改其民族性也如是。"③实际上,傅斯年在同一时期撰写的《〈新获卜辞写本后记〉跋》中也有类似的表述:"凡是一个野蛮民族,一经感觉到某种文化高明,他们

① 傅斯年:《与顾颉刚论古史书》,《傅斯年全集》(一),第 464 页。
② 傅斯年:《大东小东说——兼论鲁燕齐初封在成周东南后乃东迁》,《傅斯年全集》(三),第 62 页。
③ 傅斯年:《周东封与殷遗民》,《傅斯年全集》(三),第 245 页。

奔赶的力量，远比原有这文化的人猛得多。这是一个公例。王季、文王、武王的强烈殷商化，并用一个最有效的法子，就是讨殷商或殷商治下诸侯的女儿做老婆。这是野蛮人整个接受文明人的文化系统的大道。"①这种"以种族和文化论述历史"的现象，在20世纪二三十年代的德国史学界非常普遍，其时留学德国的傅斯年不可能不受此影响。② 在《夷夏东西说》一文中，傅斯年除了重视以种族视角考察夷夏关系的演变外，又从地理的维度提出中国上古三代分为东、西两个不同系统的观点。③ 在傅斯年之前，除了王国维之外④，鲜有中国学者从"地理"角度对中国上古史进行探讨。这种融汇新知的学术见解，与英国史家巴克尔在《英国文明史》中所倡导的地理史观有很大关联。⑤ 和傅斯年同时留学德国的陈寅恪，不约而同地受到德国"种族—文化"治史观念的启发⑥，并以此作为研究李唐氏族问题的指导思想，先后在《集刊》上发表了《李唐氏族之推测》《李唐氏族之推测后记》《三论李唐氏族问题》《李唐武周先世事迹杂考》等文，对于李唐氏族之起源问题创辟新说。这些富有创见的学术成果，成为陈寅恪后来撰著《唐代政治史述论稿》的核心篇章。

---

① 傅斯年：《〈新获卜辞写本后记〉跋》，《傅斯年全集》（三），第135页。

② 参见周樑楷：《傅斯年和陈寅恪的历史观点——从西方学术背景所作的讨论（1880—1930）》，《台大历史学报》第20期，1996年11月。

③ 参见傅斯年：《夷夏东西说》，《傅斯年全集》（三），第181页。

④ 参见《〈新获卜辞写本后记〉跋》，《傅斯年全集》（三），第142页。

⑤ 参见王汎森：《思想史与生活史有交集吗？——读"傅斯年档案"》，《中国近代思想与学术的系谱》，第330—331页。

⑥ 参见北京大学历史系三年级三班研究小组：《关于隋唐史研究中的一个理论问题——评陈寅恪先生的"种族—文化论"观点》，《历史研究》1958年第12期。

胡适是傅斯年的老师，曾留学美国哥伦比亚大学，师从著名教育家杜威。对于傅斯年创办的《集刊》，胡适予以了积极响应与大力支持。1928 年，胡适在《集刊》创刊号发表《建文逊国传说的演变》一文。该文考察了明代建文帝自焚后，随着时间的流逝，其传说在民间不断放大，反映了不同时期的史料对此所作的不同记载，以此说明"凡故事传说的演变，如滚雪球，越滚越大，其实禁不起日光的烘照，史家的考证"。① 实际上，胡适对此问题的研究主要运用了西方"历史的态度"，或者可以说是"历史演进的方法"，即探究事物的起源与发展如何从过去的形态逐步演变至当下的形态，而这种方法归根结蒂又可谓进化论的方法："进化观念在哲学上应用的结果，便发生了一种'历史的态度'。"②

全汉昇在《集刊》上发表了不少关于中古经济史研究的文章，其中《南宋杭州的消费与外地商品之输入》《北宋汴梁的输出入贸易》《宋代广州的国内外贸易》《中古自然经济》《宋末通货膨胀及其对于物价的影响》《唐代物价的变动》等文颇具代表。全氏自言治史深受德国历史经济学家 B. Hildebrand 启发，试图从货币制度解释中国经济发展的内涵。在《中古自然经济》等文中，他还曾引用马克思《资本论》中有关商品与货币之关系的理论，来分析中古时期商业的盛衰给货币的使用造成的影响。这种治学方法对其以后的学术研究产生了持续影响，如他留学美国之后，受到 J. U. Nef 的启迪，开始研究以汉阳铁厂为代表的中国近现代工业发展史；阅读近代西方殖民史的书籍，与费正清教授论学，由此转向研究西班牙经

① 胡适：《建文逊国传说的演变》，《历史语言研究所集刊》第一本第一分，1928 年。
② 胡适：《实验主义》，欧阳哲生编：《胡适文集》（2），北京大学出版社 1998 年版，第 212 页。

营下的美洲白银对明末以后中国财政与经济的影响等。①

《集刊》的作者中利用西方新学理为利器研究中国学问的学者并不限于史语所历史组学人，其他如语言组的赵元任、李方桂，考古组的李济、梁思永等学者都曾留学国外，在研究方法上大量借鉴了西方学说，而这些成果在《集刊》中也有不同程度的反映。因此，要考察中国现代学者的治学思想与学术渊源，《集刊》无疑提供了一个重要的窗口。

三、发掘新史料以开辟研究新领域

傅斯年的《历史语言研究所工作之旨趣》是刊发在《集刊》第一本第一分的第一篇文章，此文对于中国现代史学的发展具有不容忽视的典范意义。在这篇文献中，傅斯年为史语所擘画了长远的蓝图，系统地阐释了他对于未来历史学发展的设想与展望，有些类似口号式的宣传在当时乃至后世都引起了强烈的反响，如他说"近代的历史学只是史料学"，认为"凡一种学问能扩张他所研究的材料便进步，不能的便退步"，"我们最要注意的是求新材料"。可以看出，傅斯年力求拓展史料的范围，对于新史料的追求成为他建构"科学史学"的内在基础与前提条件。② 这篇出自傅斯年之手的《旨趣》，不仅仅是傅氏"史学只是史料学"思想的体现，更是史语所学术群体治史的准则，同时也为《集刊》之后的发展奠定了基调。

董作宾多次参与史语所的考古发掘工作，获得大量甲骨史料，

---

① 参见全汉昇：《回首来时路》，《古今论衡》创刊号，1998 年 10 月。
② 参见傅斯年：《历史语言研究所工作之旨趣》，《历史语言研究所集刊》第一本第一分，1928 年。

自此矢志研究甲骨学。他发表在《集刊》上的《殷历中几个重要问题》一文,利用卜辞史料探讨了殷历中"十三月"、"'一月'与'正月'"、"月份的'合文'与'分写'"、"殷历前后两期置闰方法的不同"、"'一甲十癸'说之复核及辨正"等几个重要问题。正如作者所言:"这篇文字,只是根据一些新材料把得到的一些新意见写出。"①董氏将甲骨分期问题应用于殷历之研究,获得了学界的认可与肯定,有学者指出:"董作宾把甲骨分期用于殷历研究,为甲骨文研究开辟了一条新路。"②除此之外,董作宾尚利用甲骨史料在《集刊》上发表了《谭"谭"》《五等爵在殷商》《骨文例》《殷商疑年》《论雍己在五期背甲上的位置》等文,在国内外学术界引起了很大反响。

关于烽燧制度,因史料的匮乏,传世文献较早的记载只能推到唐代,以至于后人对汉代的烽燧制度无从知晓。劳榦利用当时新发现的居延汉简与敦煌汉简,考证出汉代烽燧的组织"是由都尉来管理,都尉是承受太守的指挥的。都尉以下有侯官,侯长,和队长。侯官的下侯长的上间设郭尉,管理分司的烽燧。侯官仿照县的组织,置有掾属,侯长为百石有秩,可以比乡啬夫,队长则管一队之事,略比亭长"。③ 由是,汉代的烽燧制度因新史料的发现和劳榦的考证而水落石出。因劳榦对新获简牍内容十分谙熟,所以他对于汉代史事的研究多能利用新史料而获新创见,他刊发在《集刊》上的《从汉简所见之边郡制度》《汉代兵制及汉简中的兵制》《汉代社祀的源流》《汉简中的河西经济生活》《两关遗址考》等学术论文,均是利用居延汉简对汉代史事所作的新探索,顾颉刚评价其文"俱极精审,发

---

① 参见《历史语言研究所集刊》第四本第三分,1934 年。
② 段振美:《殷墟考古史》,中州古籍出版社 1991 年版,第 74 页。
③ 劳榦:《居延汉简考释序目》,《历史语言研究所集刊》第十本,1948 年。

前人之所未发"。①

　　岑仲勉在《集刊》中所刊发的诸多论文也得益于对史料范围的拓展。他入史语所之前,已发表《金石证史》,专文探讨金石文字与史学研究之关系;进入史语所后,他以金石治史的理念更加明确,相继撰写了《贞石证史》与《续贞石证史》两文。在《贞石证史》一文中,他指出:"顷检朱枫《雍州金石记》九云,'余记金石,每于零落之余,偶有所得,可以正史传之缺谬,阐前人之未发,为可喜也。'又翁方纲《平津读碑记序》云,'夫金石之足证经史,其实证经者二十之一耳,证史则处处有之。'幸往所命名,稍合昔旨,续有笔录,易名贞石,昭其实也。凡在论议,有金石家所已发而余得见者,抹去之,以无与前贤争短长云。"②可见此文之撰,多所发明。同时,他又强调金石治史存有二弊:一是过信石刻,二是偏责史失。这种对于金石史料学术价值的辩证看法,较之一般利用金石证史的学者在理论认识上更胜一筹。岑氏发表在《集刊》上的《吐鲁番木柱刻文略释》一文,根据德人勒柯克在新疆所获的木柱刻文,进行了新的诠释③;《理番新发见隋会州通道记跋》则依据在四川理番县(今理县)新发现的碑石,对其地名进行释义④。凡此种种,都反映出《集刊》在利用新史料探求新问题方面取得的新进展。

　　傅斯年在《集刊》上发表的上古史论文,已充分利用当时出土的甲骨文与金文史料作为佐证,这类史料在《夷夏东西说》等论文中随处可见。此外,傅氏在《集刊》上发表的明清史论文,也表现

---

①　顾颉刚:《当代中国史学》,第 81 页。

②　参见《历史语言研究所集刊》第八本第四分,1939 年。

③　参见《历史语言研究所集刊》第十二本,1947 年。

④　参见《历史语言研究所集刊》第十二本,1947 年。

出拓展史料来源以探求新知的学术趋向,其中以《明成祖生母记疑》一文最具代表性。在该文中,傅斯年不专信官书记载,一反《明史》与《明实录》等文献所言明成祖生母为高皇后之成说,将史料范围延伸至私人所撰《广阳杂记》《明诗综》《陶庵梦忆》《枣林杂俎》《蒙古源流》等诸家野史,参以诸书所引《南京太常寺志》,考正史与野史记载之异同,最后得出"成祖生于碩氏,养于高后,碩氏为贱妾,故不彰也"①的新结论。此论一出,迅速引起了朱希祖、吴晗、李晋华等明史专家的讨论,推进了当时明史研究的深入开展。

此外,明清内阁大库档案作为新史料之一,也为史语所学人之明清史研究带来了新契机。自购置这批档案之后,李光涛便以书记的身份进行整理、研究,所以他发表在《集刊》上的《内阁大库残余档案内洪承畴报销册序》《清太宗求款始末提要》《清入关前之真象》《记奴儿哈赤之倡乱及萨尔浒之战》《论建州与流贼相因亡明》《记清太宗皇太极三字称号之由来》《记崇祯四年南海岛大捷》《清太宗与三国演义》《洪承畴背明始末》《论崇祯二年"己巳虏变"》《毛文龙酿乱东江本末》《朝鲜壬辰倭祸中之平壤战役与南海战役》等论文大多借助这批档案而撰写。如他所著《清太宗求款始末提要》一文,"采用的材料,大部分都是取之于档案,尤其是以取之于《天聪实录稿》的,比较为最多"。②又如,他根据明清内阁大库档案中所发现的毛文龙私通金人、约夹攻中原之书信,追寻《明史·袁崇焕传》《东江遗事》及《朝鲜实录》相关记载,加以考证,再现了毛文

---

① 傅斯年:《明成祖生母记疑》,《傅斯年全集》(三),第171页。
② 李光涛:《清太宗求款始末提要》,《历史语言研究所集刊》第十二本,1947年。

龙事迹的来龙去脉。①

　　史语所学术群体治学以重视发掘新史料而名闻学林，他们对于新史料的运用，是清代乾嘉历史考证学者难以望其项背的。《集刊》的这种发文倾向，与史语所学人重视发掘新史料以研究新问题的学术理念，正相吻合。

四、发扬中国史家擅长考证的传统

　　从《集刊》历史类论文多以"考""考订""考源""考释""考实""考论""考正""考辨"为题，可知它发表的论文以考证类为主，这种学风直接渊源于清代朴学。傅斯年认为，"清代的学问，很有点科学的意味，用的都是科学的方法"，故而"希望有人在清代的朴学上用功夫"，他尤为推崇顾炎武的《日知录》与钱大昕的《十驾斋养新录》两书，认为"清代朴学的方法和精神，都可在里边见得"。② 陈寅恪赞誉乾嘉学人治学，称颂钱大昕"为清代史学家第一人"。③ 岑仲勉治史"深受乾嘉考证学的熏陶，对于高邮王念孙、引之父子考据学方法尤为服膺"。④ 陈述在大学尚未毕业时即在《集刊》上发表了《金

---

① 参见李光涛：《毛文龙酿乱东江本末》，《历史语言研究所集刊》第十九本，1948 年。

② 参见傅斯年：《清代学问的门径书几种》，《傅斯年全集》（一），第 228、233、232 页。

③ 陈寅恪：《李德裕贬死年月及归葬传说辨证》，《历史语言研究所集刊》第五本第二分，1935 年。

④ 陈达超：《岑仲勉先生传略》，载北京图书馆《文献》丛刊编辑部、吉林省图书馆学会会刊编辑部编：《中国当代社会科学家》第五辑，书目文献出版社1983 年版，第 138 页。

史氏族表初稿》,他自述此文"略仿钱氏之例"①,故而在研究路数上
与乾嘉学者一脉相承。周一良在《集刊》上发表的文章与陈述之文
有相似之处,如他撰写《南朝境内之各种人及政府对待之政策》《论
宇文周之种族》《领民酋长与六州都督》等文,均是在阅读传统典籍
的基础上,"同时检阅钱大昕《廿二史考异》、赵翼《廿二史劄记》、王
鸣盛《十七史商榷》"②而写就的。其他于《集刊》上发文的陈垣、胡
适、顾颉刚等学者,在治史理念与方法上无不受到清代学者的影响。
尽管《集刊》的作者群体从事历史考证与清代朴学渊源甚深,但是
他们身处 20 世纪,适逢进化史观输入、四大新史料发现和西方自然
科学方法、实证主义方法引进,因而时代赋予了他们历史考证新的
内涵与主题。在这一学术背景下,史语所学人明确强调,他们的历
史考证要"追前贤成学之盛"。③ 这一学术主张,在《集刊》中反映的
尤为鲜明。

一是承清人研究之余绪,补正前人研究之缺漏。岑仲勉发表于
《集刊》的《郎官石柱题名新著录》一文,指出清人赵钺、劳格和王昶
对郎官石柱题名的考证各有优缺:"前贤著录之忠实者,以赵本为
最,盖碑刻非必无误,据所见而书之,苟有疑焉,别为证注,此金石家
应取之态度也。考核以劳本为最详,阐明断石误接,尤其卓见。王
本著录则步趋赵氏,而缺略反多,所撰人物考证,又远在劳氏之下,
然创开其先,筚路蓝缕,要不可没也。"然而,清人终究未能提供一个

---

① 陈述:《金史氏族表初稿(下)》,《历史语言研究所集刊》第五本第四分,
  1935 年。
② 周一良:《史语所一年》,载杜正胜、王汎森主编:《新学术之路》下册,第 555
  页。
③ "史语所档案",元 130—1。

完善的著录本,于是岑氏采前人之长而去其蔽,同时"托碑估代拓两纸","与赵王劳三书相对证",并参以其他金石之作,补三家之阙,订著录之讹,正先后之序,祛旧说之疑。① 所以该文在前人研究的基础上又有推进。岑氏在《集刊》上发表的另一名著《登科记考订补》,同样是在继承清人研究成果基础上的推陈出新之作。清人徐松之《登科记考》搜采广博,"与劳格、赵越合著之《郎官柱考》,同为研唐史者所必备之书",但是该书之中"有复者,有误者,有阙而未考者"②,于是岑氏深入研究,为之订补,由此展现了史语所学人在传承清人历史考证学基础上的创新。

二是超越文本考证的局限,形成以问题为中心的研究范式。清人从事历史考证,最重功力,考订对象主要以文本为中心,如钱大昕的《廿二史考异》、王鸣盛的《十七史商榷》和赵翼的《廿二史劄记》就颇为典型。例而言之,钱大昕一生致力于金石文字搜求,撰有《潜研堂金石文跋尾》,他对这些金石文字逐一考证,旨在"补载籍之缺漏,正史籍之错讹",但是也因此使其考证"受到金石文具体内容的限制,多局促琐碎"。③ 史语所学人与之有着不同的考证理念。劳榦从20世纪30年代即专事居延汉简的考证研究,之后出版了《居延汉简考释》一书,但是他很快意识到以居延汉简为中心进行考释工作的不足,即"在基本思想上受到了限制,不能离题太远",所以他"不愿意把思想和生活都变成了汉简的奴隶",而"宁可另外组织

---

① 参见《历史语言研究所集刊》第八本第一分,1939年。
② 岑仲勉:《登科记考订补》,《历史语言研究所集刊》第十一本,1943年。
③ 参见施丁:《钱大昕以金石文裨史学——读〈金石文跋尾〉》,载中国历史文献研究会秘书处编:《古籍论丛》第二辑,福建人民出版社1985年版,第291、304页。

别的系统,只把汉简的材料放进去"。由于这一思想的变化,使他发表在《集刊》上的论文不再局限于对汉简内容的考释,而是"以汉代政治的机构及其功能为主题,分成小的题目来做研究论文,然后旁及到汉代的经济和社会"。① 陈述在史语所中的观察、感受与实践,也从一个侧面反映了新旧学者从事历史考证的理念差异。在"傅斯年档案"中,存有一份陈述写给傅斯年的书信,其中提到:"老旧史家与今日史家之异趣,似旧日多以书为本位,现代则多重历史问题。"②相较清代考证学者对二十四史所作的抄缀辑录、勘对字句等工作,史语所学人更倾向于跳出文本的局限而聚焦于问题的研究。在这种理念的指导下,陈述改变了大学时期仿照乾嘉诸老以文本为路径的研究模式,转以辽金历史演进过程中的重大历史问题为探讨对象,如他后来发表在《集刊》上的《阿保机与李克用盟结兄弟之年及其背盟相攻之推测》《曳落河考释及其相关诸问题》《契丹世选考》《投下考(上)》《纠军考释初稿》等文稿,不再囿于传统考证学对具体人物、地点、史事作纯粹考证的局限,而是措意于历史背景、意义的阐发,因而开创了辽金史研究的新局面。

三是利用多学科方法治史,探索历史研究的新问题。傅斯年倡导:"凡一种学问能扩充他作研究时应用的工具的,则进步,不能的,退步。"③因此,他在历史研究中,善于运用新工具,探讨新问题。傅斯年为了探源先秦时期的五等爵制,曾致函董作宾,请其统计"公、

① 劳榦:《劳榦教授的自述》,《湖南文献季刊》第 6 卷第 4 期,1978 年 10 月。
② "傅斯年档案",Ⅲ:230。
③ 傅斯年:《历史语言研究所工作之旨趣》,《历史语言研究所集刊》第一本第一分,1928 年。

侯、伯、子、男五字在甲骨文中出现之次数"。① 陈寅恪在 1929 年冬发现了《蒙古源流》的不同译本，于是他利用语言学的知识，对《蒙古源流》的梵文手抄本、蒙文本、清文译本及汉文本进行对勘、校正，相继在《集刊》上发表了《吐蕃彝泰赞普名号年代考（蒙古源流研究之一）》《灵州宁夏榆林三城译名考（蒙古源流研究之二）》《彰所知论与蒙古源流（蒙古源流研究之三）》《蒙古源流作者世系考（蒙古源流研究之四）》等论文。这种对于不同语种文献所载人名、年代、地名、职官名和氏族名的考证，"为中国的西北舆地之学开创了兼通中西的现代学术新风"。② 劳榦为了推算两汉郡国的面积，一方面借助《中国分省地图》等工具，另一方面"借用北京大学物理系的仪器 Planmetre 作大致的测定"③；全汉昇在推考唐代、北宋和南宋初年物价的变动时，利用现代工具绘制了"唐代绢价变动图""北宋江淮米价变动图""宋代江浙绢价变动图"④。这些利用新工具对历史问题进行的新探索，均超越了乾嘉诸老在相关领域的研究，体现了学问的新陈代谢。

四是通过"序""跋""札记"等形式，传递学术研究的新趋向。清代历史考证学者所作序跋札记主要在于阐明治史旨趣⑤，或推许

---

① 董作宾：《五等爵在殷商》，《历史语言研究所集刊》第六本第三分，1936 年。

② 沈卫荣：《陈寅恪与佛教和西域语文学研究》，《清华大学学报（哲学社会科学版）》2021 年第 1 期。

③ 劳榦：《两汉郡国面积之估计及口数增减之推测》，《历史语言研究所集刊》第五本第二分，1935 年。

④ 参见《历史语言研究所集刊》第十一本，1943 年。

⑤ 如赵翼的《廿二史劄记小引》、钱大昕的《廿二史考异序》、王鸣盛的《十七史商榷序》以及钱大昕为《廿二史劄记》所作的"序"和为《史记志疑》所作的"跋"等。

考证功力深厚①,或对古代史籍进行考误订疑②。《集刊》的作者一方面传承了清人运用序跋札记进行考证的传统,另一方面则运用这种文体表达方式传递了学术研究的新动向,诸如《集刊》所发表的陈寅恪之《敦煌劫余录序》《敦煌石室写经题记汇编序》《敦煌本心王投陀经及法句经跋尾》《敦煌本维摩诘经文殊师利问疾品演义跋》,以及孙楷第的《敦煌写本张淮深变文跋》、罗常培的《敦煌写本守温韵学残卷跋》,均涉"敦煌学",而此一学问早已成为国际学术界的显学,正如陈寅恪谓:"敦煌学者,今日世界学术之新潮流也。"③此外,发表于《集刊》上的序跋札记,尚有一些论题因探讨的对象关联中外,成为国内外学者共同关心的话题,如岑仲勉的《蒙古史札记》《天山南路元代设驿之今地》《元初西北五城之地理的考古》,陈寅恪的《几何原本满文译本跋》《西夏文佛母孔雀明王经考释序》等短札,从表面来看,似乎只是继承了传统历史考证学的衣钵而缺乏现代气息,实际上展现了蒙元史、中外交通史与比较语言学领域的新进展。可以看出,《集刊》中的序跋札记,标目形式虽旧,但研究的理念却是新颖的,这也间接地映衬了学术发展的新旧转型

---

① 阮元为钱大昕《十驾斋养新录》所作"序"中言:钱氏能兼善时人所谓"九难",即道德、经术、史学、天学、地理、文字音韵、金石、诗文等(参见阮元:《〈十驾斋养新录〉序》,钱大昕:《十驾斋养新录》,陈文和、孙显军校点,江苏古籍出版社 2000 年版,第1—2 页);又在为《国朝汉学师承记》所作"序"中赞誉江藩"博闻强记,无所不通,心贯群经"(参见阮元:《〈国朝汉学师承记〉·阮序》,江藩:《国朝汉学师承记》,钟哲整理,中华书局 1983 年版,第 1 页)。

② 清代历史考证学家主要从事这类考证,除前言钱、王、赵三家著作外,尚有杭世骏的《诸史然疑》、牛运震的《读史纠谬》、洪颐煊的《诸史考异》、李慈铭的《越缦堂读史札记》等。至于对二十四史之一部进行考订的著作,则多不胜数。

③ 陈寅恪:《陈垣敦煌劫余录序》,《金明馆丛稿二编》,第 266 页。

与内在理路。

总的看来，《集刊》受到新旧中西学问交叉融合的影响，所载历史类论文呈现出融合西方学术理念研治中国史、发掘新史料以开辟研究新领域、发扬中国史家擅长考证的传统等学术风格，从实证维度展现了中国传统史学向现代史学演进的脉络与趋向。

第三节　《集刊》与现代学术社群

《集刊》的作者群，涉及众多中国现代学术名家，除史语所的傅斯年、陈寅恪、赵元任、李济、梁思永、董作宾、罗常培、岑仲勉、劳榦、徐中舒等学人之外，在当时新历史考证学领域有着重要学术建树的陈垣、胡适、顾颉刚、孟森、马衡、朱希祖等学者都有论文见之《集刊》，这反映出《集刊》作者来源的多元化。为全面了解《集刊》的作者刊文数量以及与史语所之学术关联，兹列下表，以便研究。

表 3-3　1928—1948 年间《集刊》刊文作者一览表①

序号	作者	发表文章篇数	与史语所之关系（或工作单位）
1	岑仲勉	38	史语所专任研究员
2	陈寅恪	29	史语所专任研究员
3	劳　榦	26	史语所专任研究员
4	徐中舒	19	史语所专任研究员
5	傅斯年	15（含《旨趣》等）	史语所专任研究员

① 按，此表以在《集刊》和《论文集》中发表论文数量多少的顺序排列。《集刊》作者单位的归属，系根据作者发表该文时所在的单位予以确定。

续表

序号	作者	发表文章篇数	与史语所之关系（或工作单位）
6	罗常培	15（含传记2篇）	史语所专任研究员
7	全汉昇	15	史语所副研究员
8	陈槃	13	史语所专任研究员
9	李光涛	13	史语所副研究员
10	董作宾	11	史语所专任研究员
11	丁　山	11	史语所专任研究员
12	赵元任	10（含传记1篇）	史语所专任研究员
13	王崇武	10	史语所副研究员
14	李方桂	9	史语所专任研究员
15	张政烺	9	史语所副研究员
16	王静如	9	史语所助理员
17	陈　述	8	史语所助理研究员
18	董同龢	7	史语所副研究员
19	周法高	7	史语所助理研究员
20	丁声树	6	史语所专任研究员
21	逯钦立	6	史语所助理研究员
22	芮逸夫	5	史语所编纂
23	胡厚宣	5	史语所助理员
24	胡　适	5	史语所通信研究员（北京大学）
25	李家瑞	4	史语所助理研究员
26	刘　复	4	史语所通信研究员（北京大学）
27	孟　森	4	史语所通信研究员（北京大学）
28	朱希祖	4	史语所通信研究员（北京大学）
29	容肇祖	4	史语所通信编辑员（中山大学）

续表

序号	作者	发表文章篇数	与史语所之关系（或工作单位）
30	高本汉	4	史语所通信研究员（瑞典哥德堡大学）
31	郭宝钧	3	史语所专任研究员
32	赵邦彦	3	史语所编辑员
33	林语堂	3	史语所兼任研究员（1929—1933 专任研究员）
34	傅乐焕	3	史语所副研究员
35	陶云逵	3	史语所编辑员
36	何兹全	3	史语所助理研究员
37	严耕望	3	史语所助理研究员
38	王 明	3	史语所助理研究员
39	屈万里	3	史语所助理研究员
40	周一良	3	史语所助理员
41	李晋华	3	史语所助理员
42	俞大纲	3	史语所助理员
43	刘文锦	3	史语所练习助理员
44	白涤洲	3	史语所调查员
45	史语所同仁	3	史语所
46	李 济	2	史语所专任研究员
47	梁思永	2	史语所专任研究员
48	夏 鼐	2	史语所副研究员
49	石璋如	2	史语所副研究员
50	王叔岷	2	史语所助理研究员
51	马学良	2	史语所助理研究员
52	余 逊	2	史语所助理员

续表

序号	作者	发表文章篇数	与史语所之关系（或工作单位）
53	刘学濬	2（含所译通信1则）	史语所助理员
54	葛毅卿	2	史语所练习助理员
55	顾颉刚	2（含《造像征集启》1篇）	史语所通信研究员（北京大学）
56	陈　垣	2	史语所通信研究员（辅仁大学）
57	邓广铭	2	北京大学
58	庞新民	2	中山大学
59	姜哲夫	2	中山大学
60	卓古诺夫	2	苏联列宁格勒大学
61	陈乐素	2	工作单位不详
62	吴定良	1	史语所专任研究员
63	凌纯声	1	史语所专任研究员
64	史禄国	1	史语所专任研究员
65	高去寻	1	史语所副研究员
66	余永梁	1	史语所编辑员
67	张　琨	1	史语所助理研究员
68	杨志玖	1	史语所助理研究员
69	于道泉	1	史语所助理员
70	周祖谟	1	史语所助理员
71	张秉权	1	史语所助理员
72	黄彰健	1	史语所助理员
73	黎光明	1	史语所助理员
74	黄淬伯	1	史语所助理员
75	陶燠民	1	史语所助理员

续表

序号	作者	发表文章篇数	与史语所之关系(或工作单位)
76	杨成志	1	史语所助理员
77	唐 虞	1	史语所练习助理员
78	邵君朴	1	史语所研究生
79	蔡元培	1	史语所兼任、特约研究员(中央研究院)
80	陈受颐	1	史语所通信研究员(北京大学)
81	商承祚	1	史语所通信研究员(中山大学)
82	翁文灏	1	史语所通信研究员(地质调查所)
83	丁文江	1	史语所通信研究员(地质调查所)
84	容 庚	1	史语所通信研究员(燕京大学)
85	马 衡	1	史语所通信研究员(故宫博物院)
86	赵万里	1	史语所通信研究员(北平图书馆)
87	伯希和	1	史语所通信研究员(法国)
88	钢和泰	1	史语所通信研究员(俄国)
89	吴金鼎	1	史语所技正
90	潘 悫	1	史语所技士
91	唐擘黄	1	中研院心理研究所
92	李四光	1	中研院地质研究所
93	赵荫棠	1	北平师范大学
94	余嘉锡	1	辅仁大学
95	吴其昌	1	武汉大学
96	郑天挺	1	西南联合大学
97	吴 晗	1	西南联合大学
98	季羡林	1	北京大学
99	沈兼士	1	北京大学

续表

序号	作者	发表文章篇数	与史语所之关系（或工作单位）
100	闻 宥	1	中山大学
101	谷霁光	1	南开大学
102	孙楷第	1	北平图书馆
103	陈叔陶	1	浙江大学
104	杨树达	1	湖南大学
105	朱 偰	1	北京大学

从上表可以看出，《集刊》的作者共有 105 位，而这些作者大多以在史语所工作或学习过为主，这一点正体现了《集刊》为所内学人刊物的性质。在《集刊》初发行时，史语所对此便有规定："本刊原为本所同人发刊其论著之用，但国内外同业此学者愿以其著作投登时，本所当敬谨斟酌之。"①因此《集刊》在刊登所内学人文稿的同时，也少量刊载所外学人的论作。在《集刊》中，有两期的外稿特别丰富：一是《论文集》，二是《集刊》第二十本。前者是为庆祝蔡元培六十五岁生日而编纂的文集，傅斯年最初提出征稿的对象是："凡本所研究员、编辑员、外国通信员，均每人供献其近中最重要科学论文一篇，凡本所其他人员之同类文稿亦一律欢迎。"②所以在《论文集》中除刊载所内学人文稿之外，亦刊发了大量通信研究员及所外著名学者如胡适、陈垣、朱希祖、马衡、李四光、赵万里、刘复、赵邦彦、容庚、翁文灏、丁文江、顾颉刚、沈兼士等人的稿件。后者发行之时为1948 年，适值中研院成立 20 周年。史语所为配合中研院成立 20 周

---

① 《本刊附白》，《历史语言研究所集刊》第一本第一分，1928 年。
② 《历史语言研究所十九年度上届第一次所务会议》，《傅斯年全集》（六），第276 页。

年院庆，出版了一期"本院成立第二十周年专号"。其征稿对象亦不限于所内学人，如胡适、马衡、季羡林、余嘉锡、杨树达等都曾为《集刊》撰文。这也说明了《集刊》作者来源的多元化。通过对《集刊》的作者群体进行分析，可以透视出史语所与其他学术机构以及学人之间的互动，对于我们深入了解现代中国学术的关系网络有所裨益。

一、反映学术机构互动

《集刊》的作者中有一个特殊的群体——史语所通信研究员，在《历史语言研究所章程》中，界定了它与史语所的关系："通信研究员及通信编辑员如于有特殊事项时，由本所临时委托到所或在所外工作。"这与"专任研究员及专任编辑员应长川在所工作"的规定迥然有异。① 对在《集刊》上发表论文的通信研究员及其他史语所外学者所属学术机构进行分析，可以反映出史语所与它们的学术往来与交流。为了便于讨论，以下对史语所之外的《集刊》作者群体按照工作单位进行列表划分：

表 3-4　史语所学人之外《集刊》（1928—1948）作者群体及工作单位

序号	工作单位	《集刊》作者
1	北京大学（西南联合大学）	胡适、刘复、孟森、朱希祖、顾颉刚、陈受颐、沈兼士、郑天挺、邓广铭、吴晗、季羡林、朱偰
2	中山大学	容肇祖、商承祚、庞新民、姜哲夫、闻宥
3	国外学术机构	高本汉、伯希和、钢和泰、卓古诺夫
4	辅仁大学	陈垣、余嘉锡

① "史语所档案"，元 526—6。

续表

序号	工作单位	《集刊》作者
5	地质调查所	翁文灏、丁文江
6	中研院地质研究所	李四光
7	中研院心理研究所	唐擘黄
8	燕京大学	容庚
9	北平图书馆	赵万里、孙楷第
10	故宫博物院	马衡
11	北平师范大学	赵荫棠
12	南开大学	谷霁光
13	浙江大学	陈叔陶
14	武汉大学	吴其昌
15	湖南大学	杨树达
16	无固定单位①	陈乐素

从上表《集刊》作者所属工作单位来看,皆为国内外重要高校或学术机构。在这众多的机构中,尤以北京大学、中山大学和国外学术机构的学者在《集刊》上发表论文的数量最多,引人瞩目。

首先,史语所与北京大学有着密切的关系:一是史语所作为高度组织化的现代学术研究机构,继承了北京大学研究所国学门所开

---

① 按:陈乐素为陈垣长子,其文《三朝北盟会编考》分为上下篇发表在《集刊》第六本第二、三分,时值 1936 年。据学者考证,1931 年九一八事变后,陈乐素"靠撰文维生,专心致力于学术研究工作。1935 年,由蔡元培先生推荐,被当时的教育部派赴日本,考察我国古籍流传日本和日本史学界研究中国的情况"。参见常绍温:《陈乐素同志的生平和学术》,暨南大学中国文化史籍研究所:《陈乐素教授(九十)诞辰纪念文集》,广东人民出版社 1992 年版,第 99 页。

创的学术新风。二是史语所的主要研究人员傅斯年、陈寅恪、李济、董作宾、梁思永等都曾在北大史学系兼任讲席，一方面培养史学研究人才，另一方面吸纳优秀毕业生进入史语所从事研究工作。三是史语所的工作"旨趣"，在一定程度上因所长傅斯年代理北大史学系主任，而被贯彻到史学系的课程改革之中。[①] 因此，史语所与北大的关系自然超越了其他学术机构，《集刊》的作者群中以北大史学系学者最多，正反映了这两所在现代中国史学界影响甚大的学术机构之间的密切关联。

其次，中山大学师生有 5 人在《集刊》上发表研究成果，这表明了史语所与中山大学之渊源关系。如在《集刊》中发表文章的容肇祖、商承祚，早期都曾任职中山大学语言历史学研究所，后傅斯年创办史语所并迁往北平，容、商二人虽未随往，但后来二人均曾担任史语所的特约编辑员和通信研究员。自从中研院史语所在中山大学创办之后，史语所与中山大学便产生了千丝万缕的联系，即便后来史语所从中山大学迁出，并一度北上南下，但这种学术关系始终未曾中断。

再者，《集刊》发表国外机构学者高本汉的文章 4 篇、卓古诺夫的文章 2 篇、伯希和与钢和泰的文章各 1 篇。何以《集刊》如此重视国外学者文章的发表？这应与史语所创办的学术理念有所关联。傅斯年强调，"国人如愿此后文史学之光大"，一则"应借镜于西方汉学之特长"，一则"应存战胜外国人之心，而努力赴之"。[②] 傅斯年以《集刊》为平台，发表国外学者的最新研究成果，其用意在于使国

---

① 参见尚小明:《中研院史语所与北大史学系的学术关系》,《史学月刊》2006 年第 7 期。
② 傅斯年:《论伯希和教授》,《傅斯年全集》(五),第 469 页。

内学者了解国外学术研究的新趋向,加强国内外学者在交叉研究领域的交流与对话。

此外,《集刊》其他作者所属单位,如辅仁大学、燕京大学、北平图书馆、故宫博物院、北平师范大学、南开大学等,皆为一时学术重镇,史语所与之关系较为密切,反映了史语所在现代学术版图中所处的重要地位。

二、折射现代学人关系

《集刊》作者之众多,在当时同类刊物中是屈指可数的。这些作者之中,不仅有学界名流,而且有后起之秀。透过《集刊》论文提供的信息,可以推演出一些隐藏在《集刊》背后的现代学人关系。

在《集刊》的 105 位作者中,岑仲勉发表论文数量最多,他从第五本起,共发表论文 38 篇,占《集刊》发表论文总数的 8.5%,在近现代史学发展史上,其用功之勤令人叹服。岑仲勉与《集刊》结缘,始于陈垣的推荐。在入史语所之前,岑仲勉曾任职于广东圣心中学,自办《圣心》刊物以发表史学研究心得。岑氏的学术成就甚得陈垣的推崇,于是陈垣将刊有岑仲勉学术论文的《圣心》杂志分赠予傅斯年、陈寅恪、顾颉刚等友朋,一时间岑仲勉之学问在学林产生较大影响。尤其是,岑氏的学问得到傅斯年赏识,屡屡邀其加入史语所,因此,岑仲勉的研究成果才有机会在《集刊》上发表。抗战全面爆发前夕,岑仲勉加盟史语所。因得良好学术环境支持,岑氏在学业上日益精进,尽管客观条件不尽如人意,但在抗战时期他是史语所中最勤勉于学的史家,也是在《集刊》上发表文章最多的作者。

无独有偶,陈述的论文首次登上《集刊》,也缘于陈垣的推荐。

1931 年,陈述以优异的成绩考入北平师范大学史学系,师从陈垣、朱希祖、陆懋德、张星烺等知名学者,而受陈垣治学影响最为深刻。在陈垣的指导下,他几乎倾尽大学四年的所有精力撰著了《金史氏族表初稿》。1933 年春,陈垣在与胡适、陈寅恪、钢和泰等友朋的小型聚会上,将陈述之文转交各位友朋传看,得到了与会学者的一致认可,甚至陈寅恪认为能撰成此文,作者年龄"起码四十"①,而此时的陈述年仅 22 岁。因得陈垣力荐,陈述的《金史氏族表初稿》得以在《集刊》上发表,进而成为他进入史语所的入场券。

相对于所推荐的岑仲勉、陈述而言,陈垣自己在《集刊》上发表的论文则极少,除了应邀在《论文集》上发表《元典章校补释例》一文之外,仅在《集刊》第二本第一分发表《大唐西域记撰人辨机》1 篇。这其中的缘由,在于陈垣是傅斯年筹备史语所时期极力聘请的对象,并为其设定了"敦煌材料研究组"主任的职位,但陈垣终究未能放弃辅仁大学的教职。再者,作为辅仁大学的校长,陈垣主编有《辅仁学志》,自己的稿件亦多刊于此。抗战爆发后,陈垣身处北京,史语所辗转西南,联系日少,自然对《集刊》惠稿不多。但从《集刊》的作者来看,在第六本第二分与第三分连载了陈垣长子陈乐素的一篇长达 15 万字的考证之文——《三朝北盟会编考》。虽然此文与陈垣之推荐不无关系,但论文的质量却当仁不让,时隔半个世纪之后,依然被学者认为"仍不无参考价值"②的学术佳作。

---

① 刘凤翥、陈智超:《陈述先生忆往事》,《中国史研究动态》1992 年第 3 期。
② 常绍温:《陈乐素同志的生平和学术》,《陈乐素教授(九十)诞辰纪念文集》,第 102 页。

朱希祖是傅斯年在北大读书时的老师,在《集刊》上发表过《钞本甲乙事案跋》《吴三桂周王纪元释疑》《劫灰录跋》《后金国汗姓氏考》4 篇文章,但这些文章皆发表在史语所所址初迁北平之时,自1931 年傅斯年因聘请朱希祖为专任研究员一事与朱氏产生矛盾后,朱氏便不曾在《集刊》上发表过论文。其后,朱希祖与傅斯年开展了有关明成祖生母问题的"学术论战"①,傅斯年甚至邀请朱希祖将辩论文章与自己讨论明成祖生母的论文一同发表在《集刊》上②,然而两人矛盾已起,朱氏自不愿将文稿投给《集刊》。值得注意的是,《集刊》第一本第二分(1930 年)发表了朱希祖次女朱偰之《明季桐城中江社考》一文。其时,朱偰就读于北大国学门。而朱希祖与傅斯年同在史学系执教,为同事关系。从朱偰 1928 年的日记来看,她当时在北大专攻明代会社问题,抄录大量史料,并常与其父朱希祖"同分析"。③ 傅斯年对明史深有研究,所以朱偰此文价值当为傅氏所认可,但比较同期刊载论文的作者,我们会发现傅斯年、陈寅恪、刘复、丁山、史禄国、黄淬伯等人均为史语所研究人员,或兼任研究员,并且在历史学、语言学、人类学或其他研究领域有着较高的造诣,这与史语所初创阶段需要刊发一流学者的文章以稳固所基的现实诉求密切关联,而朱偰不仅是史语所外人员,而且当时年仅 24 岁,故而此文的刊发或与朱希祖凭借其在史语所的

---

① 参见张峰:《治史理念与学术分野——以明成祖生母问题的争论为中心》,《史学理论研究》2012 年第 1 期。

② 傅斯年在致朱希祖的信中说:"大著如肯赐《集刊》发表,尤感! 先生为本所通信研究员,投稿于所,当为提前刊布。"参见"史语所档案",元 47—19—11。

③ 朱偰:《仲娴日记》(1928 年 12 月 20 日),载朱希祖:《朱希祖日记》下册,朱元曙、朱乐川整理,中华书局 2012 年版,第 1556 页。

人脉不无关系。

《集刊》上有不少学者仅发表过一篇文章,除了上文述及因《论文集》的编纂与"本院成立第二十周年专号"的约稿外,自应有"关系稿"的因素。如《集刊》第三本第一分发表了赵荫棠的《康熙字典字母切韵要法考证》,此时赵在北平师范大学任教,与史语所的罗常培、白涤洲相友善,所以赵氏在文末感谢"白涤洲先生,罗莘田先生特别督促"。[1] 又如,《集刊》第七本第三分发表了陈叔陶的《新元史本证》。当时陈氏为浙江大学土木系学生,他在文末附白:"本文标题,承陈援庵先生改为今名,敬志感谢。"[2]可知此文当为陈垣所审阅。再如,季羡林的《浮屠与佛》一文脱稿后,征询陈寅恪的意见,陈氏遂将此文介绍给《集刊》发表。[3] 尽管《集刊》在一定程度上承接"关系稿",但是在某种意义上,这些"关系稿"又大多是推荐者精心挑选的上乘之作,守护了《集刊》的学术标准与刊文质量。

三、作者群的新旧更替

仔细考察《集刊》的作者群体,会发现 1936 年出版的《集刊》第六本是一个明显的分水岭,也因此可以将《集刊》的作者群体分为前后两个不同的时期。前期以创建史语所的元老级人物文章占据多数,后期因吸纳大量学术新人而使得他们的论文成为《集刊》的主角,以致史语所诸位元老的文章几乎很少在《集刊》上见到。这一信息表明,史语所以《集刊》为阵营,在短短的一二十年间迅速培养起大批学术人才,在为史语所的发展注入新血的同时,也推动了

---

[1] 参见《历史语言研究所集刊》第三本第一分,1931 年。
[2] 参见《历史语言研究所集刊》第七本第三分,1937 年。
[3] 参见季羡林:《回忆陈寅恪先生》,载《追忆陈寅恪》,第 128 页。

现代中国史学的发展。

笔者将史语所《集刊》前六本的主要作者及其发表论文数量作一统计,并将他们在《集刊》第七至二十本上发表的论文数量作比较,以期探寻其中的变化:

表 3-5 《集刊》第一至六本主要作者前后期发表文章数量

作者	前六本发表文章数量	第七至二十本发表文章数量
傅斯年	13	2
陈寅恪	19	10
董作宾	9	2
丁 山	11	0
罗常培	14	1
徐中舒	17	2
赵元任	9	1
李方桂	6	3
王静如	9	0

据笔者统计,在《集刊》的前六本中,共发表论文 170 篇,而上表所列傅斯年、陈寅恪、董作宾、丁山、罗常培、徐中舒、赵元任、李方桂、王静如等人发表论文 107 篇,约占发文总量的 62.9%,可知他们是《集刊》前六本的主要作者。除了陈寅恪之外,这些作者在第七至二十本的《集刊》中则仅有寥寥数篇论文发表。

《集刊》作者群的新旧更替,实际上在第五本时已见端倪。如第五本刊载劳榦论文 4 篇,陈述论文 2 篇,岑仲勉论文 1 篇,俞大纲论文 1 篇,李家瑞论文 1 篇。之后,随着全汉昇、张政烺、王崇武、丁声树、董同龢、傅乐焕等青年学者加入史语所,以及劳榦、陈槃、李光涛等学者在史语所的不断成长,《集刊》逐渐增加对他们文章发表的数量。这种趋势至《集刊》第六本已至为明显。以第六本史语所研究人员发表的论文数量来看,该年四分《集刊》中共发表傅斯年、陈寅恪、徐中舒、董作宾等史语所第一代学人论文 7 篇;而发表李晋华、俞大纲、李家瑞、李光涛、丁声树、余逊等年轻研究人员论文 7 篇。至第七本时,《集刊》的作者群已明显由年轻的研究人员占据主导力量。该年《集刊》共载论文 24 篇,其中史语所第一代学人陈寅恪、董作宾、徐中舒的论文计有 6 篇,而新成长起来的全汉昇、陈述、陈槃、陶云逵、周一良、俞大纲、李家瑞、董同龢等青年学者的论文共 14 篇,这表明《集刊》的作者群已发生了很大的改变。自此之后,《集刊》每一期均是史语所中青年学者之论文占据绝对多数,甚至第九本、第十二本、第十四本、第十五本、第十六本、第十七本全部为史语所培养之学者的论文。这反映出史语所以《集刊》为平台,训练、培养了大批史学人才。

要而言之,在纵横交错的现代学林,《集刊》作为中外人文学术成果的重要展示中心之一,犹如纽带,起到了沟通联络国内外学术研究机构、维系学人关系往来、打造现代学术命运共同体、为学术发展培养现代化人才的作用,是现代中国史学建设中的关键一环。

第四节 《集刊》与国际学界的接轨

傅斯年创办史语所,虽抱有强烈的民族情感,欲与外国人在学术研究上争高低,但他并不固步自封,而是以一种积极开放的心态对待外国学人的研究论著。呈现在《集刊》上,即刊载国外学者的研究成果,反映国外汉学研究的新趋向;或者发表国内学者与国外汉学家商榷某一问题的论文,从而构筑中外学术交流的新平台。

一、《集刊》的求新趋向

史语所学人为将《集刊》推向国际学术界,便于国外汉学家及时了解中国学人的研究成果,在 1928 年《集刊》出版第一本第一分时,便提出了"每本完时附以目录,检题,及每篇之英文或法文提要;其原以外国文著作者,附以汉文提要"①的要求。虽然其时有此考虑,但是未能付诸实践。值得注意的是,《集刊》第一本封面内侧印有法文的《集刊》标题:Institut National de Chine Bulletin de l'Institut Historique et Philologique Tome 1:Fascicule 1——Canton 1928。为了进一步加强《集刊》在国际汉学界的宣传,傅斯年于 1930 年度的所务会议上正式提出了将《集刊》所载论文译成英文摘要的议案。他强调:"本所《集刊》每本最后一分须附此本所有论文译成英文提要","此与本所宣传极有关系,有英文提要即可唤起国际学术界之注意"。这种对于《集刊》改革的意向,在当时具有明显的沟通国内外学术信息的重要意义,但终因困难重重而胎死腹中,正如陈寅恪言:"此事极难,本所同人研究方向不同,恐无人能任此翻译之责,即个人自作亦有许多窒碍。"从《集刊》之后的发行来看,在编辑形式上似采取了陈寅恪的建议:在目录中"附英文题目,如内容复杂者题目,不妨长些,提要可不必要"。② 因此《集刊》从第一本第二分起便

---

① 《本刊附白》,《历史语言研究所集刊》第一本第一分,1928 年。

② 以上引文参见《历史语言研究所十九年度下届第一次所务会议》,《傅斯年全集》(六),第 282 页。实际上,傅斯年在此之后仍然考虑为《集刊》做英文提要之事,比如他在 1935 年 3 月 7 日写给李济的信中谈到史语所钟素吾辞职之事时,说:"弟当时之所以找钟素吾女士者,实是想他兼英文文书(已说明),再经练习,可为《集刊》做个提要。"参见"史语所档案",考 2—47。

采用中英文标题共同刊行。这对于加强中国学术融入国际学界，推动刊物编辑走向现代化，迈出了坚实的一步。

在编辑形式方面，《集刊》也积极向国际期刊看齐。《集刊》创办之前，《国学季刊》等刊物已采用横排、随页注等新型编辑方式。①但是，《国学季刊》出版数量较少，采用现代刊物的编辑方式尚未成为定制，因此影响有限。直至《集刊》出版后，这一具有现代气息的稿件编辑方式才成为定例。史语所中参与《集刊》编辑的劳榦总结了"《集刊》文稿书写格式"，对于我们了解《集刊》文稿所具有的现代论文形式，有所帮助，现移录于下：

一、凡《集刊》文稿一律用《集刊》稿纸横行书写。

二、题目用大号字（铅字头号）从第三行起占两行。著者姓名从第五行写起，用中号字（铅字三号）占一行。论文从第七行写起。

三、论文之标题，照下列次序标之：

1. 分章标题用四号字，从第四字写起，以一、二、三、四标之，题占一行。

2. 分节标题用五号字，从第三字写起，以 1、2、3、4 标之，题占一行。

3. 分段标题用五号字，从第二字写起，以甲、乙、丙、丁标之，题后空一字接写之。

4. 分小段标题用五号字，从第三字写起，以子、丑、寅、卯标之，或用 a、b、c、d 标之，题后空一字接写。

---

① 参见陈以爱：《中国现代学术研究机构的兴起——以北大研究所国学门为中心的探讨》，第 198 页。

四、每段开始空二字。句点、半句点、逗点、引号、括号等均占一字。引用之材料为大段者,各行前均空三字。

五、引号一律用双引号,即『』;内引号用单引号,即「」。若中部再有引证,再用""及''为符号。

六、标号人名及地名用——,书名号用～～,加于字下。

七、括号内之字,与括号外相同,均用五号字排。附注用脚注(Foot notes)或注于全文之后一律用六号字排。若不得已而用旧式笺注体裁,请用小字双行书写,用六号字排,不加人、地、书名标号。①

劳榦所言《集刊》的编辑方式,涉及文稿的排版样式、标题字号、引文格式、标点符号、注释方式等内容。与传统札记式的研究文章相比,《集刊》的编辑,形成了鲜明的现代学术论文撰写新范式。如果将眼界放宽至国际学术界,这种在编辑形式上所做的改革,同样反映了《集刊》与国际期刊对接的求新趋向。

二、构筑中外学术交流新平台

傅斯年等人除了注重在形式上将《集刊》打造为国际期刊通行的体例之外,在发文内容上也明显表现出与国际学术界接轨的倾向。《集刊》所发论文,在专题探讨中常常透视出作者广阔的国际视野,以及与域外学者的交流和对话。陈寅恪在《集刊》上发表的讨论李唐氏族的两篇名文《李唐氏族之推测》和《李唐氏族之推测后记》,很快在异域日本引起了反响,金井之忠发表了《李唐源流出

---

① 劳榦:《出版品概况与〈集刊〉的编印》,载《"中央研究院"历史语言研究所傅所长纪念特刊》,第 48 页。

于夷狄考》,对陈寅恪"有所辩难",于是陈寅恪撰写了《三论李唐氏族问题》予以回应。① 岑仲勉直言其作《外蒙于都斤山考》的原因,在于"于都斤之地理及异译,伯氏(指伯希和,引者)未加详究",于是作文"补伯氏所未备耳"。② 王静如在《集刊》上发表《契丹国字再释》,明确表示撰文之旨在于辨析比利时人闵宣化考释之误,他说闵宣化所著《辽庆陵考》"多详于辽帝后之殡葬,于契丹国字,仍未有所论及也",尤其是闵文所刊契丹国字碑影有三,除了宣懿皇后哀册已为王氏所考订外,另外二碑经其"研究后则大谬不然"。③ 全汉昇之所以在《集刊》上发表《宋金间的走私贸易》一文,是因为日本经济史学者加藤繁所撰《宋金贸易论》仅据《宋会要·食货》所载"榷场"的史料,探讨宋、金间正常贸易的情形,而"对于宋、金间的走私贸易,语焉不详"。全氏经过严密考证后认为,对于宋、金间商业关系的探讨,"着实不能如加藤繁氏那样只限于榷场贸易,因为除此以外,在两国间秘密走私的贸易量也是非常可观的"。④ 谷霁光作《辽金乣军史料试释》,缘于日本人箭内亘的《辽金时代乣军之研究》一文"提供之论证,实多商榷余地",故而在对"乣"进行音韵训诂研究的基础上,考察了辽金时代乣军的组织,辨析了箭内亘的学说。⑤ 正是在与域外学者进行交流、商榷的过程中,《集刊》作者深化了对于中国史相关问题的研究。

在傅斯年等人看来,语言学与历史学关联甚大,影响着中国史

---

① 陈寅恪:《三论李唐氏族问题》,《历史语言研究所集刊》第五本第二分,1935 年。
② 岑仲勉:《外蒙"于都斤山"考》,《历史语言研究所集刊》第八本第三分,1939 年。
③ 王静如:《契丹国字再释》,《历史语言研究所集刊》第五本第四分,1935 年。
④ 全汉昇:《宋金间的走私贸易》,《历史语言研究所集刊》第十一本,1943 年。
⑤ 谷霁光:《辽金乣军史料试释》,《历史语言研究所集刊》第十五本,1948 年。

学现代化的进程①,因此《集刊》上也载有不少中外学者关于语言学
对话的文章。在史语所成立之前,高本汉已发表有不少关于中国语
言学方面的论著,皆为中国学人所熟知。1928 年,他在《亚细亚杂
志》上发表了"Problems in Archaic Chinese"(《上古中国音当中的几
个问题》)一文。高本汉此文因被赵元任及时翻译、发表在《集刊》
上,故而引起了中国学者的关注与兴趣。先是林语堂于 1930 年以
《集刊》为平台,发表了《支脂之三部古读考》一文,对高本汉关于
支、脂、之三字构拟提出质疑。② 翌年,李方桂在《集刊》发表《切韵
â 的来源》,批评高本汉所谓"基""来""久""福""所以押韵的原
故是因为他们原来有-g 韵尾"的说法并不可靠,因为"他们押韵
的原故不单是因为只有个-g 的韵尾并且因为他们的主要元音也
相同",所以他强调"押韵的字他的主要元音是最重要的,韵尾还
在其次"。③ 针对林语堂和李方桂的批评,高本汉在 1932 年发表的
"Shi-King Researches"(《诗经研究》)④一文中予以了反驳。同年,
李方桂在《集刊》发表"Ancient Chinese -ung, -uk, -uong, -uok, etc.
in Archaic Chinese"(《东冬屋沃之上古音》)⑤,又与高本汉进行了
再商榷。1933 年高本汉刊布了《汉语词类》⑥,重点反驳了李方桂的

① 参见张谷铭:《Philology 与史语所:陈寅恪、傅斯年与中国的"东方学"》,《历
  史语言研究所集刊》第八十七本第二分,2016 年。
② 参见《历史语言研究所集刊》第二本第二分,1930 年。
③ 参见《历史语言研究所集刊》第三本第一分,1931 年。
④ 原文刊于 *Bulletin of the Museum of Far Eastern Antiquities* 4,1932;中文本由张
  世禄翻译,商务印书馆 1939 年出版。
⑤ 参见《历史语言研究所集刊》第三本第三分,1932 年。
⑥ 原文刊于 *Bulletin of the Museum of Far Eastern Antiquities* 5,1933;中文本由张
  世禄翻译,商务印书馆 1937 年出版。

观点。有鉴于此,李方桂于 1935 年又在《集刊》上发表"Archaic Chinese *-$\underline{i}$wəng, *-$\underline{i}$wək and *-$\underline{i}$wəg"(《论中国上古音蒸部、职部和之部》)一文,重申己说。两人的往返商榷,使得讨论不断深入,推进了语言学研究的进展。因而,在高本汉考定中国上古音的过程中,除了受到西洋学者观点的影响之外,还在很大程度上受到李方桂等人的影响,进而迭次改进和修正了他的学说。[1] 所以,傅斯年曾在同一时期写给蔡元培的信中兴奋地说道:"方桂先生于语音之外,突发表古韵之文,而引起与高本汉(珂罗偏伦)之讨论。……高君在中国语学之地位,不久将转到方桂身上矣。"[2]在此次讨论中,尽管高本汉并未将研究成果发表在《集刊》上,但是中国学者对高本汉观点商讨的成果,几乎都发表在《集刊》上。于此方面,除了林语堂和李方桂的文章之外,《集刊》尚刊有王静如所译高本汉之《中国分析字典》引论的第二章《中国古音切韵之系统及其演变》与王氏所撰《跋高本汉的上古中国音当中几个问题并论冬蒸两部》两篇文章,罗常培的《切韵鱼虞之音值及其所据方音考——高本汉切韵音读商榷之一》和董同龢的《与高本汉先生商榷"自由押韵"说兼论上古楚方音特色》等文稿。

从《集刊》所传递的以上信息,说明中国学者不是单方面地接受西方学者的论点,而是在一些问题的研究上与他们进行了商榷与对话,这也表明《集刊》作者的研究成果逐渐与国际学界接轨,形成了共同关心的研究课题,推动了中外学术交流的进展。

总之,《集刊》从创办伊始,至 1948 年迁台之前,虽历经战乱播

---

[1] 参见张世禄:《介绍高本汉先生》,《说文月刊》第 1 卷第 4 期,1939 年 5 月 1 日。

[2] "傅斯年档案",Ⅲ:81。

迁,但出版未曾中断,所刊论文贯通先秦至明清,内容涉及政治、经济、制度、文化、自然科学等诸多领域。这些专题论文汲取西学之长,弥补中学之短,在研究的理念、采择的史料和运用的方法上,都较乾嘉诸老更上一层,积淀着民国史家的革新诉求,是中国史学由传统迈向现代的一面旗帜。

第四章　史语所学术话语体系的建构

如果说对于外国史的研究，国外学者有着绝对发言权的话，那么对于中国史及中国问题的解释，理应由中国学者在国际学术界发出最强音。然而，事实并非如此。近代以来，与国外入侵中国同步而行的是，国外一些汉学家来到中国，将中国知识的原材料运到国外，运用他们的理论、方法加以重新解读，从而在国际上获得了对中国史阐释的话语权。这种学术研究的局面，引起了中国许多爱国学人的痛心，因此他们如饥似渴地翻译、介绍西方学者的论著，冀望中国学人能够从中体悟西方学者治学的方法。但是，引介与学习从来都不是目的，取法的旨趣在于追赶超越国外。史语所的发展路径，向我们诠释了现代中国学人从循西方汉学风气，到引领国际汉学发展，进而在国际学术界建构自身话语体系的蜕变过程。

第一节　域外汉学刺激下的学术取向

聚焦史语所在 1928—1948 年的演进脉络，我们能够发现，它的前进方向与发展目标非常明确，就是在域外汉学家关心的史料整理、语言调查与考古发掘等领域与其展开竞争。这一实践的结果，不仅推进了中国学术的现代转型，而且在国际汉学界取得了令人瞩目的成就，改写了近代以来中国学术处处落后于国外的局面。

一、规模宏大的史料整理

中国古代史家修史有重视史料搜集、考证的传统，司马迁撰《史记》，班固著《汉书》，以及司马光编纂《资治通鉴》等等，无不重视对于史料的搜集、整理，从而才能撰成不朽的史学名著。但另一方面，传统史学中也存在着不少积弊，如史家很少拓展到文献以外的实物史料，治史大谈"仁义礼智"，又严重阻碍了史学的发展。傅斯年尤其指出欧阳修的《新五代史》、朱熹的《资治通鉴纲目》"是代表中世古世的思想的"，"纯粹不是客观的史学"，其中大量春秋笔法的运用更是与学术发展的趋势相背离。近代新史料的发现对于史学的发展产生了极大的促进作用。王国维利用殷墟甲骨文，撰成《殷卜辞中所见先公先王考》及《续考》等文章，证明了《史记》记载殷商世系的可靠性。这对傅斯年有很大的启发。所以，在1926年从德国留学归国的途中，傅斯年便意识到动手动脚发掘史料的重要性，认为这是救中国史学"自己的命"的唯一途径。① 也就是说，在新的形势下，必须通过新材料研究新问题，才能为历史学的发展注入新的血液。

史语所成立伊始，便以搜集和整理"可逢着"的直接史料为职志。其时，清代内阁大库所藏明清档案数易其主，日益损毁，并面临被日本人与国外教会大学收购的风险。于是，傅斯年建议蔡元培耗

---

① 王汎森、杜正胜编：《傅斯年文物资料选辑》，第55页。

巨资购买藏于天津李盛铎处的明清档案。1928 年 12 月,史语所经由北大教授马衡介绍,开始与李盛铎商洽购买档案一事,最终以一万八千元的价格购得。1929 年 5 月,史语所从广州迁至北平,经教育部批准将历史博物馆拨给中央研究院,委托史语所管理,以便利用该馆进行档案材料的整理。因档案数量巨大,又无系统可言,所以整个工程耗时长久,参与人员众多。从 1929 年 9 月起,由傅斯年、徐中舒共同擘画,招募书记抄写人员 6 人,工人 19 人,从事以下七项程序:(一)去灰。内阁档案积存约三百年,积尘甚厚,先须有工人去灰。(二)铺平。这批档案大批与字纸篓中之字纸无异,遂须逐件铺平,费时最多。(三)分类。揭帖之类按时代分为明档、清初旧档、顺治档、康熙档、雍正档、乾隆档、嘉庆以下至光绪档等七类;题本移会之类,按性质分为题奏随揭帖之类(按时代分置)、三法司案卷、移会三类;各项杂档按形式分为誊黄、贺表、各项簿册、残本书叶、其他共五类。(四)捆扎。分类之后,用麻绳捆扎,分别堆存。(五)理碎。凡破碎档案一时无法整理者,仍理出装入麻袋。(六)装潢。破碎及不整齐之档案即付裱褙,以便保存。(七)抄副。择重要案卷抄成副本,以利于编纂付印。就这样寒来暑往三年有余,终于将这八千麻袋整理完毕,尽管尚未编号登记,但“已可按年索求,供研究之用”。① 二十年间,史语所共编辑《明清史料》甲、乙、丙、丁四编 40 册,内容涉及天启、崇祯朝的辽东战事,明末农民起义,清人入关,抗清斗争,朝鲜史料,沈阳旧档等。因此等档案材料均为研究明清史之直接材料,可与正史、野史相互参照,以起相互发

---

① 参见《国立中央研究院历史语言研究所十八年度报告》,《傅斯年全集》(六),第 59—60 页;李光涛:《明清档案》,载《“中央研究院”历史语言研究所傅所长纪念特刊》,第 21—25 页。

明之效，"故《明清史料》出版后，一直受到明、清史学者陈守实、谢国桢、吴晗、黄云眉等前辈的重视，谢国桢更将其中关于农民起义史料辑录成《清初农民起义资料辑录》一书"。①

对明清档案的整理，而牵涉对于《明实录》的校勘，这是史语所重视直接史料搜集与整理的又一表现。在明清内阁大库档案整理过程中，工作人员惊奇地发现了明朝《熹宗实录》的散页，这引起了傅斯年的高度重视。因为当时现存的红格本《熹宗实录》恰好缺少十三卷，傅氏希望能够从内阁大库档案中发现更多的散页，用以校补红格本的缺漏与错讹。加之他认为实录是最为重要的史料之一，"实录之取材，固与近代史家靳向不同，但其保存之史料最为丰富，可供史家之选择。故实录之在今日，仍不失为史料之大源。且其所录，虽非史料之正本，然最与正本接近者，莫过于实录，历代正史之纂修，无不以实录为底本"。因此，他于 1933 年便欲集中一部分人力从事《明实录》之校勘。"《明实录》屡经传抄，讹脱较多，非详加校勘不可"，然而《明实录》在数量上太过浩繁，就当时所存各朝实录来看，即有洪武、永乐、洪熙、宣德、景泰、天顺、成化、弘治、正德、嘉靖、隆庆、万历、泰昌和天启十四朝，共 2952 卷，295 册，实非一人可以胜任，故有"集众研究"之必要。起初，傅斯年专派那廉君、邓诗熙、潘悫三人担任初校，然后由李晋华任复校。② 傅斯年本欲用一二年的时间将《明实录》校勘完毕，然后付印，但后来工作的复杂性超出了他当初的设想。

---

① 王春瑜：《明清史研究的重要资料——重印〈明清史料〉序》，《光明日报》2008 年 2 月 20 日，第 12 版。

② 《国立中央研究院历史语言研究所二十三年度报告》，《傅斯年全集》（六），第 456 页。

在李晋华主持《明实录》校勘期间，主要工作是对史语所中所藏两个本子的《明实录》，即晒蓝红格本与兵工署所赠广方言馆抄本相互校勘，同时参以北平图书馆所藏礼王府本、北京大学本校勘。如此下来，《明实录》虽经大量校勘，但仍未将晒蓝本的缺页校全。于是1936年，李晋华与那廉君二人到南浔嘉业堂访书，携带实录60余册，欲以两月之内校毕回京，但是他们在校勘明世宗实录时，却发现晒蓝本与广方言馆本的出入最大，于是"利用嘉业堂所藏天一阁本及抱本，就这些出入最大处，雠校一过"。后因假馆南浔校书不便，傅斯年遂委派那廉君与张政烺到南浔嘉业堂购买《明实录》。① 1937年2月7日，李晋华因病去世，担任初校工作的邓诗熙、潘悫、那廉君三人也相继离职，因此《明实录》的校勘竟一时搁浅。

鉴于《明实录》的重要史料价值，"至今尚无刻本，而所存抄本，国内只有此数，且均错误百出"，故傅斯年决定重新组织团队"继续勘正，俾为定本，以便付刊"。② 1937年7月，傅氏延聘王崇武、吴相湘、姚家积三人从事嘉业堂所藏《明实录》的校勘。在校勘的过程中，吴、姚二人仅从事短暂的工作便相继离开，所有的校勘工作都落在了王崇武一人身上。抗日战争全面爆发的最初三四年，王崇武对于《明实录》的校勘具体做了哪些工作，因史料所缺尚难知晓，但从20世纪40年代起他给中研院的报告以及现存的史语所工作报告来看，他对于《明实录》的校勘似乎一直在进行、从未中断，如1945年至1948年史语所的工作报告记载他"校勘明列朝实录，已校完正德

---

① 张政烺：《我在史语所的十年》，《张政烺文史论集》，第847页。
② 《历史语言研究所二十六年度至二十八年度报告》，《傅斯年全集》（六），第537页。

朝之第三遍"①；"继续校勘明列朝实录，已校完世宗朝之第三遍"②；"校勘明列朝实录（副研究员王崇武），用抱经楼本校完万历（神宗）朝，此为第三遍"③；"校勘明列朝实录（副研究员王崇武），用抱经楼本校完泰昌（光宗）朝及熹宗（天启）朝之一半，此系第三遍"④。然而从今天已经出版的《明实录》来看，王崇武的校勘工作绝非简单地将《明实录》不同版本进行互校，而是耗费了大量精力查找明代有关史事的记载，用以校勘其误。如 1941—1943 年，他在给中研院的报告中说："这一校订工作，颇费时日。每有异文，除显然错误者外，均需参考有关史传文集以求其正，故每因一字费若干日之力，因而有时发现弇州史料等书之错误，及明史依据之失。"从王崇武对于校勘工作的夫子自道中，我们能够体会他常常为了核查不同版本记载一字之不同而查阅大量资料，为此付出了艰辛劳动：

> 《太祖实录》卷十壬寅二月癸未条："震等从员成自桐庐来降。"员成，嘉业堂藏红丝阑抄本作元成。检《苏平仲文集·谭济传》及实录本书戊戌八月条均作员成，则嘉本当误。
>
> 《太祖实录》卷十六乙巳正月甲申条："大都督朱文正有罪，免官，安置桐城。"此卷晒蓝本缺，嘉本作桐城，而广本抱本作桐庐。案应作桐城，桐庐其时尚为张士诚所据。

---

① 《国立中央研究院向国民党第六次全国代表大会提出的工作报告书（"历史语言研究所"部分）》，《傅斯年全集》（六），第 559 页。
② 《国立中央研究院 1945 年工作报告（"历史语言研究所"部分）》，《傅斯年全集》（六），第 565 页。
③ 《国立中央研究院历史语言研究所工作报告（民国三十五年十月至三十六年九月）》，《傅斯年全集》（六），第 569 页。
④ 《国立中央研究院历史语言研究所工作报告（民国三十六年十月至三十七年二月）》，《傅斯年全集》（六），第 595 页。

　　《太祖实录》卷二十一丙午十一月己丑条："文忠遂进兵杭州。未至，张士诚平章潘原明惧，遣员外郎方彝诣军门，请纳款。……（文忠）遣元明以下官属入朝。"此卷晒蓝本缺，广本前作原明，而后作元明。抱本嘉本则前后均作原明。按陈基夷《白斋集》有潘元明之父母郑国公并夫人合葬墓志，文中说："子男十人，长元明，次元绍。"元明兄弟系元字排行，则作元不误。实录记元绍不作原，则作元当系实录原本。其作原盖避太祖讳，而抄写前后不一。《明史·张士诚传》前作原明，而后作元明，即不识明人避讳，犹沿实录之误。①

晒蓝本《太祖实录》卷七记载"驻兵缙云之黄龙山"，抱本"黄龙山"作"黄云山"，王崇武遂查阅《嘉庆一统志》，最后根据志书记载指出"处州府有黄龙山，无黄云山"。正如有的学者所言："凡是检查过方志一统志的，就知道查方志小地名之不易。像这样一条也就得花他不少的时间了。而校签所载这种类似的异文多的很。"②

　　王崇武数十年如一日在史语所从事《明实录》之校勘，不仅在炮火中加快了《明实录》校勘的步伐，功不可没；而且对于后续参与校勘的黄彰健等人启发颇大。最终，经历傅斯年、李晋华、王崇武、黄彰健及其助手等几代人的不懈努力，《明实录》于20世纪60年代陆续影印出版，其中实录正本70册，校勘记27册，附录13册，皇皇巨著为明史研究者提供了最佳的版本，对于深入推进明史研究裨益甚大。

　　在此之外，史语所历史组还对中国古代的金文石刻文献进行了

① 黄彰健：《校印国立北平图书馆藏红格本明实录序》，载《明实录》（一），"中央研究院"历史语言研究所1962年版，第8页。
② 黄彰健：《校印国立北平图书馆藏红格本明实录序》，载《明实录》（一），第9页。

系统的搜集与整理,比如先秦时期的青铜器铭、石鼓文,秦刻石,汉魏以来直至唐宋时期的摩崖刊石、碑碣、墓志等,于此方面出版了大量论著,其史料价值堪与纸质传世文献相互发明。

二、史无前例的语言调查

傅斯年创办历史语言研究所,以语言与历史并重。傅氏留学德国期间,曾受到较为系统的语言学训练,对于西方语言学的进步了解甚多,他在《历史语言研究所工作之旨趣》中说:

> 欧洲近代的语言学在梵文的发见影响了两种古典语学以后才降生,正当十八十九世纪之交。经几个大家的手,印度日耳曼系的语言学已经成了近代学问最光荣的成就之一,别个如赛米的系,芬匈系,也都有相当的成就,即在印度支那语系也有有意味的揣测。十九世纪下半的人们又注意到些个和欧洲语言全不相同的语言,如黑人的话等等,"审音之功"更大进步,成就了甚细密的实验语音学,而一语里面方言研究之发达,更使学者知道语言流变的因缘,所以以前比较言语学尚不过是和动物植物分类学或比较解剖学在一列的,最近一世语言学所达到的地步,已经是生物发生学,环境学,生理学了。无论综比的系族语学,如印度日耳曼族语学,等等,或各种的专语学,如日耳曼语学,芬兰语学,伊斯兰语学,等等,在现在都成大国。①

相较而言,中国语言学"自陈第顾炎武起是有很多的成绩的",尤其是在"考古的功夫做得很可观",可以说取得了"不朽的成绩",但是

---

① 傅斯年:《历史语言研究所工作之旨趣》,《历史语言研究所集刊》第一本第一分,1928 年。

我们"审音的工夫还不曾做","单体方言的研究还不曾下手"。于是,傅斯年在比较中外语言学研究差异的基础上,给中国语言学的发展开出了一剂药方:"以后我们的汉语学不得不以方言的研究为成就的道路。"为什么要以方言为研究对象?在傅氏看来,"时间空间的观念是一切科学下手的初步,尤其是我们用历史的方法的人一时一刻忘不了的,所以我们对于汉语之研究正如植物学或动物学者研究一族的植物或动物一样,以调查取得分类之材料,以某一种方言之细密研究,认识其中各种机用,以相互的关系和古今的变迁认识其演化。……所以我们现在要于汉语学的致力,左也是方言,右也是方言"。① 基于这一理念,傅斯年延聘了赵元任、李方桂等具有现代语言学观念的学者,从 1928 年开始至全面抗战胜利,在全国范围内展开了一场史无前例的方言调查。

1928 年冬,赵元任始赴广东、广西两省作初次汉语方言调查,其范围东至潮汕,西至南宁,北至乐昌,南至中山,共 22 处,并附记傜歌 97 首,其中前 90 首用蓄音机收灌腊筒音档。1929 年秋,李方桂至海南岛调查黎语及本地汉语。1930 年,王静如赴河北南部大名一带调查方言四五种,除听写笔记外,并灌制腊筒音档。1933 年 3 月,白涤洲赴河南陇海铁路沿线及陕西旧关中道所属,调查各地方音及北音入声演变之状况,共 29 县。1934 年 6 月,罗常培赴安徽徽州调查各县方言,因该区语言种类较多,此次调查系小范围之较详细之记载,六县中每县分城厢及四乡,每处用三千字表及详细词汇等,并灌制铝片音档 45 片。1935 年春,史语所重新拟定方针,作

① 参见傅斯年:《所务记载·(二)本所对于语言学工作之范围及旨趣》,《历史语言研究所集刊》第一本第一分,1928 年。

各省方言之粗略调查，其精密程度，以以后不必重复再做所做之部分为度。5 月中旬，由赵元任、李方桂领导赴江西南昌、赣县等地调查江西各县方言，笔记者有 57 种，其中 35 种曾灌制音档 80 余片。每处所记材料包括单字音、字调、词汇、读文、自由会话。惟单字音减至 600 代表字，词汇亦减至极短，自由会话为灌音材料。10 月间，赵元任又带领团队赴湖南作全省调查，共得方言材料百余处，收制音档 111 片。1936 年春，赵元任带领杨时逢、丁声树、吴宗济赴湖北省作大规模之全省方言调查，共得方言 64 种，灌制音档 144 片。此项调查材料，当时已经整理成《湖北方言调查报告》一书予以出版。全面抗战爆发后，史语所开始了颠沛流离的内迁之路，方言调查也因此被迫停止。直至 1940 年春，丁声树、董同龢和杨时逢等人才在云南作全省的语言调查，获得 120 余处方言记录，并灌制音档 180 余片。1941 年 10 月，丁声树、董同龢与杨时逢又赴四川省国立四川大学，就川大在校川籍学生调查方言，共记载各县方言 119 处，灌制音档 88 片；1944 年，又赴成都补充未调查之各县，记录 40 余处方言材料。①

在非汉语方言调查方面，李方桂等人做了大量工作，兹列下表，以见梗概：

表 4-1　史语所非汉语调查工作表②

调查名称	调查区域	调查时间	参加人员
广东北江方言调查	广东乐昌、乳源、曲江三县	1930 年	李方桂

① 以上内容参见杨时逢：《语言调查与语音实验》，载《"中央研究院"历史语言研究所傅所长纪念特刊》，第 27—28 页。
② 按，此表参考了王懋勤《"中央研究院"历史语言研究所所史资料初稿》的相关成果。

续表

调查名称	调查区域	调查时间	参加人员
广东琼崖方言调查	广东琼崖、海南岛	1930 年 7 月至 10 月	李方桂
暹罗语言调查	暹罗	1933 年 10 月至 1934 年 4 月	李方桂
云南罗罗、苗语调查	云南省	1934 年 10 月至 1935 年	凌纯声、陶云逵
广西泰语及非汉语调查	广西省	1935 年 9 月至 1936 年 1 月	李方桂、吴宗济
云南剥隘土语调查	云南大理、龙陵、芒市、腾冲一带	1940 年 3 月至 5 月	李方桂、张琨
云南猓猡语调查	云南路南、昆明、寻甸等处	1940 年 4 月至 10 月	马学良
黔桂台语、洞水语、莫家语调查	贵州贵阳、独山、榕江、从江及广西荔波等处	1941 年 8 月至 1942 年 10 月	李方桂、张琨
云南寻甸、猓猡语第二次调查	云南寻甸	1941 年 11 月至 1943 年 12 月	马学良
四川戎语调查	四川理番	1945 年 8 月至 9 月	李方桂

据此可知,史语所语言组对全国诸多省份的语言作出了比较广泛的调查,涉及省份有广东、广西、河南、河北、江西、湖南、湖北、云南、四川、安徽南部、陕西中部等地区。在当时战乱频仍的环境下,赵元任、李方桂以史语所为依托,带领王静如、白涤洲、杨时逢、张琨、凌纯声、吴宗济、陶云逵、丁声树、葛毅卿、马学良等学者形成研究团队,数十年来,对汉语与非汉语的方言调查、研究不曾间断,因而将中国自古发达的语言学推向了科学的研究道路。

三、震惊中外的考古发掘

晚近以来,中国有不少新史料是由盗墓者或古董商提供的,偶有外国学者在中国从事考古调查与发掘,亦属零散性质,对于整个中国考古学学科的发展并无甚大裨益。因为这些个人行为的考古调查与发掘,往往对考古学上尤为重视的地层任意破坏,因此急需一个有组织、有规模、有计划的考古团队进行发掘,从而厘清考古实物与地层之关系。唯有如此,方能推进中国考古学之科学发展。

傅斯年对于考古工作极为重视,延揽了李济、梁思永、董作宾等一批考古人才,同时注意培养具有现代考古观念的后备力量,如郭宝钧、石璋如、刘燿、夏鼐、胡厚宣、吴金鼎等,形成了具有现代意义的科学考古团队。李济受过西方考古学理论与方法的训练,他认为:"现代考古学的工作,大致可分两大段:挖掘与考证,两者都分不开的。挖掘不考证,出来的古物就无价值可言。考证的依据,大部都靠着挖掘的记载。记载就是出土物件的灵魂,没有出土的记载,考证的结果,决没有头等的科学价值。这是金石学与考古学很重要的分别。"[1]秉持着这一理念,他与梁思永组织、领导了多次大型考古发掘活动。这些考古工作的业绩早已载入史册,成为中国现代学术史上的重要篇章。以下简单列示考古组在河南所进行的考古调查与发掘,以见其成就之巨。

表4-2　史语所河南安阳考古工作简表[2]

考古工作名称	地点	时间	参加人员
殷墟调查	安阳	1928 年 8 月	董作宾
殷墟第一次发掘	安阳小屯村	1928 年 10 月	董作宾、赵芒庭、李春昱、王湘

[1] 李济:《现代考古学与殷墟发掘》,《安阳发掘报告》第二期,1930 年。
[2] 按,本表制定参考了王懋勤的《"中央研究院"历史语言研究所所史资料初稿》(第 310 页)和石璋如的《"中央研究院"历史语言研究所考古年表》。

续表

考古工作名称	地点	时间	参加人员
殷墟第二次发掘	安阳小屯村	1929 年 3 月	董作宾、董方忠、王庆昌、王湘
殷墟第三次发掘	安阳小屯村	1929 年 10 月至 12 月	李济、董作宾、董方忠、张蔚然、王湘
殷墟第四次发掘	安阳小屯村	1931 年 3 月至 5 月	李济、梁思永、董作宾、吴金鼎、郭宝钧、李光宇、刘屿霞、王湘、周英学、石璋如、刘燿
殷墟第五次发掘	安阳小屯村	1931 年 11 月至 12 月	梁思永、董作宾、郭宝钧、刘屿霞、王湘、石璋如、刘燿
殷墟第六次发掘	安阳小屯村	1932 年 4 月至 5 月	李济、董作宾、吴金鼎、刘屿霞、王湘、周英学、李光宇
殷墟第七次发掘	安阳小屯村	1932 年 10 月至 12 月	董作宾、石璋如、李光宇
殷墟第八次发掘	安阳小屯村	1933 年 10 月至 12 月	郭宝钧、李景聃、李光宇、石璋如、刘燿
殷墟第九次发掘	安阳小屯村	1934 年 3 月	董作宾、李景聃、石璋如
殷墟第十次发掘	安阳侯家庄西北冈	1934 年 10 月至 12 月	梁思永、石璋如、刘燿、祁延霈、胡福林、尹焕章
殷墟第十一次发掘	安阳侯家庄西北冈	1935 年 3 月至 6 月	梁思永、石璋如、刘燿、祁延霈、李光宇、王湘、胡福林、尹焕章

续表

考古工作名称	地点	时间	参加人员
殷墟第十二次发掘	安阳侯家庄西北冈	1935 年 9 月至 12 月	梁思永、石璋如、刘燿、李景聃、祁延霈、李光宇、高去寻、潘悫、尹焕章
殷墟第十三次发掘	安阳小屯村	1936 年 3 月至 6 月	郭宝钧、石璋如、李景聃、王湘、祁延霈、高去寻、尹焕章、潘悫
殷墟第十四次发掘	安阳小屯村	1936 年 9 月至 12 月	梁思永、石璋如、王湘、高去寻、尹焕章
殷墟第十五次发掘	安阳小屯村	1937 年 3 月至 6 月	石璋如、王湘、高去寻、尹焕章、潘悫
洹滨调查	沿安阳洹河后冈、王裕口、四盘磨等地	1931 年 4 月	梁思永、吴金鼎
后冈发掘	安阳后冈	1931 年 4 月 16 日	梁思永、吴金鼎
后冈第二次发掘	安阳后冈	1931 年 11 月至 12 月	梁思永、刘燿、张善
洹滨调查	沿安阳洹河两岸四面碑、侯家庄、高井台子、丰安寨等地	1931 年 12 月	王湘
高井台子发掘	安阳侯家庄高井台子	1932 年 4 月	吴金鼎、王湘
四面碑发掘	安阳四面碑	1932 年 4 月 15 日	吴金鼎(因地主阻挠而停顿)
王裕口霍家小庄发掘	安阳王裕口霍家小庄	1932 年 4 月至 5 月	李济、吴金鼎

续表

考古工作名称	地点	时间	参加人员
董福营调查	安阳西北乡董福营	1933 年 3 月	石璋如、王湘
四盘磨发掘	安阳四盘磨村东	1933 年 11 月至 12 月	李光宇
后冈第三次发掘	安阳后冈	1933 年 11 月至 1934 年 1 月	刘燿、李景聃、石璋如、尹焕章
后冈第四次发掘	安阳后冈	1934 年 3 月至 4 月	刘燿、尹焕章
侯家庄发掘	安阳侯家庄	1934 年 4 月至 5 月	董作宾、石璋如、刘燿、李景聃、尹焕章、祁延霈
南霸台发掘	安阳南霸台	1934 年 4 月至 5 月	石璋如
洹河北岸调查	安阳同乐寨、侯家庄南霸台一带	1934 年 4 月至 5 月	石璋如、刘燿
同乐寨发掘	安阳同乐寨	1934 年 10 月至 12 月	梁思永、石璋如、胡福林
洹河上游调查	安阳洹河上游等地	1934 年 10 月 15 日至 21 日	梁思永、石璋如、刘燿、祁延霈、胡福林
大司空村发掘	安阳大司空村	1935 年 10 月至 12 月	刘燿
范家庄发掘	安阳范家庄	1935 年 10 月 20 日	祁延霈
大司空村第二次发掘	安阳大司空村	1936 年 10 月至 12 月	高去寻
龙岩村调查	安阳龙岩寺	1936 年 12 月	石璋如、王湘
洹河下游调查	安阳沿洹河至汤阴一带	1937 年 1 月	尹焕章

　　曾多次参与河南安阳考古发掘工作的董作宾,结合他的考察、

发掘实践，谈到了对于考古工作的认识："从民国十七年的秋天，国立中央研究院发掘殷墟以来，甲骨文的研究范围，有自然而然要扩大的趋势，于是渐渐地由拓片上文字的研究，进而注意到实物（甲与骨）的观察；由实物而又注意到地层；注意到参证其他遗物；注意到比较国外的材料。换句话说，就是从文字学古史学的研究，进而至于考古学的研究了。"①因此，史语所学术群体在考古学理念上，与古董商、金石学家只重视实物及有字文物的观念迥然有别。基于这种学术理念，他们所从事的殷墟发掘在考古学史具有极其重要的地位，李济曾总结为三点："第一，科学的发掘证明了甲骨文的真实性。这一点的重要，常为一般对于甲骨文字有兴趣的人们所不注意；但实富有逻辑的意义。因为，在殷墟发掘以前，甲骨文字的真实性是假定的，就是没有章太炎派的质疑，科学的历史家也不能把它当着头等的材料看待。有了历史语言研究所的发掘，这批材料真实性才证明了；由此，甲骨文的史料价值程度也大加提高。此后就是最善疑古的史学家，也不敢抹杀这批材料。章炳麟晚年偷读甲骨文是他自己的门人传出来的。第二，甲骨文虽是真实的文字，但传世的甲骨文却是真假难分；在殷墟发掘以前，最有经验的收藏家也是常常受骗的；有了发掘的资料，才得到辨别真假的标准。第三，与甲骨文同时，无文字的器物出土后，不但充实了史学家对于殷商文化知识的内容，同时也为先史学及古器物学建立了一个坚强的据点，由此可以把那丰富的但是散漫的史前遗址排出一个时间先后的秩序与行列。"②当然，史语

---

① 董作宾：《甲骨文研究的扩大》，《安阳发掘报告》第二期，1930 年。

② 李济：《傅孟真先生领导的历史语言研究所——几个基本观念及几件重要工作的回顾》，载《"中央研究院"历史语言研究所傅所长纪念特刊》，第14—15 页。

所学术群体所从事的考古工作以及取得的学术成就,在国内外学术界都产生了重大而深远的影响,曾经参观过殷墟第十一次发掘现场的法国汉学家伯希和,在 1937 年哈佛大学 300 周年校庆的演讲中如是评价史语所的考古成就:"这是近年来全亚洲最重大的考古挖掘。中国学者一下子获得了耶稣降生以前一千年中国历史的大量可靠材料。"①

除此而外,史语所尚与河南地方政府成立"河南古迹研究会",自 1932 年至 1933 年对浚县辛村进行了四次发掘,得到大小卫墓墓葬 88 处,以及大批礼器和车器;1935 年发掘汲县山彪镇战国时代之墓葬,获得大批钟鼎彝器;1935 年至 1937 年对辉县琉璃阁进行两次发掘,共得大小墓葬 76 处,获陶、玉、铜等器物颇多;同时,又对固维村、毡匠屯等地进行了发掘,收获亦丰。在山东方面,史语所与山东省政府合组成立了"山东古迹研究会",分别于 1930 年、1931 年两次对城子崖遗址进行了发掘,确认了城子崖为龙山文化第一遗址;1934 年对滕县安上村周代墓地进行了发掘;1936 年发掘了日照两城镇龙山期遗址,获得大批形制精美的黑陶器。此外,史语所还曾在四川、甘肃等地进行考古发掘,同样获得大量考古文物。

第二节　引领断代史研究的纵深发展

钱穆在《八十忆双亲　师友杂忆》中说道:"有某生专治明史,极有成绩,彼曾告余,孟真不许其上窥元代,下涉清世。然真于明史

---

① 王汎森、杜正胜编:《傅斯年文物资料选辑》,第 77 页。

有所得，果欲上溯渊源，下探究竟，不能不于元清两代有所窥涉，则须私下为之。故于孟真每致不满。"① 这里提到的"某生专治明史"，当指王崇武。但从王崇武的研究来看，他在史语所期间撰写的《论万历东征岛山之战及明清萨尔浒之战——读〈明史·杨镐传〉》和《吴三桂与山海关之战》等文，都关涉清代，绝非囿于明代。然而，钱穆所言当不无根据。1943 年间，蒋介石曾咨询傅斯年史语所中从事唐代文化各方面研究之人员，傅斯年在回信中借此谈及史语所中国史研究的特点，即"将中国历史分为数段，分别延致专门人员从事之"。② 据在史语所中工作的全汉昇回忆，他初入史语所时，"所内人数并不多，除傅斯年外，几乎是一人治一朝代史的情况，例如：考古和上古史方面有董作宾、李济、高去寻、陈槃等诸位先进，劳榦先生专治秦汉史，李光涛先生潜心于明史研究，我从宋代的商业着手"。③ 这些学者在断代史研究领域所取得的重要成就，在顾颉刚描绘的近代学术发展地图中，均占据重要篇幅。④ 史语所学术群体运用新材料、新观点、新方法，在断代史研究领域的辛勤耕耘，深化了 20 世纪上半期的中国古代史研究，同时，"从史学革命的角度观察，这都是在为科学的中国史体系的建立做打基础的工作"。⑤ 因而，史语所学术群体的断代史成就应予以充分肯定并深入发掘。

一、先秦史研究的深化

史语所在河南安阳从事的殷墟考古发掘与在山东济南从事的

---

① 钱穆：《八十忆双亲　师友杂忆》，第 161 页。
② "史语所档案"，李 64—2。
③ 全汉昇：《回首来时路》，《古今论衡》创刊号，1998 年 10 月。
④ 参见顾颉刚：《当代中国史学》，第 80—87 页。
⑤ 蒋俊：《中国史学近代化进程》，齐鲁书社 1995 年版，第 336 页。

城子崖遗址发掘,所获古物均涉猎先秦时代,为先秦史研究平添了丰富的史料。因此,史语所中李济、董作宾等人在从事考古发掘的同时,也对先秦史的相关问题进行了探讨。从李济、董作宾等人的研究成果来看,他们对于先秦史的研究,往往不是先秦史领域难以索解的问题,而是以出土物为对象,因而带有较为浓厚的考古学特性。相较而言,傅斯年对于先秦史之研究,常常以问题为导向,由问题而综合运用新旧史料,最后求得问题之解决。他在对历史的解读与诠释中,也在不断地建构着颇具特色的先秦史研究体系。

《民族与古代中国史》是傅斯年的未竟之业,也是最能代表其史学成就的论著。这部论著虽未完成,但是傅斯年却在一些发表的文章中屡次提及此书,使我们能够大致推知此书的面貌。他在《夷夏东西说》一文中言:"这一篇文是我在'九一八'以前所作《民族与古代中国史》一书中的三章。"①又在《周东封与殷移民》中说:"此我所著《古代中国与民族》一书中之一章也。"②《民族与古代中国史》与《古代中国与民族》实系一书,在傅斯年的撰写计划中,多以《民族与古代中国史》称之,如在傅斯年的一份档案中有"待写成之稿",其中专书一项即《民族与古代中国史》③;又如在史语所的"二十一年度工作计划"中,傅氏说继续《民族与古代中国史》一书的写作④。作为傅斯年的学生,何兹全说:"1931年至1932年,我在北大史学系读书时,听傅先生的课,课堂上他常说要写一本'From Tribe to Empire'(从部落到帝国)的书。……因此,我就在书名《民族与

① 傅斯年:《夷夏东西说》,《傅斯年全集》(三),第181页。
② 傅斯年:《周东封与殷移民》,《傅斯年全集》(三),第239页。
③ 王汎森、杜正胜编:《傅斯年文物资料选辑》,第91页。
④ "史语所档案",元208—4。

古代中国史》之下,加了一个副题'从部落到帝国'。"①那么《民族与古代中国史》除了包括《夷夏东西说》与《周东封与殷移民》两篇文章外,根据何兹全的考证,"《姜原》《大东小东说》《论所谓五等爵》,无论从内容上看或从写作时间上看,大约都是《民族与古代中国史——从部落到帝国》的一部分"。② 实际上,在傅斯年的档案中确实存在一份《由部落到帝国》的手稿目录,内容包括如下几个方面:

方法论

地理的导引

史料

系年

各部落

所谓三皇五帝系统

夏与东夷

商之起源与扩张

殷商

殷商文教与遗物

周之起源与创业

周之极盛

周之衰落

五伯时代

五伯时代之文教

① 何兹全:《傅斯年的史学思想和史学著作》,《历史研究》2000 年第 4 期。
② 何兹全:《傅斯年的史学思想和史学著作》,《历史研究》2000 年第 4 期。

战国

东周诸子

东周时期之考古

秦帝国之创业

秦帝国之瓦解

结论①

可惜的是，傅斯年没有完成这部系统地论述"由部落到帝国"的书稿，我们难以全面考察他于这方面的详实论述，因此只能借助《夷夏东西说》《周东封与殷移民》《论所谓五等爵》《大东小东说》和《姜原》这五篇文章，借以阐释傅斯年先秦史研究的卓识。

《夷夏东西说》是傅斯年参选中央研究院第一届院士时提交的代表作，文中提出了三代及近于三代之前，中国存在东西两个不同系统的新观点。自古经籍记载虞夏商周之四代为一个系统，并无夷之任何一宗，傅斯年通过对先秦文献与考古资料的再考察，认为"在三代时及三代以前，政治的演进，由部落到帝国，是以河，济，淮，流域为地盘的。在这片大地中，地理的形势只有东西之分，并无南北之限。历史凭借地理而生，这两千年的对峙，是东西而不是南北。……三代及近于三代之前期，大体上有东西不同的两个系统。这两个系统，因对峙而生争斗，因争斗而起混合，因混合而文化进展。夷与商属于东系，夏与周属于西系"。傅氏辑录《左传》《国语》《诗经》《尚书·周诰》《史记》《战国策》中有关夏后踪迹之所载，作统计的排比，从而推考出夏之区域范围"包括今山西省南半，即汾水流域，今河南省之西部中部，即伊洛嵩高一带，东不过平汉线，西有

①"傅斯年档案"，Ⅱ：609。

陕西一部分,即渭水下流。东方界线,则其盛时曾有济水上流,至于商邱"。典籍有关夏记载的又一显著特点是夷夏之间的斗争。夷夏之间较为显著而激烈的战争,在傅斯年看来有三次:一是夏后启与伯益之争统。傅氏认为,据《史记》等文献所载伯益为秦、赵之祖,也即嬴姓之祖,嬴姓本居东夷,遂为东夷之祖,故益启之争实为夷夏之争。二是夷羿、寒浞与夏后少康之间的斗争。傅氏摆出《左传》《论语》《楚辞》《山海经》《吕氏春秋》《说文》等史料记载,并由此分析后羿并非夏之属臣,而是夏之敌国的君主,从其"夷羿"的称呼可知其为东方主。夷夏之争数十年,在夷一方经羿、豷二宗,在夏一方经相、少康二世。三是商汤战夏桀。傅氏强调,商人虽非夷族,但是其起源却在东北,"曾抚有夷方之人,并用其文化,凭此人民以伐夏而灭之,实际上亦可说夷人胜夏"。①

那么夷夏斗争,夷之地域范围何在?傅氏认为"夷"之一号,实包括若干族类:一是太皞之族。他归纳《左传》《论语》《易·系辞》《帝王世纪》《古史考》等有关太皞之族姓的记载,得出"太皞族姓之国部之分配,西至陈,东括鲁,北临济水,大致当今河南东隅,山东西南部之平原,兼包蒙峄山境,空桑在其中,雷泽在其域。古代共认太皞为东方之部族,乃分配于淮济间之族姓"的结论。二是少皞之族。据《左传》《楚语》《帝王世纪》《古史考》《海内经》所载少皞之地望,"大致与太皞同,而位于空桑之野之曲阜,尤为少皞之本邑"。太皞、少皞既然同处一地,当是先后有别,傅氏通过进一步发掘史料记载,指出太皞之后,据史载而可考见者,仅有风姓之三四小国,而少皞之姓今可考见者却有嬴、己、偃、允四大姓,自应是"少皞之族代太

① 参见《夷夏东西说》,《傅斯年全集》(三),第181—213页。

皥之族而居陈鲁一带"。据上分析可知,夷的区域范围"西至今河南之中心,东尽东海,北达济水,南则所谓淮夷徐舒者皆是。这个分布在东南的一大片部族,和分布在偏于西方的一大片部族名诸夏者,恰恰成对峙的形势"。同样,傅氏认为自夷夏之后,商夏之间、商周之间在地理分布上均呈东西对峙的格局,其间夷夏交战、商汤克夏桀、周武王克商纣,均属于东西之间的斗争。在先民生活的早期形态中,"因地形的差别,形成不同的经济生活,不同的政治组织,古代中国之有东西二元,是很自然的现象。……在由部落进为帝国的过程达到相当高阶段时,这样的东西二元局势,自非混合不可,于是起于东者,逆流压迫西方。起于西者,顺流压迫东方。东西对峙,而相争相灭,便是中国的三代史"。①

　　这种凭借地理分布与种族演进的观点对中国上古三代历史所作的考察,确实发前人所未发。傅斯年自信他对上古史探讨的价值,自我评介说:"此文论远古中国文化之不同,极富新义。国内批评者如徐炳昶、王献唐诸氏,国外批评者如 Owen Lattimore,皆以为定论。"②从今天的认识来看,傅斯年《夷夏东西说》提出的种族演进以及中国古代有东西二元之分的观点,实为自梁启超提出中国古代民族"多元结合"③的理论建树后,在实践上结出的丰硕果实。傅氏所论,与当时弥漫于学界的"疑古"思潮不同,他是要通过考古材料与典籍记载相互印证,从而建立科学可信的上古史体系。在当时,这不仅对于古史研究具有重要的学术价值,而且对于扭转一部分学者

① 以上引文均见傅斯年:《夷夏东西说》,《傅斯年全集》(三),第 213—228 页。
② 王汎森、杜正胜编:《傅斯年文物资料选辑》,第 154 页。
③ 梁启超:《中国历史上民族之研究》,《饮冰室合集》专集之四十二,中华书局 1989 年版,第 3 页。

疑古过头的风气亦有重要的现实意义。

随着时间的推移,越来越多的考古发掘为傅氏的观点提供了有力的佐证,由此亦折射出傅氏眼光的独特与认识的卓越。恰如张光直对傅斯年《夷夏东西说》的评价:"自傅先生夷夏东西说出现之后,新的考古资料全部是东西相对的:仰韶——大汶口,河南龙山——山东龙山,二里头(夏)——商,周——商、夷。傅先生的天才不是表现在华北古史被他的系统预料到了,而是表现在他的东西系统成为一个解释整个中国大陆古史的一把总钥匙。"①

《周东封与殷移民》是傅斯年撰成后对胡适影响甚大的一篇文章。该文认为史籍记载周朝灭商之后,除以宋作为殷人之管辖地外,不见其他殷遗民之记载。傅斯年认为商亡后,周朝将殷遗民分在宋、鲁、卫、齐等国,虽然统治者为周人,但礼俗仍采用殷商之制。他根据《左传》定公四年所载周王"分鲁公以大路……殷民六族,条氏,徐氏,萧氏,索氏,长勺氏,尾勺氏,使帅其宗氏,辑其分族,将其类丑,以法则周公,用即命于周。……分康叔以大路……殷民七族,

---

① 张光直:《〈傅斯年、董作宾先生百岁纪念专刊〉序》,载韩复智主编:《傅斯年、董作宾先生百岁纪念专刊》,台湾中国上古秦汉学会1995年版,第2页。据王汎森言:"在20世纪50年代中期,尤其是河南的庙底沟遗址发掘后,发现了龙山文化遗迹的地层在仰韶文化地层之上,并存在一个中间层。这一现象致使张光直等学者重拾一元起源论,但是此前与傅斯年一起工作过的三位考古学家李济、夏鼐和高去寻(1909—1992)则坚持认为东部的龙山文化有自己独立的起源。在过去的二十年中,浩如烟海的考古新发现重新支持了多元起源论。这些新发展促使张光直放弃了他已经坚守大约二十年的龙山扩张理论——这一理论由张光直在1959年首先提出,并贯穿在他的《中国古代考古学》三个版本(1963—1986)之中,但是在该书的第四版(1986)中显然被抛弃了。"参见王汎森:《中国近代历史与政治中的个体生命》,第136页。

陶氏，施氏，繁氏，锜氏，樊氏，饥氏，终葵氏。……皆启以商政，疆以周索"，推论鲁、卫之国为殷遗民之国，所谓"启以商政，疆以周索"，是指周人虽取得对殷遗民的统治权，但殷人在习俗上仍采用原来之礼俗。为了支撑自己的推导，傅斯年以《论语》中的两则史料为例，进一步阐释自己的观点。《论语·阳货篇》："子曰：夫三年之丧，天下之通丧也。"而《孟子·滕文公上》却记载滕国大夫的言论，说三年之丧"吾先君莫之行，吾宗国鲁先君亦莫之行也"，显然指出周并未行过三年之丧的礼俗。文献记载之间的互歧，使二千年来学者无法疏通，以致不可索解。傅斯年认为所谓"天下"，大约是指齐、鲁、宋、卫，不能甚大，可以"登大山而小天下"为证，进而强调"惟一可解释此困难者，即三年之丧，在东国，在民间，有相当之通行性，盖殷之遗礼，而非周之制度"。也即是说，孔子所言三年之丧的礼俗行于齐、鲁、宋、卫等东方之国，是殷朝之旧制，而非周朝之礼制，故在殷遗民中普遍流行而不行于周之统治阶级。此解不仅独辟蹊径，疏通了文献记载之间的互歧，而且对周代社会风俗作出了新探索，推进了商周社会史研究的深化。同样，对于《论语·先进篇》所载："子曰：先进于礼乐，野人也；后进于礼乐，君子也。如用之，则吾从先进。"汉宋诂经家对此所作的解说，皆迂曲不可通，唯傅斯年对此作出了大胆推断，认为"先开化的乡下人自然是殷遗，后开化的上等人自然是周宗姓婚姻"，故孔子所说"如用之，则吾从先进"与孔子所曾说的"丘也，殷人也"正相一致。① 胡适称赞傅斯年的史识说，"能够把这个观念来解释《论语·先进篇》第一章的，二千多年来，孟真

---

① 以上引文参见傅斯年：《周东封与殷遗民》，《傅斯年全集》（三），第240—244页。

还是第一个人"，"他替我解决了《中国哲学史》上不能解决的问题。我接受了他的观念，写了一篇五万字的文章，叫做《说儒》，从这个观念来讲古代思想，根本推翻了我过去对于中国古代思想史的见解"。① 可见，面对相同的史料，不同时代的学者便有不同的诠释，这使得问题的探讨逐步深入，同时更加彰显了历史解释的魅力所在。

在学界，傅斯年的《大东小东说——兼论鲁燕齐初封在成周东南后乃东迁》也是一篇对史料作出大胆解释而得出新鲜见解的佳作。傅斯年认为，《诗经》有"小东大东，杼轴其空"之说，大东于《诗经·鲁颂·閟宫》中有明言："奄有龟蒙，遂荒大东。"由是推知大东位于今山东境内的泰山山脉以南。当时谭之地望在今济南，谭大夫奔驰于大东小东之间，据此考订出小东的位置在今山东濮县河北濮阳大名一带，"自秦汉以来所谓东郡者也"。同时，傅斯年对鲁、燕、齐之地望及其变更作了探讨。他指出，武王伐纣的结果是"诛纣而已"，并未能尽灭其国，商朝所在的东方各部仍然没能平定。周朝新立，占据雒邑，"以控南方东方之诸侯者也。齐燕鲁初封于此，以为周翰，亦固其所"，后因殷商势力仍然很大，遂有周公东征、平定武庚叛乱。为了进一步加强周朝在东方的控制，于是从成周东南迁徙鲁、燕、齐至东方各地。迁徙后的诸侯国，仍然采用初封时的旧号。② 古往今来研究《诗经》者代不乏人，能将"小东大东"作为问题看待、并作出新解的，傅斯年可能是第一人。无独有偶，杨向奎与傅斯年有着"类似的主张"，并赞誉傅斯年的析论"非常符合宗周初年

---

① 胡适：《傅孟真先生的思想》，载王为松编：《傅斯年印象》，第83、84页。
② 参见傅斯年：《大东小东说——兼论鲁燕齐初封在成周东南后乃东迁》，《傅斯年全集》(三)，第54—60页。

之实际情况"。①

在《论所谓五等爵》一文中,傅斯年自言对公、侯、伯、子、男之本义作了"分析与疏通",从而得出"公伯子男,皆一家之内所称名号,初义并非官爵,亦非班列。侯则武士之义,此两类皆宗法封建制度下之当然结果"的结论,并由此推求"周室与诸国之关系"。②《姜原》一文是傅斯年先秦史研究的又一力作。他根据《左传》《国语》记载世系与神话的线索,寻出了一些"古代的民族同异的事实来",如"周以姬姓而用姜之神话,则姬周当是姜姓的一个支族,或者是一更大之族之两支"。他又利用统计学的方法,析论《左传》《国语》的记载,推考出"姜之所在有两个区域,一在今河南西境,所谓四岳之后者,一在今山东东境"。河南西境为四岳本土,四岳"实是岳山脉中的四座大山,四岳之国便是这些山里的部落"。九州区域正在豫西渭南群山中,因此,"四岳亦在此九州内"。傅斯年又据《左传》襄公十四年姜戎一段记载,推知"九州之一名瓜州,其地邻秦,其人为姜姓,其类则戎",这说明"姜之原不在诸夏",而在许、谢迤西大山即所谓九州之中。他认为"姜"与"羌"古代为一字,在先秦时期姜与姬周为姻亲,关系很密切,所以周姜与西羌应有关联,如《后汉书·西羌传》即记载:"西羌之本出自三苗,姜姓之别也。"③由此,傅斯年对于姜的世系、族系、地望以及与姬周的姻亲关系进行了多角度的探讨。胡适认为,《姜原》一文"提供了许多有助于研究的材

① 杨向奎:《史语所第一任所长傅斯年老师——兼怀第二任所长董作宾先生》,载杜正胜、王汎森主编:《新学术之路》上册,第80页。
② 傅斯年:《论所谓五等爵》,《傅斯年全集》(三),第43、44页。
③ 以上引文参见傅斯年:《姜原》,《傅斯年全集》(三),第46—53页。

料"。① 后世，许倬云在《西周史》中讨论"周人与西方羌族的关系"时，徐复观的《中国思想史论集续篇》在考察"姜、羌及周祖先居地问题"时，都曾受到傅斯年《姜原》一文的启发。②

对于傅斯年的这五篇先秦史研究文章，何兹全评价说："就这五篇已发表的篇章来看，篇篇都有精意，篇篇都有创见，篇篇都是有突破性、创始性的第一流的好文章。这一本未完成的书之已完成的几篇文章，已足以使傅斯年坐上 20 世纪中国史学大师的宝座，享有大师的荣誉。"③

二、中古史研究的推进

在史语所中，陈寅恪与岑仲勉二人从事中古史研究。

（一）陈寅恪对中古史研究的贡献

作为史语所第一组的主任，陈寅恪（1890—1969）虽常年在外任教，但主任一职一直由其担任，且"在组内以至所内的威信极高，无形中的影响也极大"。④ 而在全面抗战爆发后的非常时期，陈寅恪还曾利用其史语所第一组主任的身份作为辗转迁徙的通行证。⑤ 史语所迁台后，陈寅恪选择了留在大陆，"中研院"于 1955 年 8 月遂

---

① 胡适：《傅孟真先生的思想》，载王为松编：《傅斯年印象》，第 82 页。
② 参见许倬云：《西周史（增补二版）》，生活·读书·新知三联书店 2018 年版，第 70 页；徐复观：《中国思想史论集续篇》，九州出版社 2014 年版，第 186—187 页。
③ 何兹全：《傅斯年的史学思想和史学著作》，《历史研究》2000 年第 4 期。
④ 周一良：《纪念陈寅恪先生》，载张杰、杨燕丽选编：《追忆陈寅恪》，第 159 页。
⑤ 陈寅恪在 1938 年 3 月 15 日致傅斯年的信中说道："孟真兄左右：弟去昆明入河口时，仅护照无效，必须有身份证明书。……乞兄用中央研究院名义证明弟为中院史语所第一组主任，盖院或史语所印，即用航空信寄至九龙福老村道十一号三楼陈寅恪收。"参见《陈寅恪集·书信集》，第 54 页。

聘陈槃代理第一组主任。但陈槃"仍不敢真除,自称代主任,直到1969 年陈氏凶耗传来,才将'代'字去掉"。① 陈寅恪在史语所中的地位与影响,由此可见一斑。所以,尽管陈寅恪并非像其他研究人员一样,长川在所从事研究工作,但这并不影响陈氏作为史语所第一组学术领袖的地位,更难割舍他与史语所之间千丝万缕的联系。

在 1929 至 1948 年间,陈寅恪共写有论文、书序 61 篇②,而发表于史语所所办《集刊》、《集刊》外编及《西夏研究》中的论文计有 30篇。相较而言,此一时期他发表在其他刊物上的 31 篇文章多是短小精悍的考证札记或书序,而发表在《集刊》上的 30 篇论文多为考证性之研究,均具有重要的学术价值,譬如《李唐氏族之推测》《李唐氏族之推测后记》《三论李唐氏族问题》《李唐武周先世事迹杂考》等相关论文,运用"种族—文化"观念,对李唐氏族问题作出了深入的探讨。这些论文先是主张李唐为后魏弘农太守李初古拔之后裔,而自称西凉李嵩之嫡裔③;其后又言李唐先世本为汉族,或出于"赵郡李氏衰微之支派",后来渐染胡俗,至李虎入关之时,东西分立之局面已定,于是"改赵郡之姓望而为陇西,因李抗父子事迹与其先世类似之故,遂由改托陇西更进一步,而伪称西凉嫡裔"。所以陈寅恪断定,李唐一族的崛起,是"取塞外野蛮精悍之血,注入中原

① 王汎森:《傅斯年与陈寅恪——介绍史语所收藏的一批书信》,《中国近代思想与学术的系谱》,第 388 页。
② 根据《陈寅恪集》之《金明馆丛稿初编》及《金明馆丛稿二编》中收录论文所统计,生活·读书·新知三联书店 2001 年版。
③ 参见陈寅恪:《李唐氏族之推测》,《历史语言研究所集刊》第三本第一分,1931 年。

文化颓废之躯"。①

　　陈寅恪于史语所时期在《集刊》上发表的大量有关中古史研究的论文，奠定了他在该领域的权威地位。但最能代表其学术成就的，莫过于他在史语所出版的《隋唐制度渊源略论稿》和《唐代政治史述论稿》两部专著，因为"陈先生把敏锐的观察力与缜密的思考力相结合，利用习见的史料，在政治、社会、民族、宗教、思想、文学等许多方面，发现别人从未注意到的联系与问题，从现象深入本质，作出新鲜而令人折服，出乎意想之外而又入乎意料之中的解释"②，所以这两部论著虽为供一般参考而作，但"多所创获，妙绪无穷"，"为治中国中古史及通史者所必读"③。

　　长期以来，学界有一种主流观点认为，隋文帝因受周禅，而其文物制度多袭西魏、北周。为了纠正这种片面的认识，陈寅恪始撰《隋唐制度渊源略论稿》，"综合旧籍所载及新出遗文之有关隋唐两朝制度者，分析其因子，推论其源流，成此一书"④，目的是要"阐明隋文帝虽受周禅，其礼制多不上袭北周，而转仿北齐或更采江左萧梁之旧典，与其政权之授受，王业之继承，迥然别为一事，而与后来李唐之继杨隋者不同"⑤。旨趣既明，于是，陈氏将全书分为八章，除

----

① 陈寅恪：《李唐氏族之推测后记》，《历史语言研究所集刊》第三本第四分，1933 年。

② 周一良：《纪念陈寅恪先生》，载张杰、杨燕丽选编：《追忆陈寅恪》，第161 页。

③ 参见《国立中央研究院历史语言研究所出版物目录》，《历史语言研究所集刊》第二十本上册，1948 年。

④ 陈寅恪：《隋唐制度渊源略论稿　唐代政治史述论稿》，生活·读书·新知三联书店 2001 年版，第 3 页。

⑤ 陈寅恪：《隋唐制度渊源略论稿　唐代政治史述论稿》，第 57 页。

首尾两章叙论与附论外,主要考察了隋唐时期礼仪、职官、刑律、音乐、兵制、财政的渊源。

陈寅恪在"叙论"中开宗明义地提出隋唐制度的三个来源:一是北魏与北齐,二是南朝梁、陈,三是西魏与北周。陈寅恪以一种通识的眼光对隋唐制度渊源作贯通考察,因而视野能够不囿于传统所谓"隋唐继承(西)魏、周之遗业"的一元发展脉络。他以综合的史观为理念,重视汉魏以来文化演进的内在理路,将南北朝时期文物制度的发展看做一个整体,在此范围之内,南北人事的变动影响到文化的交融与发展,从而在纷繁的史事演进中理出了隋唐制度渊源的三条主线。陈氏以此为基本理论支点,溯源隋唐时期礼仪制度的来源,并对此作出了深入剖析。

首先,作者深入发掘史料,翔实探讨了隋唐制度主要来源于北魏、北齐一线。他认为,礼仪制度记载的范围大抵限于少数特权阶级,本不必讨论,但此制与士大夫关系密切,士大夫阶级又处在当时极为重要的地位,因而有深入探讨之必要。他以南朝齐人王肃北奔北朝为例,重点分析,并以此窥视"王肃北奔与北朝文物制度之关系"。在王肃北奔之前,北魏孝文帝早有仿效中原文化改革鲜卑风俗的行动,故借助南朝士人崔光、刘芳、蒋少游、刘昶等进行了改革,但并未取得明效大验,如《北史》所言:"自晋氏丧乱,礼乐崩亡,孝文虽厘革制度,变更风俗,其间朴略,未能淳也。"而这一现状直至王肃到达北魏后,才有了根本的改观。陈寅恪根据《北史·王肃传》记载:"王肃,琅邪临沂人也。父奂及兄弟并为(南)齐武帝所杀,太和十七年肃自建业来奔。……肃明练故事,虚心受委,朝仪国典咸自肃出。"《陈书·徐陵传》云:"太清二年兼通直常侍使魏。魏人授馆宴宾,是日甚热,其主客魏收嘲陵曰:'今日之热当由徐常侍来。'

陵即答曰:'昔王肃至此,为魏始制礼仪;今我来聘,使卿复知寒暑。'收大惭。"陈寅恪又据《魏书》《南齐书》《隋书》与《资治通鉴》等史籍记载,认为王肃的到来,迎合了孝文帝改革的迫切需要,因而适逢其会地演出了一幕活剧。陈氏见解之深更在于他对问题的考察,并不止于王肃在北魏礼制改革中发挥了作用,还更进一步考察王肃何以能够发挥作用。这种问题意识在《隋唐制度渊源略论稿》中表现的至为突出:

> 夫肃在当日南朝虽为膏腴士族,论其才学,不独与江左同时伦辈相较,断非江左第一流,且亦出北朝当日青齐俘虏之下(见《魏书》伍伍及《北史》肆贰《刘芳传》),而卒能将南朝前期发展之文物制度转输于北朝以开太和时代之新文化,为后来隋唐制度不桃之远祖者,盖别有其故也。①

于是他考释文献中对南朝王俭史事的记载,指出"王俭以熟练自晋以来江东之朝章国故,著名当时",特别是其掌故之学在南朝成为一时时尚。王肃北奔是在王俭卒后,因而"必经受其宗贤之流风遗著所熏习,遂能抱持南朝之利器,遇北主之新知"。所以王肃所制定之文物制度,实取东晋至南朝长期以来对于汉、魏、西晋遗产承继的精华。此诚为王肃受到优礼而发挥作用之关键。而隋文帝"诏与诸儒修定五礼",别采梁礼及后齐仪注。所谓的后齐仪注即是"北魏孝文帝模拟采用南朝前期之文物制度",至北齐时而"成一大结集"。这种通过层层推进的方法对历史所作的诠释,实为千古巨眼,发前人所未发。

其次,陈寅恪慧眼独具,在学界首次提出北魏文化中吸纳了河西文化的学术观点。陈氏以苏威及其父苏绰作为论证的出发点,指

---

① 陈寅恪:《隋唐制度渊源略论稿 唐代政治史述论稿》,第15页。

出周、隋之制多出两父子之手，"故考隋唐制度渊源者应置武功苏氏父子之事业于三源内之第三源，即（西）魏、周源中"。于是作者以更为开阔的视野，考察苏氏父子所在地域的文化传承。他通过对《三国志》等文献史料的钩稽爬梳，从"家世"与"地域"的视角对河西文化能够历经汉末、西晋、北朝战乱而保存汉代中原文化的原因提出了独到见解："公立学校之沦废，学术之中心移于家族，太学博士之传授变为家人父子之世业，所谓南北朝之家学者是也。又学术之传授既移于家族，则京邑与学术之关系不似前此之重要。当中原扰乱京洛丘墟之时，苟边隅之地尚能维持和平秩序，则家族之学术亦得藉以遗传不坠。刘石纷乱之时，中原之地悉为战区，独河西一隅自前凉张氏以后尚称治安，故其本土世家之学术既可以保存，外来避乱之儒英亦得就之传授，历时既久，其文化学术遂渐具地域性质，此河陇边隅之地所以与北朝及隋唐文化学术之全体有如是之密切关系也。"①陈氏的卓见，远远超出了论述礼仪制度的渊源问题，而涉及到中国古代学术文化发展的大势。但从陈氏所论，可以看出自东汉末年战乱以后，学术中心已从京邑公立学校向关陇区域转移，如当时讲授章句之儒周生烈、贾洪、薛夏、隗禧等人，皆居关陇地区，"中原章句之儒业，自此之后已逐渐向西北转移"。自两晋时期至刘宋初年，尤其是"张轨领凉州之后，河西秩序安定，经济丰饶，既为中州人士避难之地，复是流民移徙之区，百余年间纷争扰攘固所不免，但较之河北、山东屡经大乱者，略胜一筹。故托命河西之士庶犹可以苏喘息长子孙，而世族学者自得保身传代以延其家业也。又张轨、李暠皆汉族世家，其本身即以经学文艺著称，故能设学校奖儒

————————
① 陈寅恪:《隋唐制度渊源略论稿　唐代政治史述论稿》,第23页。

业,如敦煌之刘昞即注魏刘劭《人物志》者,魏晋间才性同异之学说尚得保存于此一隅,遂以流传至今"。① 故河西地区虽然历北朝而受制于胡戎,但其学术文化却具有承上启下的独特意义,对此,陈寅恪有着精湛的解读:

> 秦凉诸州西北一隅之地,其文化上续汉、魏、西晋之学风,下开(北)魏、(北)齐、隋、唐之制度,承前启后,继绝扶衰,五百年间延绵一脉,然后始知北朝文化系统之中,其由江左发展变迁输入者之外,尚别有汉、魏、西晋之河西遗传。②

由此,陈寅恪以独特的眼光发掘出河西文化绵延一脉传承发展的路径,说明北魏取凉州,承其文化传统,因此周隋之际参与典章制定的苏绰、苏威、牛弘、辛彦之等人皆为河西之儒士,故而可见"此偏隅之地,保存汉代中原之文化学术,经历东汉末、西晋之大乱及北朝扰攘之长期,能不失坠,卒得辗转灌输,加入隋唐统一混合之文化,蔚然为独立之一源,继前启后,实吾国文化史之一大业"。③ 从陈寅恪的考证与推论中,不难看出他对宏观历史发展大势的梳理与提携重大历史问题的能力。

第三,陈寅恪论证隋唐制度的第二个渊源,来自于梁陈。在考证方法上,陈氏依然重视通过对史传中参与隋朝礼仪制度修纂的许善心、虞世基、明克让、裴政、袁朗等人的考证而寻其线索。他据《梁书》《隋书》与《旧唐书》所载,指出明克让"承其父学,据梁朝之故事,修隋室之新仪";裴政"为南朝将门及刑律世家,……故一入隋

---

① 陈寅恪:《隋唐制度渊源略论稿 唐代政治史述论稿》,第30页。
② 陈寅恪:《隋唐制度渊源略论稿 唐代政治史述论稿》,第46—47页。
③ 陈寅恪:《隋唐制度渊源略论稿 唐代政治史述论稿》,第22页。

代,乃能与苏威等为新朝创制律令,上采魏晋,下迄齐梁,是乃真能用南朝之文化及己身之学业,以佐成北朝完善之制度者";许善心"预修隋礼,其梁陈故事,足供采择者,乃其家世颛门之业也";虞世基、袁朗"在陈时即有才名,因见收擢,皆为南朝之名士,而家世以学业显于梁陈之时者也"。① 基于以上分析,陈寅恪认为,隋修五礼,欲要吸收梁陈以后江东发展的新内涵,必然采用许善心等人无疑。

最后,陈寅恪认为西魏、北周对于隋唐制度的影响,远远小于北魏、北齐与梁陈二源。关于此点,他在"绪论"中交代甚明:"所谓(西)魏、周之源者,凡西魏、北周之创作有异于山东及江左之旧制,或阴为六镇鲜卑之野俗,或远承魏、(西)晋之遗风,若就地域言之,乃关陇区内保存之旧时汉族文化,所适应鲜卑六镇势力之环境,而产生之混合品。所有旧史中关陇之新创设及依托周官诸制度皆属此类,其影响及于隋唐制度者,实较微末。"这种观点,对于打破长期以来学界认为隋唐继承了西魏、北周之遗业,遂承继其文物制度的旧见,起到了辨正的作用。

为进一步论证隋唐制度主要渊源北齐或江左萧梁之旧典,陈寅恪又例举《隋书》"礼仪志"部分内容与北齐、北周、梁陈之制相比较,如《隋书》记载"舆辇之制":"象辂已下旒及就数各依爵品,虽依礼制名,未及创造,开皇三年闰十二月并诏停造,而尽用旧物。至九年平陈,又得舆辇,旧著令者,以付有司,所不载者,并皆毁弃,虽从俭省,而于礼多阙。十四年,诏又以见所乘车辂因循近代,事非经典,于是命有司详考故实,改造五辂及副。大业元年,更制车辇,五辂之外设副车,诏尚书令楚公杨素、吏部尚书奇章公

① 陈寅恪:《隋唐制度渊源略论稿 唐代政治史述论稿》,第54、55、56、57 页。

牛弘、工部尚书安平公宇文恺、内史侍郎虞世基、礼部侍郎许善心、太府少卿何稠、朝请郎阎毗等详议奏决，于是审择前朝故事，定其取舍云。"陈氏对此的认识是，舆辇制度，隋文帝受禅不袭周而因齐，即因袭南朝前期之文物，经过魏太和、齐天保之结集者，而制度尚有所未备者，则南朝后期梁陈之文物未能采用之故也。开皇九年平陈，初持保守主义，其乘用以限于旧令所著，是以于礼多阙，盖欲求备礼，非更以南朝后期即梁陈二代之发展者增补之不可，此开皇十四年所以有更议之诏也。又大业元年所命议制车辇诸臣，其中大部分前已论及，而虞世基、许善心则南朝后期文物即梁陈文化之代表者。① 进而说明隋朝之舆辇制度多因袭北齐与梁陈。类似之论证，在《隋唐制度渊源略论稿》中不胜枚举，此不一一赘述。

陈寅恪将全文的论证重心置于"礼仪"部分，是要以此作为论证对象来阐明隋唐制度的"三源流"说，而以下诸章论及"职官""刑律""音乐""兵制""财政"，亦是围绕上述宗旨来进行考证辨析。在"职官"一章中，陈氏指出隋唐官制渊源北齐而非北周。宇文泰令苏绰、卢辩模仿周官而制定官制，实非普遍于全体，且"创制未久，子孙已不能奉行，逐渐改移，还依汉魏之旧"②，说明北周宇文泰逆时代发展的趋势制定官制，终究难以长久推行。而隋之官制则径取北齐，如"北周刺史尚能自署僚佐，而后魏、北齐州郡僚佐则已多为吏部所授，至隋一切归之省司，此隋代政治中央集权之特征，亦即其职官选任之制不因北周而承北齐之一例证也"。③ 尽管唐玄宗亦有依

---

① 参见陈寅恪：《隋唐制度渊源略论稿　唐代政治史述论稿》，第60—61页。
② 陈寅恪：《隋唐制度渊源略论稿　唐代政治史述论稿》，第102页。
③ 陈寅恪：《隋唐制度渊源略论稿　唐代政治史述论稿》，第96页。

《周礼》太宰六典之文,修撰唐六官之典的举措,但是陈氏认为此乃
"帝王一时兴到之举","本为粉饰太平制礼作乐之一端,……并非
依其所托之周官体裁,以设官分职实施政事也"。① 在刑律方面,陈
氏认为:"北周制律,强摹周礼,非驴非马,……周律之矫揉造作,经
历数十年而天然淘汰尽矣。"②因此隋唐之刑律不可能因袭周制,而
是近承北齐,远祖北魏,其中江左地区虽多,但却只限于南朝前期,
因为南朝后期之律学与前期并无大的异同。这即从根源上厘清了
隋唐刑律的演进脉络与来源,具有重要的学术价值。

　　以往学界对于隋唐胡乐的研究,多认识到隋代郑译七调源于北
周武帝时龟兹人苏祇婆之类及由唐代直接输入。陈寅恪认为,对于
隋唐胡乐的研究除重视以上两条线索之外,还应看到隋代胡乐的另
一来源。他经过细密的考证,指出北魏洛阳有万余家西域胡人居
住,其后东魏迁于邺都,胡人亦随之而迁,故北齐邺都西域胡化尤其
胡乐呈现鼎盛局面,以致隋代"犹承其遗风",因而"隋之胡乐大半
受之北齐,而北齐邺都之胡人胡乐又从北魏洛阳转徙而来,此为隋
代胡乐大部分之系统渊源"。③

　　关于府兵制,宋人欧阳修、叶适、司马光等史家多认为起于西
魏,废于唐天宝年间,二百年间前后一贯,无多变化。正因隋唐时期
继承了北周的府兵制,所以才在很大程度上致使一些学者认为:隋
由北周而来,因此在礼仪等文物制度上也承继了西魏、北周的传统。
但经陈寅恪对府兵制前期史料的精密考释,得出如下结论:"府兵制
之前期为鲜卑兵制,为大体兵农分离制,为部酋分属制,为特殊贵族

① 陈寅恪:《隋唐制度渊源略论稿　唐代政治史述论稿》,第 109、91 页。
② 陈寅恪:《隋唐制度渊源略论稿　唐代政治史述论稿》,第 125 页。
③ 陈寅恪:《隋唐制度渊源略论稿　唐代政治史述论稿》,第 136 页。

制；其后期为华夏兵制，为大体兵农合一制，为君主直辖制，为比较平民制。其前后两期分画之界限，则在隋代。周文帝、苏绰则府兵制创建之人，周武帝、隋文帝其变革之人，唐玄宗、张说其废止之人，而唐之高祖、太宗在此制度创建、变革、废止之三阶段中，恐俱无特殊地位者也。"①陈氏以贯通的眼光对府兵制的发展演变，作动态的考察，对于纠正长期以来视府兵制二百年间如铁板一块毫不变化的观点，无疑是一剂良药。

"财政"一章论述唐代财政渊源有二：一是中央财政制度渐次江南地方化。隋唐统一以来，社会经济得到逐步发展，尤其是原来的北朝旧区域，屡经战乱，至唐玄宗时期，经济发展已达于顶峰，与唐所统治之南朝旧区域发展程度相等，因而"承继北朝系统之中央政府遂取用此旧日南朝旧制之保存于江南地方者而施行之"，也就是所谓的唐代制度之江南地方化。二是唐代中央制度之河西地方化。西北一隅与外族临接，历来为文化和国防军事要区，在北周时期即为宇文泰所重视。唐玄宗时期，对于西北的重视更盛于东北，其"和籴"等地方制度，经长久之演进，颇能适合西北国防之需要，因而唐玄宗将其扩大推广而为中央政府之制度，也即是唐代制度之河西地方化。为了论证其观点，陈寅恪取"回造纳布"与"和籴"作为例证，分别予以考证推论，具有重要的启发意义与学术价值。②

综观陈寅恪所论隋唐制度渊源，不仅提出了系统的理论学说，而且论证充分有力，一扫长期以来对于隋唐制度渊源认识的误区。全书贯穿着通识的眼光与历史演进的观点，目的是要"阐说隋唐二

---

① 陈寅恪：《隋唐制度渊源略论稿　唐代政治史述论稿》，第 155 页。
② 参见陈寅恪：《隋唐制度渊源略论稿　唐代政治史述论稿》，第 156—174 页。

代制度之全体因革要点与局部发展历程"①,说明其历史研究的旨趣是要对重大历史问题作动态考察,形成一家之言。

《唐代政治史述论稿》是陈寅恪撰著的另一部研究唐代历史的名著。陈氏在"自序"中述及该书写作的缘起是"尝草《隋唐制度渊源略论稿》,于李唐一代法制诸端,妄有所论述。至于政治史事,以限于体例,未能涉及。兹稿所言则以唐代政治史为范围,盖所以补前稿之未备也"。因而可将该著看做《隋唐制度渊源略论稿》的姊妹篇,两书所论内容各有重点,可收互相补充之效。

从今天的认识来看,清代学者对于唐代历史与史学的研究,可谓丰硕,沈炳震编撰有《新旧唐书合钞》260 卷,赵绍祖著有《新旧唐书互证》20 卷,乾嘉考史名家王鸣盛、钱大昕、赵翼等于唐史用力尤勤,创获亦大。劳格长期以来致力于唐史研究,网罗各类史料,在赵钺研究的基础上,完成《唐尚书省郎官石柱题名考》26 卷、《唐御史台精舍题名考》3 卷;继乾嘉余续的晚清学者李慈铭,亦于"新、旧《唐书》,尤所留心,故于唐事略窥头绪"②;近人罗振常于唐史研究亦有心得,撰成《新唐书斠议》。这些研究成果对于 20 世纪的唐史研究无疑具有重要的借鉴价值与意义。但因时代所囿,清人有关唐史研究的论著,其主要成就在于比勘同异、补正脱谬,能够关注一代大势演变、提出系统理论学说者可谓凤毛麟角。陈寅恪因处于中西交汇的新时代,既承继了清人治学重视精密考证的优良传统,又具有开阔的眼界,治史尤重把握事物之间的内在联系与因果关系,因而他的《唐代政治史述论稿》在前人研究的基础上提出了一系列系

① 陈寅恪:《隋唐制度渊源略论稿　唐代政治史述论稿》,第 175 页。
② 王利器纂辑:《越缦堂读书简端记》,天津人民出版社 1980 年版,第 170 页。

统的理论学说,至今在学界仍影响巨大。

《唐代政治史述论稿》分为三篇,上篇为"统治阶级之氏族及其升降";中篇为"政治革命及党派分野";下篇为"外族盛衰之连环性及外患与内政之关系"。作者站在新的时代高度,以专题形式对涉及有唐一代的重大政治事件作出深层次阐述,在学术见解与理论深度上,都较乾嘉诸老更上一层。

其一,以"种族—文化"观念为锁钥,探讨李唐氏族问题,系统提出"关中本位政策"的观点。同傅斯年受到德国"种族—文化"治史观念的影响一样,陈寅恪治史亦受此观念启示①,并在史学研究的实践中使之大放异彩。在陈寅恪看来,种族及文化问题"实李唐一代史事关键之所在",因而治唐史者不可忽视。他研究"统治阶级之氏族及其升降"问题,自始至终贯穿着"种族—文化"观念的指导思想。他以李唐氏族问题发轫,根据《新唐书·宗室世系表》载李氏出于陇西,由此表获取如下信息:(一)其氏为李;(二)父为宋汝南太守;(三)后魏克豫州,父以地归之;(四)父为后魏恒农太守;(五)父为宋将薛安都所陷,即所擒;(六)父为后魏安南将军豫州刺史;(七)子为后魏金门镇将。并将此与《宋书》《魏书》《册府元龟》相关记载作一比勘,从而得出李氏先祖李虎于北魏时封赵郡公。陈寅恪又将史料范围拓展到碑文史料,以河北省隆平县所存唐光业寺碑文记载为据,指出李氏累代所葬之地即其家世居住之地。依《魏书·地形志》《隋书·地理志》及《元和郡县图志》等文献记载,推论李氏父子葬于赵州,旧属巨鹿郡,"与山东著姓赵郡李氏居住之旧常

---

① 参见周樑楷:《傅斯年和陈寅恪的历史观点——从西方学术背景所作的讨论(1880—1930)》,《台大历史学报》第 20 期,1996 年 11 月;陈其泰:《"民族—文化"观念与傅斯年、陈寅恪治史》,《天津社会科学》2004 年第 1 期。

山郡壤地邻接,李虎之封赵郡公当即由于此也"。① 这样看来,李氏先祖居于赵郡,"若果为赵郡李氏,是亦华夏名家,又何必假称出于陇西耶"? 考李吉甫的《元和郡县图志》,可知赵郡李氏显著支派的活动范围不出常山郡的范围,而据《北史·李孝伯传》附"赵郡李氏世系"一节,推知赵郡李氏衰弱支派有居于柏仁县者,而柏仁县与李氏父子所葬之广阿县正相邻接,可视为同一地域。故陈寅恪从地域邻接及时代先后二者关系着眼,作综合推论,"颇疑李唐先世本为赵郡李氏柏仁一支之子孙,或者虽不与赵郡李氏之居柏仁者同族,但以同姓一姓同居一地之故,遂因缘攀附,自托于赵郡之高门,衡以南北朝庶姓冒称士族之惯例,殊为可能之事。总而言之,据可信之材料,依常识之判断,李唐先世若非赵郡李氏之'破落户',即是赵郡李氏之'假冒牌'"。②

周一良曾指出陈寅恪治学的特点说:"陈先生谈问题总讲出个道理来,亦即不仅细致周密地考证出某事之'然',而且常常讲出其'所以然'。"③而陈氏对于李唐氏族问题的研究,亦是如此。实际上,他已经考证出李唐氏族可能出于赵郡李氏衰弱的一派,这在一般人看来问题可能已经得到了解决,但陈寅恪并不以此而满足,他还要进一步探讨既然李氏出于赵郡,何以李氏先祖又自称为陇西人? 他认为,解决这一问题的关键只能从宇文泰采取的"关中本位政策"中去寻找答案。

何为"关中本位政策"? 陈寅恪在《隋唐制度渊源略论稿》中曾

① 陈寅恪:《隋唐制度渊源略论稿　唐代政治史述论稿》,生活·读书·新知三联书店 2001 年版,第 191 页。
② 陈寅恪:《隋唐制度渊源略论稿　唐代政治史述论稿》,第 193—194 页。
③ 周一良:《纪念陈寅恪先生》,载张杰、杨燕丽选编:《追忆陈寅恪》,第159 页。

有所述及："宇文苟欲抗衡高氏及萧梁，除整军务农、力图富强等充实物质之政策外，必应别有精神上独立有自成一系统之文化政策，其作用既能文饰辅助其物质即整军务农政策之进行，更可以维系其关陇辖境以内之胡汉诸族之人心，使其融合成为一家，以关陇地域为本位之坚强团体。"①在《唐代政治史述论稿》中，对此他又进一步作了系统的阐述：在当时，宇文泰率领少数西迁的胡化汉民居于关陇，无论在经济财富上还是在兵力上，都无法与山东高欢及南朝萧梁相抗衡，因此要想与东、南两股势力鼎立而三，必须另觅一个新途径，使得"融合其所割据关陇区域内之鲜卑六镇民族，及其他胡汉土著之人为一不可分离之集团"，从而能够"内安反侧，外御强邻"，而这一新途径即陈寅恪所谓的"关中本位政策"。宇文泰实行"关中本位政策"的措施之一，即改易氏族。陈寅恪认为，宇文氏之改革措施经历了两个阶段：第一阶段为改易西迁关陇汉人中之山东郡望为关内郡望，以断绝其乡土之思，并附会其家世与六镇有关，"凡李唐改其赵郡郡望为陇西，伪托西凉李暠之嫡裔及称家于武川等，均是此阶段中所为也"。第二阶段为西魏恭帝时期诏以诸将之有功者继承鲜卑三十六大部落及九十九小部落之后，凡改胡姓诸将所统之兵卒亦从其主将之胡姓，径取鲜卑部落之制以治军，"李唐之得赐姓大野，即在此阶段中所为也"。到北周末年，隋文帝专擅朝政，遂改回胡姓为汉姓，但改回的只是宇文氏第二阶段所改，"多数氏族仍停留于第一阶段之中，此李唐所以虽去大野之胡姓，但仍称陇西郡望及冒托西凉嫡裔也"。②

---

① 陈寅恪：《隋唐制度渊源略论稿　唐代政治史述论稿》，第 101 页。
② 参见陈寅恪：《隋唐制度渊源略论稿　唐代政治史述论稿》，第 198—199 页。

在陈寅恪看来,北周时期的"关中本位政策"不仅对隋唐氏族影响甚大,而且直接作用于当时的政治发展,"有唐一代三百年间其统治阶级之变迁升降,即是宇文泰'关中本位政策'所鸠合集团之兴衰及其分化。盖宇文泰当日融冶关陇胡汉民族之有武力才智者,以创霸业;而隋唐继其遗产,又扩充之。其皇室及佐命功臣大都西魏以来此关陇集团中人物,所谓八大柱国家即其代表也。当李唐初期此集团之力量犹未衰损,皇室与其将相大臣几全出于同一之系统及阶级,故李氏据帝位,主其轴心,其他诸族入则为相,出则为将,自无文武分途之事,而将相大臣与皇室亦为同类之人,其间更不容别一统治阶级之存在也"。"关中本位政策"在唐代所发挥的作用,至武则天掌权时期,发生重大转变。因为武则天之氏族不属于关陇集团的范畴,因此欲要消灭唐室建立武周政权,必须对关陇集团进行打击破坏。于是崇尚进士文词之科,破格任用新兴阶级,毁坏府兵制度等。加上关陇集团历时经久,自身本已衰腐,所以至唐玄宗时期,李唐虽盛,但关陇集团已遭破坏而完全崩溃。①

陈寅恪认为,关陇集团被破坏以后,李唐皇朝统治阶级权力的升降又有了明显的变化:一是宦官转而变为统治阶级,专擅朝政、拥蔽皇室,与外朝将相大臣相对抗;二是通过文词进用的士大夫阶级,常出任宰相,而边镇大帅仍由藩将胜任,改变了西魏、北周以来"文武不殊途,而将相可兼任"的传统,造成其后藩镇割据的局面。

其二,分论唐代的政治革命与党派分野。对于唐代政治史的研究,陈寅恪有着不同于乾嘉学者的问题意识,在"政治革命及党派分野"开篇之首,他便提出一系列发人深省的问题:"唐代政治革命依

---

① 参见陈寅恪:《隋唐制度渊源略论稿　唐代政治史述论稿》,第 234—235 页。

其发源根据地之性质为区别，则有中央政治革命与地方政治革命二类。何以安史之乱以前地方政治革命均不能成功，且无多影响？而中央政治革命亦何以有成功与失败？又唐代皇位之继承常不固定，当新旧君主接续之交往往有宫廷革命，其原因为何？及外廷士大夫党派若牛李等党究如何发生？其分野之界线何在？斯皆前人所未显言而今此篇所欲讨论者也。"①由此展开对唐代政治革命问题与党派分野问题的探讨。

陈寅恪指出，唐代在"关中本位政策"未破坏以前，操持关中主权的政府便可以主宰全国，获得中央革命的成功，地方革命则很难取得成功。这也是"隋文帝、武则天所以成功，与夫隋炀帝远游江左，所以卒丧邦家，唐高祖速据关中，所以独成帝业"②的关键所在。但至唐玄宗时期，"关中本位政策"完全崩溃，地方革命遂有取得成功的可能，后来的安史之乱以及庞勋、黄巢、朱温相率起兵，终使唐室衰亡。

朋党之争与宦官专政是唐朝中后期政治发展的基本线索。在陈寅恪看来，牛李党争与宦官专政之间存在着互相利用的关系，直至宦官内部党派共同联合，才与外廷士大夫之间形成党派分野。其文曰：

> 就牛李党人在唐代政治史之进退历程言之，两党虽俱有悠久之历史社会背景，但其表面形式化则在宪宗之世。此后纷乱斗争，愈久愈烈。至文宗朝为两党参错并进，竞逐最剧之时。武宗朝为李党全盛时期，宣宗朝为牛党全盛时期，宣宗以后士

① 陈寅恪：《隋唐制度渊源略论稿　唐代政治史述论稿》，第 236 页。
② 陈寅恪：《隋唐制度渊源略论稿　唐代政治史述论稿》，第 237 页。

大夫朋党似已渐次消泯,无复前此两党对立、生死搏斗之迹象,
此读史者所习知也。然试一求问此两党竞争之历程何以呈如
是之情状者,则自来史家鲜有解答。鄙意外朝士大夫朋党之动
态即内廷阉寺党派之反影。内廷阉寺为主动,外朝士大夫为被
动。阉寺为两派同时并进,或某一时甲派进而乙派退,或某一
时乙派进而甲派退,则外朝之士大夫亦为两党同时并进,或某
一时甲党进而乙党退,或某一时乙党进而甲党退。迄至后来内
廷之阉寺"合为一片"(此唐宣宗语,见下文所引)全体对外之
时,则内廷阉寺与外廷士大夫成为生死不两立之仇敌集团,终
于事势既穷,乞援外力,遂同受别一武装社会阶级之宰割矣。①

陈氏简明扼要地勾勒出朋党之争与宦官党派之间的发展路径与
相互关系。联系当时的时代背景来看,牛李党派之竞争确实受到
宦官内部不同派别竞争的影响。陈寅恪所指的牛李两派,主要是
以牛僧孺为首领的牛党和以李德裕为首领的李党,"两党之对立,
其根本在两晋、北朝以来山东士族与唐高宗、武则天之后由进士
词科进用之新兴阶级两者互不相容"。② 而牛李党派起于唐宪宗
时期,此时宪宗之为政颇欲以武力削平藩镇,重振中央权威。在
外朝士大夫中,主张用兵的多属李党,反对用兵的则属于牛党。
"而主持用兵之内廷阉寺一派又与外朝之李党互相呼应",这样一
来,在唐宪宗一朝因宦官中主张用兵的一派始终掌权,所以"用兵
之政策因得以维持不改"。直至唐宪宗为宦官中另一派所弑杀,

---

① 陈寅恪:《隋唐制度渊源略论稿　唐代政治史述论稿》,第 303—304 页。
② 陈寅恪:《隋唐制度渊源略论稿　唐代政治史述论稿》,第 276 页。

穆宗因此派宦官的拥立而即帝位，所以朝中"销兵"声起，朝局大变。①

其三，以普遍联系的观点诠释外族盛衰对于唐皇朝内政的影响。唐皇朝是中国历史上最为鼎盛的朝代之一，版图规模之宏大、中外交流空前发展、学术文化繁荣昌盛等方面，历来为治史者所称颂。陈寅恪指出，唐代之武功亦是"吾民族空前盛业"，但多数史家仅仅是关注"吾民族自具之精神及物力"，而往往忽略外族盛衰连环性对于唐代武功的影响。他在《唐代政治史述论稿》的下篇对"外族盛衰之连环性"进行了系统阐释，文云：

> 所谓外族盛衰之连环性者，即某甲外族不独与唐室统治之中国接触，同时亦与其他之外族有关，其他外族之崛起或强大可致某甲外族之灭亡或衰弱，其间相互之因果虽不易详确分析，而唐室统治之中国遂受其兴亡强弱之影响，及利用其机缘，或坐承其弊害，故观察唐代中国与某甲外族之关系，其范围不可限于某甲外族，必通览诸外族相互之关系，然后三百年间中国与四夷更叠盛衰之故始得明了，时当唐室对外之措施亦可略知其意。盖中国与其所接触诸外族之盛衰兴废，常为多数外族间之连环性，而非中国与某甲外族间之单独性也。②

依据这一理论，陈氏考察了突厥、回纥、吐蕃等民族的盛衰与唐皇朝兴亡强弱之关系。他认为，隋末唐初之时，亚洲大部分民族的主人是突厥，但唐太宗能以十年之力将突厥消灭，除唐朝君臣的共同努力之外，还受到突厥境内天灾政乱以及邻接部族回纥兴起的影响，

---

① 陈寅恪：《隋唐制度渊源略论稿 唐代政治史述论稿》，第 288 页。
② 陈寅恪：《隋唐制度渊源略论稿 唐代政治史述论稿》，第 321 页。

"故授中国以可乘之隙"。回纥民族自唐肃宗时期发展至鼎盛，对中国边境造成巨大威胁，但唐文宗时期，其族经历"天灾党乱扰其内，黠戛斯崛起侵其外"，所以唐朝当时并非强盛，却能"成此攘夷之伟业"。再如，唐与吐蕃之关系。唐太宗与高宗时期，于东北克取高丽，但终因吐蕃兴起而致使唐皇朝对东北采取消极防御政策，将重兵用于西北，但"此东北消极政策不独有关李唐一代之大局，即五代、赵宋数朝之国势亦因以构成"。唐德宗贞元年间，吐蕃开始衰弱，至文宗时期更加不振，于是唐皇朝欲与南诏联合攻伐吐蕃。在对吐蕃的作战中，南诏屡胜，而唐朝之实力却未能增强，以至在唐皇朝与吐蕃俱衰的情况下，临边诸国亦无力与之为敌，南诏一跃而强盛，遂为唐朝之"边患"。其深远影响"直关唐室之覆亡"。①

综观陈寅恪在两部有关中古史的论著中所提出的许多精辟论断，多发前人未发之覆，从中不难发现陈氏敏锐的洞察力与突出的问题意识。因而其学术观点在学界长期以来颇受重视。举例而言，自陈寅恪提出"关中本位政策"后，在中外学界产生了深远影响。杨志玖、汪籛、胡如雷、徐清廉、胡戟、刘驰、王大华、王炎平、唐长孺、宋德熹、郭锋等，以及外国学者布目潮沨、崔瑞德、谷川道雄、栗原益男等人在各自的论著中或进一步阐发关陇集团说，或以此说作为理论根据进一步探讨隋唐史事，深入推动了隋唐史研究的进展。② 然而也有学者对陈氏之说存有异议，如1957年高等教育出版社出版的岑仲勉之《隋唐史》，率先对陈寅恪的"关陇集团"说提出质疑；其

---

① 参见陈寅恪：《隋唐制度渊源略论稿　唐代政治史述论稿》，第322—355页。
② 参见胡戟等主编：《二十世纪唐研究》，中国社会科学出版社2002年版，第25—27页。

后黄永年的《关陇集团到唐初是否继续存在》①、雷依群的《论关陇集团》②都对陈氏之说存在不同见解。无论学者是引陈说为己见，抑或驳斥其论，均表明陈寅恪对推动中古史走向深入作出了重要贡献。

（二）岑仲勉中古史研究的成绩

傅斯年曾在 1944 向友人介绍岑仲勉说："著作等身，皆关中古史事，未刊之稿尤多。"③岑仲勉（1886—1961）自 1937 年 7 月入史语所，至 1948 年离所至中山大学执教。这 11 年的史语所岁月，无论对于岑氏整个的学术发展而言，还是对于其中古史研究规模与地位的奠定来说，都具有至关重要的意义。他说："我半途出家，年近四十才专门从事史学研究，在五十二岁到六十二岁，则是我做学问最努力的时期。"④岑氏 52 岁至 62 岁这段时光，正值 1937 年至 1948 年他服务于史语所期间。在岑仲勉的同事陈槃看来，"岑先生在所逾十年，工作之勤为全所之冠"⑤；张政烺也说："那时的物质条件很差。大家也无所谓，写出来就搁在那里，或者干脆不写。只有岑仲勉先生用力最勤。"⑥此时的岑仲勉，勤勉于学，充分利用史语所丰富的图书资源，如鱼得水⑦，心中积累的许多学术问题似乎都

---

① 参见白化文等编：《周绍良先生欣开九秩庆寿文集》，中华书局 1997 年版，第 47—58 页。

② 载《史学月刊》1999 年第 6 期。

③ "史语所档案"，李 69—1—7。

④ 陈达超：《岑仲勉先生传略》，载《中国当代社会科学家》第五辑，第 142 页。

⑤ "傅斯年档案"，Ⅲ：533。

⑥ 陈智超：《张政烺先生访问记》，《中国史研究动态》1992 年第 4 期。

⑦ 按，我们从岑仲勉致陈垣的信函中可以看出，岑氏在未入史语所前，做学问之条件极为辛苦，尤其苦于图书缺乏，时常函请陈垣为其核对史料、购买或借阅图书，这种状况严重影响了岑仲勉的学术研究。

要于此时得到解决。岑仲勉在世时共发表学术论文 184 篇①，而在史语所工作的 11 年中便发表了 100 篇左右，占一半有余，可以看出这确实是他"做学问最努力的时期"。他在史语所的精进努力从《历史语言研究所集刊》中亦可得到反映，该刊第九本共刊发论文 12 篇，其中岑氏论文占到 9 篇；第十二本刊发论文 27 篇，岑氏之文占 13 篇，几近一半；第十五本共刊论文 8 篇，岑氏之文便占到 6 篇；其他各本《集刊》亦载岑氏论文不在少数，而《史料与史学》更是成为岑氏论文的专刊。故此，可见相对优越的学术环境、丰富的学术资源和相对安定的生活环境②，为岑仲勉从事学术研究提供了重要条件，焕发了他学术创作的激情。

　　岑仲勉一系列有分量的中古史论文，多刊发于任职史语所时期，如《郎官石柱题名新著录》《登科记考订补》《元和姓纂所见唐左司郎官及三院御史》《陈子昂及其文集之事迹》《唐集质疑》《读全唐诗札记》《续劳格读全唐文札记》《跋唐摭言》《论白氏长庆集源流并评东洋本白集》《白氏长庆集伪文》《白集醉吟先生墓志铭存疑》《从金泽图录白集影页中所见》《补白集源流事证数则》《两京新记卷二残卷复原》等等，尤其是《翰林学士壁记注补》与《补唐代翰林两

---

① 按，此数字依据河北教育出版社 2000 年出版之岑氏《隋唐史》所附"岑仲勉著述要目（论文）"，统计的上限为岑氏 1923 年发表之《对于植物学名词的管见》，下限至 1961 年岑氏去世，其间共发表论文 184 篇（其中《元太祖定都和林说》等四篇为《蒙古史札记》一文的子目，不应算作单篇，故在统计时省略未计）。

② 按，尽管岑氏跟随史语所几经播迁以及当时全国处在抗日的炮火中，但是史语所迁至四川李庄后，六年的安定生活使得岑氏能够全身心投入科研之中。

记》，"足于劳格、徐松的书并驾"。① 在隋唐史研究论著方面，岑氏完成了《元和姓纂四校记》，并于 1948 年出版；"《隋书求是》《唐史余沈》《唐人行第录》等书的初稿，都是勒成于斯时"。② 故他在新中国成立后能以较短的时间完善这些著作并且及时刊布。这也说明，在史语所时期，岑氏已经奠定了他隋唐史研究的规模。

岑仲勉对中古史研究的贡献之一，便是他从文献学的角度对唐代文人及文学文本进行了整理与研究，成绩突出，值得珍视。岑氏治学视角独特，能于无疑处见疑，善于发现问题，譬如他对陈子昂在唐代文学改革中地位的重新审视，即为最好之例证。自从北宋欧阳修效仿韩体，称曰"古文"，独推韩愈，以致造成学者非韩不学的局面，加之吕夏卿制《宰相世系表》，陈留以无相之家，破例编入，致使韩愈之名日显，而陈子昂之名却隐晦不彰，直接造成后世对韩愈、陈子昂在唐文变革中地位评价的紊乱，直至近代尚有学者认为韩氏为"革命巨子"。岑仲勉于 1946 年率先对此提出质疑，指出陈子昂"虽诗序小品仍参用骈俪，然大致能恢复上古散文之格局"，"唐文起八代之衰者，断应推子昂为第一人"。关于此点，唐代负有文名者皆有公允之论，如李华《萧颖士文集序》、李舟《独孤常州集序》、梁肃《补阙李君（翰）前集序》、韩愈《送孟东野序》、杜甫《陈拾遗故宅诗》、白居易《唐衢诗》等皆对陈子昂之文极为推崇。③ 岑仲勉的考释，探幽索隐，辨正了九百年来学术史上的误解，具有重要的学术价值。

---

① 顾颉刚：《当代中国史学》，第 83 页。
② 陈达超：《岑仲勉先生传略》，载《中国当代社会科学家》第五辑，第 142 页。
③ 参见岑仲勉：《陈子昂及其文集之事迹》，《辅仁学志》第 14 卷第 1、2 合期，1946 年 12 月。

　　再者,他对《白氏长庆集》的研究,功力深厚,见解深刻,为后人进一步整理研究《白集》作出了重要贡献。众所周知,《白氏长庆集》卷帙浩繁、诗文数量巨大,居于唐人之首。白居易以切身体会所撰的诗文,包含大量有价值的时代信息,是今人研究唐代诗歌、历史的重要资料。此书曾经白氏亲自编纂,但在流传过程中因遭战乱横祸而有所散佚,所以后人对此有所补入,增添了不少伪作,对于今人研究白氏思想产生了困难。同时,《白集》因编排不同而形成众多版本,如宋绍兴本、明马元调本、清汪立名一隅草堂本,以及日本那波道园本等。为了对《白氏长庆集》进行辨伪校勘,岑仲勉先后撰有七文,对此作出了系统的深入研究:《论白氏长庆集源流并评东洋本白集》《补白集源流事证数则》《白氏长庆集伪文》《从文苑英华中书翰林制诏两门所收白氏文论白集》《从金泽图录白集影页中所见》《文苑英华辨正校白氏诗文附按》《白集醉吟先生墓志铭存疑》。这些文章皆撰于史语所时期,刊发在《历史语言研究所集刊》上,通过广泛利用各种典籍文献与实物资料,参互考校,对《白集》在流传过程中的多种版本、白居易诗文的真伪问题作出了缜密的考证,指出了《白集》各本的优劣:“东本几全删原注,读诗者必求其一,则汪编、《全诗》均胜东本”,“留心于白氏散文者,讹字不再论外,则东本视《全文》稍胜,然均原注不全,通行者仍以马本为较善”。① 同时,经过严密的考证,岑仲勉认为白居易的作品大致可分为六类:“第一类,信白氏作品也。第二、第三两类,其中虽有可疑,然未获强证,吾人不能断为非白氏作品也。第四至第六类则异是,其必非白氏所

---

① 岑仲勉:《论白氏长庆集源流并评东洋本白集》,《历史语言研究所集刊》第九本,1947 年。

作。"①这一研究成果受到后人极大的重视，唐代文学研究专家朱金城指出："仲勉先生以其多年治唐史的广博精湛的学识，通过大量细致详尽的校证和考释，解决了白氏作品研究中的几个关键性问题，为进一步深入研究白居易提供了极大的方便。"②

第三，岑仲勉还对唐代文集作了较为全面的考证，他的《郎官石柱题目新著录》③一文，认为清人王昶、赵钺、劳格对郎官石柱题名的研究优缺并存，但终究未能提供一个完善的著录本，此中缘由不外"人名繁重，金石学家遂望而生畏耳"。岑氏在前人研究的基础上，查漏补缺，重加考证，进而"廓清了郎官石柱的层层疑雾，辨明了石柱断后复续引起错面的问题，揭开了三次刊刻中题名左右旋转的奥秘，并审定了三刻的年代，从而考订了原题名的顺序，整理出接近原题名的三千四百三十九人的名单"。④ 在史语所颠沛迁往西南时，岑仲勉在艰难的环境中完成《读全唐诗札记》。⑤ 该文采用札记方式，取其他文献为《全唐文》作注，虽撰写时间不足两月，但是正良多，创获很大。傅斯年"读毕叹服之至"，认为："如是读书，方可谓善读书，方不负所读书，此应为一组助理诸君子用作矜式者也。窃以为史学工夫，端在校勘史料，先生目下所校，虽限于全

---

① 岑仲勉：《白氏长庆集伪文》，《历史语言研究所集刊》第九本，1947 年。
② 朱金城：《不废江河万古流——纪念岑仲勉先生诞生一百周年》，载中国唐代文学学会、陕西师范大学中文系编：《唐代文学研究年鉴（一九八五）》，陕西人民出版社 1987 年版，第 462 页。
③ 参见岑仲勉：《郎官石柱题名新著录》，《历史语言研究所集刊》第八本第一分，1939 年。
④ 朱金城：《不废江河万古流——纪念岑仲勉先生诞生一百周年》，载《唐代文学研究年鉴（一九八五）》，第 467 页。
⑤ 载《历史语言研究所集刊》第九本，1947 年。

唐诗文,然而此等工夫之意义,虽司马涑水之撰《通鉴考异》,钱竹汀之订《廿二史考异》同,何以异焉。况其精辟细密,触类旁通,后来治唐史者得助多矣。流徙中有此,诚不易事,谨当编入《集刊》,是亦弟之光宠也。"①

　　岑仲勉之《元和姓纂四校记》更是其积数十年之力而完成的一部巨著。就目前的材料来看,岑仲勉至少在 1938 年已开始补校《元和姓纂》。史语所 1939 年 2 月的"所务报告"记载:"(《元和姓纂》)为中世以前记姓族较详之书,研究员岑仲勉费一载光阴,分别校补,已成稿二十余万言,现正在继续整理中。"②可知 1939 年时岑仲勉已就《元和姓纂》整理了一年时间。之后,岑仲勉又陆续对其进行增补。后经傅斯年不断催促,至 1945 年时,岑仲勉"决心不再补(偶补一两条,数目极有限),因唐代材料未见者,当不多"。③ 至 1948 年,岑仲勉的《元和姓纂四校记》以史语所专刊的形式出版。《元和姓纂》在姓氏和谱牒类的专书中,是最早且最详尽的著作,然清代自《永乐大典》中辑录,"阙误甚多,几不可读"。④ 而岑仲勉之《元和姓纂四校记》则对原书进行了全面详尽的考证,尤其是"他博采年谱碑志方面书籍,征辑诸家考证,进行芟误、拾遗、正本、伐伪的深入校证增补,写成三大册,近一百七十多万字,卷帙浩繁,蔚为大观。其精博之处,为研究唐史和谱学,提供了一部较高学术价值的工具

---

① 傅斯年:《致岑仲勉》(1949 年 4 月 17 日),载王汎森、潘光哲、吴政上主编:《傅斯年遗札》(二),第 961 页。
② "史语所档案",杂 4—4—1。
③ "史语所档案",李 13—8—3。
④《国立中央研究院历史语言研究所出版物目录》,载《历史语言研究所集刊》第二十本上册,1948 年。

书,至今丝毫不因岁月的流逝而减色"。①

除此之外,岑仲勉在史语所时期还就贾岛、杜佑、李商隐等文人及其文集,撰写了《〈贾岛诗注〉与〈贾岛年谱〉》《〈杜佑年谱〉补正》《〈玉溪生年谱会笺〉平质》等专论,从中不难看出作者对于唐人及其文集的精深研究。

三、辽金史研究的建树

在 20 世纪三四十年代,辽金史是一个亟待开发的学术新领域。陈垣在讲授《史学名著选读》时,便一再强调二十四史中辽史最不为人所注意。② 因而引起了青年学者冯家昇与陈述的重视,于是两人便在此领域驰骋数年,皆有重大收获。1931 年,九一八事变爆发后,冯家昇转向边疆史地研究,而陈述则继续研究辽金史。随后,毕业于北大、供职于史语所的傅乐焕,与陈述在辽金史领域共同披荆斩棘,开拓了辽金史研究的新局面。故而,陈、傅二人的辽金史研究,在当时即被学术名家认为是"成就为最大"。③ 从陈述、傅乐焕二人的学术著作本身出发,并参考相关档案材料,以揭示二人于史语所时期在辽金史领域取得的成就,对于审视史语所在推动断代史研究的深入进展方面,颇为重要。

(一)陈述与辽史研究的新局面

陈述(1911—1992)幼年接受过良好的传统教育,奠定了坚实的古文功底。1931 年,他考入北平师范大学史学系。在大学时代,陈

---

① 陈达超:《岑仲勉先生传略》,载《中国当代社会科学家》第五辑,第 142 页。
② 任一飞:《冯家昇》,载刘启林主编:《当代中国社会科学名家》,社会科学文献出版社 1989 年版,第 319 页。
③ 顾颉刚:《当代中国史学》,第 84 页。

述已表现出超越一般同学的学术潜力,不仅标点了《辽史》《金史》及《元史》的大部分内容,而且相继完成了《陈范异同》《补〈南齐书·艺文志〉》《蒋心余先生年谱》与《金史氏族表初稿》等论著,在学术界已崭露头角。①

　　陈述因优异的学术成绩而在同学之中显得出类拔萃。尤其是,他几乎倾尽其大学四年所有精力撰著的《金史氏族表初稿》,代表了他大学时期的学术成就与努力方向,因而此文被傅斯年选中,刊发于《历史语言研究所集刊》。陈述在此文《后记》中说道:

> 　　述始读《金史》,感女真姓名之驳杂,深为苦之,读至《百官志》,渐觉有线索可寻,往复比较,始稍辨习。凡遇金源人名,辄随手钩乙,积日既久,朱墨满卷。因略仿钱氏之例,着手编缀。四五年来,灯窗暇日,手此一册,未敢中辍也。……
> 　　又述撰此稿,吾师援庵先生时时启诲。……②

从陈述的言语中,我们可以窥知:一、对《金史》的校读与研究几乎贯穿了他整个大学时代,因而在他进入史语所之前,已经打下了良好的辽金史研究基础。二、陈述之作深受钱大昕《元史氏族表》的影响,所以他对于乾嘉学者历史考证的成就与治学特点,深为谙熟。三、《金史氏族表初稿》是在陈垣的启发与指导下完成的,据此不难发现陈述治学与陈垣的学术理念之渊源关系。《金史氏族表初稿》是陈述历时四五年精心撰著的学术著作,倾注了大量心血,故而也

---

① 例如,陈述在大学时期所撰《补〈南齐书·艺文志〉》被收录于1936年上海开明书店出版的《二十五史补编》之中,可见其学术成果较早即受到了学术界的关注。

② 陈述:《金史氏族表初稿(下)》,《历史语言研究所集刊》第五本第四分,1935年。

为自己的学术道路打开了一扇广阔的大门，以致他尚未大学毕业即被傅斯年延揽至史语所从事研究工作。①

陈述自 1935 年进入史语所从事研究工作，至 1941 年被借调至位于四川三台县的东北大学，在史语所工作了不足六年的时间。然而这一段兵荒马乱的岁月，对于陈述来说，是其学术演进至新阶段，开拓治史新境界的关键时期。在当时，史语所因考古发掘与档案整理等学术活动而闻名海内外，实为全国史学研究之重镇。史语所丰富的文献资料与考古材料、先进的治史理念与方法、众多新历史考证学名家的汇聚，以及由此而形成的严谨、求实学风，都对陈述的史学研究产生了深远影响。陈述敏锐地洞察到史语所的学术风气与大学时期有着明显的不同，他将入所后的感受及思想认识函告傅斯年说：

> 生到所时，……多聆教诲，兼得诸同从事讲习，略窥老旧史家与今日史家之异趣，似旧日多以书为本位，现代则多重历史问题。并略知文有高低之类，如论证确实，独有创见，假定名为教授类；如略具考订比例而成，假定名为助教类；如抄缀辑录，勘对字句，假定名为学生类。②

如果以陈述对治学三个层次的划分来看，他在大学时期所从事的正史校勘与考订，大多属于"学生类"的工作，至多归为"助教类"。而此时的他已经受到史语所学风熏染，认识到旧史家与新史家治史旨趣之异在于是以"书为本位"还是重视对"历史问题"的探讨。这种思想认识，对于陈述走上"论证确实，独有创见"的"教授类"之路，

---

① 刘凤翥、陈智超：《陈述先生忆往事》，《中国史研究动态》1992 年第 3 期。
② "傅斯年档案"，Ⅲ：230。

实至为重要。因而可以看出,陈述因受到史语所新史家治史观念的影响,从而提升了自己的思想认识,改变了大学时期以"考订比例"和"抄缀辑录"为主旨的研究思路与治史方向。

陈述在史语所时期发表在《集刊》上的文章,除《东都事略撰人王赏称父子》一文探讨具体问题之外,其他如《阿保机与李克用盟结兄弟之年及其背盟相攻之推测》《曳落河考释及相关诸问题》《头下考》《契丹世选考》等论题皆有重要的价值,其研究成果不仅为当时人所重视,即便对于今人的研究亦不无参考价值。

陈述的辽金史研究汲取了清代史家顾炎武、钱大昕、赵翼等人的研究成果,但此时的他,因适逢其时地得到史语所学风的浸润,遂能超越清代学者对史事所作的考证本旨,达于对史事历史意义的阐发。这是其学术研究继承前人而又超越前人的原因所系。《阿保机与李克用盟结兄弟之年及其背盟相攻之推测》是陈述进入史语所后撰写发表的第一篇学术论文。陈述通过对司马光考证阿保机、李克用盟结兄弟之年为天祐四年(907)所用史料来源的检讨,辨正了司马光考证之误,又进一步采用他书记载,从而佐证了阿保机与李克用盟结兄弟在天祐二年的正确性。在此基础上,陈述对于阿保机与李克用背盟相攻的原因作出了深入探究,认为"晋与契丹直接毗连,利害冲突"是导致双方背盟相攻的根本原因。[1] 实质上,陈述对于阿保机与李克用盟结兄弟之年的时间考证尚属具体问题的探讨,但是他对契丹与后晋、后梁等国之间错综复杂关系的条分缕析及其历史形势演进的把握,则说明其论证

---

[1]　陈述:《阿保机与李克用盟结兄弟之年及其背盟相攻之推测》,《历史语言研究所集刊》第七本第一分,1936 年。

的着眼点已不囿于具体问题,而涉及到对于历史发展大势的阐发。陈述此文因论证的精确与推理的严密,故其学术观点常为后人所征引。①

《曳落河考释及其相关诸问题》②同样是一篇从考据入手,而立意深远的学术佳作。在"引说"中,陈述首先提出了此文的著述旨趣:"关于阿保机之出身及其先世,诸史多未能详。"尤其是,《资治通鉴考异》《新唐书》《旧五代史》《新五代史》《宋会要辑稿》等史著"皆默以阿保机为八部大人之一",这与《辽史》之《太祖纪》《世表》的记载相歧。因为阿保机为迭剌部人,而八部之中又无迭剌部,因此"迭剌部与八部契丹,果为如何之关系?阿保机者,又果何凭借而起?殊为契丹史上之大疑问"。正是围绕这些疑问,陈述从音韵训诂的角度入手,广泛搜集有关拽剌、曳剌、夜剌及曳落河相关的史料,并对其进行考释辨析,指出拽剌在唐代译为曳落河,而"拽剌原义,当以健儿之意为较适也"。与此同时,他还辨正了日本学者白鸟库吉《东胡民族考》中对"拽剌"的误解,随之探讨了拽剌军之起源、安禄山与曳落河、回纥夜落纥、曳落河之性质及其嬗变、曳剌之职事与类别等相关问题,"将阿保机个人出身、先世的探讨,延伸至制度性的兵制问题,使研究的意义不限于个别历史人物,而是扩展到整

---

① 例如,20 世纪 40 年代中期,美国史学家魏特夫(Karl A. Wittfogel)与冯家昇合撰的 *Histroy of Chinese Society——Liao*(《辽代社会史》)一书,便采纳了陈述此文的观点。又,据韩国史家金在满言,陈述的《阿保机与李克用盟结兄弟之年及其背盟相攻之推测》一文,是其研究辽金史的重要参考文献。参见[韩]金在满:《近而远之与陈述先生的相遇》,载景爱编:《陈述先生纪念集》,内蒙古教育出版社 1995 年版,第 41 页。
② 载《历史语言研究所集刊》第七本第四分,1938 年。

体的制度,显示他问题意识的发展"。①

　　注重从制度层面剖析辽代社会,是陈述在史语所时期关注的一个焦点。《契丹世选考》与《头下考》是他有关这方面研究的成果。《契丹世选考》的撰述目的,在于考释与疏通契丹部的选官制度。陈述根据赵翼《廿二史札记》所载"辽初功臣无世袭,而有世选之例"等语,对契丹至辽代的官制详加考察,指出辽代的南北院枢密使、北府宰相、南府宰相、夷离堇、节度使等军国大权,"无不以世选为登庸之途,其他职官,用此法者当尚多"。在此基础上,他进一步对契丹推举大王的办法进行考索,认为契丹推举大人虽八部皆参与推选,但并非八部之中均有被推选为大人的可能,而是大汗候选人"为固定之某一部即强大之一部大人之诸子弟;其余七部,不过仅有推举权,并无被推之资格,俗定约成,殆为一种惯例"。如耶律氏以前诸可汗,皆遥辇氏相传,遥辇氏以前,则为大贺一氏,而无其他部族更替的痕迹。由而可见,大王之推举与其他重要官吏的推举具有相同的特点,即从某一世系的子孙内,量才推举。进而陈述对阿保机非八部之一,何以推举为大王,作出了解释。他指出,阿保机所处的迭剌部,虽非八部之一,但是迭剌部为八部之首遥辇氏之头下军,阿保机即为此头下军之夷离堇,适值遥辇氏最后一位首领钦德可汗执政不力,而阿保机则为一代枭雄,勇猛有谋,遂使"大权废堕,旁落于头下夷离堇即阿保机之手"。之后,阿保机以杰出的才能,又得汉人辅翼,于是"代遥辇,统一八部,创为新国也"。陈述强调,阿保机代替遥辇一事,不可仅仅看做更易大王、改换族氏,实是"契丹初期

---

① 陈雯怡:《从"以书为本位"到"历史问题"的探索——陈述在史语所时期的学术发展》,载杜正胜、王汎森主编:《新学术之路》下册,第512页。

汉化后之大革命,包有政制社会之一切改革"。① 由此便可管窥陈述虽名为考证契丹之世选制度,而实际上所研究的内容则远远丰富于题名的意旨。

再者,他关于契丹头下制度的考释,也较为典型。清代学者钱大昕在《潜研堂集》中曾对"投下"或"头下"作过考释,但钱氏的考释在史料上主要依据《辽史·地理志》,以此解答"《元史》多用投下字,似是部落之称,未知其审"的疑问。在陈述看来,钱大昕对"投下"所作的考释,实则"未得其实"。② 他指出,对"头下"制度之研究,实为辽金制度史研究的一大关键,"此制曾盛行于契丹蒙古两族,且契丹武力中坚之斡鲁朵法,亦此制之一种"。故他对"头下"作为一种制度的含义、起源,以至头下州军的建置、头下州之设官与课税、头下之制与斡鲁朵之关系进行了系统而深入的考察,最后得出如下结论:"一,头下是一种通制,为契丹制度之主干。二,头下起源,似当由于俘奴,与汉族之家兵或部曲为二元。三,迭剌部为遥辇氏之头下。四,本主征税,仿如封建。五,皇室头下,为契丹一代武力中坚。"③这种对于契丹与辽代制度的考证,相较于清人对于制度的考释而言,无疑站得更高,而对于历史研究的意义及价值也有了更深层次的拓展。所以陈述之历史考证在史语所时期已渐渐摆脱对于年代、世系、制度的纯粹考证,而是着重发掘出蕴含于具体史事背后的历史意义,这是他的研究课题渊源于清代考证学而又高于清代考证学之处。

不惟论文的撰写、发表,陈述于史语所时期最值得称道的著作

---

① 参见陈述:《契丹世选考》,《历史语言研究所集刊》第八本第二分,1939 年。

② "傅斯年档案",Ⅲ:230。

③ 参见陈述:《头下考(上)》,《历史语言研究所集刊》第八本第三分,1939 年。

应是《辽文汇》。根据史语所 1935 年的工作报告记载,陈述参照
"缪荃孙《辽文存》、王仁俊《辽文萃》、黄任恒《辽文补录》、罗福颐
《辽文续拾》及新得之辽碑志若干种为《全辽文》之校订"。① 后来,
陈述考虑《全辽文》"极端形容之'全'字,过为隆重",于是征得傅斯
年同意,改为《辽文汇》。② 1937 年傅斯年在致中研院总干事朱家骅
的信函中特别提到,史语所在著作上"有特殊贡献者六人",其中之
一便是陈述。他说:"陈述最近将出版者有《辽文汇》一书,并著有
重要论文。"③陈述至迟于 1937 年 2 月即已撰成《辽文汇》并交付商
务印书馆④,但该书至 1940 年他离开史语所至东北大学任教时,仍
未能出版。分析其中的原因,应主要在于,陈述精益求精,在校对清
样的过程中根据新见史料不断增补,以至商务印书馆在 1941 年 7
月 8 日致史语所的公函中说:"《辽文汇》曾经作者校阅数次,为求
早日结束起见,此次改正后,拟不再寄奉复阅,即由北平分厂径打纸
型,以便付印,尚祈鉴谅。"⑤尽管此书即将付印,但仍因时局影响而
未能出版,直至 1953 年,才在郭沫若的协助下得以刊行。

陈述在史语所中从事的另一项重要工作是《辽史补注》的编
纂。从中华书局新近出版的《辽史补注》来看,陈述于 1935 年 10 月
已初步拟定了《辽史补注》的《序例》,但这项工作在史语所历年的
工作报告及史语所档案中却很少被提及。譬如,陈述于 1938 年曾

① 《国立中央研究院历史语言研究所二十四年度总报告》,《傅斯年全集》
(六),第 489 页
② 陈述:《致陈垣》(1936 年 10 月 6 日),载陈智超编注:《陈垣来往书信集(增
订本)》,第 630 页。
③ "史语所档案",元 127—11a。
④ "史语所档案",元 339—9—2。
⑤ "史语所档案",李 7—4—17。

向傅斯年书信汇报年来研究情况,谈到已往未了的工作有:唐宋之际南北和战系年,曳落河考释,辽文汇;渴望整理的问题有:契丹南面官制考,契丹开国前史迹,契丹蒙古(同源说)因革考,沙陀考,女真与胡里改;今后工作:头下考。[1] 显然,这封书信对于了解陈述在史语所已经从事的研究和即将开展的工作具有重要意义,但是陈述却只字未提《辽史补注》。笔者以为,陈述最初无意撰成一部史注,后积累渐多,感叹"在此千年诸史之中,尤以《辽史》记载最阙漏,遂以厉、杨之书附《辽史》,并以五代、宋、元诸史及《册府》《会要》、碑志、杂记补其阙,参取钱大昕《考异》、陈汉章《索隐》汇集一编"。[2] 1937 年全面抗战爆发之后,陈述将补注《辽史》的书稿"携之转徙后方,亦未多有增益"。可知陈述在 1938 年给傅斯年写信之前,《辽史补注》已初具规模,但因"未多有增益"而未达到自己期许的要求,故而在向傅斯年汇报研究情况时并未提及此书。其后,陈述被借调至东北大学,《辽史补注》曾列于出版计划,但因困难重重,终未能面世,直至 2018 年,方由中华书局出版。

综上,陈述对于辽金史料的整理及其重大问题的阐发、揭示,正是他开创辽金史研究新局面的关键点,相较于"虽有零星的文章涉及辽金史事"[3]的王国维一辈学者而言,陈述则进一步有力地推动了辽金史学科的发展。

(二)傅乐焕与《辽代四时捺钵考五篇》

傅乐焕(1913—1966),山东聊城人,是中国现代史学上著名的

---

① "傅斯年档案",Ⅲ:230。
② 陈述:《辽史补注·后记》,中华书局 2018 年版,第 3773—3774 页。
③ 陈雯怡:《从"以书为本位"到"历史问题"的探索——陈述在史语所时期的学术发展》,载杜正胜、王汎森主编:《新学术之路》下册,第 527 页。

辽金史专家,著有《辽史丛考》。傅氏少年时期就读于济南,后因家境衰落,早年丧父,遂无力继续求学。1929 年,史语所迁至北平后,傅乐焕在其叔叔傅斯年的帮助下,一方面协助其整理公私事务,一方面求学于北京的求实高中,并于 1932 年以优异的成绩考取北京大学史学系。

其时,傅乐焕既求学于北京大学史学系,又在史语所兼职,所以北大史学系与史语所这两个全国史学研究的重镇给予了傅乐焕学术研究的双重哺育。在北大史学系,他深受姚从吾治学的影响,因而在其指导下,选定宋辽关系史及契丹史作为研究方向。大学四年,他不断向北大史学系的著名教授请教问学,与同学之间相互切磋,故在短短的四年时间内,已在辽金史这个新领域中发表了不少研究成果,如《宋人使辽语录行程考》①《北宋对外失败的原因》②等。除已发表的文稿之外,傅乐焕酝酿于心,并已撰成的文稿尚有《宋辽交聘使研究》《论今存宋人使辽的几种记载》两文。③ 傅乐焕因在辽金史领域有此丰厚的学术积淀,遂与张政烺、王崇武、邓广铭等同学名重一时,成为同年级中的佼佼者。职是之故,1936 年傅乐焕大学毕业后,即以突出的成绩被傅斯年延聘至史语所从事研究工作。

傅乐焕在史语所最初担任图书管理员。在他进入史语所的翌年,抗日战争全面爆发,史语所与国家民族命运相与共,遂于此时奉命西迁,从南京至长沙,经昆明到四川,人员迁徙已是不易,而作为

---

① 载《国学季刊》第 5 卷第 4 号,1935 年。
② 载《时代青年》第 1 卷第 6 期,1936 年。
③ 黄宽重:《写史正壮年——傅乐焕在史语所的日子》,载杜正胜、王汎森主编:《新学术之路》下册,第 442 页。

图书管理员的傅乐焕等人还要负责全所图书资料的搬运，对他来说，负担更重、责任更大。然而，这一职务，对于其熟悉辽金史文献、扩大阅读视野、积累学术问题裨益甚大。随着傅氏在史语所工作时间的推移，他也于 1939 年改任助理员，1941 年任助理研究员，1944年升任副研究员。1947 年，受英国文化委员会资助，赴伦敦大学继续深造，并于 1951 年以《捺钵与斡鲁朵》一文取得博士学位。

在傅乐焕并不漫长的一生中，他于史语所时期的学术成就尤为引人关注。此一期间，他全身心投入辽金史领域，扎扎实实地做出了令人叹服的成就，其中尤以《辽代四时捺钵考五篇》最为典型，不仅为时人推许，亦为后人称道。

在傅乐焕之前的学者，多认为捺钵为辽帝解暑避寒、游玩之地，但傅氏通过大量文献的钩沉考证，指出捺钵对辽代政治的发展意义重大。对此，他在"引言"中说：

> 所谓捺钵者，初视之似仅为辽帝弋猎网钩，避暑消寒，暂时游幸之所。宜无足重视。然而夷考其实，此乃契丹民族生活之本色，有辽一代之大法，其君臣之日常活动在此，其国政之中心机构在此。凡辽代之北南面建官，番汉人分治，种种特制，考其本源，无不出于是。

基于此种认识，傅乐焕对辽代四时捺钵细加考察，其结论或纠正学界认识的偏颇，或发前人未发之覆，具有重要的学术价值。在行文的论证上，作者采取了先分述、后总论的逻辑方法，即首先考证春水、秋山。在《辽史》中常见辽代诸帝游幸春水秋山之地的记载。然而，春水、秋山所指为何？对此，日本学者池内宏在《辽代春水考》①，津田左右吉

---

① 载《东洋学报》第 6 卷第 2 号，1919 年。

在《达鲁古考》①《关于辽代之长春州》②等文章中都曾作出探求,认为春水为"长春河";秋山为"太保山"或"庆州附近之黑山"。傅乐焕认为,二人虽然对"辽之春水秋山有所论列,顾皆未能得其要领"。他通过缜密的考证,指出:"辽主每年春秋两季必趋某水某山行猎,乃名春猎之水为春水,秋猎之山为秋山。春猎最要地在长春州之鱼儿泺,秋山最要地在庆州西境诸山。最初春水秋山之称或专指此两地,嗣则以之泛称一切春秋狩猎地点,最后则几成为春猎秋猎之代名词。"在考订春水、秋山的基础上,傅乐焕进一步对辽帝的冬捺钵与夏捺钵作出考察。他通过对《辽史》《契丹国志》《续资治通鉴长编》《宋会要》等文献的比勘核伍,认为广平淀为辽帝冬捺钵所在,而史籍上关于辽帝冬季所游的藕丝淀、靴淀、中会川等地,皆指广平淀捺钵。相对于秋、冬、春捺钵而言,辽帝夏捺钵却没有具体的地点。经傅乐焕考释,虽然夏捺钵无定址,但辽帝于夏季亦有大致的活动范围,根据《辽史》本纪所载诸帝夏季所到地的归纳,可以看出最重要的避暑之地有两个:一是永安山,一是炭山。这样,便将辽代四时捺钵的具体处所考证得明晰了然,与此同时亦辨正了日本学者对此问题研究的错误。

但傅乐焕对辽代四时捺钵问题的研究,并非仅仅考证具体的问题,而是要结合每一个具体问题发现其内在关联,进而阐发其历史意义。傅氏以圣宗为分界线,将其前后的情形加以比较,并以全局的观点对四时捺钵进行考察,发现可将四时捺钵分为"东北"与"西南"两组,具体内容如下:

---

① 载《满鲜地理历史研究报告》第二册,1916 年。
② 载《东洋学报》第 7 卷第 1 号,1920 年。

组别	春	夏	秋	冬
东北组	混同江、鱼儿泺	永安山等(或纳葛泺)	庆州诸山	广平淀
西南组	鸳鸯泺	炭山(或纳葛泺)	炭山	南京(或西京)

而史籍中主要是记载了"东北组"，因而易于让人忽视"西南组"。造成此因的内在缘由，在傅乐焕看来，主要是因为"西南一组除圣宗前半因对宋交涉频繁，以及天祚末期被迫西幸，两时期数数莅临外，自圣宗后半，历兴道两朝，以迄天祚初期，百有余年，大率盘桓东北组中"。但傅氏也强调，辽帝大约每五六年必到西南组一行，这不仅具有巡守、渔猎的目的，而且寓含着政治意义，即捺钵与辽代政治之关系。

辽代虽然设置了五京，但很少临幸。这样一来，辽帝一年四季几乎在四捺钵之间，如何处理政务？于此方面，《辽史》并未多加着墨。于是，傅乐焕进一步对此问题作出探讨。他根据《辽史·百官志》、宋人余靖《武溪集·契丹官仪》及《续资治通鉴长编》等史料对契丹官制南北之分的记载，详加考核，得出"辽代政治中心，不在汉人式的五京，而在游牧式的捺钵"的结论。其文云：

> 辽诸帝于每年冬夏两季，在冬夏两捺钵召开两次大政会议。会议完毕后，即春水秋山将届时，皇帝起牙帐，赴春水秋山地点，契丹官员全体及汉官一部扈跸同行，汉官大部返于中京居守，处理汉人事务。契丹官员既全部扈从，则契丹官所辖之北面官帐部族属国之政，仍可由辽帝随地随时料理。至是吾人乃明北南面官制之妙用。即辽帝于吞并一部分汉地，宰治一部分汉人之后，旧日渔猎之习，保守未改，从而不能接受汉人式的政制，作汉人式的皇帝。乃设此南面官，以汉人之事，委之汉

人。汉宰相可除拜县令录事以下不须闻奏,县令以上亦可先行堂帖权差,然后于大政会议时期取旨,由辽帝加委追认,其权殆不为小。换言之,契丹帝国实包括两个国家,一由契丹人以及汉人以外各族人组成,由辽帝自行统治之;一由汉人组成,由辽帝转委汉大臣统治之。①

从这段论述中,可以窥知辽人建置州县、设立五京,并非是要放弃旧俗、采取汉化,他们的行政中心依然在于四捺钵。这种根据实证研究所获得的有价值的见解,具有重要的学术意义。傅乐焕也因此文而晋升为副研究员,同时获得中央研究院文科最高奖——杨铨奖。时至今日,著名的辽宋金史研究专家李锡厚仍称道傅乐焕此文"揭示了捺钵在辽朝政治体制中所具有的核心地位,指出辽的朝廷不在中京,而在捺钵,首次正确解读了《辽史·营卫志》"。② 宋德金在检视 20 世纪中国辽金史研究的发展历程时,亦指出:"傅乐焕《辽代四时捺钵考》(收入《辽史丛考》)是这个时期辽史研究的重要成果,它不仅对了解辽朝疆域和地理极有价值,并且揭示了辽朝制度的特色及其对后来金、元、清三代的影响。"③

从史语所历年的工作报告来看,傅乐焕在宋辽金史的诸多领域都有研究。如史语所 1942 年度工作报告除对其《辽代四时捺钵考五篇》记载之外,尚言:"宋辽交涉史研究。已将宋辽聘使辑录成表,约九万字。现拟续写《宋辽疆界考》及《宋辽交通考》两文。"④

---

① 傅乐焕:《辽代四时捺钵考五篇》,《历史语言研究所集刊》第十本,1948 年。
② 李锡厚、白滨、周峰:《辽西夏金史研究》,福建人民出版社 2005 年版,第 53 页。
③ 宋德金:《二十世纪中国辽金史研究》,《历史研究》1998 年第 4 期。
④ "史语所档案",李 65—6。

1944 年度的工作报告记载："写成《四时捺钵考后记》及《记热河辽庆州中京城址出土铜钱》两文。"①1945 年度的工作报告记载："写成《读辽史部族志职官志》及《广平淀释名》两文。"②1946 年度的工作报告记载："修正前写成之《行省制度之起源》及《辽史复文举例》二文，并补充材料。"③这些研究成果一方面修改后以《广平淀续考》《宋辽聘使表稿》《辽史复文举例》为题发表，一方面又限于条件与时间而未能及时刊出。但仅这些成就足以使他列入 20 世纪辽金史大家的名列。邓广铭于 1943 年指出："中央研究院历史语言研究所研究员傅乐焕氏，努力于宋辽金各代史实之研究，已余十载，成稿盈箧，见者叹服。"金毓黻于宋辽金史有着精深的研究，"特与傅氏结为忘年之交，时向傅氏质疑问难，故金氏近时有所论著，每津津乐道傅氏之名，谓其之功力识断俱难及也"。④

由上可见，陈述与傅乐焕在史语所时期的辽金史研究，不仅代表了当时辽金史研究的最高水平，推进了 20 世纪上半叶中国史学的发展，而且为后人进一步开拓辽金史研究的领域奠定了基础。

四、明代史研究的开拓

（一）傅斯年明史研究的几个面相

傅斯年在《国立中央研究院历史语言研究所十九年度报告》中，谈及自己的研究领域主要在两个方面：一是"中国经典时代文籍

---

① "史语所档案"，李 65—8。
② "史语所档案"，李 65—9。
③ "史语所档案"，李 65—10。
④ 宗牧：《傅乐焕氏关于宋辽金史之巨著》，《读书通讯》第六十期，1943 年 2 月 16 日。

的及历史的研究",一是"明清史籍"之研究。① 对于前者,学界不乏深入探讨,但是对其明清史研究的成就,则鲜有专题论述。实际上,就明史研究而言,傅斯年"下过不少功夫"②,他曾在史语所历年的工作报告中,多次言及研究内容涉及有明一代,然而,何以其明史研究的成就未能引起时人的重视,这与他在这一领域仅公开发表的成果较少有很大关系。从傅斯年已刊论著来看,唯有《明成祖生母记疑》与《跋"明成祖生母问题汇证"并答朱希祖先生》两文属于明史研究之作,这在一定程度上限制了学界同仁对其明史成就的考察。从"史语所档案"与"傅斯年档案"来看,其中有不少内容关涉傅斯年之明史研究,有待发掘。

1. 推进《明实录》的校勘与整理

《明实录》之校勘与整理,历时三十余年,经过李晋华、王崇武、黄彰健等几代学人接力完成,过程异常艰辛。从表面上看,傅斯年只是组织人手对《明实录》进行校勘与整理,而具体工作似乎与他并无关联。实际上,傅斯年对推动《明实录》之校勘与出版,贡献巨大,他不仅在宏观上直接促成了这一工作,而且还身体力行,亲自参加、指导了《明实录》的整理工作。参与《明实录》整理工作多年的黄彰健指出,傅斯年参与了《明实录》的校勘工作,只是"傅先生的整理工作,只做到《太祖实录》卷三十六止。在《史语所集刊》第三十本上册有傅先生在云南昆明龙泉镇校勘《明实录》的照片。其时

---

① 《国立中央研究院历史语言研究所十九年度报告》,《傅斯年全集》(六),第188—189页。
② 孙卫国:《郑天挺先生与二十世纪的明史研究》,《中国文化》第三十五期(2012年春季号)。

傅先生所作的工作，由晒蓝本看来，当如上述"。① 从"傅斯年档案"中的一份手稿来看，傅斯年对当时现存各本《明实录》是有一定校勘的。② 这恰可印证黄氏之言。

当时，《明实录》版本众多，各本内容残缺不等，体例不一。因此，在校勘《明实录》之前，首要的任务是制定校勘的凡例。傅斯年因早期对《明实录》校勘积累了丰富的经验，遂制定《校勘凡例》，作为史语所学人整理《明实录》的指导思想与校勘准则。体例对于一部史书的编纂具有重要意义，刘知幾言："史之有例，犹国之有法。国无法，则上下靡定；史无例，则是非莫准。"③同样，对于一部文献的校勘，若无整齐划一的体例要求，便会陷入是否莫准的境地。傅斯年的《校勘凡例》从三个维度对《明实录》的校勘提出了具体要求：首先是确定底本与校本。其时，国内公私家所藏明列朝实录有北平图书馆本（简称"馆本"）、中央研究院本（简称"院本"）、北京大学本、嘉业堂本、孔氏岳雪楼本、礼王府本等不同版本，傅斯年根据各本的完整度及残缺度，对底本与校本制定了严密的校勘原则：

> 一　上列诸本，惟馆本为最完整，即以之为底本，以院本校之。其馆本洪武、宣德、正德、嘉靖各朝缺卷改以院本为底本，以嘉业堂本校之。
>
> 一　院本景泰、成化、弘治、嘉靖、万历各朝缺卷，仍以馆本为底本，以嘉业堂本校之。（万历缺卷有以北京大学本校勘者，

---

① 黄彰健：《校印国立北平图书馆藏红格本明实录序》，载《明实录》（一），第7—8页。
② 参见"傅斯年档案"，Ⅰ：197。
③ 刘知幾：《史通》卷四《序例》，浦起龙通释本，上海古籍出版社1978年版，第88页。

均注明于各卷端。）

　　一　天启一朝仅有馆本一部，本所明档中有红格写本千余叶，北京大学明清史料室亦藏是项写本百余叶，合并两处所藏，约当《天启实录》全部三分之一，即以此项写本直接校改，写本所无者一仍馆本之旧。

　　一　各朝实录纂修必有诏谕及纂修凡例，书成则有御制序文及监修等官进表，但以年代久远，有存有佚，其存者必尽量附入，并注明根据何本。①

据此可见，傅斯年对当时《明实录》的各种版本及内容的完缺了如指掌，这也表明他在校勘明列朝实录之前做了大量的调查与研究工作。其次，在此基础之上，他对明列朝实录在校勘过程中的分卷、款式及各卷起讫标目作了具体规定：

　　一　明自太祖至思宗共十六君十七朝，除建文、崇祯两朝无《实录》，其余十五朝《实录》各以朝代分别，如英宗前十四年则称《正统实录》，后八年则称《天顺实录》，中间景帝七年则称《景泰实录》，另编卷次（附注原卷数）以清系统；《泰昌实录》各本均附万历以后，兹亦别为《泰昌实录》。

　　一　明列朝实录分卷大率每月一卷，合一年各卷为一册，各本略同。有分卷不同处，以《进实录表》为凭。如《永乐实录》，馆本分二百七十四卷，朝鲜昌德宫本分二百六十七卷，其他诸本均为一百三十卷，查张辅等进表亦云一百三十卷，则以表为凭。其他各朝分卷亦同此例。

　　一　《实录》记事凡更一日，或一日数事，各本大率空一格

---

① "傅斯年档案"，Ⅰ:191。

书之,兹依馆本款式以○标之,以便识别。

一 《实录》中有"上""诏""敕"等字句,各本有檯行者,有空一字者,兹依馆本款式,概空一字。

一 明列朝实录各卷起讫,有书大明某宗某帝者,有书明某宗某帝者,有附入十六谥字者,又有书奉敕纂修职官姓氏者,盖由传抄多次,遂有参差,其实标目字数增减,无关宏旨,徒乱体例,兹于各卷起讫一律书"大明□宗□皇帝实录卷之□",以昭划一。其《天启实录》标目款式有红格写本可据者则依写本。①

最后,傅斯年根据自己校勘《明实录》的经历,对校勘过程中出现的错讹重衍等字句的处理,作出如下的体例要求:

一 形似而误之字改正注明。

一 音近而误之字改正注明。

一 音义相近而误之字改正注明。

一 同误之字改正注明。

一 字异而义同者不改但注明某本作某。

一 文异而意同者不改但注明某本作某。

一 数目字不同者不改但注明某本作某。

一 人名互异不改但注明某本作某。

一 字句颠倒改正不注明(因文义应如此或书法如此也)。

一 地名错误可证实者改正,不能证实者但注明某本作某。

一 人名错误可证实者改正,不能证实者但注明某本作某。

一 干支误者改正不注明(因上下文干支可证明也)。

---

① "傅斯年档案",Ⅰ:191。

　　一　庙号谥字错误者改正不注明（因谥号有定也）。

　　一　藩王郡王以下名字错误者改正不注明。

　　一　脱字补入并注明。

　　一　漏句补入并注明。

　　一　重衍字句删除不加注明。①

同时，傅氏于某一条例之下摘取若干例证，作为指导校勘者的范例，如在校勘时遇到形似而误者，应予以改正并注明："因置'例'钞库听民换易（见洪武二十三年十月己未），院本'例'作'倒'，照改"；若遇音近而误者，也应改正注明，譬如："气之所感犹'之'荣悴（见洪武七年九月丁丑），院本'之'作'知'，照改"；他又举例指出遇到不同版本同误之字的处理方法："坐'贬'私茶事觉赐死（见洪武三十年六月己酉），院本'贬'作'败'，但'贬'与'败'同为'贩'之误文无疑，照改"；等等。② 从以上校勘凡例的制定来看，傅斯年对于《明实录》校勘工作的规划相当清楚，因而对于后来整个《明实录》的整理具有指导意义。尽管《明实录》之校勘屡易其人，甚至在傅斯年去世时尚未完成，但是自始至终校勘工作却能有条不紊地推进，最终做到全书体例整齐划一，这不能不归功于傅斯年之发凡起例之功。

　　当然，20 世纪三四十年代《明实录》的校勘工作，主要由李晋华、那廉君、吴相湘、姚家积、王崇武等人负责，但是傅斯年对于史语所学人校勘、整理《明实录》的过程监督甚严，并对他们校勘的样本予以了审核。从"傅斯年档案"中的另一份手稿来看，傅斯年曾对史语所学人校勘《明实录》存在的问题，提出不少建议：

---

① "傅斯年档案"，Ⅰ:191。

② "傅斯年档案"，Ⅰ:191。

1.万历、泰昌两朝尚未复校。

2.用嘉业堂本校补各卷尚未复校。

3.校勘体例上之求划一。A.卷头及卷尾。如太祖实录卷首多书"大明太高祖皇帝实录卷之〇"，卷尾则书"大明太祖圣神文武钦明启运俊德成功统天大孝高皇帝实录卷之〇终"。前后似应划一，即各朝亦当一律。B.正德以后各朝校勘时所标贴之纸条有应取消者皆点有红笔标志，是否应如正德以前诸朝一律撕去。C.校勘时凡有补入之字应于所补字之下贴纸条注曰"〇字补"或"以上〇字补"，但以往皆误注于所补字之上应通盘改换一次（未经复校各卷不能更改）。D.校勘时所标志之纸条上所应用文句似应划一，如"〇字无"之与"无〇字"，以及""号点句之去取统应一律。

4.校勘所标志之纸条防止遗失法之商讨。①

由此观之，傅斯年不仅促成了《明实录》的购买，而且对于《明实录》的校勘与整理惨淡经营，苦心擘画，从而保证了《明实录》校勘工作的顺利进行和高质量完成。《明实录》作为一部明代列朝历史演进的鸿篇巨制，保存了大量原始史料。傅斯年组织学者对《明实录》有步骤地进行整理，并最终勒成定本，这对于推动 20 世纪明史研究的深入进展，意义尤为重大。

2.编纂《明书三十志》之设想与计划

根据郑天挺在 1939 年 6 月 20 日任职西南联大时期的日记记

---

① "傅斯年档案"，I：189。

载,傅斯年在此时曾有"纂辑《明编年》及《明通典》"①的打算。四天之后,傅氏在与郑天挺的交谈中,又拟将编纂《明通典》的计划"改为《明志》",并初步拟定了24篇目录:"一、历法;二、地理,附边塞;三、河渠;四、礼俗;五、氏族;六、选举;七、职官;八、兵卫;九、刑法;十、食货;十一、经籍;十二、文学;十三、理学;十四、释老;十五、书画;十六、土司;十七、朝鲜;十八、鞑靼;十九、乌斯藏,附安南;二十、西域;二十一、倭寇;二十二、建州;二十三、南洋;二十四、西洋。"②从这些反映明代典志的篇目来看,它表明了傅斯年对于传统明史缺陷的认知和希冀在明史领域开拓的方向。

　　然而,在很短的时间内,傅斯年又重新调整了这份《明志》的编纂计划。从傅斯年1939—1940年的一个笔记本所载内容来看,较之郑天挺日记中所载24篇《明志》目录,此时已将典志的门类增补为30篇,即:"皇统志;历法志;地理志;礼乐民俗;选举学校;兵卫;刑法;职官;河渠;财赋;商工;儒学;文学;经籍;书画;器物;京邑志;宦官;释道;祖训志;氏族志;党社志;朝鲜安南志;南洋志;西洋志;鞑靼西域;倭寇;乌斯藏志;土司边塞志(地理志后);建州志。"③两相比较,不难发现在傅斯年新拟《明志》的篇目中,不仅各志编纂的先后次序有所调整,而且新增了"皇统志""儒学志""器物志""京邑志""宦官志""祖训志""氏族志";删除了"食货志""理学志";将"鞑靼"与"西域"合为一志,将"朝鲜"与"安南"合为一志,在"选举志"之下增补学校,新设"土司志"并将原来附于"地理志"

---

① 郑天挺:《郑天挺西南联大日记》上册,俞国林点校,中华书局2018年版,第160页。
② 郑天挺:《郑天挺西南联大日记》上册,第161页。
③ 参见"傅斯年档案",V:14。

下的"边塞"，与之合并。傅斯年通过对原拟《明志》篇目的"增""删""改"，隐然表达了他对于《明志》编纂的进一步思考和认识的深化。

不过，傅氏对于《明志》编纂的思考并未止步，很快他便将这份《明志》编纂的计划进一步拓展：先将书名改为了《明书三十志》，继而对《明志》二稿的篇目再次作出相应的调整，尤其是在一些书志篇目之下，增列了撰写的主纲，同时作了更加详细的说明：

> 历法志（此中有二纲：一、明人如何承用元人历法，尤其是回回历；二、崇祯新历）；皇统志（此中论历代之承继，而以宗室系表附之）；祖训志（此载太祖宝训而申叙其义，此关系有明一代开国之规模也）；地理志；京邑志（南京、旧北京、中京、京师，宫阙署市）；土司边塞志；氏族志（仿宰相世表）；礼乐民风志；学校选举志；职官志（尤注重其实质之变迁，《明史》原式不可用）；刑法志；兵卫志；财赋志；河渠志；商工志；儒学志；文苑志；典籍志；书画志；器用志；宦官志；党社志（此于晚明、南明加详）；释道志；朝鲜志；安南志（琉球附）；鞑靼志；西域志；乌斯藏志（喇嘛教附）；倭寇志（附入知利氏之封及平秀吉之战）；南洋西洋志；远西志；建州志（直叙其大事至台湾之亡）。①

这份新拟的《明书三十志》，反映了傅斯年对于如何编纂这部著作有了更加成熟的想法和撰写思路，故而，他于1939年7月10日给郑天挺留言说道："便中拟与兄商榷其进行之序。"②翌日，傅斯年便

---

① "傅斯年档案"，V:14。
② 郑天挺：《郑天挺西南联大日记》上册，第165页。

与郑天挺就各志撰写的分工进行了讨论,最终商定"历法志""皇统志""祖训志""地理志""兵卫志"由其本人撰写,"学校选举志""职官志""刑法志""财赋志""党社志"由郑天挺撰写,"释道志"由汤用彤撰写,"南洋西洋志""远西志"由陈受颐撰写。①

从以上文字透露的信息来看,《明书三十志》的编纂工作似乎已经提上了日程,只待实施。对此,傅斯年颇有信心,期以五年时间撰成此书,并说:"果此书成,盖以编年明史,可不必重修矣。"②然而,随着时间的推移,此后傅斯年几乎未再就此事与郑天挺有所商讨。究其原因,在于傅氏草拟这篇书目之时,正值史语所转辗大西南时期,而他本人则担任了国民参政会参议员,更于 1940 年兼任中央研究院总干事一职,长期以来政务缠身,加之 1941 年身患高血压以致威胁到生命,因而无法对此计划进行实施,遂致搁浅。然则,这份未能完成的书稿,却折射出傅斯年在明史研究领域的兴趣与志向。

3. 几种未刊的明史研究札记

傅斯年曾备览明代各类官私史籍,由此也积累了一些明史研究的问题与读书心得。在"傅斯年档案"中存有傅氏研读《皇明应谥名臣备考》《皇明大政纪》《肃皇外史四十六卷》《皇明大政纂要》《圣朝名世》《明正统宗》《敕书》《野获编》《国朝典故》等明代文献的札记。这些札记,有对明代史事的专题考索,有对前人研究明史成果的抄录,也有其读某书的心得体会。按照这些读书札记的内容与性质,大致可以将其划分为如下几个方面:

① 参见郑天挺:《郑天挺西南联大日记》上册,第 166—167 页。
② 郑天挺:《郑天挺西南联大日记》上册,第 165 页。

　　一是，对明代史料或前人探讨明史问题的摘抄。在"傅斯年档案"中，有两份读书札记较为特殊：一份是傅斯年依据明代《世宗实录》和《神宗实录》记载，对"嘉靖以后各陵妃嫔俱得陪享陵殿"问题的探讨。傅氏抄录大量实录原文，最后以按语表达己见："嘉靖以后，列帝妃嫔不论祔葬别葬俱得陪享陵殿，已有定制，则孝陵诸妃嫔亦必依此制而得陪享陵殿。既得陪享，则陵殿位次自必依名分排列，不能淆乱也。"①另一份札记是傅斯年抄录常熟秉衡居士丁国钧发表在《文艺杂志》1914 年第 11 期的《明成祖非马氏子》一文。这篇文章认为，李清的《三垣笔记》、谈迁的《枣林杂俎》、刘献廷的《广阳杂记》、陈雨叟的《养和轩随笔》都提到明成祖的生母非《明史》《明实录》所载高皇后，而是碩妃，并得出"野老传闻，要非无因。小记足以正史氏之伪者"②的结论。这则札记虽抄录他人所言，但却显示出傅斯年对此问题的关注与兴趣。之后，他在此基础上，进一步广益史料，撰成《明成祖生母记疑》，提出了"成祖生于碩氏，养于高后，碩氏为贱妾，故不彰也"③的观点。尤其是，这一观点引起了朱希祖的辩难，又使得李晋华、吴晗参与这场讨论，从而为 20 世纪上半期的"明史研究带来了一股清新的空气"。④

　　二是，分析史著内容的优缺。譬如，傅斯年论《皇明大政纪》，强调该书在内容上"多与《实录》相符，雷氏官大司空当曾亲睹《实

① "傅斯年档案"，Ⅰ:178。
② "傅斯年档案"，Ⅰ:178。
③ 傅斯年:《明成祖生母记疑》，《历史语言研究所集刊》第二本第四分，1932 年。
④ 参见张峰:《治史理念与学术分野——以明成祖生母问题的争论为中心》，《史学理论研究》2012 年第 1 期;周文玖:《朱希祖与中央研究院史语所》，《史学史研究》2013 年第 4 期。

录》。但如乙未三月，宋主韩林儿檄太祖为左副之帅，太祖虽不欲受，仍奉龙凤年号以令军中；丙午十二月，韩林儿殂，太祖始改明年为吴元年，俱不载一字，亦多隐辞矣"。① 指出了该书史料之来源与存在的隐讳现象。再如，傅氏评价刘孟雷所撰《圣朝名世》，认为"刘氏作明二百余年《名卿传》，大概不本勋业而重道德"，但在具体评价明代诸臣时，刘氏的评价标准与编纂实践又产生了一种张力，即"建文死事诸臣多亮节可风者，一无闻焉；述永乐诸臣如夏元吉、蹇义、黄福等，皆事功彪炳者，而三杨及解晋、黄淮、金幼孜等又摈而不录，不知何所取义"？②

三是，总结史书的编纂特点。傅斯年在读了《皇明应谥名臣备考》之后，对其著述旨趣予以了阐发，认为："明人撰本朝名臣传至多，此书大旨为褒忠节，编考诸名臣之应谥而未谥者。万历壬寅（三十年）以前，多据名臣谥抄，三十一年以后则据礼部提请补谥章疏，间有不及详者，亦无关宏旨矣。"③道出了此书的编纂旨趣、史料来源，这对于今人利用此书是有所启示的。对于明人范守已所撰《肃皇外史》，傅斯年认为："范氏于陈建《通纪》、高岱《鸿猷录》，均有征辞，而欲兼采诸长，勒成一家，可知其本旨。今视其书，按年系事，与《纲目》体例同。嘉靖一朝祀典大滥，而大礼之议尤不易辩是非，能平情立论，有可补国史之阙失者。"④对该书的取材范围、编纂特点、学术价值进行了高屋建瓴的评论。又如，论《皇明大政纂要》一书之史料来源与体例特点，云："语据王可大《国宪家猷》

①　"傅斯年档案"，Ⅰ:196。
②　"傅斯年档案"，Ⅰ:196。
③　"傅斯年档案"，Ⅰ:178。
④　"傅斯年档案"，Ⅰ:196。

及薛应旂《宪章录》，以所据非颁行制书，谪杂职，此则谭氏之撰《大政纂要》必曾参据王、薛之书无疑也。今视其首篇述太祖事与雷礼《大政纪》所记同，《大政纪》刻于万历十年，谭氏当已见其书。但雷《纪》别壬辰至于丁未吴元年为一卷，谭书则起自戊申洪武元年为一卷，而系壬辰至于丁未十六年事于洪武正月太祖即位后，而冠以'先是'二字云云，殊乖体例。"① 傅氏的这些评论，对于我们从历史编纂的视角重新认识这些明代史籍的价值，无疑有着重要的意义。

从以上所述的几个方面来看，傅斯年在明代史料的整理与刊布、明代典志编纂、明代官私史著的品评与析论方面，确实用力甚多。同时，他还有撰写朱元璋传的计划，"惜未成功"。② 而当时史语所明史研究的新秀李晋华、王崇武等，亦由傅氏指导来作明史研究工作；清华大学专治明史的高材生吴晗的学术成长，可以说与傅斯年之奖掖提拔亦不无关系。③ 这些方面表明，在 20 世纪中国明史研究的历程中，傅斯年应占有一席之地。

（二）王崇武对明史研究的拓展

在史语所中，王崇武（1911—1957）是专事明史研究的学者。少年时期，他就读于河北雄县大留镇家乡小学，以清末策议式的论说以及四书五经为学习内容，虽然研习对象与时代演进并不合拍，但却打下了深厚的国学根基。在保定中学与北平四中就读的六年间，王氏的古文功底又有提升，并于 1932 年考入北京大学史学系。在北大学习时期，王崇武已开始在《禹贡半月刊》、《燕京学报》、天津

① "傅斯年档案"，Ⅰ:196。
② 王汎森、杜正胜编：《傅斯年文物资料选辑》，第 105 页。
③ 参见潘光哲：《曾经是"战友"：傅斯年和吴晗的一段学术交谊》，《读书》2008 年第 9 期。

《益世报·读书周刊》等刊物广泛发表论文,对明代的屯田制度、户口消长、生活风俗等作出了探讨,表现出良好的史学素养。大学毕业后,王氏先在北大文科研究所工作,一年之后,随着史语所中从事《明实录》校勘的李晋华的去世,王崇武被傅斯年调至中研院史语所进行明史研究工作,开始了他与史语所的一段学术因缘。

王崇武自 1937 年进入史语所至 1948 年赴英留学,在史语所工作了十一年。详细考察王崇武在史语所的学术工作,有两个方面的特点比较突出:一是,读书勤奋,广泛涉猎明代典籍,奠定了明史研究的深厚基础。他入史语所后,正值抗日战争爆发时期,心怀报国热忱却无法施展,"那时,一方面愤恨日寇的凶暴,一方面又目击国民党之无能,胸怀抑郁,无可发泄,只有靠读书来排遣","每天读书,黎明即起,深夜不寐,如是者七八年。我之所以对中外史书稍有根柢,即基于此时"。① 据此来看,这一时期对于王崇武的学术成长是极为关键的。就读书的范围而言,无论官修实录、正史,抑或私人笔记、文集,都在他的阅读之列。正是在史语所时期获得了广博的知识基础,才使他揭去官私史书记载妄加讳饰与恣情褒贬的面纱,求得了历史的真相。

二是,笔耕不辍,撰著多部学术论著,对明代许多重要问题提出了独到的见解。王崇武在校勘《明实录》的同时,参以明清其他典籍,对于明代靖难史事进行了深入的考证,相继撰写了《明史张春传考证》《明内廷规制考》《明仁宗宣宗事迹旁证》《明纪辑略与朝鲜辨诬》《论皇明祖训与明成祖继统》《跋永历帝致吴三桂书(重订

---

① 王崇武:《自传》,转引自张德信:《王崇武》,载刘启林主编:《当代中国社会科学名家》,第 476 页。

稿）——附论洪承畴解职之经过》《明太祖与红巾》《明惠帝史事之传说》《明成祖与佛教》《明成祖与方士——成祖之死考异》《论明太祖起兵及其政策之转变》《读明史朝鲜传》《读高青邱威爱论》《刘綎征东考》《李如松征东考》《论万历征东岛山之战及明清萨尔浒之战——读明史杨镐传》《明成祖朝鲜选妃考》《董文骥与明史纪事本末》等论文。相较于北大的读书时期与新中国成立后他在科研方面的成就，远远不能与此一时期相媲美，足见这是他学术创作上最为辉煌的时期。明史研究专家黄彰健说："王先生的撰著，在史语所出版的，皆功力深至，为前人所不及。"①大致反映了王崇武于史语所时期取得的学术成就与学术地位。

1.《明靖难史事考证稿》："有功于明史"研究的力作

王崇武因在史语所从事《明实录》的校勘，从而对明代史事之探求极为深入，并在此基础上将实录的记载与《皇明本纪》《奉天靖难记》等书相互比勘，撰成《明本纪校注》《奉天靖难记注》两书，与王氏的又一力作——《明靖难史事考证稿》（以下简称《考证稿》）一同作为史语所之专刊，由商务印书馆 1948 年出版。在这三部论著之中，王崇武对《考证稿》一书用力最深，因此在学界产生的影响亦大，代表了他研治明史的成就与水平。全书共分七章，依次为：叙言，明代官书所记之靖难事变，惠帝史事之传说，史事考证，皇明祖训与成祖继统，惠帝与朝鲜，汉王高煦之变与惠帝史书之推测。在今天看来，作者对靖难史事考证精密，史料运用娴熟，推论缜密、合理，不仅对于我们深入了解靖难史事之真相有所帮助，而且在治史

---

① 黄彰健：《校印国立北平图书馆藏红格本明实录序》，载《明实录》（一），第 10 页。

理念与方法上也给予了我们许多宝贵的启迪。

第一，以历史演进的方法推求史事演变的过程。靖难之役是明代政治制度转变的一大关键，对此问题进行深入探讨，无疑具有重要的学术价值。但从今天有关的官、私史料记载来看，均存在不同程度的曲笔讳饰现象，其主要原因在于成祖即位之后，焚毁了建文朝的档案材料，重修《太祖实录》，目的是要极力掩饰自己的篡位之迹；野史记载亦漫无根据。由于这一特殊的原因，尽管自明末以来的王世贞、钱谦益，直至清初的徐乾学、朱彝尊、王鸿绪等学者均对此段历史记载作出一定的考证，但终因史料之缺而发明甚少。

王崇武在前人研究的基础上，认为靖难之史事很难单纯靠某些官书记载或野史记载去探索真相，因此有必要转换研究的视角，故他提出"野史之传说虽不可信，而其发展之历程，则颇可研究"的观点，目的是要"考其内容先后改动之故"。[①] 这里我们可以选取王氏对于"惠帝史事之传说"的考证为例加以剖析，以见其因考证方法的转换所取得的创新成就。依据不同时期的野史对惠帝下落的记载，主要有如下几种：姜清《秘史》最早记载惠帝因火灾而焚死；后出之黄佐《革除遗事节本》则记载惠帝或焚死或出亡；至最晚出郑晓之《建文逊国记》，则认为惠帝绝对出亡。据此，王氏认为"由此可以考见此传说之演变程序：即从已焚死，至或焚死或出亡，至绝对出亡也"。[②] 同时，他举出三重证据来说明对于史事记载的时代越晚，则离史实相去越远。其一，《革除遗事节本》仅载惠帝七律诗一首，后来野史又增至两首，再至"更后之野史，累载其诗词至数十首，

---

① 王崇武：《明靖难史事考证稿》，商务印书馆 1948 年版，第 28、8 页。
② 王崇武：《明靖难史事考证稿》，第 32 页。

且有从亡诸臣程济等奉和之作,其为伪造,更不待论"。其二,从记载惠帝事迹的《建文忠节录》与《革除遗事节本》来看,均未记载惠帝从亡诸臣,"犹是此传说之原貌"。后来杨循吉则记载惠帝出逃从之者有一御史,但不知姓氏;至《忠贤奇秘录》(约嘉靖初成书)记载惠帝出亡时则言从亡诸臣共 20 余人,其中有 9 人知道姓氏。可知《忠贤奇秘录》所载从亡之臣比杨循吉记载为多。再后出之《从亡随笔》《致身录》等野史又载从亡之臣为 21 或 20 人,可见"前此所不能详者,后人尽详之矣"。其三,早出之野史对于惠帝史事之记载尚较简略,但后出之野史,于惠帝出亡之历年行踪,接对人物,书题匾额,自首供状,以迄服用袈裟等项都有较为详细的记载,因此王崇武得出"时代愈晚,则凿求愈实,描绘愈细,而与史实之相去亦愈远矣"[①]的结论。在王氏看来,民间传说虽与史实并无多大关系,但是通过对其演变方式的考察,反映了民间对待惠帝的一种心理,这对于史事的研究同样具有重要价值。

依据历史演进的方法,王氏对汉王高煦在不同时期官修史书中的形象进行了考察。高煦为明成祖之次子,在靖难期间,屡次解除成祖之危,多有战功。永乐十四年(1416),被封于乐安(今山东惠民县),后因恃功骄恣,于宣德元年(1426)造反,在宣宗的亲征下被平定。据此,王崇武考察了成书于永乐年间的《奉天靖难记》与成书于宣德五年的《太宗实录》两书对于高煦的记载,两相比较,发现《奉天靖难记》叙述高煦战绩尚无讳饰,但因高煦叛于宣德元年,所以五年修纂《太宗实录》时便尽量泯灭其迹,或将其战功有意抹去,或改属他人。这说明官书记载因秉持不同的政治立场,所以对汉王

---

① 王崇武:《明靖难史事考证稿》,第 34 页。

高煦之功的载录会出现或明确彰显或有意隐讳的区别。由此可以看出,王崇武利用历史演进的方法以治史,往往能够通过不同史书对同一史事前后记载的改动痕迹,从而推求史书改动的背景与根据,具有重要的方法论意义。

第二,抓住关键环节,考证深入有力。王崇武对于史事的考证,往往能够以联系的眼光对史料作出综合的分析,从而推考史事缘由,探明史事真相。例如,关于明成祖生母问题,在当时的史学界辩论激烈,王氏以为"综贯两造持说,择其近情理者,明成祖生于硕妃、养于高后之推测,盖可成立"。虽然学界形成了这一认识,但问题仍没有最终解决,原因在于明成祖举兵篡位,路人皆知,自古以来叛变为乱者多矣,何以明成祖要修改其身份? 官书记载自然有所隐讳,然而王氏认为"其所以伪造隐讳之故,亦往往有其背景与根据"。①他对此作出了深入的探究,指出明成祖起兵与矫改身份皆与明太祖朱元璋制定的《皇明祖训》有关。于是他抓住这一关键问题,对明成祖的继统问题作了鞭辟入里的梳理与分析,其间不乏真知灼见。

《皇明祖训》是朱元璋针对"俗儒多是古非今,奸吏常舞文弄法"而制定,目的是要"凡我子孙,钦承朕命,无作聪明,乱我一成之法,一字不可改易,非但不负朕垂法之意,而天地祖宗亦将孚佑于无穷矣"。《皇明祖训》对于嫡子与庶子的等级差别,规定极严。《太祖实录》中也多次重申嫡、庶之别,意谓"凡朝廷无皇子,必兄终弟及,须立嫡母所生者,庶母所生,虽长不得立"。也即是说,皇位的继承,遇到朝廷无皇子之时,必须立嫡母所生者方合《皇明祖训》。这种做法,显然是承继了自古以来"立子以嫡不以长,立嫡以长不以

① 王崇武:《明靖难史事考证稿》,第 103 页。

贤"的立君思想。王崇武认为，《皇明祖训》为"太祖斟酌再三，七次易稿，手制之金科玉律，后世子孙不得更易一字"，且《皇明祖训》在洪武年间推行极广；惠帝重用齐泰、黄子澄等大臣实行削藩政策，恰好为成祖起兵制造了借口。成祖借机指斥惠帝削藩之策皆系奸臣拨弄，与《皇明祖训》"凡我子孙，钦承朕命，无作聪明，乱我一成之法，一字不可改易"的规定相违背，进而说明靖难兴师之正。在王崇武看来，成祖虽有《皇明祖训》为自己起兵作掩护，但仍不能掩饰其篡位之迹，因为"成祖兴师除奸，尚有附带之条件三：（一）受天子密诏；（二）乱平之后即收兵于营，朝天子；（三）留京不过五日，仍归原藩"。① 而这一规定与成祖之称帝恰相违背，从而揭示出成祖对于《皇明祖训》只是断章取义地为自己所用；待起兵成功后，《皇明祖训》立君"以嫡不以庶，以长不以贤"等规定显然又成为其称帝的绊脚石。对此，王崇武作了意味深长的阐发：

> 太祖于庶嫡尊卑分别极严，《祖训》曾载庶子虽长不得立，成祖既熟读《祖训》之书，常闻师傅讲论，且此条（《法律》十四）与其所据以起兵之条（《法律》十三）适前后毗连，理无不知。若必依照《祖训》，则惠帝纵然焚死，亦应拥立嫡出之子，时秦晋二王虽薨，周齐代岷庶出，若惠帝嫡子文奎文圭及弟允熥（常妃生）允熞允𤇭（吕妃生）等固健在也。若不依《祖训》拥立，则成祖之所以指斥惠帝，丑诋齐黄者，适所以自诋，在二者不可得兼之时，因出冒嫡之策，故其上阙下书，于周齐湘代岷诸王仅明其为"父皇亲子"，而自称且谓为"母后孝慈高皇后亲生，皇太子亲弟，忝居众王之长"，实与《祖训》继统之义相照应，而为篡

---

① 王崇武：《明靖难史事考证稿》，第 111 页。

夺之张本也。①

由此可见,王崇武通过归纳、分析,推导出明成祖欲要称帝,不得不顾忌《皇明祖训》所规定的"尊卑分别",因为《祖训》不仅为他所熟读,而且为天下人所共知,因此在无法修改《祖训》的情况下,只能采取冒嫡之策。

据此,我们认为王崇武对靖难之役前因与后果的分析,实能抓住《皇明祖训》这一最为关键的问题,从而有力地论证了明成祖依据《祖训》不可更改的原则,极言削藩之非,并以此作为发动靖难之役的根据;在取得成功后,成祖又不依《祖训》规定回归原藩,反而修改实录以冒嫡篡夺皇权。

第三,拓展史料范围,钩稽史事真相。王崇武历史考证的一大特点是善于扩大史料范围,从而依据各种史料细考其间的内在联系,尤其重视域外朝鲜史料的运用,职是之故,他常能得出较前人更为合理的结论。如关于"燕王入朝""周公辅成王说"等事实、说辞的考证,都颇具新见;尤其是,明代史籍对惠帝史事的记载多有失实,如官书多言其恶,野史则溢美之甚,故王崇武借助《朝鲜实录》的记载,"复原"了惠帝统治时期的相关史实。

首先,考察了惠帝对待祖法的态度。惠帝施政期间的政策多不可考,但因其在位期间,正值朝鲜王李芳远即位之时(建文三年),所以在朝鲜实录中保存了不少惠帝颁布的关涉朝鲜的咨文诏敕。王崇武认为这些咨文诏敕在异国得以保存,可以补史乘之阙。他通过对惠帝前后诏敕及礼部咨文的考察发现,惠帝对待朝鲜"文温诚虔",与《皇明祖训》列朝鲜为东北不征之国相较,可以看出惠帝"大

---

① 王崇武:《明靖难史事考证稿》,第 111 页。

抵遵守太祖'仪从本俗,法守旧章,听其自为声教'之成规,此亦惠帝奉行祖法之具体例证也"。[1]

其次,发覆了惠帝在靖难时期与朝鲜之关系以及朝鲜对待惠帝与燕王双方的态度。在成祖未即位之前,对地处东北的朝鲜极尽收买,李旦《实录》等记载:"我殿下(谓李芳远,时赴京送明朝犯人。)回自京师。……殿下过燕府,燕王(原注:'即太宗皇帝',亲见之,旁无卫士,唯一人侍立,温言礼接甚厚,因使侍立者馈酒食,极丰洁。殿下离燕,在道上,燕王乘安辇朝京师,驱马疾行,殿下下马见于路侧,燕王停驾,亟手开辇帷,温言良久乃过。"[2]类似记载在同书及李芳远《实录》中还有不少。王崇武认为成祖"藩封北平,其蓄意兴师,盖准备已久,朝鲜地势以与辽东毗连,互相犄角,故颇为其注意"。[3] 他同时从《朝鲜实录》中发现惠帝于此时期"颇以朝鲜之态度为疑虑,故亦力为拉拢,采怀柔政策"。[4] 例如李芳远《实录》中即有十余条涉及建文三年惠帝遣使至朝鲜易马的记载。王氏又据《朝鲜实录》考察了建文元年、二年有关惠帝与朝鲜的交往,远不如建文三年交往之密,从而推导出:"建文三年以前,帝之所以未及怀绥朝鲜者,盖因燕之势力尚未强大,此时则成祖率兵深入,辽东孤悬,朝鲜可举足轻重,诏文以'毋惑于邪,毋怵于伪'相劝勉,明系惧为成祖所利诱,至'益坚忠顺,以永令名',似又希其积极之援助,持此与上条相印证,则惠帝之怀柔政策更为明显矣。"[5]而从朝鲜方面来

---

[1] 王崇武:《明靖难史事考证稿》,第 127 页。
[2] 王崇武:《明靖难史事考证稿》,第 127 页。
[3] 王崇武:《明靖难史事考证稿》,第 127 页。
[4] 王崇武:《明靖难史事考证稿》,第 128—129 页。
[5] 王崇武:《明靖难史事考证稿》,第 130 页。

看,不仅未被成祖收买,反而积极佐助惠帝,"以朝鲜万匹之马供给辽东士兵,其势捣虚西进,足以震撼全局,后因人谋不臧,虽先后失败,然朝鲜不为成祖利诱,始终尊奉朱明正统,此种态度则殊可注意也"。① 王崇武之能揭示出靖难期间燕王与惠帝对待朝鲜的态度,以及朝鲜在靖难之役中所持的立场,发前人未发之覆,皆因借助前人未见或未曾使用的新材料,所以才能考究出史事的真相,进一步推进明史研究的深入。

最后,依据《朝鲜实录》所载惠帝所派使臣,大都儒雅风流,清不近货,推考出惠帝之用人得体。王崇武通过对《朝鲜实录》的仔细检讨,发现《朝鲜实录》记载建文三年惠帝遣通政府丞章谨使朝鲜,朝鲜君主李芳远遣近臣馈鞍马、衣服、靴帽、细布等物给章瑾,章氏却不受;又记惠帝遣太卜寺少卿祝孟献至朝鲜贸马、鸿胪寺行人潘文奎往锡国王冕服,及兵部主事端木智、礼部主事陆颙等使朝,"以不携中国一物往,不取朝鲜一钱归,至传遍中国,誉洽东藩"。② 这些使臣事迹在中国史书中要么缺载,要么语焉不详,唯得李芳远《实录》的记载,方才得以表彰。由此说明王崇武通过对《朝鲜实录》的深入发掘,对于还原历史本来面目,钩沉被淹没的史实等方面功劳甚大。

综观《考证稿》一书,王崇武的撰述旨趣"不在叙述靖难一役始末,而在撮举是役中若干史事,据以说明惠帝成祖双方对是役之看法,后来官书之隐讳与回护曲解,野史传说发展之用心,且示读史者如何搜求旁证与如何解释各种记载之道",因而"是稿之成就,不仅

---

① 王崇武:《明靖难史事考证稿》,第 131 页。
② 参见王崇武:《明靖难史事考证稿》第六章《惠帝与朝鲜》。

在若干靖难史实之重新恢复真相，而更在提出若干实例以显示考史之方法"。① 正是由于方法新颖、考证深入、史料翔实，《考证稿》一书在学界产生了较大反响，罗尔纲在致王崇武的信中说道："顷拜读大著讫，神智为之开朗。近读名著，惟陈寅恪先生《唐代制度渊源稿》一书足与媲美也。弟未习明史，于建文逊国事，惟读过适之师《建文逊国传说考》一文。今得拜读兄著，于此事之源源本本，并及牵连之种种关系，皆一一疏明而考证之，使虽未窥明史如弟者，亦朗见其真相。其有功于明史岂浅鲜哉！且就史学方法而论，吾兄态度之严谨，征引之赡博，亦叹为观止。"②这一看法颇能代表当时学界对王崇武是著的评价。

2. 关于明朝开国史与朝鲜之役研究的卓识

明朝开国史与朝鲜之役，是王崇武明史研究关注的另外两个重点。关于明朝开国史之研究，王崇武曾撰有《明太祖与红巾》③一文，之后在此基础上写成了《论明太祖起兵及其政策之转变》④。王崇武此文重点解决了两方面的问题：一是，明太祖朱元璋早年参加红巾军实非偶然，而是与家世遗传、环境熏染有莫大关系。朱元璋生于佛教家庭，幼承母教，长而出家为僧，这与当时红巾假白莲教以起义，宣扬弥勒佛下生之说，正相吻合；再者，红巾起于汝颍，延及江淮流域，而朱元璋出家为僧时正行乞于红巾昌盛之地，这些均说明"其参加起事，非偶然也"。但王崇武从更深层次发掘出，朱元璋虽

---

① 参见《图书季刊》1948 年新第 9 卷第 1—2 合期"新书介绍"栏目对《明靖难史事考证稿》一书的介绍。
② 王崇武：《日记》，转引自张德信：《王崇武》，载刘启林主编：《当代中国社会科学名家》，第 485 页。
③ 载《东方杂志》第 43 卷第 13 号，1947 年 7 月。
④ 载《历史语言研究所集刊》第十本，1948 年。

参与红巾军,但与其他农民起义首领有所不同,因为他已认识到"红巾为愚民集团,其政治意识实甚浅,以此不为知识分子所亲附,(参看程敏政《篁墩集·先高祖阡表》)而此辈则为社会之中坚,可举足轻重",因此在南渡之后开始征招儒士,争取知识阶层;改红旗为黄旗;即位之后,又有禁止白莲教,剿除红巾军之举;为免招蒙民之忌恨,放弃早期反元的狭隘的民族观念,以纲常名教替代种族畛域等。王崇武认为,朱元璋能够与时俱进,改变统治政策,从而创辟新精神,以适应新环境,"明乎此,则太祖与其他群雄虽起事相同,而成败悬判者,不足异矣"。在另一篇《明初之用兵与寨堡》①中,王氏进一步从其他角度对明太祖朱元璋能够取得成功的原因进行了探讨。他指出,元末民众一方面受到当朝地方官吏的贪污掠夺,另一方面受到各路起义军队伍的骚扰,由此产生了"仅求自卫以幸免于兵燹者"的寨堡组织。寨堡组织起初为元朝廷所利用来平乱群雄,"惜元末弊政,有增无已,不求根本之图",因而使寨堡之民愤然叛去,归附了太祖。在王崇武看来,朱元璋初起兵之时,所拥戴之郭子兴与其他流寇别无二致,部下所到之处暴横掠夺,尤为扰民,唯独朱元璋部军纪严明,严禁士兵劫掠百姓财物,从而博得群众欢心与寨堡的协助。王崇武博采《明史·缪大亨传》《康茂才传》《郭云传》,以及《太祖实录》《宋学士文集》等文献记载,以大量事实推证了朱元璋"渡江南下,实均基此寨堡兵力",进而突显了寨堡在明朝建立过程中所发挥的重要作用。

　　在民国时期有关明朝开国史研究的学者中,王崇武是作出了重

---

① 载《历史语言研究所集刊》第八本第三分,1939 年。

要贡献且在学界产生广泛影响的一位。台湾明史研究专家徐泓在20 世纪70 年代评论说:"有关明朝开国史之研究,大体以王崇武、吴晗、梁方仲诸位先生成绩最为斐然。"①美国学者牟复礼在撰写《剑桥中国明代史》之《明王朝的兴起》时,大量吸收、借鉴了王崇武的研究成果,因而深有感慨地说:"在专门研究明朝开国和早期历史的新近的学者中,正如脚注所表明的,本章作者大大有赖于王崇武(死于1959 年?)的历史学识。他在40 年代出版的许多专门研究,把细致的研究、训练有素的想象力和健全的历史判断最好地结合起来。"又说:"在本世纪的第三个25 年中,在用中文写作的学者中,自从王崇武和吴晗去世后,对明朝建国时期的研究没有明显的新建树。"②据此可见,王崇武同吴晗堪称此一时期对明朝开国史进行深入研究的两颗璀璨明星,不仅为当时的学术研究树立了航标,而且惠及后代学人之研究。

对明代万历年间发生的朝鲜之役进行考察,是王崇武拓展明史研究的又一着力点。明神宗万历二十年(1592),日本企图以朝鲜为跳板侵略中国,因此发动了对朝鲜的战役。朝鲜因不敌日本的进攻,所以向明皇朝请求援助。关于这次战争,中国、朝鲜与日本均有记载,但长期以来中日史书记载多有偏颇,使得一些史事隐晦不明,甚至被人为地曲解。王崇武综合考察了中、朝、日三国史料记载,对于李如松、刘綎等人征东史事进行了翔实的考证与分析,辨析了史书记载的失实,对于今人重构此段历史具有重要价值。王崇武在

---

① 徐泓:《六十年来明史之研究》,载程发轫主编:《六十年来之国学》(三),正中书局1974 年版,第403 页。

② [美]牟复礼、[英]崔瑞德编:《剑桥中国明代史》上卷,张书生等译,中国社会科学出版社1992 年版,第835—836 页。

《李如松征东考》中指出，日本人赖襄的《日本外史》认为李如松能在平壤之役中获胜，纯因行间，日本方面因援军不继，所以撤退；而明朝有关史书也因李如松克复平壤之后不再进战，颇有微词。王崇武从朝鲜宣祖李昖《实录》记载出发，揭示了平壤之役中李如松躬督力战的史事，认为平壤一战，李如松取得了大捷。但问题是，接下发生了碧蹄馆战役，《明史·李如松传》记载李如松"官军丧失甚多"；《日本外史》也说日军"大破明军，斩首一万，殆获如松，追北至临津，挤明兵于江，江水为之不流"。王崇武通过对李昖《实录》、钱世桢《征东实纪》的深入考察，指出在此之役中，李如松所率不过千人，面对日本三千人的压逼，所伤不过数百人，绝非日本史书记载"斩首一万"，实质上李氏此役并非大挫。之后，王崇武又对碧蹄馆之役后李如松退兵的原因进行了探讨。首先，从天时的角度说，朝鲜此时天气较我国东北略暖，沼泽冰融，春雨较多且泥泞载道，李如松部多北方士兵，不适于此等气候与地形下作战。其次，从地理角度言，朝鲜王京一代春暖冰融，不适于北人作战，尤以是北方的骑兵，虽然李如松部有南兵，但数量较少，不亟撤退，则有全军覆没的危险。再次，从人事的角度来看，当时从事援朝抗日的明朝官兵，主要由南北两系军队组成：南兵所受训练初为御倭而设，所以较为熟悉在朝与日作战；北兵之东征时的战斗力远不及南兵，而从《朝鲜实录》来看，李如松所率领的主体为北兵，再加上赴朝抗日的宋应昌、沈惟敬、刘黄裳、袁黄等将领皆为主和之党，与李如松有隙，所以"有此繁复攻讦之人事关系，此亦其亟为退兵之一因也"。最后，再看中日双方兵器的差异，不仅中国的三眼枪及大将炮等之效力不及日本，就是兵刀亦不及"倭刀锐利"。因此，王崇武参稽中、朝、日三国史料记载，从而推考出李如松在当时面临着"进兵之困难"。①

此外，王崇武还结合明代史籍与《朝鲜实录》的相关记载，对刘
綎征东的史事进行了考证。他通过研究发现，刘綎第一次出师朝
鲜，并无勋绩；第二次出征进占倭桥，"亦非由攻占而得"。然而刘
綎之所以在《明史》等中国史书中有极高的评价，原因在于他"远在
异国，功罪难详，故中国史书每炫其勋绩，《明史》亦谓綎攻栗林曳
桥，斩获多，殆直接间接为此伪造捷书所欺蔽也"。② 因王崇武对中
朝联合与日本之间战争的研究发覆良多，分析深入，见解深刻，所
以他的文章被外国明史研究者推誉为"有帮助的关于战争的中文研
究"。③ 这从一个侧面反映了王氏观点深远的影响和持久生命力。

综观王崇武的明史研究，实能广泛博采各类文献，同时又有敏
锐的眼光、深刻的分析，因而能够对学界重视不够或现有成说的问
题，提出新颖的看法，在学界产生了重要而广泛的影响。金毓黻在
王崇武 1957 年病重时说："王君今年四十有七，治明史甚有令绩。"
因此，王氏去世后，他极愿整编其《明史研究》遗稿④，惜乎未果；当
时的中国科学院历史研究所三所也有出版王崇武著作集的计划，最
终亦未能实现。为推动当今明史研究的深入，有必要继承这份珍贵
的史学遗产，只有在前人研究的基础上才能将这一学科的发展继续
向前推进。

---

① 王崇武：《李如松征东考》，《历史语言研究所集刊》第十六本，1948 年。
② 王崇武：《刘綎征东考》，《历史语言研究所集刊》第十四本，1949 年。
③ 唐纳德·N. 克拉克语。见［英］崔瑞德、［美］牟复礼编：《剑桥中国明代史》
　 下卷，杨品泉等译，中国社会科学出版社 2006 年版，第 958 页。
④ 参见金毓黻：《静晤室日记》第十册"1957 年 4 月 19 日"条与"1960 年 1 月
　 17 日"条，辽沈书社 1993 年版，第 7436、7554 页。

第三节　开辟专门史研究的崭新领域

近代以来,随着学科门类的划分与界定,不少学者开始对中国传统学术的某一领域精耕细作。尤其是,梁启超在撰著《中国历史研究法补编》时,专设章节探讨五种专史的做法①,对后来的研究者深有影响。而后在文化史、交通史、文学史、目录学史、哲学史、政治思想史、佛教史、史学史等领域均有学者作出深入探求,专门之史一时成为学术研究的增长点,呈现方兴未艾之势。史语所学术群体对专门史的研究即是在这一学术背景下展开的,其中,张政烺在利用古文字探究古史方面取得了丰硕的成果;陈槃首次将谶纬学说纳入了学术史考察的范畴;劳榦在居延汉简考释与汉代制度研究方面有着重要的学术建树;全汉昇的中古经济史研究取得了与日本人相抗衡的成就。这些专门史研究的出色成果,是史语所学术群体推动中国传统史学走向现代的又一贡献。

一、古文字研究的出色成就

在史语所中,张政烺(1912—2005)从事古文字研究并取得了突出的成绩。1936年,张政烺从北京大学史学系毕业,被傅斯年延揽至史语所工作。在当时,史语所因殷墟发掘、明清内阁大库档案整理等学术活动而闻名海内外,实为全国史学研究之重镇。史语所丰

---

① 参见梁启超:《中国历史研究法补编》总论第三章、分论一、分论三等部分内容,《饮冰室合集》专集之九十九。

富的文献资料与考古材料、先进的治史理念与方法、众多新历史考
证学名家的汇聚，以及由此而形成的严谨、求实学风，为张政烺的学
术成长提供了极为有益的滋养，对其以后的治学思想与方法产生了
重大而深远的影响。

首先，在文献学方面奠定了宽广厚重的基础。初进史语所，张
政烺担任图书管理员。这一职务看似很不起眼，实际上对其学识的
积累起到重大的作用。所长傅斯年对本所图书室的建设特别重视，
甚至每购置一本书都要亲自过问，因为"他认为管理这些东西，不仅
是长于管理'技术'方面而已，至少要对版本学、目录学、年代学以
及校雠学等有丰富的知识"①，所以安排张政烺担当此职，既是对他
深厚学术功底的赞赏，也是对他的倚重②。张政烺为了对史语所所
藏 12 万余册中文图书做到深入、系统地了解和掌握，于是博览苦
读，"从历史典籍、各家文集、笔记、天文历算、农业、气象、方志到古
代戏曲、小说、俗文学等，从传统小学到甲骨、金文、碑刻、陶文、玺
印、封泥、古文字、古器物图录及各家论著等等，无所不读……重点
图书的内容几乎能背诵出来"。③ 这一勤苦读书的机会，使他涉足
众多学术领域，为其以后融会贯通地研究古史奠定了更雄厚的基
础。受益于这一学术训练，张政烺在史语所任职内和新中国成立后
所撰写的一系列关于古文字研究的考证之作，大都贯通经史子集，
将各类文献参核互勘研究，又能深入发掘出土文献的史料价值，探
赜索隐，从而得出学术研究的新见解。

---

① 那廉君：《追忆傅孟真先生的几件事》，载王为松编：《傅斯年印象》，第 44 页。
② 按，即便抗战胜利后，张政烺已入北京大学史学系担任教授，傅斯年仍然常
　常托他为史语所购买图书档案。参见"傅斯年档案"，Ⅰ:111。
③ 张政烺：《我在史语所的十年》，《张政烺文史论集》，第 847 页。

其次,在治史旨趣和方法上深受启迪。进入史语所,张政烺对史语所的工作旨趣与傅斯年所倡导的治史主张、方法有了更加深刻的理解与领悟。傅氏强调扩充材料,扩充工具,解决问题,以问题之解决引出新问题,并因新问题而进一步探求新材料、新工具的学术主张,深深影响了张政烺的治史观念和方法。他在回忆文章中曾讲出自己的深刻体会:

> 我在完成本职工作的同时,进一步充实和完善自己的知识结构,深刻体会到博与精的结合、旧文献与新史料的结合,是新时代治史者成长的最佳途径。只有这样前进才能接近傅先生提出的扩张史料来源、研究新问题的主张。这一时期我发表在《中央研究院历史语言研究所集刊》和《六同别录》上的文章,如《〈说文〉燕召公〈史篇〉名丑解》、《"𩛥"字说》、《六书古义》、《邵王之謼鼎及簋铭考证》、《讲史与咏史诗》、《〈问答录〉与〈说参请〉》、《一枝花话》等,都是在这样的治史思想影响下写成的。①

张政烺受傅斯年治学的深远影响,还表现在傅氏的《性命古训辨证》书稿引发了他思想上的强烈震动。抗战初年,张政烺因负责运送史语所图书入川,曾在宜昌中转换船停留两月。在这期间,他主动要求为傅斯年抄写《性命古训辨证》书稿。后来傅氏在此书序言中感激地说道:"张苑峰先生(政烺)送古籍入川,慨然愿为我抄之,携稿西行,在停宜昌屡睹空袭中为我抄成,至可感矣。"由于张政烺在抄写时一并核对文中金文史料,又为之增补新材料,所以傅斯

---

① 张政烺:《我在史语所的十年》,《张政烺文史论集》,第 847 页。

年在重庆见到此书后，"深感苑峰觇我之深"。① 傅氏将这些增补的新材料融入文中，增强了结论的科学性。例如，他运用归纳考证，指出周代钟鼎彝器款识中"生"字在人名中较为常见且属于下一字时，征引张政烺所作考证："张苑峰曰：《西清古鉴》八四·三，生辨尊'佳王南征，在序，王令生辨事厥公宗小子。生锡金。'疑生字上有笔画缺落因而脱摹，不能据以为生字可用作人名之上一字也。"② 与此同时，张政烺因受傅斯年观点的启发，撰成《试从"感生""受命"说到"性""命"之原始义》，论证了"'姓'、'命'意义之重大，实为后来'性命'说之渊源"，进而为傅斯年的论点提供了重要的理论基础。③ 值得注意的是，傅斯年广收新史料、结合文献研究思想史的实践，深深启迪了张政烺此后的学术研究。他说："在此种治学思想方法的激励下，我的治史道路更为宽广了，深挖甲骨文、金文及其他形式的出土文献隐含的真实史料，与传世文献相互发明，探索中国古代社会的历史面貌，成为我研究上古史始终遵循的一条原则。"④

再次，在树立严谨学风方面受到进一步的训练。史语所在傅斯年的领导下，希望把历史学"建设得和生物学地质学等同样"⑤，所以极为重视考证方法的严密与学风的严谨。在史语所从事研究工作的陈寅恪、岑仲勉等学者都以考证精良、论证严密、学风谨严，名

---

① 参见傅斯年：《性命古训辨证·序》，《傅斯年全集》（二），第502—503页。
② 傅斯年：《性命古训辨证》，《傅斯年全集》（二），第512页。
③ "傅斯年档案"，Ⅰ：1537—2。
④ 参见张政烺：《我在史语所的十年》，《张政烺文史论集》，第848页。
⑤ 傅斯年：《历史语言研究所工作之旨趣》，《历史语言研究所集刊》第一本第一分，1928年。

闻学林。张政烺身处这种学术氛围之中,在树立严谨学风方面自然受到严格训练。

　　张政烺学术研究的最大特色,是始终重视通过古文字的考释来解决古史问题,努力在古文字学与古史学之间架起一座桥梁。史语所藏有的拓片中有一鼎文和二簠文,其内容各有七字,且前四字均为"邵王之諻"。张政烺通过大量金文记载与《左传》《史记》《说文》《方言》《尔雅》等文献记载的互证,运用归纳考证与比较考证的方法,考出"邵王之諻"的"邵王"为楚昭王,"諻"与"媓"同义,据《方言·六》记载:"南楚瀑洭之间母谓之媓";《广雅·释亲》又谓:"媓,母也。"故他指出,"昭王之諻"即为楚昭王之母。此鼎、簠何以昭王之名为主?此器又是何人所做?为何关于其事迹却未有着笔?由此又引申出新的问题,即《公羊传》《春秋繁露》《越绝书》等文献所记的吴人妻楚昭王之母。经张政烺细致考察,发现昭王之母为秦女,名伯嬴。吴人入楚郢都,昭王出逃,吴王阖闾尽娶昭王后宫,唯伯嬴持刀以死相威胁,并以义理拒绝吴王,得以自保。待到秦人救援,楚昭王才得以复国。古代女子有三从,其中之一便是"夫死从子",所以制器亦不嫌以子名为主名。又据《左传》昭公二十六年和《史记·楚世家》记载,昭王之母在昭王卒时,年龄不过五十余岁,"昭王"之号无论为生称还是死谥,"此一鼎二簠其为楚昭王之母之所作器可无疑矣"。① 张政烺通过严密考证,不仅钩沉出昭王之母的事迹,揭示了淹没数千年的史实,而且意识到"吴楚之间无数可歌可泣之事无不由楚平王自娶其为太子建迎娶之

---

① 参见张政烺:《邵王之諻鼎及簠铭考证》,《历史语言研究所集刊》第八本第三分,1939 年。

秦女伯嬴启之,此影响竟至于国之兴亡盛衰"。① 他根据一鼎二簋
文字内容的记载,把各类文献相互贯通,考证深入,寓含着"探索
中国社会的历史面貌"的用意,其治史路数和见识确实超过传统
考证学者。

这一时期,甲骨材料的大量发掘为商周史的深入研究提供了新
史料,尤其是王国维成功运用殷墟卜辞与文献记载考证取得重大成
就后,甲骨文的史料价值更是备受当时学人的重视。但是在运用甲
骨文的过程中,有些字体因时代久远难以辨认或难释其义,从而又
限制了对甲骨文材料的使用和对商周史研究的深入。例如,甲骨文
及殷周金文中有"爽"字,此字金文中尚不多见,而在甲骨文中则"数
累千百",如不能考释此字之义,大量的甲骨文材料均很难利用。为
考释"爽"字之义以推进商周史研究的深入,张政烺撰写了《奭字说》
一文。② 此文由甲骨文、金文中常见之"爽"字发端,训释为《说文》
之"奭",而"奭"的古音又同于《说文》之"斠"字,音为"仇",即"爽"
字后起形声字。由此又引出新问题,即"爽"在甲骨文、金文中的数
种用法。通过对甲骨文及金文中"爽"字用法的归纳考证,又参以
《诗毛氏传疏》《尚书大传》《史记》《汉书》《后汉书》《文选》《太平
御览》等大量文献的记载,得出"爽"字有如下三种用法:一是"用以
区别姓某之同号者使不混淆",是先姓之专称,读为"仇"而解释为
"匹",即妃匹之义;二是指"国之重臣与王为匹耦也",如卜辞中黄
尹亦称黄奭,伊尹亦称为伊奭,可以读为《诗·周南》中"君子好仇"
之"仇",亦可解释为"匹";三是"古者士大夫既各与僚友为仇",此

① 张政烺:《我与古文字学》,《张政烺文史论集》,第 855 页。
② 参见张政烺:《奭字说》,《历史语言研究所集刊》第十三本,1948 年。

处"仇"字有朋友之义。此文影响之大，以致长期在学界备受关注。例如，1957 年，胡厚宣撰写《说贵田》时就采纳了张政烺"㚷读为仇，有妃偶之意，其义同姤"的学术观点。① 1986 年北京房山县考古发掘了两件有燕太保铭文的铜器，事关"西周初年周王册封燕侯的史实"，但同一墓出土的器物中尚有"燕侯舞戈"、"燕侯舞易"铭文的铜器，于是研究者在墓主人是燕太保还是燕侯舞这一重要问题上难以断定。"舞"字在铭文中的写法与"㚷"字十分接近，都写成"一人挟二物于腋下"，只是舞字中挟物之人的下肢都有脚的形状，而㚷字不见。然张政烺在《㚷字说》一文中提出的甲骨文中㚷字形体诡变，主要为所挟之物不同以及㚷有"国之重臣与王为匹耦"的观点，却为"解决此墓中'燕侯舞'铜器与太保之器同出的原因，提供了一把钥匙"，也就是说"舞"与"㚷"同，燕舞侯即燕召公㚷，也即铜器铭文中所说的"太保"。② 直到 2004 年，裘锡圭仍然特别指出："在关于这个字的各种说法中，张政烺的说法最为合理，应该是符合实际的。"③由此可见，经过严密而科学的考证方法得出的有价值的见解，是有着旺盛的生命力的。④

张氏将这一研究旨趣付诸于学术实践，在许多重要历史问题的

---

① 胡厚宣：《说贵田》，《历史研究》1957 年第 7 期。
② 参见殷玮璋：《新出土的太保铜器及其有关问题》，《考古》1990 年第 1 期。
③ 裘锡圭：《张政烺先生与古文字学》，《书品》2004 年第 6 辑。
④ 尽管张政烺于 1979 年对上述说法略作修改，指出："我在《'㚷'字说》中把'㚷'读为'仇'，以为伊㚷是伊尹相当于宰相地位的称呼，现在想来应当修正。'㚷'或'仇'的古音和'舅'字相同，没有区别，'伊㚷'大约就是'伊舅'。"但这丝毫没有影响他历史考证的价值。参见张政烺：《释"它示"——论卜辞中没有蚕神》，《张政烺文史论集》，第 519 页。

研究上提出了新鲜见解。《说文燕召公史篇名丑解》①一文考证《史篇》记载燕召公名为丑有误,召公丑当为召公寿,因为召公寿在《论衡》《风俗通》等文献中都曾出现,者减钟铭文中亦有记载;由于丑、寿二字同声,且古文假己为"丑",易将召公寿误为召公丑,故召公之名仍为奭,而非丑。《说文序引尉律解》②考释了刘歆为托古改制之需,曾改《尉律》之"九章"为"九千字","六曹"为"六體",而班固《汉书·艺文志》和许慎《说文解字序》祖述刘歆《七略》说法,不察《尉律》,以致造成"学者安其所习,终以自蔽,虽有《尉律》,盖莫达其说久矣"的局面。《六书古义》一文则指出《流沙坠简》中记载的"六甲"为"汉代学童学书之《六甲》",《周官》之"六书"实际上为《六甲》,也即是六旬的干支名称。每旬首日的天干为甲,学习所用的课本以每甲为一篇,故有《周官》"六书"之名;而刘歆为托古改制,抽换《周官》中《六甲》之实而冠以"六书"之名,目的是要抬高小学课程的地位。③ 这些研究表明,张政烺希冀打通各类文献与实物资料记载,剔除古文字在演变过程中被人为赋予的外在含义,以起到正本清源、还原历史本来面目的作用。

张政烺对古文字的考证之作,突破了传统学者就文字论文字的窠臼,而是把对古文字的考释与古史研究融为一体,古文字考释是手段,为的是解决古史研究中存在的问题。正如他所说:"我致力于以古文字学的理论和方法考释甲骨文、金文、陶文(包括砖瓦文)、简帛、石刻与玺印文字,辅之以各类古代字书,追求中国文

---

① 张政烺:《说文燕召公史篇名丑解》,《历史语言研究所集刊》第十三本,1948 年。
② 张政烺:《说文序引尉律解》,《历史语言研究所集刊》第十七本,1948 年。
③ 参见张政烺:《六书古义》,《历史语言研究所集刊》第十本,1942 年。

字的形、音、意发展演变的真迹，为的是解决一些历史上的问题。"①所以他的古文字研究，并非局限于字词的考释，而是通过对微观历史问题的研究以期达到对宏观历史的深层次认识，具有重要的学术价值。

二、谶纬学说的学术史考察

对于谶纬学说，前人多以封建迷信思想视之，从学术史的角度予以系统考察，始于史语所的陈槃。陈槃（1905—1999）曾就读于广东大学中文系（后改为国立中山大学文学院），先后师从陈洵、古直、傅斯年、顾颉刚等著名学者。1931 年，陈槃大学毕业，旋入史语所从事研究工作。

陈槃的研究方向最初聚焦在《春秋》及其三传研究。有一份傅斯年档案记载："陈槃治《春秋》三传，题为'以《春秋》本文证三传义例之不成立'，以甲骨文、金文、竹书等推求《春秋》书法之'文法'的来源。"②陈槃研读《春秋》及三传用力至深，史语所二十年度报告中言："助理员陈槃为《春秋》统计之研究，左公穀三传之研究并从三传中选辑义例约一千条，计三万余言。"③1932 年，陈槃除了继续从事《春秋》三传之研究外，还专致于"搜集过去学者对于《春秋》三传之著作，而一一加以检讨"。④ 1933 年，陈槃的工

① 张政烺：《我与古文字学》，《张政烺文史论集》，第 852 页。
② "傅斯年档案"，Ⅰ:779。
③ 《国立中央研究院历史语言研究所二十年度报告》，《傅斯年全集》（六），第 291 页。
④ 《国立中央研究院历史语言研究所二十一年度报告》，《傅斯年全集》（六），第 382 页。

作主要集中在三个方面：一是"读唐宋以下对《春秋》三传有关之书籍约五百余种"；二是"作《春秋》研究之工具书以便检查：A.《春秋名氏谱》将《春秋》三传之不同之人名称谓，分国排列，并注明原书叶数。B. 作全文书法表一册，甲骨文书法表一册，以便与经文比较"；三是"先作《左传辨例》，约得二百余条，其《公羊穀梁辨例》，拟以后继续为之，以期一洗历来聚讼之弊，而作适当之解决"。① 历经三年积累，至 1934 年时，陈槃已完成《左氏春秋义例辨》书稿，共 4 卷，又成体要 1 卷，共 20 余万字，该书内容"将二千年来传统的《左氏春秋》义例，加以反驳，暴露其穿凿附会之真象"，同时"从比较文法着手，证明《春秋》保存鲁史之旧，未经孔子笔削"，"广泛的爬梳先秦两汉诸书，推求传例之来原，及作讹之经历"。② 1935 年，陈槃仍然继续从事《春秋三传义例》的研究工作。③

陈槃"因研究《春秋》，涉及汉人'受命'及谶纬观念，遂深入研治谶纬"。④ 至于研习谶纬之时间，陈槃自言："槃承本师傅先生孟真命，研习古谶纬之学，始于民国廿六年冬。"在此之后，一直到史语所 1948 年迁台之前，陈述对于"谶纬研讨作业，未尝中辍"，因为研究工作的连续性，陈槃随所迁台后，在很长一段时间内仍接续从事

---

① 《历史语言研究所二十二年度工作报告》，《傅斯年全集》（六），第 425 页。

② 《国立中央研究院历史语言研究所二十三年度报告》，《傅斯年全集》（六），第 454 页。

③ 参见《国立中央研究院历史语言研究所二十四年度总报告》，《傅斯年全集》（六），第 489 页。

④ 杨晋龙：《皓首穷经——陈槃庵先生小介》，载杜正胜、王汎森主编：《新学术之路》下册，第 456 页。

谶纬学研究,直至1955年,他"始于两周史地之学发生兴趣,而于谶纬方面之工作,遂若断若续,未皇媾壹"。① 根据史语所不甚完整的工作报告,我们依旧能够追踪陈槃谶纬学研究的脉络。1939年2月,史语所二十六年度至二十八年度工作报告记载:陈槃从事《左氏春秋义例辨》与《两汉谶纬书录解题》,而这两项工作之第一种"已成书付印",第二种"已集得二百余条,拟将其成书背景及内容分别叙述"。② 可知,此时是陈槃从事《春秋》三传向谶纬学研究的过渡阶段。史语所1944年度工作报告载:"副研究员陈槃本年仍继续作古谶纬通纂集说工作,除继续搜集前人未收材料并校正旧辑本及作集说外,写成论文'秦汉间所谓符应论略'一篇,又解题两篇:(1)孙氏瑞应图解题,(2)敦煌抄本瑞图残卷解题。"③史语所1945年度工作报告又言:"副研究员陈槃本年继作古谶纬通纂集说工作,除继续钩集谶纬逸文及集释长编之材料约得二千余事外,并汇集战国、秦汉间方士材料,撰写论文,已成'战国秦汉间方士考论上篇'。"④又据"国立中央研究院历史语言研究所报告(三十五年十月至三十六年九月)"记载:陈槃"除继续古谶纬辑佚工作外,并写成'论谶纬命名及其相关之问题'及'论早期谶纬及其与邹衍书说之关系'二文"。⑤ 这些研究主要刊发在《历史语言研究所集刊》上,依照撰写和发表时序分别为:

---

① 参见陈槃:《古谶纬研讨及其书录解题·序》,上海古籍出版社2010年版,第1页。
② "史语所档案",李65—2,但时间标注为1939年10月。
③ "史语所档案",李65—8。
④ "史语所档案",李65—9。
⑤ "史语所档案",李65—10。

表 4-1　陈槃于史语所时期（1928-1948）所撰谶纬学论文

序号	题名	完成时间	发表刊物	刊发时间
1	《古谶纬书录解题（一）》	1942 年之前完稿①	《历史语言研究所集刊》第十本	1943 年
2	《敦煌唐咸通钞本三备残卷解题——古谶纬书录解题附录之一》	1942 年之前完稿②	《历史语言研究所集刊》第十本	1943 年
3	《谶纬释名》	1942 年 10 月 6 日脱稿	《历史语言研究所集刊》第十一本	1943 年
4	《谶纬溯原（上）》	1942 年 10 月 8 日脱稿	《历史语言研究所集刊》第十一本	1943 年
5	《古谶纬全佚书存目解题（一）》	1944 年 2 月完成初稿	《历史语言研究所集刊》第十二本	1947 年
6	《古谶纬书录解题（二）》	1944 年 7 月 24 日完成初稿	《历史语言研究所集刊》第十二本	1947 年

---

① “史语所档案”中有一封邓广铭 1942 年 12 月 21 日写给傅斯年的信函，内容为已校对完《集刊》第十本第二分陈槃的文稿，并言从商务印书馆获悉，《集刊》要到明年二月才能出版（参见“史语所档案”，李 9—3—10）。此信所提陈槃稿当为《古谶纬书录解题（一）》。这篇文稿大约完成于 1941—1942年，因为在此之前，《集刊》第十本已经完成第一分与第二分的组稿，但因商务印书馆在上海被日本人封闭，导致《集刊》第十本第一分、第二分下落不明，史语所不得不重新组稿。核查原《集刊》第十本第一分和第二分，并无陈槃之《古谶纬书录解题（一）》（参见《本所刊物沦陷港沪情形及今后出版计划》，《历史语言研究所集刊》第十本第一分，1942 年），说明陈槃此文是后撰之文。抗战胜利后，史语所于 1948 年在商务印书馆重新出版《集刊》第十本，陈槃于 1947 年春月又对此加以修订，完成“更定稿”。

② 史语所于 1940 年 1 月曾致函北平图书馆查阅关于敦煌谶纬资料，时任北平图书馆馆长袁同礼回复傅斯年说，已分别函请北平与国外图书馆代为录副或影照（参见“史语所档案”，昆 7—50）。此文“后记”注明该文撰写完成时间为“三月十七日”，或交稿时间为 1942 年 3 月 17 日。

序号	题名	完成时间	发表刊物	刊发时间
7	《秦汉间之所谓"符应"论略》	1945 年 2 月 5 日脱稿，1946 年 9 月增订毕	《历史语言研究所集刊》第十六本	1948 年
8	《战国秦汉间方士考论》	1946 年 3 月 30 日脱稿，1947 年 10 月 8 日增订毕	《历史语言研究所集刊》第十七本	1948 年
9	《古谶纬书录解题（三）》	1946 年 7 月成稿	《历史语言研究所集刊》第十七本	1948 年
10	《古谶纬书录解题附录（二）》	1946 年 8 月 10 日完稿	《历史语言研究所集刊》第十七本	1948 年
11	《论早期谶纬及其与邹衍书说之关系》	1947 年 8 月 22 日完稿	《历史语言研究所集刊》第二十本	1948 年

陈槃的谶纬学研究并未因史语所迁台而中断，此后他相继发表了《古谶纬书录解题（四）》《古谶纬书录解题（五）》《古谶纬书录解题（六）》《古谶纬书录解题（七）》《古谶纬书录解题附录（三）》；尤其是他的《谶纬命名及其相关之诸问题》实与发表在 1948 年《历史语言研究所集刊》第二十本上的《论早期谶纬及其与邹衍书说之关系》相互发明。他在此文"附记"中载："篇中又尝提及旧拙作《论早期谶纬及其与邹衍书说之关系》一文。（《集刊》第二十本。）案关于谶纬之起原，及其得名之由来，此二文详略互见，诚关系密切。读者如不吝赐教，可以参合观之。"①这些有关谶纬研究的成果，在 1990

---

① 陈槃：《谶纬命名及其相关之诸问题》，《历史语言研究所集刊》第二十一本第一分，1949 年。

年时勒为一书，名曰《古谶纬研讨及其书录解题》。

综观陈槃的谶纬学研究，主要集中在两个方面：一是对于谶纬之书的资料性研究，包括辑佚、考证，并据此阐发其来源、演变与存佚情况。这一研究，主要体现在他的《古谶纬书录解题》七编、《古谶纬书录解题附录》三编和《古谶纬全佚书存目解题》一编等论著中，"这些解题涉及到有关各纬书的名称研究、其成立时期和内容等方面，它已成为纬书资料研究不可缺少的参考论文"。① 二是对于谶纬之书的思想性研究，主要借助谶纬文献讨论作为一种思想的谶纬，其渊源、命名以及早期发展的脉络，同时对与谶纬相关的社会历史问题进行梳理、建构。这一研究，主要体现在他的《谶纬释名》《谶纬溯原（上）》《秦汉间之所谓"符应"论略》《战国秦汉间方士考论》《论早期谶纬及其与邹衍书说之关系》和《谶纬命名及其相关之诸问题》等论著中。这些论著所涉内容，虽间有重复，但是却将谶纬学说发展流变中一些重要的问题予以了明确阐释。关于谶纬的起源，陈槃认为："秦汉间信奉符应之说，谶纬缘是产生。谶纬中包含之思想，自不止一事，然而符应思想，要为其骨干。"②于是，他对于符应学说多有考察，通过梳理先秦以来的史料，指出符应之说渊源于古之史官，包括巫祝、占候、史典，其学说经邹衍加以记载，得以传承衍变，至秦汉间由方士加以宣传，这也是符应学说向谶纬学说演变的一个重要阶段。陈槃通过对于谶纬材料的考证，指出谶纬学说大部分继承了邹衍之说：其一，邹衍的学说多有"神明""福祸""往

① ［日］安居香山：《纬书思想研究的历史及其课题》，载辛冠洁等编：《日本学者论中国哲学史》，中华书局1986年版，第228页。

② 陈槃：《秦汉间之所谓"符应"论略》，《历史语言研究所集刊》第十六本，1948年。

来"之说，带有浓厚的谶纬之学的色彩，谶纬材料中的"图谶之识、神仙之术"大多出自邹衍之说；其二，邹衍的学说以"五德主运"为核心，而谶纬学说中也强调"阴阳主运"，有一定的相似之处；其三，在邹衍学说中有所谓"五德转移而符应若兹"，在《河图》及诸谶纬材料中也有大量关于"符应"的记载；其四，谶纬材料中的地理系统，亦与邹衍书相对应，如邹衍的"大小九州说"认为天下分为九州，中国在东南一角，名曰"赤县神州""而分为九"，《河图》当中记载说："凡天下有九区，别有九州。中国九州名赤县神州，即禹之九州也。上云九州，八柱，即大九州也。非禹贡赤县小九州也。"由此，陈槃得出结论："谶纬为书，虽直接原于'海上燕齐方士'，谓间接出于邹衍，或邹衍学说之化身变象，无不可也。"①据此可知，邹衍学说对于秦汉方士作谶纬之书，影响甚大。陈槃又论秦汉间"方士之思想，性行，综而论之，特异之点，厥有五端，一者，杂学；二者，以儒学文饰；三者，游'方'与'阿谀苟合'；四者，侈言实验，不离'怪迂'；五者，诈伪是也。谶纬者，则方士诈伪成绩之大结集也"。② 方士作为一个特殊的群体，"与其所宗主之邹衍，同为杂学，而喜以儒学文饰，故其矫托之书，自河洛以下，无疑并依附经义，托之孔子。属西汉自武帝之世，罢黜百家，儒为一尊，非藉此以自重，则不足以迎合人主而取荣宠"。③ 于是，原有符应学说经过方士的粉饰，便成为撰述谶纬文本的基本材料。

---

① 参见陈槃：《论早期谶纬及其与邹衍书说之关系》，《历史语言研究所集刊》第二十本，1948 年。
② 陈槃：《战国秦汉间方士考论》，《历史语言研究所集刊》第十七本，1948 年。
③ 陈槃：《论早期谶纬及其与邹衍书说之关系》，《历史语言研究所集刊》第二十本，1948 年。

众所周知，民国学人周予同与顾颉刚也曾对谶纬作出较系统之研究，但与陈槃的谶纬学相比，"二氏之研究有一共同点，即皆立足于以谶纬为认识古史的材料"①，而陈槃则是从学术性的视角对谶纬本身的发展演变作出了考察，其学术研究具有创始性与奠基性的价值。正如以研究纬书知名的日本学者安居香山所言："现代纬书研究的很多成果，可以说是在陈槃博士（公元一九〇五年—）的研究成果之上建立起来的。这是众所公认的。说他奠定了纬书研究的基础也是毫不过分的。"②

三、汉代制度史研究的发覆

劳榦（1907—2003）于少年时代曾跟随祖父识字，后随四姑、母亲读书。由于其父一直在陕西省财政厅担任科员，家庭收入稳定，遂聘用专门塾师教授劳榦四书五经等内容。除此之外，劳氏对于古典小说、古人文集兴趣浓厚，遍阅家中收藏的章回体小说、《唐诗三百首》《古诗源》《十八家诗钞》《艺苑名言》《古今说部丛书》《清朝野史大观》等。后因嗜读佛兰阁所著《格致须知》，始在天文、地理、古生物学、化学、物理等自然科学知识方面打下了基础。③ 在北大史学系就读期间，劳氏学术研究的兴趣偏向于上古史，并因此在经学及语言文字学方面下了不少功夫。尽管劳榦在少年时代及大学时期读书广博，却很少涉及秦汉两代的典籍。劳榦 1931 年毕业于

---

① 梁秉赋：《陈槃的谶纬研究》，载陈勇主编：《民国史家与史学（1912～1949）》，上海大学出版社 2014 年版，第 326 页。
② ［日］安居香山：《纬书思想研究的历史及其课题》，载辛冠洁等编：《日本学者论中国哲学史》，第 227 页。
③ 参见劳榦《大学时期以前的回忆录——童年时代眼中的世界和初期的读物》，《中外杂志》第 4 卷第 5—6 期，1968 年 11 月—12 月。

北京大学史学系，1932 年进入史语所从事研究生学习，翌年留所工
作，累迁为研究员。史语所的学术生涯，对于劳榦走上两汉制度史
研究的道路至关重要。他说："做两汉的专门研究，是到中央研究院
以后的事"，"到了史语所以后，其中前四五年是集中阅读在有关两
汉的各种书籍，以及汉碑汉画及其有关的书籍及论著，以后再从汉
代魏晋南北朝一直读下去"。①

　　劳榦进入史语所从事两汉制度史研究，与傅斯年、陈寅恪等史
语所第一代学人的精心培养密切相关。劳氏在大学时期即深受傅
斯年、胡适学术思想的影响②，大学毕业后又经陈寅恪的推荐而入
史语所③。至于其选择两汉制度史作为研究领域，一方面缘于居延
汉简的发现，一方面缘于傅斯年的引导。居延汉简"从民国十九年
秋发现，直到民国二十四、五年，还无人敢做考证。这一点我们要感
谢傅孟真先生，他坚决的认为'青年人不是不可以做独立研究的'，
他不顾一切困难，把居延汉简解放出来交给我们几个人研究。不久
我做出来'从汉简所见的汉代边塞制度'"。④ 另外，从 20 世纪 30
年代初期史语所历史组的人员构成及研究方向来看，上古史研究有
傅斯年与徐中舒，魏晋南北朝隋唐史研究有陈寅恪，明清史研究有

---

① 劳榦：《劳榦教授的自述》，《湖南文献》第 6 卷第 4 期，1978 年 10 月。
② 参见劳榦《五四新文学的洗礼》，《联合文学》第 2 卷第 2 期，1986 年 10 月。
③ 劳榦在《忆陈寅恪先生》一文中说："等到傅孟真先生逝世以后，我在参加傅
　先生遗集整理工作之中，在傅先生的一本书中，看到夹着陈先生一张回复
　傅先生的信，对我加以郑重的推荐，这件事陈先生从来未曾直接和间接表
　示过的，使我万分的感动。"参见《传记文学》第 17 卷第 3 期，1970 年 9 月。
④ 劳榦：《劳榦教授的自述》，《湖南文献》第 6 卷第 4 期，1978 年 10 月。按，引
　文中的"从汉简所见的汉代边塞制度"，原文发表时题为"从汉简所见之边
　塞制度"，可能由于作者误记所致。

李晋华与傅斯年。傅斯年在学术主张上力倡断代史与专门史研究，而当时史语所所缺少的断代史研究主要集中在秦汉史及宋辽金元史两大领域，由于劳榦在学术上偏于上古史，加之居延汉简适逢其会地发现，所以劳榦被其研究生导师傅斯年安排研究秦汉史。

我们从现有的材料依然能够粗线条地勾勒出劳榦在史语所时期从事两汉制度史研究的路径。

表4-2　劳榦两汉史研究学术活动和成果表

时间	研究工作
1934年	将两《汉书》《三国志》重要史料，分类抄录；阅读汉魏人著述，将丛书中所列由汉至隋一切著述，钩稽为《汉魏六朝著述》录目；借江安傅氏及北平图书馆所藏《盐铁论》旧本互为校阅，以其异同录为《盐铁论校记》。①
1935年	以《金石萃编》为底本，与《隶释》《隶续》《汉碑录文》《两汉金石记》诸书校其异同，并将八琼室补正所增者录入，再与北京大学所藏艺风堂拓片相校②；发表《汉代奴隶制度辑略》《盐铁论校记》《汉晋闽中建置考》《两汉户籍与地理之关系》《两汉各郡人口增减数目之推测》。
1936年	出版《晒蓝本汉简释文》（该释文共释简3055枚，分两部分，上卷为劳榦所释，释简1267枚，下卷由余逊考释，释简1788枚）
1937—1939年	根据北京大学艺风堂之拓本及史语所藏刘善斋之拓本整理汉魏史料及石刻③；发表《从汉简所见之边郡制度》《礼经制度与汉代宫室》。

---

① 参见《国立中央研究院历史语言研究所二十三年度报告》，《傅斯年全集》（六），第454页。

② 参见《国立中央研究院历史语言研究所二十四年度总报告》，《傅斯年全集》（六），第489页。

③ 参见《历史语言研究所二十六年度至二十八年度报告》，《傅斯年全集》（六），第538页。

续表

时间	研究工作
1940—1942 年	根据居延汉简原简的反体照片,写成今体并作校对分类。①
1942 年	作为西北史地考察团团员,考察了额济纳河流域的汉代长城、烽燧遗址、阳关与玉门关等地。
1943 年	石印出版《居延汉简考释·释文之部》4 册,发表《汉代兵制及汉简中的兵制》。
1944 年	石印出版《居延汉简考释·考证之部》2 册,发表《汉简中的武帝诏》《两汉刺史制度考》《汉代社祀的源流》《汉简中的河西经济生活》《两关遗址考》《汉代边塞的概括》。
1945 年	发表《阳关遗址的过去与现在》《论汉代的内朝与外朝》。
1946 年	出版《秦汉史》,发表《居延汉简考证补正》。
1947 年	发表《秦汉帝国的领域及其边界》。
1948 年	重校居延汉简,取原简照片六百余帧对照已印出的《释文》及《考证》,逐条校理,拟重行付印。② 发表《论汉代之陆运与水运》《汉代察举制度考》《释汉代之亭障与烽燧》。

从劳榦进入史语所起至史语所 1948 年迁台止,相较于当时学界研究秦汉史的学者来说,劳榦的成就与贡献是值得关注的。顾颉刚在评价当时学术界秦汉史研究的现状时说:"关于秦汉史的研究,以劳榦先生的成就为最大,所发表的论文……俱极精审,发前人之所未

① 劳榦在《居延汉简考释自序》中说:"现在的释文,就是根据原简的反体照片,这些是因为制版由商务印书馆摄影并由沈仲章先生经手拍摄的。为写成今体和校对分类,我已经费去两年多的时间。"此文末尾所署日期为"中华民国三十一年六月",说明 1940—1942 年劳榦于四川南溪从事居延汉简的反正体转换与释文的分类工作。此外,在《居延汉简考释·考证之部》"自序"中,劳氏说:"陈书发箧,阅历四载。"篇末所署日期为"中华民国三十三年六月",也说明劳氏对居延汉简释文之工作始于 1940 年。

② 参见《中华民国三十七年度国立中央研究院历史语言研究所工作计划(事业部分)》,《傅斯年全集》(六),第 582 页。

发。劳先生对于汉简的研究，其成就亦极大，居延汉简即是全部由其释文而出版的。考证两卷，推论两汉边塞制度，粲然如在目前。"①显然，在史语所时期受到的学术训练，不仅开启了劳榦两汉制度史研究的多条路径，而且奠定了他在两汉史研究领域的权威地位。

（一）对两汉政治制度的"重构"

汉代是中国传统社会的成长时期，在政治措施、典章制度方面开创了许多新局面，对后代皇朝政治格局的演进产生了深远影响。但是长期以来，对于汉代政治制度之研究，却鲜有学者论及。清代乾嘉考史学家虽偶有涉猎，却非系统与全面。劳榦研治两汉史，始终重视汉代政治问题，撰有多篇对汉代政治史进行专题考索的学术佳作，后集结为《汉代政治论文集》，于 1976 年由台北艺文印书馆出版。综合考察劳榦对汉代政治史之研究，可以看出他对汉代政治制度的发覆，已经触及到了汉代封建政体的深层次问题，值得今人重视与总结。

1. 关于汉代内朝官之考订

汉代官制系统分中都官与郡国官，凡在京师为官者皆属中都官，同理，凡在外郡与诸侯国为官者则成为郡国官。中都官又分为内朝（或称中朝）与外朝。孟康在注解《汉书·刘辅传》时首先注意到此，他说："中朝，内朝也。大司马，左右前后将军，侍中，常侍，散骑，诸吏，为中朝，丞相以下至六百石为外朝也。"清代考史大家钱大昕在考订《汉书》时也注意到此问题，言："《汉书》称中朝官，或称中朝者，或称朝者，其文非一，唯孟康此注最为分明。……给事中亦中

———————————

① 顾颉刚：《当代中国史学》，第 81 页。

朝官,孟康所举,不无遗漏矣。……然中外朝之分,汉初盖未之有,武帝始以严助、主父偃辈入直承明,与参谋议,而其秩尚卑。"①钱大昕虽已由孟康注之启发注意中外朝问题,并通过考证指出孟康所列内朝官有所遗漏,但言之甚简。于是劳榦在此基础上进一步发挥,对内朝的起源、涵括范围、种类、职能及影响进行了系统考证。他通过对秦代与汉初官制考察,认为"汉代的政治是以武帝为转捩点,内朝外朝的分别便是在武帝时代形成的"。武帝时期,朝廷之事已渐渐不由丞相决定,尤其是"田蚡以后,薛泽,公孙弘之流为相,不过取其雍容儒雅,朝廷事是不由丞相的"。但国家多事,武帝用人不拘一格,所以"又添了不少的宾客",这些人本无地位,但因受到武帝的重用,遂与丞相为首的外朝形成相对应的内朝。内朝除孟康注解言及的官职之外,劳榦通过对史实的探究,揭示出左右曹、给事中、尚书等亦属于内朝之列。关于内朝的种类,劳氏分为三类:一是得入禁中的,有侍中和中常侍;二是天子的亲近执事之官,有左右曹和散骑;三是掌顾问应对的,有给事中。此三类为天子近臣且加官者,而尚书虽不加官,但也属天子近臣,与第三类接近。劳榦综合有关史书对汉代历史的记载,将内朝所含官职一一考证,最后从史实中总结出内朝、外朝升降趋势及其演变之结果:"到了武帝时代,丞相和郡守国相之权虽然尚仍旧贯,但天子方面对于丞相的压力增加了。天子方面的压力,便自然形成了一个集团,便是内朝,内朝结论总汇的所在,便是尚书。在这种状况之下,尚书的组织便会庞大起来。"②

---

① 钱大昕:《三史拾遗》卷三,《廿二史考异》附录一,方诗铭、周殿杰校点,上海古籍出版社 2004 年版,第 1434 页。
② 劳榦:《论汉代的内朝与外朝》,《历史语言研究所集刊》第十三本,1948 年。

劳榦首次对汉代的内朝官作出深入翔实的考证,其卓越见解受
到后来秦汉史研究者的重视。林剑鸣在《秦汉史》中对中外朝的论
述便吸纳了劳氏的见解。① 时隔半个多世纪,仍有学者评价劳榦对
汉代内朝制度的研究,"是近几十年来研究西汉内朝制度的奠基工
作"。②

2. 关于汉代刺史制度的探究

刺史制度是创始于武帝时期的地方监察制度。这一制度的发
展变化与两汉政治关系密切,对后世影响亦颇为重大。劳榦关于两
汉刺史制度的研究,系统而深入,具有创始之功。他对汉代刺史制
度的考察,善于结合历史背景,观其会通,以推求刺史设置之因缘。
他认为,汉武帝的事业于元封时期达于鼎盛。在内政方面,汉初分
封诸侯王国,除名称方面而外,完全与郡国相同;新置的郡县,在此
时期也蔚为大观。在对外关系上,击溃匈奴势力,通西域,"开从古
未有的新局面"。但元封时期亦出现衰象,公孙弘、汲黯、韩安国、郑
当时、张汤、严助、朱买臣、张骞、卫青、霍去病等卓有建树的文官武
将已经逝去,董仲舒、赵禹已老病不堪政事,新起之秀霍光、金日磾
资历尚浅,尤其是卫青、霍去病、张骞之死对武帝触动极大。劳榦结
合这一历史背景,又据《汉书·武帝纪》元封五年(前106)"大司马
大将军青薨。初置刺史"的记载,得出"刺史的设置,在情理上的推
测,是为应付新的局面"的结论。这种从历史背景出发对刺史设置
因由的探讨,尤见卓识。

关于刺史职权的发展,劳氏采用动态发展的眼光对此作出了探

---

① 参见林剑鸣:《秦汉史》上册,上海人民出版社1989年版,第332—339页。
② 李宜春:《论西汉的内朝政治》,《史学月刊》2000年第3期。

究。他强调,西汉时期,刺史以"六条"察州,其职务是限制太守不应如何做,并非督促太守如何做,如所部太守犯法,只能察举,不能代治。至东汉初年,刺史的职权有所增加,这表现在刺史由监察人员开始转而领兵,镇压反抗。在顺帝阳嘉三年(134),刺史秩已由六百石增至二千石,甚至开始领郡,所以此时刺史领军、领郡为其以后成为拥兵自重的地方军阀开了先河。同时,劳榦还运用归纳考证的方法,对刺史的除授作了深入考察。他对两《汉书》及《三国志》相关史料分类归纳,以确凿的实证指出刺史的来源主要有博士、侍御史、列大夫议郎、尚书令、故九卿二千石、中郎将、尚书郎、中都官、河堤谒者、戊己校尉、县令高第、大将军三公掾属、孝廉茂才等。充任刺史的官吏,任职期满后,其转迁的方向与职位主要以二千石守相为最多,除此之外尚有为三辅河南尹、九卿将军列校、丞相司直、司隶校尉、尚书、侍御史、列大夫、中郎将、议郎、博士、大将军从事中郎等。[①]

劳氏在历史考证上具备深厚的功力,他以扎实的史料为基础,对两汉刺史的渊源、设置、因革、职权发展与职位的除授作出了较为全面的考察。其创榛辟莽的开拓精神,激励着后代学人对此问题继续深入探索。

3. 关于汉代察举制度的考察

在劳榦看来,察举制度作为一种重要的选官制度,始于西汉时期,虽然渊源于高祖十一年(前196)下诏选举"贤士大夫",但其意在"亲士",与后世偏重知识的察举制并不相同。察举之制历经孝惠、吕后、文帝时代,至武帝时期才最终确立下来。劳氏认为,"元光

---

① 参见劳榦《两汉刺史制度考》,《历史语言研究所集刊》第十一本,1943年。

元年这一年,无疑的,是中国学术史和政治史上是最可纪念的一年。这一年十一月：'初令郡国举孝廉各一人'。五月,诏贤良"。这一次诏举的孝廉、贤良,据《汉书》所载,并未有对历史发展有甚大影响之人,"然而就制度的本身说来,却开中国选举制度数千年坚固的基础,这是应当特别注意到的"。直至元朔元年(前128)武帝下诏二千石举孝廉,如不举孝、不奉诏者,当以不敬论处；不察廉者为不胜任,当免。自此可谓奠定了汉代察举制的规模,"以后西汉各朝以及东汉各朝虽然有所修正增改,但其中的大致范围大致不能超出武帝时代了"。

关于察举制度的科目,劳氏认为可以归纳为孝廉、茂才、贤良方正与文学、其他特科四类,而尤以孝廉、茂才两科为重。后人多以"孝廉"为一目,经劳榦细致考察,认为孝廉本分孝与廉为二。元光元年(前134)诏令郡国举孝廉各一人,即举孝者一人、举廉者一人。但一人同时兼具孝与廉,诏书也是允许的。对于国家来说更是希望举荐孝、廉兼备的"全才",所以孝与廉二目渐渐混同连称。"茂才"又称秀才,因避光武帝刘秀讳而改为茂才。茂才一科始于武帝时期,终西汉一代均为特举一类,至东汉时期方变为岁举,"因此茂才和孝廉可以并称"。据劳氏的考辨,茂才与孝廉有较大差异：

表 4-3　汉代孝廉与茂才差异表

科目	察举者身份	察举方式	来源	官职任用	察举人数
孝廉	郡国	岁举	州郡掾属、儒生、处士、故官	孝廉察举以后初为郎官,由郎官迁尚书令,再由尚书令迁为县令	每年约206人

续表

科目	察举者身份	察举方式	来源	官职任用	察举人数
茂才	丞相、御史、列侯、中二千石及刺史	西汉属于特科，东汉始为岁举	故孝廉、三公将军掾属、三署的久次郎官、少数州郡掾属	被选举以后即为县令	每年约20人

可见，茂才的任用较孝廉为重。关于贤良方正与文学及其他特科的选举，劳榦也作出了较为系统的研究。他认为贤良方正的察选主要是为了开直言之路，常在灾异之后；文学与贤良并称，始于武帝时期，与孝廉、茂才之为常科有着根本的不同，原因在于贤良方正、文学、直言、有道等察举均系特科。此类特科在两汉虽非岁举，但也是常见之事。除此之外，特科尚有明经及博士、武猛兵法、阴阳灾异之士等。只不过这些特科在两汉并非常用，只是偶然一举罢了。①

综上可知，劳榦虽以考证见长，但与清代一些专事细小烦琐问题考证的学者旨趣迥异。他视野恢弘，重视问题意识，故对汉代政治制度之研究，涉及官制系统、监察制度、选官制度等关乎汉代政治发展并对后世深有影响的重大问题。

（二）对汉代兵制的全面探索

劳榦对汉代兵制之考察，缘于他对居延汉简的研究。居延简中有不少涉及汉代边塞兵制的记载。这些记载引起了劳榦的重视，并于1938年撰成《从汉简所见之边郡制度》。他认为，戍边之卒有戍卒与骑士之分，"戍卒乃指内郡所戍，而骑士率为边郡之卒"；"戍卒

---

① 劳榦：《汉代察举制度考》，《历史语言研究所集刊》第十七本，1948年。

以外有田卒，隧卒，渠卒，观其年岁为二十余，盖亦正卒为之"。① 由此启迪他对汉代兵制作出全面探索。

1943 年，劳氏发表了《汉代兵制及汉简中的兵制》②一文，进一步对汉代戍卒、骑士作了考究，并就汉代兵制问题进行了系统研究。他以联系的观点提出汉代兵制与徭役制度关系极为密切，应当归在一类进行研究，因此他论汉代兵制常常联系汉代的徭役制度。关于正卒，他从正卒的种类、军资、调拨和率领、编制四个角度给予总结，指出正卒分为骑士、材官（步兵）、楼船士和车士四类。正卒种类依地方状况不同而分布不同，三辅和幽、并、凉各州的属部大多为骑士，内郡不产马的地方多为材官，沿江海各郡兼用楼船士，车士在汉代用得比较少，多用于仪仗方面。关于正卒的军资，劳榦综合汉简与史籍所载，认为骑士的军资为官马，而材官的军资以弓弩为主，白刃为辅。正卒受郡守率领，"凡发兵时，由太守以汉虎符发兵而由都尉统率"。在编制方面，正卒五人为伍，平时的管理训练寄记于乡制之下，待有战事发生便很快可以调拨。

汉制规定人民在 23 岁之后，需要服役二年。据《汉书·食货志》董仲舒所言，这二年服役，一为正卒一年，一为屯戍一年。而《汉官仪》却有不同的记载，认为一年作正卒，一年作卫士。由此看来，汉人服役一年为正卒毫无疑问，分歧点在于另一年之徭役是为卫士还是戍卒。千百年来未曾解决的问题，在劳榦手里却能涣然冰释。他从汉代人口数目入手，然后与卫士数目进行比较，从而得出了"卫士是一种选拔过的兵士，而不是适应兵士的全体"的新看法。

---

① 劳榦：《从汉简所见之边郡制度》，《历史语言研究所集刊》第八本第二分，1939 年。
② 载《历史语言研究所集刊》第十本，1948 年。

他据史籍所载,将昭宣时期人口估算在 5000 万左右,男子数量约为 2500 万,若以平均年龄 40 岁计算,则同一岁男子的数量当为 625000 人。相较西汉卫士的数目,在汉初有两万人,至武帝时下诏"卫士转迎送置常二万人,其省万人",所以武帝后卫士的数目只有一万人。至东汉时期,卫士数目据《百官志》所载,人数不足三千,约为西汉之 1/4。劳榦更从史籍上找出证据说:"据《沟洫志》注,'孟康曰,外徭谓戍边也',又《卜式传》注,'苏林曰,外徭谓戍边也',卫卒是外徭,戍边亦是外徭,所以卫士和戍卒应当是同样性质,即同样属于外徭,亦即正卒以外的徭戍,所以以前的史料对于正卒以外的一年兵役,或称卫士,或称戍边。这样看来,人民只要作卫士便可以不戍边,戍边亦就不为卫士了。"这一考证结论符合汉代徭役制度,于史料上亦能够疏通而不冲突。所以日本学者重近启树在研究秦汉兵制时便采纳了劳氏的这一见解。① 同时,劳榦依据汉简记载,对戍卒的籍贯、年龄、戍边时间、衣食供给等内容一一作了考察,认为戍卒大部分是关东人,只有少部分属于边郡人;戍卒在年龄上与正卒并无甚大差别,最小尚有二十岁的戍卒;戍卒戍边一年而换,虽然不懂烽燧情况,但因隧卒人数有限,所以只需要很短时间的训练即可;戍卒在衣食方面由公家供给为主,也有一部分是戍卒家中供给的。汉代兵制除正卒、戍卒之外,与徭役相关者尚有更卒,需要一年服役一个月。综观劳榦对汉代戍卒之研究,利用新史料,拓展新题材,弥补了史乘记载之阙。

通识的学术眼光,使劳榦对东汉之兵制亦进行了探索。他通过

---

① 参见［日］重近启树:《围绕秦汉兵制的若干问题》,载［日］佐竹靖彦主编:《殷周秦汉史学的基本问题》,中华书局 2008 年版,第 259 页。

对东汉时期兵制的考察,指出光武帝刘秀执政,正值中原残破之时,又遇水旱灾害,为省吏减赋、与民休息,遂罢去常备的民兵。虽然军备废弛,但军籍未费,"有事仍然要征发郡兵,但因为不如西汉训练的严格,所以民兵的成绩亦不如西汉"。劳榦认为,汉代兵制虽然多从州郡征发,但是从汉简反映的情况来看,已经出现了募兵与使用刑徒的新现象了。

劳榦对汉代兵制的研究,不仅具有创建性,而且富有启发性。何兹全就曾受到劳榦对汉代兵制研究的影响,从而开始研究魏晋南北朝时期的兵制问题。① 今人黄今言在所撰《秦汉军制史论》《秦汉赋役制度研究》等论著中,亦受到劳榦对汉代兵制研究的启发。② 不仅如此,劳榦的研究工作对日本学者重近启树、西嶋定生③等人也有启迪。由此便不难看出,劳榦对汉代兵制的考察,影响范围异常广阔,激发了众多学者对此问题继续探讨,使得研究进一步深入。

(三)系统研究西北边塞制度

西北边塞设立郡县,其主要目的在于防御北方游牧民族的侵袭,所以居延汉简中保存了大量有关烽燧制度的记载。王国维之《流沙坠简》对此已有涉及,但因史料较少,研究未能深入。劳榦的

---

① 按,据瞿林东教授所言,何兹全研究魏晋南北朝兵制的学术兴趣,一是受到陈寅恪之《府兵制前期史料试释》影响,一是受到劳榦之《汉代兵制及汉简中的兵制》启发。参见瞿林东:《何兹全先生的三国史研究》,载《何兹全先生八十五华诞纪念文集》编委会编:《何兹全先生八十五华诞纪念文集》,中国社会科学出版社 1997 年版,第 35 页。

② 分见于江西人民出版社 1993 年版,第 139、235 页;江西教育出版社 1988 年版,第 314 页。

③ 西嶋定生在《汉代の土地所有制-特に名田と占田について-》(《史学杂志》第 58 编第 1 号,1949 年 6 月)一文中便借鉴了劳榦《汉代兵制及汉简中的兵制》《汉简中的河西经济生活》等文的成果。

研究主要集中在烽火种类的考究、边防职官的系统、塞上建置的种类等方面。关于烽火的种类，《史记》《汉书》等记载简略，难窥烽燧制度全貌。敦煌汉简发掘后，王国维曾对此作出考释，认为烽火的种类有蓬和表，二者为一物，燃而举之谓之蓬，用于夜间；不燃而举之谓之表，用于昼日。① 居延汉简有四十余片有关烽燧的记载，为劳榦深入研究这一课题提供了丰富的史料。何为烽燧？劳氏认为："烽台之建筑曰隧，而烽台之记号曰烽。"烽火的种类可分为四类："一、以布为表，谓之烽表。二、燔烟为号，谓之烽烟。三、然炬为号，谓之苣火。四、然遂下积薪，谓之积薪。"不同的介质有着不同的使用时限，"积薪日夜兼用，表与烟用于昼，而苣火用于夜"。② 其后，汉简研究者陈梦家、徐苹芳、初师宾等人在劳榦研究基础上对烽火种类的认识更加丰富，"进一步完善了对于汉代烽火制度的认识"。③

　　对边塞之官制系统的研究，是劳榦对汉代西北边郡制度研究的另一个重要方面。劳榦的研究，一是侧重于边塞郡县官制的考察。从汉代官制设置来看，郡设太守、都尉，且太守、都尉皆有丞、有掾属；县设县令或县长，亦有掾属。太守、都尉、县令长之掾属，大略相同，均有掾、卒史、属、令史、书佐、循行。劳榦根据居延汉简记载，对汉代郡县官制获得不少新的认识。他发现，汉代太守都尉皆有丞，而"在简牍仅见有长史，不见有太守丞"，都尉之丞在简牍中则径称

① 参见罗振玉、王国维编著：《流沙坠简》，中华书局 1993 年版，第 139 页。
② 劳榦：《居延汉简考证》，《劳榦学术论文集甲编》上册，艺文印书馆 1976 年版，第 358、343 页。
③ 沈颂金对陈梦家、徐苹芳、初师宾等人关于汉代烽火种类的研究有所述评。参见氏著：《二十世纪简帛学研究》，学苑出版社 2003 年版，第 121—123 页。

为丞。关于"太守掾属，简牍中所见者尚少"，仅"□阁谨以文理遇士卒，毋令冤失职，稍称令意，且遣都吏循行廉察不□，太守府，书后，幸无忽，如律令。掾熹，属寿，□□广明(《居延简》14.40.)"。记载太守有掾有属。而相较于都尉掾属，"见于简牍者尚多"。关于县令或县长，劳榦从简牍记载出发，证明了边郡诸县令长亦有令丞。①

　　二是重点推考防边职官系统及边塞防御建置。在劳榦之前，王国维已利用敦煌简对汉代西北边郡官制做过研究，但因敦煌简数量较少，所以在推导之结论上对错参半。以王氏对边塞都尉、候官、候长、隧长职务的考察为例，他指出："右五简中隧候之名五，其地皆无可考。又上诸简之文，或云隧，或云候。案《汉书·贾谊传》：'斥候望烽燧不得卧'，《东观汉记》：'马成缮治障塞，起烽燧，十里一候。'则隧候之事虽殊，其地则一也。"②居延简中亦有关于候长、候史、隧长的记载，如"□□紧刻史杜君，候长一人钱三百，候史隧长九人钱九百。凡千二百。[(370)412、37]"；"出钱五千八百，得候长□宣八百，愿北隧长范□出钱六百□□隧长□□五百[(371)412、43]"；"出十二月吏奉钱五千四百，候长一人，候史一人，隧长六人。五凤五年五月丙子尉史寿王付第廿八隧长商奉世，卒功孙辟非[(473)311、34]"等记载，这为劳榦进一步探研汉代西北边塞官制提供了新材料。他通过深入研究，对王国维的观点提出了不同看法，指出："候长与隧长之职任，则王说未允。"于是劳榦就居延汉简关于边塞职官的系统，重新董理，从边塞职官的级别及隶属关系上作出了梳

---

① 参见劳榦：《从汉简所见之边郡制度》，《历史语言研究所集刊》第八本第二分，1939年。

② 罗振玉、王国维编著：《流沙坠简》，第137页。

理与厘定：

劳榦将边塞职官系统分为都尉、候官、候长、隧长四个等级，并对每一等级的治所作出了探讨。他认为，边塞职官所居之地"大者曰城曰鄣，小者曰隧"。所谓城、鄣、隧，均为边塞上筑土台以通烽火的建筑，有大小之别。故每级职官的治所亦对应为"都尉治城或鄣，候官治鄣，候长治亭隧，隧长守亭隧"。① 劳榦运用"钩稽务博，参互求详"的精良考证方法，对汉代边塞职官系统及边塞建置作出进一步推考，不仅弥补了正史对边塞制度"只能记载一点广泛的一般原则"的缺憾，而且厘正了王国维研究之是非，推进了汉代历史研究。

四、中古经济史的深入探研

全汉昇（1912—2001）是现代中国经济史学科的重要开创者和主要奠基人。1931 年，他以优异的成绩考入北京大学史学系，师从胡适、傅斯年、陈受颐等著名学者，因受当时社会史大论战的影响，他对社会经济史产生了浓厚的兴趣，遂跨系选修了陶希圣之"中国社会经济史"课程，并毅然决定从事中国经济史研究。② 但是从其

---

① 以上引文参考劳榦：《居延汉简考证》，《劳榦学术论文集甲编》上册，第350、356 页。

② 黎志刚、林燊禄：《学人专访：全汉昇院士》，《汉学研究通讯》第 5 卷第 1 期，1986 年 2 月；梁庚尧：《历史未停滞：从中国社会史分期论争看全汉昇的唐宋经济史研究》，《台大历史学报》第 35 期，2005 年 6 月。

大学时期的研究成果来看，尽管已经出版了《中国行会制度史》①，并成为陶希圣主编《食货半月刊》的主要投稿人之一，却未形成自己固定的研究范围。自 1935 年至 1944 年，全汉昇在历史语言研究所工作十年，逐渐形成以中古经济史为中心的研究路径。他研治经济史，与传统史家囿于《平准书》《食货志》书写经济史的范式异趣，而是善于勾稽不同文献记载的各类史料，同时援引西方新学理对古代中国经济发展中的关键性问题予以现代审视，从而使传统的观念提升为现代的学问，透视出中国史学现代转型的轨迹。基于这一治史理念与方法，他在中古时期商业城市发展、物价变动、交通运输、货币经济，古代中国经济改革、经济重心的转移、政治与经济的多元互动等领域创榛辟莽，提出新解，不仅开启了中国经济史研究的新局面，而且为中国学术取得了国际话语权。

在史语所工作的十年，是全汉昇学术成长的重视时期：一是，进一步明确治史方向，全力以赴投入到唐宋经济史研究领域。在北京大学求学时期，全汉昇的研究领域较为模糊，虽然从事经济史研究，但是研究的范围却较为宽泛，涉及宋代都市的夜生活、女子职业与生计、中国古代庙市、古代苦力帮、佛教寺院的慈善事业、清末西学等问题。有鉴于此，傅斯年便为他规划了研究方向：中国经济史。时隔多年，全汉昇回忆说："进入史语所后，傅斯年先生即嘱咐我专门研究中国经济史，期盼我能拓垦这尚未有人耕耘的园地。"在史语所中，他发现除了傅斯年之外，"几乎是一人治一朝代史的情况"，于是他将宋代经济史作为研究的切入点，"闭门读书，专心找资

---

① 上海新生命书局 1934 年版。

料"①，之后又将研究视域拓展至唐代，在《历史语言研究所集刊》上相继发表了《南宋杭州的消费与外地商品之输入》《北宋汴梁的输出入贸易》《宋代广州的国内外贸易》《宋末的通货膨胀及其对于物价的影响》《南宋稻米的生产与运销》《唐代物价的变动》《北宋物价的变动》《南宋初年物价的大变动》《唐宋政府岁入与货币经济的关系》等系列文章，对唐宋两代的商业城市、商品贸易、货币与物价史进行了深入翔实的研究，其见解多具有创始性。与此同时，出版了《唐宋帝国与运河》，成为其经济史研究的代表作。

　　二是，培养了治史理念与方法，为科研工作奠定了深厚基础。全汉昇在北京大学就读时期，适逢傅斯年主持史学系工作。傅氏一改原系主任朱希祖对学生进行常识教育的做法，将史语所学者共同遵循的治史理念援引到大学教育中来，主张学生应是在教师的指导下"取得一种应付史料的严整方法"。② 这种重视史料的教育理念深深地影响了全汉昇的学术道路。20 世纪 80 年代，他在接受黎志刚、林燊禄两位学人的专访时说："当时北大还有一位教授对我影响很大，他是傅斯年先生（前'中央研究院'历史语言研究所所长及台湾大学校长）。傅先生做学问求博求深，稳扎稳打，教导学生要认真搜求史料。他主张'上穷碧落下黄泉，动手动脚找东西'。他教我们：'有一分证据说一分话，有两分证据说两分话，没有证据不要说话'。这种务实求真的治学态度，以后成为史语所的优良传统，也成

---

① 参见全汉昇：《回首来时路》，《古今论衡》创刊号，1998 年 10 月。
② 郭卫东、牛大勇主编：《北京大学历史学系简史（初稿）》，北京大学历史学系，2004 年，第 70 页。

为我的治学方针。"①在史语所工作之初，他对于史语所恪守的扩张研究工具、扩张研究材料的治史理念，体会更为深刻。因此，在他撰写《南宋杭州的消费与外地商品之输入》《宋代官吏之私营商业》两文时，便"就《宋史》《宋会要》《续资治通鉴长编》及宋人笔记、文集、地方志中，搜集两宋社会经济史料"。② 即使在物质极端匮乏的抗战时期，他仍然孜孜于"上穷碧落下黄泉，动手动脚找东西"的研究工作。后来他回忆当时在治史理念上受到的影响，说："初出茅庐的我也深信只要有史料，就能够写出好论文的哲理，因此如何扩大史料搜集的范围成为我努力的目标。"③显然，他已将拓展史料作为自己治史努力的方向。在学术实践上，他更是因广搜史料、撰著佳作而著称。1939 年，他撰成《宋末的通货膨胀及其对于物价的影响》一文，金毓黻在阅后评价说："盖南宋末年史料极为缺乏，考之《宋史》，既有语焉不详之憾。他如撰辑《续鉴》诸家，仅于高宗光宁四朝加以补苴，理宗以后亦患缺略。全君于宋末人文集搜讨至勤，苟有片言只字亦必具录，以成此篇，可谓难矣！"④金氏的高度赞誉，正显示了史语所治史理念与方法在全汉昇学术研究中的贯彻与实践。1944 年，在傅斯年与陶孟和的提携下，全氏获得在美国哈佛大学、哥伦比亚大学进修的机会，于是他不断吸收西方经济史研究的新观念、新方法与新成就，为其进一步借助西方新学理研治中国经济史

---

① 黎志刚、林粲禄：《学人专访：全汉昇院士》，《汉学研究通讯》第 5 卷第 1 期，1986 年 2 月。
②《国立中央研究院历史语言研究所二十四年度总报告》，《傅斯年全集》（六），第 489—490 页。
③ 全汉昇：《回首来时路》，《古今论衡》创刊号，1998 年 10 月。
④ 金毓黻：《静晤室日记》第七册（1942 年 5 月 14 日），第 4938 页。

提供了新思路。

　　三是，在艰难中创造辉煌成就，不仅为中国经济史学科的发展作出了卓越贡献，而且为中国经济史之研究争取了国际发言权。全汉昇进入史语所后不久，即爆发了全面抗日战争。史语所因战争关系开始了颠沛流离的大迁徙，全汉昇随之辗转大西南，备受生活艰辛。在这种情况下，他依然将全部精力投入到学术研究中去，发表了多篇经济史论著。他的经济史论著有一个鲜明特色，即普遍运用经济学原理阐释中国古代货币与物价的变动。这种新型的研究范式，并非始于全汉昇，在 20 世纪 20 年代末至 30 年代初的社会史大论战中即为陶希圣等学者所使用，但是在抗日战争时期全汉昇将此研究特色发挥得淋漓尽致。此一时期，与其他经济史研究学者相比，他的"研究最为突出"①，其成就足以与日本人的研究相抗衡，为中国学者在国际经济史研究领域中争取了话语权。他的好友严耕望分析当年的研究现状说："日本学人的研究，大体上都就中国历史上国计民生方面的重大问题下细密功夫。最显著的成绩，如经济史、佛教史、边疆史等，中国人在这些方面：经济史在较早期只有一位全汉昇兄可与他们相抗衡。"②可见，全氏在史语所时期所取得的经济史成就，足以奠定他在经济史领域的权威地位。

　　（一）唐宋经济史研究的特色与创新

　　全汉昇对唐宋经济史所作的研究，有着鲜明的特色，即不求对整体经济发展史作全面的梳理，而重视选择有价值的研究课题作深入剖析，因此，我们可以将其经济史研究的特色概括为如下几个

① 李根蟠：《二十世纪的中国古代经济史研究》，《历史研究》1999 年第 3 期。
② 严耕望：《治史经验谈》，《治史三书》，辽宁教育出版社 1998 年版，第 51 页。

方面：

首先，选择影响唐宋经济发展的关键区域作重点阐释。全汉昇对于唐宋经济史之研究，较为重视以小见大，努力从点的研究扩展到对于面的认识。譬如，他对唐宋时期商业发展的考察，便择取了南宋的杭州（临安）、北宋的汴梁（开封）、两宋时期的广州以及唐宋两代的扬州四个具有典型意义的商业城市作为研究的聚焦点，通过对这些影响唐宋两代经济发展的关键区域的重点阐释，从而将研究视域扩展到当时的生产与消费、物价与市场、交通与运输、商品输入与输出、国内外贸易等重要问题。他在这方面的研究成果主要有《南宋杭州的消费与外地商品之输入》《北宋汴梁的输出入贸易》《宋代广州的国内外贸易》与《唐宋时代扬州经济景况的繁荣与衰落》。① 全氏认为，以商业城市为基本出发点，可以带动对于人口、消费品种类、生产的商品、输出入的商品、贸易路线等相关问题的研究。以对南宋杭州的研究为例。全汉昇先是稽考宋人叶绍翁、欧阳修、陶榖、袁褧、吴自牧、陆游、耐得翁等人对于南宋杭州的描述，据此将杭州定性为"消费的商业都市"；然后根据各类文献对南宋杭州作为政治中心居住人口的记载作出初步统计与估算，认为当时杭州人口约有上百万；这众多的人口中"生产者少，消费者多，其所消耗的一切更有待于外地的供给了"。在此基础之上，全氏将杭州所需商品的输入分为四类：（一）饮食类商品之输入，包括柴、米、水产品、牲口、水果、菜、盐、酒、药等类；（二）服用类商品之输入，包括绫、纱、绢、丝帐、布、芦席等类；（三）建筑类商品之输入，包括竹、

---

① 分别载于《历史语言研究所集刊》第七本第一分，1936 年；《历史语言研究所集刊》第八本第二分，1939 年；《历史语言研究所集刊》第八本第三分，1939 年；《历史语言研究所集刊》第十一本，1943 年。

木、砖瓦灰泥等类；（四）奢侈品之输入，包括香药、珠、胡乐、玩具、珍禽、奇异花木等类。这大量的商品要从外地运往杭州，必然有着发达的交通线，因此全汉昇又考察了由两浙、淮南、四川、闽粤等地至杭州的主要航行干线。这样全氏只是通过对杭州商业发展的考察，即为我们展现了南宋时期经济发展的繁荣景象。这种按照逻辑层面依次展开的研究，对于我们从整体上了解两宋城市商业发展，乃至宋代经济的发展都有所裨益。

其次，抓住牵涉唐宋经济变动的关键因素作系统梳理。全汉昇的经济史研究很重视物价的变动，并以物价变动为线索考察它对唐宋两代经济发展的影响。他在《唐代物价的变动》①一文中对唐代物价作综合考察，揭示出唐代物价并非处在静止状态，"而是常常作一涨一落的变动"。全氏从全局着眼，将唐代物价的变动分为七个时期：唐初物价的上涨，太宗、高宗间物价的下落，武周前后物价的上涨，开元、天宝间物价的下落，安史乱后物价的上涨，两税法实行后物价的下落，唐末物价的上涨。同时，对不同时期物价上涨或下落的原因进行了深入透彻的分析。有论者评价全氏的研究说："全汉昇的研究是细密的，对传世文献资料的搜集也大体详备，同时注意到国家的赋税制度的变化、生产的发展与衰落、货币流通量的大小等对物价变动的影响，可视为唐代物价研究的名篇。"②全汉昇将这种细腻的研究方法，同样应用于对宋代物价的研究之中。在《北宋物价的变动》与《南宋初年物价的大变动》③两文中，他相继考察了北宋初年物价的下落，揭示出其中的原因在于宋初承继五代乱离

① 载《历史语言研究所集刊》第十一本，1943 年。
② 胡戟等主编：《二十世纪唐研究》，第 485 页。
③ 均载于《历史语言研究所集刊》第十一本，1943 年。

之后，人口锐减，对于物品的需求量小，而当时统治者又较为重视农业发展，"各地市场多半呈现出供过于求的状态"。但好景不长，随着西夏战争的爆发，对于物品的需求增大，同时政府为增加税收应付战争，实施货币贬值政策，采取了铸大铜钱，以一文当小铜钱十文使用，而所谓的大铜钱其本身面值"只消用三文小铜钱的原料便可制造"。这样一来，大钱的面值"与它的实值相差太远，钱的价值便要大跌，从而以这种价值低跌的钱表示出来的物价，自然亦要增涨了"。为了解决当时物价过高的问题，宋神宗支持王安石实行新法，同时采取货币紧缩与增加供给的措施，致使物价下落。北宋末年，政府为了补救经费开支不足的现状，大肆发行铁钱、当十钱、嘉锡钱，导致货币贬值，相反物价却一天比一天高，再加上物品供应不足，致使物价大幅度上涨，影响所及直至南宋初年。相较于北宋时期而言，南宋初年物价波动的幅度更大，根据全汉昇的考察，"宋、金战争之大规模的开展，是其中根本的原因"。战争使南宋朝廷对于物品需求增大，同时面临物品供给不足的局面，以致造成粮食、饮食品、服用品及军需品、金银、木柴、房租等价格急速上涨。同一时期，他还注意到南宋不断对外作战，"政府为筹措战费，除加税外，只好以通货膨胀的形式，把人民的购买力转移于政府"。其结果是，政府大量发行纸币，获得了较为充足的战争经费，"可是人民却因纸币太多，价值低跌，从而物价腾贵，损失了一大部分的购买力——等于无形中向政府缴纳一大笔重税"。① 全氏对唐宋两个时期物价所作的贯通研究，均建立在对史料全面搜集的基础上，然后加以提炼、分

---

① 参见全汉昇：《宋末的通货膨胀及其对于物价的影响》，《历史语言研究所集刊》第十本，1948 年。

析,从而以物价为线索系统地考察了唐宋两代物价变动的原因及其对于政府统治与民众生活带来的影响,可谓发掘深入、论证深刻,其精湛见解被后来史家广泛采纳。①

最后,对唐宋经济史研究的其他重要课题作专题研究。全汉昇对唐宋经济史的研究,除重点关注商业城市、物价变动对于两代经济的影响之外,对于其他重要课题也作了较为深入的专门探究。这些研究成果包括发表在《历史语言研究所集刊》上的《宋代官吏的私营商业》《南宋稻米的生产与运输》《宋金间的走私贸易》《宋代南方的虚市》《唐宋政府岁入与货币经济的关系》等论文。这里以《唐宋政府岁入与货币经济的关系》为代表,管窥全氏对于唐宋经济史研究的专深与特色。

在《唐宋政府岁入与货币经济的关系》②一文中,全汉昇重视从宏观上把握唐宋时期经济发展的总趋势,运用层层递进的考证方法对唐宋政府的岁入与货币经济之关系作了全面深入的探讨。他依据《通典》《册府元龟》等文献,对唐代安史之乱后政府实物收入与货币收入的数量作总体考察,发现实物收入数量有所减少,而货币收入却较前增加了好几倍。这一现象引起全氏的进一

① 如冻国栋评价说,全汉昇的《唐代物价的变动》与其他论文一起,代表了 20 世纪"40 年代中国学界研究唐商业货币经济所达到的水平,至今仍不失其学术价值"。(参见氏著:《中国中古经济与社会史论稿》,湖北教育出版社 2005 年版,第 517 页)著名宋史研究专家漆侠在撰写《宋代经济史》一书"两宋物价变动的状况"、"南宋铜钱的日益减少"等目时,便参考了全氏《北宋物价的变动》《南宋初年物价的大变动》《宋末的通货膨胀及其对于物价的影响》等文。(参见氏著:《宋代经济史》下册,上海人民出版社 1988 年版,第 1082、1087 页)这说明全汉昇在 20 世纪三四十年代所作的研究,几近半个世纪之后,对于后来的研究者仍然有着重要的参考价值。

② 载《历史语言研究所集刊》第二十本,1948 年。

步思考。他认为，安史之乱后实行两税法，同时政府采取盐、酒专卖的措施，所以"岁入中的钱币部分远较安史乱前为多，实物部分则相反的减少"。北宋时期政府的岁入情况又与唐代有了很大的不同。全氏广搜《续资治通鉴长编》《包孝肃奏议》《玉海》《宋史》《文献通考》等史料中有关北宋政府实物收入与货币收入之记载，并与唐代政府岁入相比较，最后得出的结论是："自唐至宋的岁入中，钱数有激剧增加的趋势"，而"岁入中的布帛匹数，则表现出锐减的趋势"。于是，他对国家岁入自唐至宋出现大变动的原因作出深入分析，认为北宋岁入高于唐代的原因在于"两税"。虽然唐代也实行"两税法"，但唐之两税是根据"各民户资产的大小来规定其等第的高下，然后对这些等第高下不同的民户分别课税"；宋代则是"按人民垦田面积的大小，分夏、秋两次来征税"，因此北宋政府所征收的谷物、银、钱及其他物品均较唐代为多。又加上宋代不仅实行盐、酒专卖，而且扩大专卖范围，同时征收商税，所以北宋岁入钱数较唐激增。但是全汉昇也注意到，北宋钱币流通量的增加并未过分刺激物价上涨，原因在于当时的生产、消费都比以前大为增加，在这种情况下，钱币流通量的增加"只会便利那空前发达的商品的交换，和帮助在生产过程中大量资金的周转"。通过以上论证，作者有力地反驳了一些学者认为中国社会自唐至宋"长期停滞不进"的错误观点；恰恰相反，全氏通过对史料的广泛收集、考证，说明了自唐至宋的中国社会"表现出很大的进步"，"货币经济在唐安史之乱以后三百余年的期间内越来越向前发展，渐渐把中古以来曾经占过优势的自然经济的地位取而代之"。此文撰于1948年，之后全氏将研究领域转向明清与近代经济史问题，可以说《唐宋政府岁入与货币经济的关系》一文"为他前一阶段的历史研究做了一个总结"。①

　　全汉昇的唐宋经济史研究,不仅特色鲜明,而且重视在问题的阐释中另辟蹊径,力图运用经济学原理对古代中国经济改革的意义、经济重心的转移、政治与经济关系的互动等诸多问题予以现代审视,为我们再认再现古代经济发展演变的规律予以启发,也为方兴未艾的经济史研究提供了一种新型的研究思路。

　　全汉昇对于唐宋经济史之研究,善于将特定的经济现象放在纵向与横向的历史背景中加以考察,而非就事论事,故常能得出一些新颖的见解。譬如,他对于宋、金间大量走私贸易存在原因的考察,便从隋唐以来经济发展的总趋势着眼,认为隋朝开凿大运河后,长江三角洲的粮食、东南各地的茶叶以及沿海商埠输入的外货,都可以大量供给北方;而北方的物产也可由运河运往南方,"这样一来,双方物产交换发达,互相倚赖的结果,南北经济上的联系便较以前加倍密切,差不多构成一体"。经济上统一的需求,迫切需要一个统一的中央政府来调配南北的经济交易,所以"当宋、金对立的时候,南北分裂的政治组织既不能满足全国经济密切联系的要求",也即是说,虽然宋金间在榷场内有着一定的正常贸易,但这种分裂政局远远满足不了经济往来的需求,因而宋、金间会出现"大规模的走私贸易,以适应自隋、唐以后南北经济构成一体的形势。这可说是宋、金间走私贸易发生的基本原因"。② 这一分析,将宋、金间的走私贸易放在隋唐以后南北经济纵向演变的长河中予以考察,从经济统一与政治统一的互相需求中创辟新解,显然在理论认识上和解决问题

_____

① 梁庚尧:《历史未停滞:从中国社会史分期论争看全汉昇的唐宋经济史研究》,《台大历史学报》第 35 期,2005 年 6 月。

② 全汉昇:《宋金间的走私贸易》,《历史语言研究所集刊》第十一本,1943 年。

的立意上为我们提供了宝贵的启示。在《宋代广州的国内外贸易》一文中，全汉昇注意到当时的广州对外贸易存在铜钱大量输出的新现象。由国际贸易的这一现象，他联系到对国内经济发展的影响：北宋时期，国内市场上因铜钱的大量输出而使得交换媒介减少，导致交易的数量下降，进而致使商品滞销且物价跌落；但南宋同样因为铜钱在国内市场贸易上的减少，却带来了与北宋不同的经济影响。全氏指出，南宋的市场交易较之北宋有了一种新变化，即市场上大量出现了代替铜钱的交换媒介——纸币。南宋因铜钱的大量流出，导致纸币的准备金不足，因此出现了纸币贬值、物价上涨的现象。基于以上分析，全汉昇认为无论对于北宋而言，还是对于南宋来说，"物价因铜钱流出而跌落或上涨，对于人民的经济生活都有很恶劣的影响，我们是可以断言的"。在他看来，经济上的波动直接影响到了当政者的政治活动，"为着要除去这种恶劣的影响，所以两宋政府屡有禁止铜钱出口的措施"。[1] 这是从经济因素的变动考虑到对于上层政治活动的影响，因而触及了宋代经济发展的深层次问题。较之一般从政治措施研究经济问题的学者而言，全氏的观点是对零星史料广泛搜集、爬梳，然后进行总结提炼后得出的，显然对于问题的认识要深刻得多，因而也具有更高的学术价值。

在唐宋经济史研究中，两税法与王安石变法对于唐宋经济发展的影响，可以说是巨大而深远的，不仅在当时具有重要的意义，即使在今天看来，也还是值得书写的大事件。就两税法而言，尽管早期的研究者已不乏其人，但探讨的问题多集中在"两税法"改革的背

---

[1] 全汉昇：《宋代广州的国内外贸易》，《历史语言研究所集刊》第八本第三分，1939 年。

景、指代的内容、实施的情况，以及对农民负担造成的影响等方面；然而全汉昇将两税法与唐代的货币经济、物价变动相联系，其说自成一家，且颇有新意。他认为，唐代贞元初年以后物价下落的最主要原因，是两税法的施行。他分析指出，在杨炎施行两税法之前，政府征收的赋税以谷、绢、麻等实物为主，而"两税法"则将税收改为以钱代物，因此"钱遂因需要增加而价值高涨，至于粟帛等实物，则正正相反，因需要减少而价格低跌"。这样一来，便造成钱重物轻的现象，所以两税法实是影响唐代物价变动的一个最主要的原因。①全氏的这一研究结果，可谓另具只眼，从全新的角度对于两税法实施的影响作出了评价，因而拓展了近代以来史家对于两税法研究的内涵。同样，对于王安石变法的意义与影响，全汉昇也能以经济学的视角予以现代审视。他通过研究指出，王安石的募役法对当时的货币经济与物价均产生了重要的影响，一方面政府改征钱币来代替徭役，这是"自然经济演化为货币经济的主要特征"，实为"人类经济生活史上的一种进步"；另一方面，募役法规定全国一律以钱币代替徭役的做法，导致市场上的钱币因需要增大而价值提高，客观上促使物价下降。再者，宋廷除征收足够用来雇佣劳役的钱税之外，又多征十分之二，称之为免役宽剩钱。"这种免役宽剩钱之蓄积于国库内，数量越来越多；反之，在外面流通的钱币，则越来越少。因此，货币紧缩的结果，钱币便因流通数量减少而价值增大，从而影响到物价的下降。"在全汉昇看来，青苗法的实行，也对当时的物价产生了一定的影响。因为当农民在丰收之后，要将农产品转换成钱来归还给政府，这导致大家"都争着出售农产品，农产品的市价便要因

① 全汉昇：《唐代物价的变动》，《历史语言研究所集刊》第十一本，1943年。

供给的激增而大为跌落。此外，政府因贷款而得到的息钱，大量的蓄积起来，也足以影响到市面上钱币流通的减少，和物品价格的下降"。① 全氏运用经济学原理，结合王安石变法的相关内容予以阐幽发微，确实对于我们进一步深入认识王安石变法的意义、作用和影响，大有裨益。

全汉昇的经济史研究，还力图打破某些传习已久的成见。唐代扬州因地处长江和运河的交汇处，故而运输便利，成为全国货物最理想的集散地，无论是国内贸易还是国际贸易都较为发达。同时，工业制造、金融贸易以及运输行业的发达，也促进了扬州的繁荣。但从唐末以后，扬州开始逐渐衰落。至于衰落的原因，宋人洪迈在《容斋随笔》卷九《唐扬州之盛》中说："自毕师铎、孙儒之乱，荡为丘墟。杨行密复葺之，稍成壮藩，又毁于显德。本朝承平百七十年，尚不能及唐之什一。今日真可酸鼻也。"②将扬州衰落的原因归咎于战争之乱。因此，后来的学者也多祖述洪迈之说，认定扬州衰落的原因在于兵燹破坏。全汉昇广罗各类官私文献记载，比照扬州在战前与战后的景象，确实看到扬州"由天堂变为地狱，昔日的繁华在兵火中完全陷入毁灭的命运"。但他以为这样的解释，"只是皮毛之见"，没有对问题作深入的考察与探究。他以联系的眼光指出，扬州衰落的同时，宋代的真州却兴起了，这两者有"密切的关系"。在他看来，真州与扬州同样处于长江与运河的交叉点，且与长江的位置比扬州要更近，因此在贸易上更占据优势，所以它从唐代的一个小镇，到宋代升为建安郡；至真宗大中祥符六年(1013)，则升为真州；

---

① 全汉昇：《北宋物价的变动》，《历史语言研究所集刊》第十一本，1943年。
② 洪迈：《容斋随笔》，孔凡礼点校，中华书局2005年版，第123—124页。

待到政和七年(1117),更赐名为仪真郡。真州之所以发展迅速,全赖其地理位置的优越,自从扬州因兵燹而遭破坏之后,它便迅速以自身的优势发展国内外贸易、运输业、金融业与造船业,所以宋代时扬州已经失去了其繁荣的基础,"没有被真州抢去的买卖,如造船业以外的工业,和国际贸易等,也因敌不过其他新兴的工业中心及离海较近的国际贸易港的竞争,而衰落下去"。故全汉昇认为,战争的破坏,只是扬州衰落的导火线,扬州赖以兴盛的"国内外贸易、工业、金融业及运输业之凋敝,才是唐末以后扬州衰落的主要因素"。①这一结论,是从更深层次探讨了扬州衰落的原因,较之传统之见,可谓千古巨眼,为我们从全新的视角研究唐宋经济史提供了新思路。

全汉昇的唐宋经济史研究有许多课题涉及交通运输问题,这使其能够深刻地认识到运河对于唐宋经济发展的重要价值,从而触发了他对唐宋时期运河史的专题探究。

(二)由"运河"观察唐宋皇朝之兴亡

1944年,全汉昇的《唐宋帝国与运河》作为中央研究院历史语言研究所专刊之第二十四种出版。该书出版后,在当时的学术界引起了巨大的反响,并获得当时"教育部特别颁奖"。②著名学者杨联陞评价说:"全汉昇先生这本书,把这条运河与唐宋国运隆替的关系,详加阐发,实在是一部精心结撰的著作。书里边的议论,虽不能说'石破天惊',确无愧为'颠扑不破'。如果中国经济史可以比作

---

① 全汉昇:《唐宋时代扬州经济景况的繁荣与衰落》,《历史语言研究所集刊》第十一本,1943年。

② 何汉威:《代序:经济史坛祭酒全汉昇先生传略》,载全汉昇教授九秩荣庆祝寿论文集编辑委员会编:《薪火集:传统与近代变迁中的中国经济——全汉昇教授九秩荣庆祝寿论文集》,稻乡出版社2001年版,第2页。

一座大厦，现在似乎不过刚刚奠基。这种著作，多一本就多一块坚固的基石，学人的欢喜接受是不待说的。"①台湾学者王尔敏说，全汉昇之《唐宋帝国与运河》"在我们学生时代，是抢着阅读的热门之书"。② 故而此书在抗战时期出版后，很快便售罄，于抗战胜利后又再版印行。

历来研究运河的学者多重视对河道、漕运、交通等问题进行研究，但将运河与国家的政治、经济、军事相联系作深入的专题研究，恐怕全汉昇还是第一人。所以研读《唐宋帝国与运河》这部专著，首先让人感受到的便是作者强烈的问题意识，以及如何将这种问题意识有效地转化为了课题意识。陈寅恪在《唐代政治史述论稿》中对运河与唐皇朝关系有所论述："唐代自安史乱后，长安政权之得以继续维持，除文化势力外，仅恃东南八道财赋之供给，至黄巢之乱既将此东南区域之经济几全加破坏，复断绝汴路、运河之交通，而奉长安文化为中心、仰东南财赋以存立之政治集团，遂不得不土崩瓦解。大唐帝国之形式及实质，均于是告终矣。"③全汉昇因此受到启发，"深感运河与唐宋国运关系的密切"④，并对此问题进行了专题研究。在他看来，秦汉以前中国的经济重心主要在北方，北方水利发达，农田肥沃，而南方的经济与北方相比则难免相形见绌。但是这种现状至汉末以后开始有所转变。全氏以贯通的眼光对自秦汉以迄唐宋的政治格局与经济重心变动作细密的考察，指出汉末乱离，

① 杨联陞：《全汉昇：唐宋帝国与运河》，《思想与时代》第 43 期，1947 年 3 月。
② 王尔敏：《20 世纪非主流史学与史家》，广西师范大学出版社 2007 年版，第 87 页。
③ 陈寅恪：《隋唐制度渊源略论稿 唐代政治史述论稿》，第 204 页。
④ 全汉昇：《唐宋帝国与运河·自序》，商务印书馆 1944 年版，第 1 页。

尤其是五胡乱华之后，北方人士因战乱而避难南方，"这一大批生力军南迁以后，正好利用他们的进步的技术和刻苦耐劳的精神来开发南方蕴藏丰富的处女地。因此，经过这次历史上的大移民以后，南方经济便渐渐发达起来"。① 而到了唐宋时代，南北经济发展的格局已与秦汉之前完全不同，所以这"在经济地理上无异发生一场革命"。② 全汉昇认为，在秦汉及其之前，中国古代的政治中心与经济中心同处于北方，因此沟通南北经济贸易往来并不是重要的问题，但唐宋时期，经济重心已然南移，而政治中心却仍在北方，因此有必要将南方的经济重心与北方的政治、军事重心联系起来。根据以上论断，他对隋炀帝修筑运河的意义作出新的阐发，认为："隋炀帝本人固然因醉心于江都的繁华而开运河，但当日要求沟通南北的客观形势既然已经存在，就是没有炀帝这个人，也一定有其他人出来开辟一条连系南北的新河道的。"③因此，"运河是在隋唐大一统帝国的新的客观形势下产生出来的。他的开凿，实是适应时代的需要"。④ 综观全汉昇对于隋修大运河的分析，可以看出，他一反过去学者简单地将运河修筑的原因与炀帝南巡游玩相联系，而是重视从历史发展的客观形势出发，联系政治变动与经济发展的相互关系，从而得出隋代修筑运河并非偶然，而是"时代必然的产物"的结论。⑤

在《唐宋帝国与运河》一书的"绪论"中，全汉昇开宗明义谈及

① 全汉昇：《唐宋帝国与运河》，第 6 页。
② 全汉昇：《唐宋帝国与运河》，第 11 页。
③ 全汉昇：《唐宋帝国与运河》，第 12 页。
④ 全汉昇：《唐宋帝国与运河》，第 12 页。
⑤ 全汉昇：《唐宋帝国与运河》，第 13 页。

他写此书的目的，是要"从动态方面考察这条动脉与唐宋帝国的关系"，即着力探讨的是运河如何影响唐宋皇朝的兴衰。

在全汉昇看来，运河的畅通与否是关系唐皇朝兴衰的关键。因此，考察各个时期运河与当时政治之关系，便显得尤为重要。从唐高宗时起，政府因办公组织不断扩大、府兵制改为募兵制等因素影响，导致经费开支不断激增。为了缓解关中的经济需求，需要从江淮运输大量物资。从当时的运河路线来看，江淮至洛阳一段因隋炀帝的修筑而运行畅通，但洛阳至长安一段则因失修而致运输艰难。因此，高宗、武后及玄宗初年就不得不常常将办公地点搬至洛阳。洛阳也因交通便利而建为东都。唐玄宗开元二十四年（736）之后，玄宗疲于往返洛阳与长安之间，遂派大臣裴耀卿、韦坚等改革漕运，实施分段运输的方法，从而使得江淮物资可以不经过洛阳而直接运输到关中。这样一来，军事政治重心的北方与经济重心的南方便联系紧密起来，"由于这种密切的联系，大唐帝国便成为一个真正统一的整体，力量雄厚无比"。[1] 兴也运河，衰也运河。全汉昇认为唐皇朝的衰落乃至崩溃也与运河有着直接的关联。安史之乱后，唐皇朝一方面因安史战乱而耗资巨大，急需江南物资接济；另一方面却因兵乱而导致运河堵塞，因此对漕运进行改革便成为当务之急。唐代宗宝应二年（763），刘晏担任转运使，开始对运河实施大刀阔斧的改革，包括疏浚水道、运用盐利雇人运输、武职官吏护送押运、改进分段运输法等。这一改革虽然恢复了运河联系南北的作用，但却因跋扈军人的阻挠而无法完全发挥其作用，故而削弱了中央政权的经济基础。唐末藩镇割据的局面，更是直接切断了运河的运输线。这样

---

[1] 全汉昇：《唐宋帝国与运河》，第40页。

对于"向来专靠江淮财赋来支撑的中央政府,既然因运河交通线的切断而得不到江淮物资的大量供应,自然要大受打击;因为这样一来,政府开支的经费便无法筹措,甚至连卫国的战士也得不到衣粮的供应了。存在了二百多年的大唐帝国,就是在这种情形下崩溃的"。① 纵然唐皇朝崩溃的原因是多元的,但江南财赋因运河交通线的切断而无法供应中央政府,应是唐皇朝崩溃的一个致命因素。

全汉昇同样对运河在北宋兴亡中的地位作出考察,揭示出北宋放弃长安、洛阳作为首都而在汴京建都,原因即在于汴京地处运河旁边,相较于洛阳和长安更易于江南米粮的直接运达。这些运送至汴京的米粮,一方面解决了政府的军政开支,一方面又运往河北、山东等地,以满足军事需要和赈饥之用。可以说,北宋的立国与运河的关系极为密切。随着蔡京等人把持朝政,改漕运的转搬法为直达法,加之运河上游堤岸因被强盗破坏而溃决,阻滞了漕运船只的航行,因而到北宋末年汴京几乎得不到江南物资的接济,所以"在北宋末年运河日渐丧失它的作用,最后因被切断而不能把南北联系起来的情况下,北宋帝国遂跟着军事的崩溃而陷于灭亡的命运"。②

全氏强调运河对于唐宋政治、军事的影响固然重要,但社会的发展演变往往是众多合力共同作用的结果,由于过分强调某一种事物对于社会发展所产生的作用,便易于忽视其他影响社会发展的因素。诸如,"断言运河的开凿并始于隋,甚为笼统;对运河的作用特别是唐高宗至玄宗开元盛时长安对江淮漕粮的依赖估计过高,未察当时输入关中之粮米除江淮之外,并有河南、河北以及河东等,……

---

① 全汉昇:《唐宋帝国与运河》,第90页。
② 全汉昇:《唐宋帝国与运河》,第122页。

同时，推论中古之经济中心早在隋代业已南移，似亦有可商可议之处"。①

尽管如此，瑕不掩瑜，全汉昇从"运河"的视角对唐宋皇朝盛衰兴败所作的研究，"立意新颖，见地高远，可视为 20 世纪唐宋运河与漕运问题研究的鸿篇巨制"，"代表着这一领域的最高水平"。②

（三）引介西方新学理，探研中古经济史

八十余年前，全汉昇撰写了《中古自然经济》一篇宏文，直至今日仍然备受学界称道。台湾学者何汉威认为此文"至今仍是研究魏晋以迄唐中叶中国货币演变最重要的著作"③；大陆学者李根蟠评价全汉昇"是第一个比较系统考察我国中古时期和近古时期自然经济和商品经济的学者，他的《中古自然经济》（《史语所集刊》第 10本，1940 年）一文迄今仍是这方面进一步研究的基础"④。

观览《中古自然经济》一文，在方法论上给予我们最大的启示便是：引介西方新学理，以此作为治史利器观察中国古代的经济问题，从而产生问题意识，提出新的学术观点。全汉昇在该文开篇便引出了德国历史学派权威 Bruno Hildebrand 有关人类经济发展的分期学说，指出经济发展的历史可以分为三个次第相续的阶段：自然经济时代，货币经济时代，信用经济时代。他同时胪列了比利时经济史学家 Henri Pirenne、英国剑桥大学经济史家 J. H. Clapham 以及英国的 Norman Angell 等学者对于 B. Hildebrand 观点的驳斥。不同

---

① 胡戟等主编：《二十世纪唐研究》，第 504 页。
② 胡戟等主编：《二十世纪唐研究》，第 504、401 页。
③ 何汉威：《代序：经济史坛祭酒全汉昇先生传略》，载《薪火集：传统与近代变迁中的中国经济——全汉昇教授九秩荣庆祝寿论文集》，第 3 页。
④ 李根蟠：《二十世纪的中国古代经济史研究》，《历史研究》1999 年第 3 期。

学术观点的争鸣给予全汉昇很大的思考空间,尤其是 J. H. Clapham 强调"把某一时期叫作自然经济时期,便很容易忽略了同时并存的别种经济样式的证据。……自然经济的遗迹,在使用货币的社会里,无论是过去或现在都看得见"。在全汉昇看来,这两种理论观点争锋的焦点在于"绝对说与相对说的不同,如果从绝对的观点来看,那末,人类经济发达的历史当然不能那样斩钉截铁般的划分清楚。但如果从相对的观点出发,……在某一社会里,同时虽有物物交换,货币及信用三者的存在,但他们绝不会势均力敌,在同一期间内较占优势的往往只有一个"。根据这样一种理论观点以及中国古代经济发展的实况,他认为:"自汉末以后,至安史之乱的前后……自然经济在中国社会里较占优势——虽然南朝的钱币势力相当雄厚,但仍不能取自然经济的地位而代之。"提出这一观点在当时需要很大的学术勇气,因为在学界已经形成社会是不断向前发展的共识的情况下,汉代已经成为较为发达的货币经济时代,何以汉末以后会倒退到以物物交换为主导的自然经济时代? 对此,全氏广泛搜集史料,对公元 2 世纪至 8 世纪的经济发展形态进行了多元展现。

首先,他认为造成这种现象的原因在于战争。汉末黄巾起义、董卓之乱、三国之战、西晋末叶的五胡乱华,"都足以扰乱当日社会的安宁",且波及范围从黄河流域为中心,影响到江、淮、荆、蜀等地区。战争对于商业发展的影响,可谓是多重的,一是直接导致商业城市的衰落,二是导致人口的锐减,三是导致土地的荒芜。因人口的减少而致使商品需求量的减少,同样因土地的荒芜而致使商品供给量的减少,在商品需求与供给同时减少的情况下,商业的发展可以说举步维艰。全汉昇又依据马克思《资本论》对商品与货币之间关系的论述,指出在古代,人们的欲望较小,交换是为了满足自己生活的需要,因而交易的过程是从货物（自己所余）——货币——货物（自己所需）。但随着人们欲望的增大以及交易的频繁，商人代替消费者从事买卖，其交易过程为货币（自己资本）——货物——货币（含有利润），据此他认为"商业的发展与衰落，足以影响到货币使用的进步与退化"。再结合中国魏晋以降的商业状态，进而推导出"钱币的使用在汉代虽然已经相当发达，从汉末以后却宣告停滞"，"钱币的废弃，给实物货币以流通的机会。这样一来，自然经济遂代替货币经济而起"。

其次，造成货币经济衰落的因素在于制造钱币的原材料——铜的减少。全汉昇遍考史籍并作分析，揭示出这一时期铜少的原因主要在于两个方面：其一，铜矿产量的锐减。三国两晋南北朝时期，政府铸造铜钱的原料不是采铜于山，而是搜铜于民间，因为采铜于民的代价远比采铜于山要低廉得多。其二，铸造佛像，大量用铜，此一风气在汉末、三国已颇为风行，到南北朝时期更为炽烈，因而导致造钱的原料总量减少。铜钱数量的减少，自然"给实物货币以流通的机会，故自然经济遂代货币经济而起"。

为了论证中古时期的中国社会为自然经济时代，全汉昇在遍览典籍的同时，参以汉晋木简、敦煌写本的记载，揭示出自汉末以后至安史之乱左右，钱币在市场上流通较少，而以谷、帛等作为交换媒介的实物货币却相当多，虽然南朝时期钱币在长江使用较为发达，但此域之外的市场交易仍多使用谷、帛作为交换的媒介，因而全汉昇认为，自汉末以后约五百年的时间内，"实物货币在中国各地的市场上都占有相当雄厚的势力"。根据全氏的考察，这一时期不仅市场交易的媒介多为实物，即便当时的租税、徭役也与汉代使用钱币交纳的形式有所不同，而是以绵、绢、粟等实物来代替钱币，尽管南朝使用钱币较多，但其"政府的税收恐怕还是以实物为大宗"。就官员与劳动者的收入而言，虽有一小部分是钱币，但大部分"还是以布帛、米、粟等实物为主"。在他看来，这种以实物货币支付租税、徭役、地租与工资的现象，直至唐代安史之乱前后才有了根本性的改变，这是因为商业的空前发展、钱币数量的大幅增加，使得人们倍感谷、帛作为交易媒介的不便，于是钱币作为中介物重新在市场上盛行，而租税、徭役、地租与工资的支付，自然也以钱币作为中介了。基于以上分析，全汉昇认为，纵观中国古代经济史的发展，"汉末以后，中唐以前，一共五百多年的中古时期，实是一个自然经济占优势的时代；它有别于此时期以前（汉代）货币经济的相当发展，更有别于此时期以后货币经济的兴起"。①

　　尽管对于全汉昇的史学观点，学界并非全无争议②，但仍未影响其学术价值，所以他的《中古自然经济》一文不仅受到国内学人的赏识，而且还被日本著名的史学期刊《史学杂志》所引介。1949年后，全汉昇虽将研究重心转移到清代的物价史、人口变迁、近代工业化和明代中后叶中国与西班牙、日本、荷兰、葡萄牙的贸易关系及金银比价问题等方面，却依然能够引领港台地区经济史研究的风气。这其中的缘由，想必与史语所时期奠定的深厚学养与学术积淀是密不可分的。

　　史语所学术群体专重断代史与专题史的做法，实际上反映了学

① 以上引文参见全汉昇：《中古自然经济》，《历史语言研究所集刊》第十本，1948年。

② 参见何兹全：《东晋南朝的钱币使用与钱币问题》，《历史语言研究所集刊》第十四本，1949年；何兹全：《爱国一书生——八十五自述》，华东师范大学出版社1997年版，第198—199页。

术演进的内在法则。齐思和从学术辩证发展的视角，阐释了专题史
出现的原因，他说：

> 自清季以来，许多学者主张改造中国史学，把中国史学现
> 代化。梁启超先生便是最重要的一位。他主张以西洋史学来
> 改革中国史学，他的主张，在当时影响颇大。惜彼不甚谙西史，
> 所主张往往似是而非。以后顾颉刚先生等编著古史辨，对古代
> 传说和史料，又有了新的审察和看法。而学校中需要新式的通
> 史课本，旧式的课本像十七史详节、纲鉴易知录之类，早已不合
> 时代的需要，于是新著的通史便应运而起了。后来大家感觉到
> 通史派所改革的只是体裁，内容粗枝大叶，不够细密。于是又
> 提倡专题的研究，像王国维、罗振玉、陈垣、陈寅恪诸先生都是
> 这派名家。他们的问题皆极深窄而结果甚精，颇得到时人的
> 崇拜。①

实际上，断代史的产生也与此相关。当然，20 世纪初期的史学从重
视"贯通"走向"深窄"，除了齐氏所论，还缘于大量新史料的发现为
中国通史的编纂增添了丰富的内涵，许多悬而未决的历史问题有待
运用新史料加以考证厘清。这种学术研究的新要求，使得断代史与
专题史研究成为一时学术研究的趋向。同时，这项工作也为当时的
学者提出了新的时代课题，即对每一个断代史领域或专题史领域作
出纵深研究之后，在此基础上撰著一部内容详实且具有现代学术气
息的中国通史。顾颉刚在《当代中国史学》中曾言：

> 通史的写作，非一个人的精力所能胜任，而中国历史上需

---

① 齐思和：《中国史学界的展望》，《大中》第 1 卷第 5 期，1946 年 5 月。

待考证的问题又太多,因此最好的办法,是分工合作,先作断代的研究,使其精力集中于某一个时代,作专门而精湛的考证论文,如是方可以产生一部完美的断代史,也更可以产生一部完美的通史。①

而史语所学人几乎每人治一朝代史或每人治一专题史的研究取向,正是为科学的中国通史撰写做打基础的工作。

---

① 顾颉刚:《当代中国史学》,第 80 页。

第五章 "本土"与"域外"：史语所学术成就的双重定位

从"本土"的角度来看，史语所在创建之后，始终追踪国际学术前沿，施用西方学术新工具，对中国固有的原材料进行发掘、整理与研究，在治学理念上表现出与旧派学者不同的风格。值得注意的是，史语所学人并非固守在书斋中的读书人，他们对于时代变局有着深刻的洞察，善于将爱国思想融入实证研究之中，从而表达他们的民族情感。因此，史语所不仅从事着"求真"的学问，而且在新的时代背景下进一步发挥了中国传统史学的"致用"精神。将史语所的学术业绩、研究范式与运作模式，置于现代学术演进的趋势中予以考察，我们认为史语所有力地推进了中国史学的专业化、科学化与现代化。从"域外"的视角而言，史语所自创设时期起，就在同国外汉学界展开交流、竞争，融西学于中学，实现了将国际汉学研究中心由国外转入国内的目标，其学术成就受到了日本学术界的瞩目与欧美学术界的推重。

史语所在发展的进程中，始终面临着来自马克思主义史学派的挑战，为了争夺国内学术话语权，两者也在暗自展开竞争。毋容置疑的是，史语所学人从事窄而深的史料整理与历史考证工作，对于马克思主义的理论采取排斥的态度，这也成为限制他们学术研究进一步深入发展的障碍。同时，史语所少数学人在研究的对象与范畴上，过于强调与西方汉学界的接轨，致使他们的学术研究丧失了一定的自主性。

第一节　新旧中西之间的学问

处在新旧中西学术交汇点的史语所学人，既汲取了中国传统学术的精华，又融合了西学新知，因此他们的史学研究呈现出一种兼容并包的学术特色。史语所学人治史虽各善其长，但作为一个现代学术社群，又彰显出共有的风格，他们在发掘、运用新史料的同时，又能以现代眼光审视传统史料，表现出不同于传统学者的史料观念；在学术实践中，他们的考证蕴含着"以小见大"的治史旨趣和求通而不锢于断的治史视野。考察史语所学术群体的治学特色，不仅有助于科学地评价史语所在现代中国学术版图中的历史贡献，而且裨益于重新认识中西学术交融背景下新旧学问的嬗变。

一、史料拓展与史实发覆

傅斯年在《历史语言研究所工作之旨趣》中一再强调："扩张研究的材料"，"一分材料出一分货，十分材料出十分货，没有材料便不出货"。① 又说："历史语言之研究，第一步工作应搜集资料。而第一等之原料为最要，将来有所发表，即无大发明亦不致闹笑话。因此种原料他人所未见，我能整理发表，即是对于学术界之贡献。

---

① 傅斯年：《历史语言研究所工作之旨趣》，《历史语言研究所集刊》第一本第一分，1928 年。

决不致贻误他人。"①这一旨趣成为史语所学术群体共同尊奉的研究理念。由于在史料运用上不囿于传统典籍文献、不断拓展新的史料范围，将揭示被淹没的史实作为治史鹄的，故而史语所学术群体在治史观念上和考史方法上都较之旧派史家达到了更加科学的境地。

陈寅恪对于利用新史料以考证史实，有着自觉的意识。史语所创建伊始，他便极力建议傅斯年购买明清档案，认为这是学术研究的"第一等重要材料"。② 在对这批档案价值的认识上，他表达了与旧派学者截然异趣的看法，强调旧派学人购买档案是为了从中发现珍贵的宋版书，而史语所购买档案则是为了获取有价值的研究史料，以推进学术研究的进展。他在一封致傅斯年的信中说："此档案中，宋版书成册者，大约在历史博物〔馆〕时为教育部人所窃，归罗再归李，以后则尚无有意的偷盗，因其势有所不可。……我辈重在档案中之史料，与彼辈异趣，我以为宝，彼以为无用之物也。"③显示出与旧派学者不同的史料观念。

在具体的研究中，陈寅恪亦善于运用新史料去揭示被淹没的史实。尤其是，他对新发现的《蒙古源流》不同译本进行了多重维度的考证，取得了重要成就，并在附录中言道："予近检北平图书馆所藏敦煌写本。见《八婆罗夷经》附载当日吐蕃诏书。中有'令诸州坐禅人为当今神圣赞普乞里提足赞圣寿延长祈祷'等语。案，乞里提足赞即 Khri-gtsug-lde-brtsan 之音译。提足二字当是传写误倒。

---

① 李光涛：《明清档案》，载《"中央研究院"历史语言研究所傅所长纪念特刊》，第 25 页。
② 陈寅恪：《致傅斯年》（1929 年），《陈寅恪集·书信集》，第 35 页。
③ 陈寅恪：《致傅斯年》（1929 年 3 月 1 日），《陈寅恪集·书信集》，第 26 页。

此乃关于彝泰赞普之新史料。可与兹篇互证者也。"①其实陈寅恪对史料的拓展不限于此，而是呈现在多个方面。例如，陈氏考察唐太宗取胜，李建成、李元吉失败的原因，关键在于玄武门，即唐代宫城之北门。根据以往史籍的记载可知，李建成与李元吉皆非无能之辈，对于玄武门之重要地位，两兄弟早已知晓，并定有防备，何以令唐太宗得以预先埋伏并获得此要害之地？对此问题，学界长期以来莫衷一是，未有定论。陈寅恪利用新发现的史料，发前人未发之覆：

> 今得见巴黎图书馆藏敦煌写本伯希和号贰陆肆拾李义府撰《常何墓志铭》，然后知太宗与建成、元吉两方皆诱致对敌之勇将。常何旧曾隶属建成，而为太宗所利诱。当武德九年六月四日常何实任屯守玄武门之职，故建成不以致疑，而太宗因之窃发。迨太宗既杀其兄弟之后，常何遂总率北门之屯军矣。此亦新史料之发见，足资补释旧史所不能解之一端也。②

此可看作陈寅恪利用新史料，揭示历史真相的典型范例。

在史语所中，劳榦利用新史料考证史事取得的成就也较为突出。他对于汉简在历史研究中的价值有着深刻的认识，曾云："正史对于边塞屯戍的事，只能记载一点广泛的一般原则，其具体事实的供给，则要倚赖发现的新材料。""新发现的汉简虽然非常残缺零碎，但确是一个未曾开发的宝藏。只要能用心钩稽，许多问题的真像是可以藉此明了的。"③正是怀抱着"求真"的治史理念，促使他利

---

① 陈寅恪：《吐蕃彝泰赞普名号年代考（蒙古源流研究之一）》，《历史语言研究所集刊》第二本第一分，1930 年。
② 陈寅恪：《隋唐制度渊源略论稿　唐代政治史述论稿》，第 241 页。
③ 劳榦：《居延汉简考释序目》，《历史语言研究所集刊》第十本，1948 年。

用新史料对汉代西北的边塞制度进行了"复原"。王国维因敦煌汉简之记载，首先对汉代西北边塞制度进行了研究，创榛辟莽，功不可没。然而，敦煌汉简数量较少，难以反映汉代西北边塞的全貌，所以王国维在归纳研究时难免以偏概全。例如，王氏在研究戍卒和正卒的年龄问题时，依据敦煌简，得出"戍卒的年龄要比正卒的年龄大"的结论。劳榦通过对大量居延汉简所载内容的归纳比较，认为"正卒和戍卒在年龄上并无绝对的先后"，甚至在居延简中尚有年方二十的戍卒。① 这些证据有力地推翻了王国维的研究结论。但劳氏并不因此而否定王国维敦煌简牍研究的价值，而是客观地评价说："王氏《流沙坠简》所考多极精确，惟后出资料有为王氏所未见者，故其考释终不免间有出于附会而距事实真情为远也。"② 从此意义而言，居延汉简的大量发现，既使劳榦对王国维释解的误区进行了辨正，又对于王氏未曾触及的问题因新史料的发现而可以有更深入的拓展。

王崇武在发掘新史料，揭示淹没史实或考见史事真相方面，也作出了可贵的努力。他将史料范围延伸至《朝鲜实录》，从而对中国典籍记载明惠帝的相关史实进行了发覆与辨正。今本《明史》对刘綎出师朝鲜着墨不少，重点记载了刘氏两次出师朝鲜：一次为万历二十年（1592），先迫使日本南退，后阻其北侵；一次为万历二十六年，夜半攻取栗林曳桥，斩获颇多，故卒使日本弃城而逃。但王崇武经过对宋应昌《经略复国要编》、朝鲜宣祖李昖《实录》及日本赖襄

---

① 参见劳榦：《汉代兵制及汉简中的兵制》，《历史语言研究所集刊》第十本，1948 年。
② 劳榦：《从汉简所见之边郡制度》，《历史语言研究所集刊》第八本第二分，1939 年。

《日本外史》的比勘考证，指出刘綎第一次出师朝鲜"并无勋绩"。同样，他对刘綎第二次出师朝鲜的相关史事进行钩沉，通过参核各类文献记载，指出刘綎并非如《明史》所赞誉，实质上恰恰相反，"綎将以曳桥收复，由血战得来"的记载"绝对子虚"。① 因此通过史料的拓展阅读，纠正了《明史》记载的失实，还原了历史的本来面目，具有重要的学术价值。

传统历史书写存在不少作伪和曲笔的地方，因此需要运用新史料予以重新审视、改写，这促使史语所始终重视原始史料与新史料的搜集，从而为历史研究注入新活力。在当时，史语所收藏有数量庞大的明清内阁大库档案，内容多关涉明末清初这一关键时期；搜集明朝历代实录最为完全，包括三种不同版本，即内阁大库藏本的晒蓝本、清初传抄本和明末传抄本；在1937年全面抗战爆发西迁之前，已收方志1737种；在金石资料方面，除考古组发掘的甲骨均有拓片之外，更收罗国内外甲骨的拓印本，构成甲骨资料的总汇。在此之外，金文、石刻、砖瓦文字拓片、印本共两万余份，内容分为碑纪、墓志铭、石经、刻经、画像、造像、题记、诗文、法帖及杂类等十类。② 这些具有原生态性质的史料或新史料为史语所学人的研究提供了大量新鲜的素材。

二、治史理念与学术分野

20世纪三四十年代，学术界围绕明成祖生母问题展开了激烈的讨论。这一讨论牵涉史语所的傅斯年、李晋华、王崇武等众多明

---

① 参见王崇武：《刘綎东征考》，《历史语言研究所集刊》第十四本，1949年。
② 参见徐高阮：《图书室》，载《"中央研究院"历史语言研究所傅所长纪念特刊》，第42—43页。

史研究专家,讨论的问题含括治史理念、官私史料价值、明成祖生母身份、懿文太子生母等相关问题,时间从 1932 年持续至 1947 年①,深化了当时的明史研究。透过讨论的背后,折射出以傅斯年为代表的史语所学人对官书与野史学术价值的不同认识,以及不同的治史理念导致的学术分野。

(一)不同学术观点的交流与交锋

最能显示傅斯年明史研究成就的代表作,莫过于《明成祖生母记疑》与《跋"明成祖生母问题汇证"并答朱希祖先生》两篇力作。正是这两篇文章的发表,在学界引起了一场不小的"论战"②,赞成者服膺其考史的卓识,反对者则指斥其考证结论的不可信。

1932 年,傅斯年在《历史语言研究所集刊》第二本第四分发表了《明成祖生母记疑》一文。笔者检视傅斯年档案,发现这篇文章的雏形,可能源于常熟秉衡居士所撰的《明成祖非马后子》札记,因这篇札记的内容不长且与《明成祖生母记疑》有所关联,遂录如下:

> 常熟秉衡居士《荷香馆琐言》:《明史》以永乐为马后所生,本于实录、玉牒,实则碩妃子也。李清《三垣笔记》,言《南太常志》载成祖为碩妃所生讶之。钱宗伯谦益有博学名,闻之亦不能决。以《志》言东侧列妃嫔二十余,西侧上一碩妃,因启寝殿

---

① 徐泓与周文玖均认为,至朱希祖 1936 年发表《再驳明成祖生母为碩妃说》之后,这一讨论遂告一段落(分别参见徐泓:《六十年来明史之研究》,载程发轫主编:《六十年来之国学》〔三〕,第 409 页;周文玖:《傅斯年、朱希祖、朱谦之的交往与学术》,《史学史研究》2006 年第 1 期)。实际上,1947 年明史研究专家王崇武发表的《论皇明祖训与明成祖继统》(《东方杂志》第 43 卷第 7 号,1947 年 4 月 15 日)仍可看作这次讨论的延续。

② 按,朱希祖在 1936 年 5 月 1 日致傅斯年的信中说,双方的互相辩论"颇近论战"。参见"史语所档案",元 47—19—10。

验之，入视果然，乃信云云。谈迁《枣林杂俎》所载，亦与《志》同。刘继庄《广阳杂记》云，明成祖母甕氏（与碩字音近，不知谁讹）蒙古人，以其为元顺帝妃，故隐其事。宫中别有庙藏神主，世世祀之，不关宗伯，有司礼监为彭躬庵言之，少时闻燕之故老为此说，今乃信也。（刘记止此）近江宁陈雨叟著《养和轩随笔》，中一条言幼时游南城大报恩寺，见正门内大殿封闭不开，父老言此成祖生母碩妃殿也。妃高丽人（与《杂记》作蒙古人异。明代有高丽贡女事，或因此致讹欤）生燕王，高后养以为子，遂赐死，有铁裙之刑，故永乐中建寺塔以报母恩，与史志所载皆不合云。观以上所记，则成祖为碩妃子无可疑者。陈君所记报恩寺塔一则，虽野老传闻，要非无因。小说足以正史氏之讹者，此其一也。吴骞《尖阳丛笔》，言马后尝以铜床炙死碩妃，未知所据何书。陈君《随笔》所言铁裙之刑，曾亲闻其事，陈言父老相传有此说，亦不知铁裙若何也。王世懋《窥天外乘》，辨建文幼子非宣宗条，有成祖为高皇后子明甚，而野史尚有是元主妃所生之语，知碩妃事固当时盛传也。[1]

从这篇札记可知，作者已经意识到《明史》所载明成祖生母为马皇后的说法，值得怀疑。

在《明成祖生母记疑》一文中，傅斯年认为《明诗综》《陶庵梦忆》及谈迁之《国榷》《枣林杂俎》等文献在记载明成祖生母时，均引《南京太常寺志》，言"诸妃尽东列，西序惟碩妃一人"；"近阁下一座

---

[1] 常熟秉衡居士：《荷香馆琐言·明成祖非马后子》，《文艺杂志》第十一期，1914 年。按，傅斯年的私人档案中存有此文的抄本，参见傅斯年档案 I：178。

稍前为碽妃，是成祖母"；"太祖高皇帝第四子也，母碽妃"；"碽妃生
成祖文皇帝，独西列"等。傅氏同时参以《明史》《明实录》等文献，
提出明成祖生于碽妃的观点。他所依据的核心史料为《南京太常寺
志》，此《志》虽不可见，然诸书皆引之，即便"康熙字典""碽"字下也
祖述其说。傅斯年由此断定，"《太常志》当为官书性质"，其价值
"与传说不同"。既然成祖之母为碽妃，何以《明史》《明实录》等文
献屡载成祖所说"朕高皇帝第四子"、"朕太祖高皇帝、孝慈高皇后
嫡子"？傅斯年认为"在此等互相矛盾而两面皆有有力之史料为之
后盾之时，只有一解可以通者，即成祖生于碽氏，养于高后，碽氏为
贱妾，故不彰也"。① 这一考证结论可谓一石激起千层浪，首先引起
了朱希祖的辩难。

朱希祖于 1933 年撰写了《明成祖生母记疑辩》，强调傅斯年的
观点难以成立。他通过对《明史》的深入考察，指出《南京太常寺
志》的价值存在四点疑问：一是，明太祖有二十六子，而《太常寺志》
仅记二十子；二是，自楚王以下的十六子，不知其母姓氏；三是，有位
号的妃子中，仅记载李淑妃；四是，记载马皇后无子，取其他嫔妃之
子以为己子，并载懿文太子、秦晋二王为李淑妃所生，成祖为碽妃所
生，这种记载有悖《玉牒》《实录》，所以《太常寺志》的价值值得怀
疑。他又参酌其他文献，提出了"疑高皇后无子之说似不足信"；
"疑周王非成祖同母弟之说不足信"；"疑碽妃即广阳杂记之甕妃，
亦即蒙古源流之洪吉喇氏"；"疑天启南京太常寺志之不根据典礼"

---

① 傅斯年：《明成祖生母记疑》，《历史语言研究所集刊》第二本第四分，
　　1932 年。

四种观点。① 朱氏在提出己说的同时，也是在对傅斯年的观点及立论根据——《南京太常寺志》——进行驳斥。

傅、朱二人的文章一出，立即引起专注明史研究的吴晗的重视。他搜集明人有关明成祖生母记载的各类史料，将之分为五种说法，并一一做出剖析；然后在此基础上，提出了"燕王、周王俱庶出"，"高皇后无子"，"硕妃为成祖生母"等观点。可以看出，在主要论点上，吴晗亦持明成祖生母为硕妃之说，此实为傅斯年的观点提供了翔实的论证依据。与此同时，针对朱希祖的一系列疑问："何以明代官书除《南京太常寺志》外，从未记载硕妃乎？成祖既为天子，何以不敢表彰其生母，使之湮灭无传，而在北京私于宫中立庙祀之，在南京私于陵寝别立配位尊之，不敢关于太常乎？若于高后讳，则于李淑妃又何解乎？若讳己为庶子，则汉文帝常言，朕为高皇帝侧室之子，又何伤乎？况皇太子标等皆属庶出，根本无嫡子争位，又何必讳乎？"吴晗毫不客气地批评朱氏的疑问"都是神经过敏，而且完全不合论理"。他认为明代的官书绝不止《南京太常寺志》一书，也许有关硕妃记载的还有其他官书，只是谈迁、李清等人当时所能看到的只有《太常寺志》，所以"我们不能无的放矢，因为不能看见其他官书，便瞎说其他官书从未记载硕妃"。对于朱希祖所指出的硕妃不见于《实录》《玉牒》等文献记载，吴晗认为这是"因为《实录》及《玉牒》已被故意删改过几次，明成祖不愿意说自己不是高皇后的亲子的缘故。因为这样，所以湮没之惟恐不及，更何论表彰"。同时，他又辩驳明成祖何以不同汉文帝自称庶出道："汉文帝是雍容入继，明

---

① 朱希祖：《明成祖生母记疑辩》，《国立中山大学文史学研究所月刊》第 2 卷第 1 期，1933 年 10 月 5 日。

成祖是称兵篡逆。人家请来作皇帝,自己说是庶子便愈显得谦恭；造反抢皇帝作,便只好硬说是嫡子,因为成祖是在和有法律继承地位的皇长孙争位啊!"①吴晗之论,确是知人论世,考虑了汉文帝与明成祖所处的不同境遇。

　　鉴于朱希祖对傅斯年的辩难,史语所中从事《明实录》校勘的李晋华也参与到了这场讨论之中。他于1936年发表《明成祖生母问题汇证》,分为上下两篇。上篇首先论列明清文献有关明成祖生母异同诸说,在此基础上对傅斯年与朱希祖的文章作出提要与分析。李氏称誉傅斯年所主张的"成祖生于碩妃,养于高后,以碩妃为贱妾,故名不彰"的观点,实是"揆情度理之论,足以解众惑而定一是者也"。而他在朱希祖《明成祖生母记疑辩》的提要中,则列出了朱氏的主要观点,并一一予以有力驳斥。显然他同青年明史学家吴晗一样,站到了傅斯年一边。下篇分为"太祖早年纳妃之多","太祖曾纳庚申帝妃","燕周同母说之由来及其影响","碩妃生成祖与碩妃汪妃甕妃之异同","《国史玉牒》与《南太常志》乖反及《南太常志》不言周王所出之原因"五目进行论证,尤其是对朱希祖所言《南京太常寺志》为天启时沈若霖所撰,在天启之前未见有关文献记载碩妃的说法进行了细密的辨正。他考订出何乔远之《名山藏》成书于天启之前,早于沈若霖所编之《南京太常寺志》,其间已经引用"碩妃生成祖"之说,从而说明"碩妃生成祖之说已由来久矣",沈若霖在编辑《南京太常寺志》时"盖有所本",而非臆说。因此李晋华亦主张明成祖生母为碩妃,并考证出刘献廷所说的甕妃有可能即是《明实录》中所言之汪贵妃,因为"碩与汪为旁纽双声,汪与甕为正

① 吴晗:《明成祖生母考》,《清华学报》第10卷第3期,1935年7月。

纽双声，碩与甕又为叠韵字"，所以"汪""甕""碩"三字在长期流传中辗转致误，但所指"仍为一人可知也"。①

傅斯年在读过李氏之文后，为之作跋，以答朱希祖之辩难。他说："余深佩其持论之从正，尤感其教诲之义，然反覆读之，仍未能弃吾前说。"原因在于朱氏之文，"未充举事实以破吾所疑"。于是傅氏针对朱希祖所言孝陵享殿之"配位次序及数目，全由内侍阉人随意排列，且时有更变，不拘典礼"等说法，提出反证："孝陵享殿座次非同十字路头茶肆中客座，可以任意移易，其神龛祭棹自亦笨重之甚，且当为附着在建筑上"，并非阉人能够随意颠倒的。同时，他在文中进一步申明了明成祖与周王同母直接记载于《明史》，成祖与懿文太子异母则暗示于《明史·黄子澄传》与《周王传》。②

三位年轻的明史专家在树立自己观点的同时，均将矛头指向了朱希祖。于是，朱氏又作《再驳明成祖生母为碩妃说》一文，以与吴晗、傅斯年、李晋华三人商榷。他对吴晗批评他"见闻太隘"，反唇相讥，指出《太祖实录》之再修本已经沉于水，今人不可见，但吴晗却能利用此版本；又指斥吴晗将鲁府所刻之《天潢玉牒》误为《鲁府玉牒》，"此等闻所未闻见所未见之书，吴君能见及之，益使余自愧闻见之太隘"。对于傅斯年之文，朱希祖指出了"两大谬误"：一是把《天潢玉牒》与《皇明玉牒》误为一书，二是将孝陵乡殿与南京的奉先殿混为一谈，进而对这两点作出了考证。对于李晋华所言《名

---

① 李晋华：《明成祖生母问题汇证》，《历史语言研究所集刊》第六本第一分，1936 年。

② 傅斯年：《跋"明成祖生母问题汇证"并答朱希祖先生》，《历史语言研究所集刊》第六本第一分，1936 年。

山藏》与汪妃、甕妃、碩妃同为一人之说，朱氏也进行了考证与辩解。[①] 然而我们只要比勘傅斯年、吴晗、李晋华与朱希祖之文章，便不难发现：朱氏对傅、吴、李三人的辩论有时的确击中了要害，有时则是无的放矢、或者是无关宏旨的细小考证[②]，并未能动摇傅斯年等人的核心观点，故"明成祖生母为碩妃"之说在后来的学术界持续产生了较大的影响[③]。

　　学术界普遍认为朱希祖《再驳明成祖生母为碩妃说》发表之后，傅斯年、吴晗与李晋华未有对朱文做出回应，这场学术争论亦告一段落。实质上，不仅傅斯年对此有所回应[④]，而且事隔数年之后，史语所的另一位青年明史研究专家王崇武于 1947 年发表了《论皇明祖训与明成祖继统》，接续了这场讨论。他在文章的开头说道："关于明成祖之生母问题，近人辨论已多，然综贯两造持论，择其近

---

① 朱希祖：《再驳明成祖生母为碩妃说》，《东方杂志》第 33 卷第 12 号，1936 年 6 月 16 日。

② 对此，傅斯年已经指出"朱先生所据各事或与论旨不甚相涉"。参见傅斯年：《跋"明成祖生母问题汇证"并答朱希祖先生》，《历史语言研究所集刊》第六本第一分，1936 年。

③ 如黄云眉经过考证说："成祖母为碩妃，而成祖之伪称高皇后子，明史未成以前，固有定论矣。"（《明史考证》一，中华书局 1979 年版，第 63 页）陈学霖指出："一般认为永乐非如正史所言为皇后马氏所出，《实录》所记系经过改窜以吻合永乐继统的借口，实则其生母为太祖之碩妃。"（《明代人物与传说》，香港中文大学出版社 1997 年版，第 114 页）晁中辰在《明成祖传》中对明成祖的生母也有考证，认为："明成祖的生母不是高皇后，而是碩妃。"（《明成祖传》，人民出版社 1993 年版，第 10 页）《剑桥中国明代史》的作者也不信明成祖为皇后马氏所生（参见［美］牟复礼、［英］崔瑞德编：《剑桥中国明代史》上卷，第 212—216 页）。这些学者或是经过自己的考证得出了与傅斯年等人相同的观点，或是吸收了傅斯年等人的说法，但均可以看出这一讨论对后世学界的影响。

④ 参见傅斯年：《朱先生之说待商榷者约举如下》，"傅斯年档案"，Ⅱ：894。

情推理，则成祖之生于碽妃，养于高后之说，盖可成立。"然而，他的研究旨趣并非继续搜求旁证，而是要探寻明成祖冒充嫡子的深层次原因。他注意到《皇明祖训》在成祖起兵与篡位称帝过程中的关键作用，于是对这一课题作出了深入分析。他指出，《皇明祖训》为朱元璋亲手制定，规定"凡我子孙，钦承朕命，无作聪明，乱我已成之法，一字不可改易"，燕王起兵对抗建文帝，正是借助《皇明祖训》这把尚方宝剑，指斥建文帝的削藩之策破坏了祖训；但是《皇明祖训》同时规定了继承皇位者应为嫡子，这又成为燕王称帝的一道障碍。在当时，《皇明祖训》早已颁行天下，为众人所知，因此燕王在不能修改《皇明祖训》的前提下，只能矫改《实录》中自己的身份，冒充嫡子，以"与《祖训》继统之义相照应，而为篡夺之张本"。① 王崇武所论，实与明成祖生母问题的讨论有所关联，只是他的探讨是在肯定傅斯年等人观点的基础上，对官书"伪造隐讳之故"，即成祖冒嫡的"背景与根据"所作的阐发，因此仍可以看作是明成祖生母问题讨论的延续。

从今天的认识来看，在当时明史研究较为薄弱的情况下，这场讨论无疑为起步阶段的明史研究带来了一股清新的空气。尤其是，参与讨论的傅斯年、朱希祖、吴晗、李晋华、王崇武皆为当时学界屈指可数的明史研究专家，从而使得问题在讨论中逐步深化。同时，在讨论的过程中还形成了一种良好的学术风气：即在总的方向上吴晗与李晋华支持傅斯年的观点，似乎他们形成了一个派别，实际上李晋华对于吴晗所言懿文太子庶出的结论，尤为不能赞同，并撰著

---

① 王崇武：《论皇明祖训与明成祖继统》，《东方杂志》第 43 卷第 7 号，1947 年 4 月 15 日。

了《明懿文太子生母考》①一文专与吴晗商榷，从这点来看，李氏与朱希祖的观点又有相近之处。所以这场学术的交流与交锋，目的是要考证出历史的真相，还历史以本来面目，诚如朱希祖在1936年致傅斯年函中所言："拙作……纯为史学求真起见，毫无好胜私意杂于其间。"②

（二）对官私史料学术价值的不同认识

这场学术争论的导火索，尚须从傅斯年的《明成祖生母记疑》说起。傅氏在行文开首说："民国十八年冬，北平一不相熟之书肆携一抄本求售，凡二三十叶，而索价奇昂。其中所记皆杂抄明代笔记之类，不能自成一书。询朱逖先（即朱希祖，引者）先生此书何如，朱先生谓其皆是零抄他处者，仍应以原书为准，遂还一价，而余赴京。两月归来，此书已为原主取回，今日思之，殊觉可惜。……原抄录自何书，当时匆匆南行，亦未记下。自己抄写不勤，史料轻轻放过，实不可自恕，记之以志吾过耳。"在朱希祖看来，与其说是傅斯年在自我检讨，不如说是傅斯年对他的埋怨。显然，傅斯年的这一说法触及了朱希祖的敏感点，所以朱氏在《明成祖生母记疑辩》的首段说道："傅斯年君所撰《明成祖生母记疑》一篇；篇首所记，颇与余有关，不得不与傅君分任其过者。"由是开启了傅、朱之间的学术辩论。

透过辩论文字的背后，反映的是两人对待史料的不同观念。傅斯年考证明成祖生母问题，除了依靠《明史》《明实录》等官书之外，大量发掘了《广阳杂记》《明诗综》《陶庵梦忆》《国榷》及《枣林杂

---

① 载《历史语言研究所集刊》第六本第一分，1936年。
② "史语所档案"，元47—19—10。

俎》《蒙古源流》等史料，并将官私记载比较研究，从而得出结论。而朱希祖的文章，几乎无出官书记载，如他依据《明史·诸王传》及《公主传》说明高皇后实生五男二女；依《明史》辩朱彝尊、张岱之说；又依《明史》驳斥成祖与周王同母，且皆为碩妃之子。这样的辩驳文章在证据上略显无力，难怪傅斯年在《答朱希祖先生》一文中说朱希祖的文章"近于辩论，鲜涉证据"。在傅斯年看来，朱希祖论证的软肋在于过信官书记载，尤其是深信《明史》与《明实录》，并以此为论证的核心史料，因而成为众矢之的。傅斯年说："朱先生深信《明史》，深信《明实录》，此自为史学家持正之立场。然私书不尽失之诬，官书不尽免于讳，果非官书不取，涑水无须采小说撰考异矣。"吴晗援引朱希祖"若碩妃果为高丽人，则太祖高丽妃韩氏载之《明史·公主传》，亦必本于玉牒"的结论，以批评他"见闻太隘"，并强调"官书并不一定可靠，而且明初《玉牒》即已经过几度修改，《明史》所据为修改过的官书，朱先生却以此事不见于官书，不见于《明史》为疑，这也未免是'缘木求鱼'了"。无独有偶，傅斯年、吴晗共同指出了朱希祖论证的缺陷。

尽管朱希祖在回应傅斯年、吴晗这一批评时，专设"辩过信官书"一目，但仍不能掩住他对"官书"的迷恋，同时对于傅斯年的批评，朱氏又产生了误解。傅斯年所言"果非官书不取，涑水无须采小说撰考异矣"，实际是指司马光兼取官书与小说参核对照，以考证史事。这与他撰《明成祖生母记疑》所贯穿的"官报与谣言，各有所缺。后之学者，驰骋于官私记载之中，即求断于讳诬二者之间"的主张正一脉相承。可惜朱希祖却误读了傅斯年，并自我辩解说："余发表论著之文颇多，试覆按之，是否非官书不取乎？若反唇相讥，傅君非私书小说不取，傅君能承认之乎？"显然，朱希祖将傅斯年批评他

"过信官书"，理解成了"非官书不取"。

这场讨论涉及傅、朱二人的史料观问题，由此不能不引起我们对于傅斯年史料观念的关注。傅斯年强调"我们最注意的是求新材料"，"我们不是读书的人，我们只是上穷碧落下黄泉，动手动脚找东西"！① 其目的是要拓展史料来源，矫改"读书就是学问"的风气。故他对明成祖生母问题的探讨极为重视史料的扩展，而不专取官书记载。他强调，为了推进史学的科学化，比较研究必不可少。在《史学方法导论》中，他将比较方法分为八类，其中之一便是"官家的记载对民间的记载"，并一再申述"官家的记载时而失之讳"、"私家的记载时而失之诬"，因此有将官家记载与私人记载对勘之必要。② 而《明成祖生母记疑》一文的撰著，正是他"科学史学"的理论主张在实践上的一次尝试。相比之下，朱希祖两篇辩论文章所呈现的史料观点，似乎与傅斯年的主张有着较大的不同。诚为王汎森对傅、朱讨论的评价："姑不论双方实际的胜负以及后代史家对这个问题的看法，这个争论本身便突显当时两派史家对于史料截然相异的看法。"③

再者是，傅斯年等学人将研究视域由以汉族为中心不断向以四周的少数民族为中心拓展，显示了与旧派学者不同的治史理念。当傅斯年推论硕妃为明成祖生母时，朱希祖认为硕妃之由来是因汉人简称元顺帝之妃洪吉喇氏为洪氏，一变而为《广阳杂记》之瓮氏，再

---

① 傅斯年：《历史语言研究所工作之旨趣》，《历史语言研究所集刊》第一本第一分，1928 年。
② 傅斯年：《史学方法导论》，《傅斯年全集》（二），第 335—338 页。
③ 王汎森：《民国的新史学及其批评者》，载罗志田主编：《20 世纪的中国：学术与社会·史学卷》（上），第 84 页。

变而为《南京太常寺志》之碽妃,用以区别汉姓。在朱希祖看来,傅斯年坚信碽妃为明成祖生母,仍然不啻为相信成祖"仍为元顺帝之子而已","与陈寅恪相信"李唐为胡姓之说","同为诬辱之尤,淆乱种族,颠倒史实,杀国民自强之心,助眈眈者以张目,此不可不重为辩驳者也"。有学者认为,朱氏把这个问题"上升到政治的高度,这在当时虽有一定的理由,但也似乎过于言重了"。① 这种观点诚为不误,但朱希祖的言论更多地反映出他与傅斯年、陈寅恪治史视角的差异。

对此问题的考察,还应当结合朱希祖与陈寅恪关于李唐氏族的讨论。陈寅恪于 1931 年发表了《李唐氏族之推测》,主张李唐为后魏弘农太守李初古拔之后裔,而自称西凉李暠之嫡裔。② 三年后,他又作《李唐氏族之推测后记》,言李唐先世本为汉族,或出于"赵郡李氏衰微之支派",后来渐染胡俗,至李虎入关之时,东西分立之局面已定,于是"改赵郡之姓望而为陇西,因李抗父子事迹与其先世类似之故,遂由改托陇西更进一步,而伪称西凉嫡裔"。所以陈寅恪断定,李唐一族的崛起,是"取塞外野蛮精悍之血,注入中原文化颓废之躯"。③ 朱希祖指出,陈寅恪的结论"与指明成祖为元顺帝子,同其谬误"。究其所自,陈寅恪、傅斯年的研究视野已不再局限于传统的汉族中心观,而是重视汉族与兄弟民族之关系研究。这种研究明显触痛了朱希祖的民族主义情感,所以他才说:"自唐以来,惟最

---

① 周文玖:《傅斯年、朱希祖、朱谦之的交往与学术》,《史学史研究》2006 年第 1 期。
② 参见陈寅恪:《李唐氏族之推测》,《历史语言研究所集刊》第三本第一分,1931 年。
③ 陈寅恪:《李唐氏族之推测后记》,《历史语言研究所集刊》第三本第四分,1933 年。

弱之宋，尚未有疑为外族者，其余若唐若明，皆与元、清同为外族入居中夏，中夏之人，久已无建国能力，何堪承袭疆土，循其结果，暗示国人量力退婴，明招强敌加力进取。"①实际上隐含地指出陈寅恪、傅斯年的研究暗示中华民族已经衰弱，为外族的入侵提供了张本。更有甚是，朱氏致函傅斯年说，只要研究结论是成祖"非元顺帝子，其他是高皇后子，非高皇后子，无关弘旨，不必再辩"。②

且不论傅斯年、陈寅恪与朱希祖之间讨论的结论孰更正确，可以肯定的是两派学人研究视角颇有不同。陈寅恪在给陈垣所作的《敦煌劫余录》序言中说："一时代之学术，必有其新材料与新问题。取用此材料，以研求问题，则为此时代学术之新潮流。治学之士，得预于此潮流者，谓之预流（借用佛教初果之名）。其未得预者，谓之未入流。此古今学术史之通义，非彼闭门造车之徒，所能同喻者也。"③意谓陈垣之敦煌学研究为"预流"之学问。陈寅恪于此处所谓的"预流"，实指预世界学术之"流"，主张与国外学者在共同的研究领域开展竞争。可见傅斯年、陈寅恪等学者治学的视野已经从中原中心区辐射到了四周，从而与国外汉学研究者有了共同的交集。

章太炎在1924年发表的《救学弊论》中谈到当时学界有五大弊病，其中之一便是"审边塞而遗内治"④，说明章氏已经注意到了学术研究的新动向，只是他将这一研究趋向归为学术研究的一大积弊而已。作为章氏得意弟子的朱希祖，明显继承了其师的这一观点。章、朱师徒反对的学术研究取向，恰好成为傅斯年等人努力开拓的

---

① 朱希祖：《驳李唐为胡姓说》，《东方杂志》第33卷第15号，1936年8月1日。
② "史语所档案"，元47—19—9。
③ 陈寅恪：《陈垣敦煌劫余录序》，《金明馆丛稿二编》，第266页。
④ 汤志钧编：《章太炎年谱长编》下册，中华书局1979年版，第760页。

方向,这种对于史料观念、研究趋势的不同理解,导致了不同史家的学术分野。

（三）学术制度与人事纠葛

傅斯年与朱希祖关于明成祖生母问题的探讨,看似纯粹学术观点的争鸣,但实际上也与傅、朱二人矛盾的激化有所关联。也即是说,傅、朱二人的矛盾为学术辩难起到了推波助澜之作用。

朱希祖是傅斯年在北大就读时的老师,傅斯年对其极为尊敬。1929 年,史语所从广东迁至北平,傅斯年亦随之入北大史学系兼课,与朱希祖成为同事。1930 年 12 月,史学系学生散发了"北京大学史学系全体学生驱逐主任朱希祖宣言"的传单,指责朱希祖"无学无识"而又"嫉贤妒能排挤教授",因此"决不配干史学系主任"。① 随后,朱希祖被迫辞去史学系主任一职。在朱氏处于"学潮"困难之时,正是傅斯年向史学系学生澄清事实,为朱希祖作了辩护。所以事后朱希祖对傅斯年不无感激地说道:"此次北大史系事件惟兄仗义执言,凛凛可钦！刚正之气,热烈之忱感人心脾,永永难忘矣。"②朱希祖被迫在北大辞职,欲同时辞去清华大学与辅仁大学的教职,专入史语所从事研究。他在 1930 年 12 月 21 日致函傅斯年说:"希祖最近转辗思维,决定此后专事研究史学,不作教员,不作

---

① 朱希祖:《辩驳"北京大学史学系全体学生驱逐主任朱希祖宣言"》,《北京大学日刊》第二五一五号,1930 年 12 月 9 日。

② "史语所档案",元 47—19—1。按,长期以来,学界有一种观点认为,北京大学学生反对系主任朱希祖的风潮,与当时北大英美派和法日派的激烈斗争有关,傅斯年作为英美派的一员,对于掀起学生风潮、赶走系主任起了很大作用。这一说法,值得商榷。从"史语所档案"所藏傅斯年与朱希祖之间的往来通信看,在此次北大学生风潮及后来朱希祖欲改任中研院史语所专任研究员一事上,傅斯年均给予朱希祖极大的帮助。

任何校长主任及各项办事员，故拟在年假后辞去清华、辅仁等校教课及北大研究所导师，使身体一无所累，集中精神以从事于一史，惟生计问题不易解决。前日承兄谈及研究院事，可以达我此志，年假中未识可以决定否？迟则事机一失，恐仍牵于旧累不可解脱矣。乘此机会快刀斩乱麻，使永无纠葛，亦可谓毕生之幸。"①对此，傅斯年表示"甘愿赞助"，并决定史语所上半年以少购图书来支付朱希祖的薪俸。1931 年 1 月 25 日，史语所召开十九年度下届第一次所务会议，陈寅恪提议改聘朱希祖为专任研究员。陈氏认为，历史组的工作以近代者为最重要，"如整理档案是朱先生，关于近代史的知识既极其丰长，而十余年所搜集之此项史料在国内亦无有出其右者"，又恰逢朱氏刚刚辞去北大史学系主任一职，"正宜在此时改聘为本所专任研究员"。② 不久，中研院院长蔡元培便向朱希祖下发了"专任研究员"聘书。可以说，傅斯年在促成朱希祖由中研院特约研究员改聘专任研究员一事上，功不可没。

但两人之间的关系，也正因为此次改聘之事，逐步走向紧张。按中央研究院章程规定，专任研究员必须辞去其他院外一切职务，专事研究。关于此点，傅斯年早已给朱希祖一再重申，但朱希祖在被聘为中研院史语所专任研究员后，又致函北大校长蒋梦麟，先是在北大请假一年，而后"拟销假复职"，并说："希祖查（北大）研究所中别无教授担任明清史指导，明清史料整理会亦无人指导整理，故不忍决然舍去，且先生来长北大，希祖极愿襄助，惜不能竭尽全力为

---

① "史语所档案"，元 47—19—1。

② 《历史语言研究所十九年度下届第一次所务会议》，《傅斯年全集》（六），第280 页。

歉"。①朱希祖一方面未与傅斯年商议，直接致函蒋梦麟，想要在北大"复职"；一方面又告诉傅斯年已经辞去了北大、清华、辅仁的一切教职。这一做法，引起了傅斯年的极大不满。傅氏在给朱希祖的信中说："先生足使斯年对中央研究院立于罪过之地位者"，"先生有何意见，或作何约定，请与蔡先生约之。斯年实更担负不起"。②朱希祖认为他与傅斯年之间"隔阂"已起，于是不得不致函傅斯年，再行告知"已发信将北大、辅大、清大教授等名义辞去，以遵守院章，解除各种困难及非毁，如兄尚有别种为难之处，竟行开除亦无怨悔"。③从傅、朱二人最后的通信内容来看，傅斯年埋怨朱希祖不守中研院之章程，朱希祖气愤傅斯年处处与他为难。显然，从书信交往中可见两人之关系已有所激化。

可想而知，在这种氛围下从事专任研究员的朱希祖，很难在史语所长久地工作下去。因此，朱氏在短暂担任了史语所专任研究员之后，便于1932年秋南下到中山大学任教。同时，原本由陈寅恪、朱希祖、陈垣、傅斯年、徐中舒五人组成的《明清史料》编刊委员会也刷新人员，将朱希祖剔除了出去。1932年至1933年，尽管朱希祖仍然担任史语所的特约研究员，但已是有名无实，因为《史语所章程》第十四条规定特约研究员的职责在于"有特殊调查或研究事项时临时委托到所或在外工作"④，所以此后朱氏几乎与史语所再无任何工作上的关系。据近人吴梅在《日记》中披露："往访林公铎，同往刘三处长谈……席间所谈，皆北大近日事，方知朱逖先之南来，

---

① "史语所档案"，元47—19—2。
② "史语所档案"，元47—19—5。
③ "史语所档案"，元47—19—6。
④ 《国立中央研究院历史语言研究所章程》，《傅斯年全集》（六），第32页。

受傅斯年之绐;许守白之解约,出胡适之之意。"①不论吴梅所论是否搀杂偏见,亦不论傅、朱二人孰对孰错,两人因"改聘专任研究员"事件而导致关系紧张,则是不争的事实。

此外,傅斯年、朱希祖两人不同的教育理念,应该也在不同程度上加剧了他们之间的矛盾。朱希祖在任北大史学系主任期间,对史学系的课程进行了改革,其改革的着眼点主要是追求课程开设齐全,使得学生能够获得完备的"史学应有之常识"。职是之故,史学系开设了社会学、生物学、政治学、经济学、人类学、人种学、法律哲学、社会心理学、统计学等课程。繁多的课目,致使教师的讲授成为一种知识的灌输,直接忽视了学生研究能力的培养。后来朱希祖也意识到"过去史学系之课程,弊在全恃教员的灌注,而无自动的研究;且课程太繁,亦无研究余晷"。② 随着朱希祖辞职离校,他"在北大史学系历时近十年的改革以失败而告终"。③ 从傅斯年随后主持史学系的工作来看,他对于朱希祖在大学中从事史学常识的教育甚为不满。他认为,大学教育应以培养学生的研究能力为主,而非常识教育,于是他将史语所恪守的重视史料搜集、整理、研究等治学理念援引到大学教育中来,并明确反对史学系原来所开设的法律哲学、社会心理学、社会学、人类学、人种学等"史学应有之基本常识"科目,认为这些科目起不到培养史学人才之目的,属于"泛滥漫汗的知识"、"不能充实的知识"以及与史学研究"不相干的知识",强调

① 吴梅:《日记》(1934 年 11 月 26 日),《吴梅全集》,河北教育出版社 2002 年版,第 509 页。
② 朱希祖:《北京大学史学系过去之略史与将来之希望》,载周文玖选编:《朱希祖文存》,上海古籍出版社 2006 年版,第 330—331 页。
③ 郭卫东、牛大勇主编:《北京大学历史学系简史(初稿)》,第 67 页。

学生到史学系来学习"应是借教员的指导取得一种应付史料的严整方法，不应是借教员的贩卖聚集一些不相干的杂货"。① 在教学实践上，傅斯年强调对学生进行"断代史"与"专门史"的教育，在他主持北大史学系期间，迅速培养出一批专事历史考证的青年学者，如胡厚宣、张政烺、邓广铭、全汉昇、何兹全、王毓铨、高去寻、杨志玖、王崇武、傅乐焕等，以后均成长为史学研究领域蜚声海内外的专家学者。由此透露出，在北大史学系的课程设置上，傅斯年并不满意朱希祖的改革，所以他在主持史学系后才会改弦更张，实施大刀阔斧的再改革。傅斯年这种不同于朱希祖的教育理念，自入北大起便处于潜伏状态，直待朱希祖离开北大后，才得以施行。这种不同的教育观念，无疑会或隐或显地加剧两人之间的冲突。

朱、傅之交际矛盾集中爆发在 1931 年，而 1932 年傅斯年《明成祖生母记疑》中的"询朱逷先先生此书何如，朱先生谓其皆是零抄他处者，仍应以原书为准，遂还一价，而余赴京。两月归来，此书已为原主取回，今日思之，殊觉可惜"之类的话，无疑会触动朱氏的敏感点，于是在这场学术论战之中也就不可避免地掺杂了一些义气之争。

三、以小见大的治史旨趣

史语所学术群体承继了乾嘉学人治史重视考证的风格，不以空论为基调，同时他们又超越了单纯考证的局限，即善于从大处着眼、

---

① 《国立北京大学史学系课程指导书》（二十至二十一年度），转引自郭卫东、牛大勇主编：《北京大学历史学系简史（初稿）》，第 70 页。

小处着手研究历史，实则能够以小见大、见微知著，达到探索中国古代社会历史面貌或推进学科深入发展的目的。

陈寅恪治学以考证名家，但对于他而言，考证是手段，目的是要阐明对于历史发展具有重大影响的史事。陈氏在《隋唐制度渊源略论稿》一书中，提出"隋文帝继承宇文氏之遗业，其制定礼仪则不依北周之制，别采梁礼及后齐仪注"的观点。在具体论证上，陈氏以为"梁礼并可概括陈代，以陈礼几全袭梁旧之故，亦即梁陈以降南朝后期之典章文物也"，而关于此点"史志所载甚明"，所以他讨论的重点在于"北齐仪注即南朝前期文物之蜕嬗"。陈寅恪指出，解决这一问题的"关键"，在于对王肃北奔的考察。他搜求《北史》《魏书》《南齐书》《陈书》《隋书》《资治通鉴》等史书中有关王肃弃南齐而奔魏作"朝仪国典"的史料，借此指明"魏孝文帝所以优礼王肃固别有政治上之策略，但肃之能供给孝文帝当日所渴盼之需求，要为其最大原因"。陈氏并从民族文化认同趋势不断加强的角度着眼，认为王肃"在当日南朝虽为膏腴士族，论其才学，不独与江左同时伦辈相较，断非江左第一流，且亦出北朝当日青齐俘虏之下（见魏书伍伍及北史肆贰刘芳传），而卒能将南朝前期发展之文物制度转输于北朝以开太和时代之新文化，为后来隋唐制度不祧之远祖者，盖别有其故也"。于是他进一步比勘文献记载，获悉王俭"少撰《古今丧服记》并《文集》"，"弱年便留意三《礼》，尤善《春秋》"；而后"礼荦旧宗，乐倾恒轨，自朝章国记，典彝备物，奏议符策，文辞表记，素意所不蓄，前古所未行，皆取定俄顷，神无滞用"等史实，遂断定"以熟练自晋以来江东之朝章国故，著名当时"。而王肃自南齐奔北魏是在王俭卒后，故"肃必经受其宗贤之流风遗著所熏习，遂能抱持南朝之利器,遇北主之新知".① 这种观察问题与考证问题的方法,无疑是借助对王肃个案的分析,从而说明了隋制定礼仪兼采后齐仪注,而后齐仪注则是北魏孝文帝模拟采用南朝前期文物制度的结果,这有赖于王肃将东晋至南齐及其所承继的汉、魏、西晋之遗产传播至北齐,直至后来成为隋唐礼制的一个渊源。

陈寅恪以小见大的治史旨趣,通过其学生的介绍亦可得到旁证。1944 年,陈寅恪在燕京大学任教,讲授《长恨歌》。根据当时听课的唐振常回忆说:

> 第一课是讲《长恨歌》,首先讲的是杨玉环是否以处女入宫。这个话听起来很怪,当时著名话剧导演贺孟斧寓居成都,与我相熟,他耳闻先生大名,想来听课。我告诉他,第一课讲的是杨玉环是否以处女入宫问题,他以为无聊,便不来了。其实,先生是以这个题目带出唐代婚礼制度,乃重要事。②

实际上,陈寅恪的历史考证之作,大都以小事考证为路径,旨在对重要的历史问题作出说明与阐释。

李济不仅专擅考古发掘,而且对于出土文物也进行了细致研究。如他在主持安阳发掘的早期,便撰有《殷商陶器初论》③。此文对殷墟出土陶器的形状、用途、制作、花纹等内容进行了探讨,看似异常琐碎,但李济著述的本意在于考察殷商时期陶器制作艺术对周朝铜器制作产生的重要影响,以致殷商时期的陶器形制到了周代

---

① 参见陈寅恪:《隋唐制度渊源略论稿 唐代政治史述论稿》,第 13—16 页。
② 唐振常:《重读〈柳如是别传〉忆陈寅恪先生》,载张杰、杨燕丽选编:《追忆陈寅恪》,第 279 页。
③ 载《安阳发掘报告》第一期,1929 年。

"都有铜器替他们传代"。进而,作者说明："商周之际,虽有巨大的制度上的变化;那物质上的承袭,没有很大的裂痕。"又如,他的《俯身葬》①一文,通过研究俯身葬及其向仰身葬的演变,意在考察殷商时代与青铜时代习俗的区别。即便是在 20 世纪 50 年代,他仍旧承袭前期以小见大的治学路径,通过对石刻史料的发掘来研究殷人的坐姿,最后得出的结论是："蹲踞与箕踞不但是夷人的习惯,可能也是夏人的习惯;而跪坐却是尚鬼的商朝统治阶级的起居法,并演习成了一种供奉祖先,祭祀神天,以及招待宾客的礼貌。周朝人商化后,加以光大,发扬成了'礼'的系统,而奠定三千年来中国'礼'教文化的基础。"②由此可见李济治学的特色所在。故许倬云对其评价说："李先生做了一辈子研究工作,(他的)许多文章在旁人看来,也许以为太狭了,太繁琐了。事实上,他做一点看上去最零碎的工作,目的却在解答另一点重要的问题。"③

作为古史学家的张政烺,对中国历史上许多具体问题进行了深入的考释,其中蕴含着以小见大、揭示历史本来面貌的旨趣。《王逸集牙签考证》是张政烺目录学方面的代表作。关于王逸其人,《后汉书》记载极为简略,仅 58 字,以至于清人浦起龙在为《史通》注解时说："逸列名史事,未详。"④此外,《后汉书·王逸传》言:王逸"又

---

① 载《安阳发掘报告》第三期,1931 年。
② 李济：《跪坐蹲踞与箕踞——殷墟石刻研究之一》,《历史语言研究所集刊》第二十四本,1953 年。
③ 许倬云：《寻真理的李济之先生》,载李光谟编:《李济学术文化随笔》,中国青年出版社 2000 年版,第 388 页。
④ 此为浦起龙释语。参见[唐]刘知幾：《史通》卷一一《史官建置》,浦起龙释本,第 327 页。

作《汉诗》百二十三篇"①，后世学者均不知《汉诗》为何书。张政烺根据《衡斋金石识小录》所著录"象牙书签"一枚，题名为"汉王公逸象牙书签"的内容与《后汉书·王逸传》相比较，又钩沉其他史料，从而考证范晔《后汉书》依据各家旧史料所载、不求其义、不知辨择，误王逸所作《汉书》为《汉诗》，给后人研究王逸学术造成了极大的困惑。其次，依据牙签文字与《后汉书·王逸传》两处"字体推断，牙签当不出于范《书》，盖两者同源而彼此不相袭"，由是参以《隋书·经籍志》、唐人马总《意林》等著作，考释出"《王逸集》之本来面目当为《王逸集》十卷附子《延寿集》五卷并录一卷，牙签即施于其上"，以便于检索之用。因王逸之著作有录，由此而引申出目录学上一个重要的问题，即章学诚所说："校雠之义，盖自刘向父子部次条别，将以辨章学术，考镜源流；非深明于道术精微、群言得失之故者，不足与此。后世部次甲乙，纪录经史者，代有其人；而求能推阐大义，条别学术异同，使人由委溯源，以想见于坟籍之初者，千百之中，不十一焉。"②也就是说，校雠之学不仅是整理和保管书籍，还要写出叙录以"辨章学术，考镜源流"，但"自来学者于魏晋整理书部之情形，无能言其梗概者。甚或谓荀勖校书不为解题"。而张政烺却通过对《后汉书》《史通·古今正史》《隋书·经籍志》《初学记》《文选》等文献史料的参互考核，证明荀勖撰有《新撰文章家集

---

① ［南朝·宋］范晔：《后汉书》卷八十上《文苑列传·王逸传》，中华书局 1965 年版，第 2618 页。

② ［清］章学诚：《文史通义校注》附《校雠通义》卷一《叙》，叶瑛校注，中华书局 1985 年版，第 945 页。

叙》一书,乃为"魏晋新撰书录之一部分"。① 张政烺借助一枚小小的象牙书签,运用版本目录学知识,辨正了范晔之误,同时为荀勖作了辩解,弄清了几千年来存在的疑误,推进了校雠之学的深入发展。

不惟以上学者在治学上具有以小见大的特点,如傅斯年的《论所谓五等爵》《姜原》《大东小东说》等论文;陈槃的《谶纬释名》《"侯"与"射侯"》;陈述的《曳落河考释及其相关诸问题》《投下考》;王崇武的《刘綎征东考》《李如松征东考》;傅乐焕的《辽代四时捺钵考五篇》等论文,均是有着强烈的问题意识,由考证具体史事出发,其目的是要解决一些重大的历史问题,这俨然成为史语所学术群体治学的一种风格与特色。

四、"疏通致远"的治史视野

钱穆曾评价傅斯年"主先治断代史,不主张讲通史"②,加之傅斯年领导的史语所学人治史多以某一朝代或某一专门领域为范围,遂被学界误认为治史只重断代,反对贯通。实则不然。史语所学术群体治学虽然主要集中在中国断代史与专门史等领域,但是他们从来都不把自己局限于某一个时代,尤为重视在治史过程中对于历史事件内在联系的分析与意义的阐发,并将对历史认识的"通识"思想灌注其间。

傅斯年认为,治史应当"一面不使之于当时的别的史分,一面亦

---

① 参见张政烺:《王逸集牙签考证》,《历史语言研究所集刊》第十四本,1949年。
② 参见钱穆:《八十忆双亲 师友杂忆》,第168页。

不越俎去使与别一时期之同一史合"。① 这种主张似乎与通史倡导
者有所差距。但在傅斯年的史学实践中，他的研究视野恢弘而不限
于一个时代。从傅斯年档案来看，有两份材料涉及其对中国历史的
总体思考：一是，他手拟的《北京大学中国通史纲要》。这份手稿仅
存"第一讲"，主要内容为"中国史之分期"。傅氏以"民族迁动"作
为中国史分期之标准，将中国史分为"古世——周秦汉魏晋南朝"、
"中世——后魏后周隋唐五代宋"、"近世——元明清"三个阶段，并
主张以此标准来"分代叙说中国史上，制度，文化，社会组织，人民生
活之变动，及外来影响之结果"。② 二是，在傅斯年的一份杂记中，
涉及到他对中国通史修撰主要内容的思考。从这份手稿来看，傅斯
年已经拟定了编纂从远古社会到南北朝时期的章目，并画有从秦至
民国的朝代演进示意图。③ 而这种通史编纂的思想，在他的《闲谈
历史教科书》中也有不同程度的体现。他主张，中国史的编纂应采
用一种普遍联系的观点，重视"政治、社会、文物三事之相互影响"；
在具体章节的论述中，"若干历史事件，前后相关者，可以据其意义
联贯说之"。例如，西汉初年的国内大事，主要有削平异姓诸王、除
诸吕、削弱同姓诸王等，傅斯年认为，"若把这些事都当作独立的事
看去，自然要分节叙述"；但"若把它们看作'汉初皇帝政权之安定
化'过程中之三个阶段，由远及亲，一步一步的来，至武帝而完成"，
则会起到化零为整的效果。④ 这些方面均能反映其历史研究的通

---

① 傅斯年：《致胡适》（1926 年 8 月 17—18 日），载王汎森、潘光哲、吴政上主
　编：《傅斯年遗札》（一），第 46 页。
② "傅斯年档案"，Ⅱ:625。
③ 参见"傅斯年档案"，Ⅰ:808。
④ 傅斯年：《闲谈历史教科书》，《傅斯年全集》（五），第 55、57—58 页。

识思想。在具体的学术实践中，傅斯年的《性命古训辨证》虽虎头蛇尾，偏重先秦思想，但对"汉代性之二元说"、宋元明"理学之地位"及清代朴学，也略有阐述，彰显出上下贯通的思想。

钱穆不仅批评傅斯年不具备通识的思想，而且批评他不许史语所中专注明史研究的王崇武"上窥元代，下涉清世"。① 实际上，王崇武在明史研究上并未固步自封，而是做到了对史料搜集的上下贯通。潘光哲指出，王崇武在考证《敬修堂钓业》的作者为明代遗民查继佐时，搜索史料，罗掘俱穷，考证细腻，令人叹为观止。为了证明查继佐的父亲为查大宗，母亲为沈姓，王氏引证了黄道周的《沈尔翰传》等资料，还特别注明这篇《沈尔翰传》是"据沈氏《年谱》引，清道光福州刻本黄《集》无此传"。可知，王崇武引征黄道周《沈尔翰传》之时，必定查核过清道光年间福州刻印的黄氏《文集》无疑，因在《文集》中未曾查得，遂转引自沈尔翰之《年谱》。②

陈寅恪治学重通而不限于断，即便是在断代的隋唐史研究中，也贯穿着鲜明的通识眼光。对此，金毓黻在《静晤室日记》中多次有所言及。他说："窃谓陈氏治唐史最能通贯，且引证以明之，是以绩效炳然，诚近来史家之杰。"又说："陈氏尤为通博，所著《隋唐制度渊源略论》、《唐代政治史述论》最为独出冠时。"③但陈寅恪治史的贯通不仅仅表现在隋唐中古时期，而时人常因他说"平生为不古不今之学"④，遂将其治学范围界定在魏晋隋唐这一时期。汪荣祖

① 钱穆：《八十忆双亲　师友杂忆》，第 168 页。
② 参见潘光哲：《"胖猫"与"小耗子"》，《何妨是书生——一个现代学术社群的故事》，第 83 页。
③ 金毓黻：《静晤室日记》第十册（1956 年 6 月 22 日），第 7174 页。
④ 陈寅恪：《冯友兰中国哲学史下册审查报告》，《金明馆丛稿二编》，第 285 页。

在《史家陈寅恪传》中，从"佛教史考证"、"唐史研究"、"诗史互证"、"六朝史论"等维度对陈氏的"不古不今之学"进行了系统的阐释。① 尽管程千帆、逯耀东、桑兵、罗志田、李锦绣等学者并不赞同汪荣祖对陈寅恪"不古不今之学"的诠释，进而提出各种新鲜见解②，但从陈寅恪的研究实践来看，其成就仍然主要在魏晋南北朝隋唐史方面。早在20世纪40年代，顾颉刚等人在总结中国近现代学术的成就时，已经指出，"魏晋南北朝史的研究，以陈寅恪先生的贡献为最大，……魏晋、南北朝的历史向来研究者甚少，荆榛满目。陈先生以谨严的态度，丰赡的知识，作精深的研究，殆为斯学的权威"；"隋唐五代史的研究，亦以陈寅恪先生的贡献为最大，他撰有《隋唐制度渊源略论稿》一册，《唐代政治史述论稿》一册。二书对于唐代政治的来源及其演变均有独到的见解，为近年史学上的两本巨著"。③ 需要指出的是，陈寅恪的学术成就虽然集中在中古史领域，但他的治史视野并不为中古时期所囿，正如有的学者所言：

> 先生不只对研究各断代史知其症结所在，还对全史亦有贯通古今的概观。如论文化则重春秋战国、六朝、赵宋，论武功则推汉唐，论民族风习更是贯通古今中外。④

陈寅恪虽未对上古秦汉史作专题研究，但是他在中古史的研究中，

① 参见汪荣祖：《史家陈寅恪传（增订版）》，联经出版事业公司1997年版，第89—165页。
② 详见罗志田：《陈寅恪的"不古不今之学"》，《近代读书人的思想世界与治学取向》，北京大学出版社2009年版，第248—285页。
③ 顾颉刚：《当代中国史学》，第82、83页。
④ 卞僧慧：《试述陈寅恪先生治学特点》，载卞僧慧纂、卞学洛整理：《陈寅恪先生年谱长编（初稿）》，中华书局2010年版，第386页。

对某些问题的探讨常常追溯至先秦两汉。如他论天师道与滨海地域的关系，以滨海地域作为一条主轴线，进而论述"自后汉顺帝之时，迄于北魏太武刘宋文帝之世，凡天师道与政治社会有关者，如汉末黄巾米贼之起原，西晋赵王伦之废立，东晋孙恩之作乱，北魏太武之崇道，刘宋二凶之弑逆，以及东西晋南北朝人士所以奉道之故等"。从论证时间的范围来看，已不囿于一朝一代，更为重视将问题的考察放在历史发展的长时段中予以剖析。他指出，神仙学说的起源、道术的传授与滨海地域有所关联，尤其是战国邹衍传大九州之说，秦始皇、汉武帝时方士迂怪之论，皆出于燕、齐之地，故而得出"滨海之地应早有海上交通，受外来之影响"的结论。继而在此基础上，他对滨海地域与汉末以来黄巾军起义等史事的相互联系进行了论证。①

　　除对魏晋南北朝隋唐五代史有重点深入研究之外，陈寅恪对于宋元明清史，乃至近现代史都有广泛涉猎，所以他对中国学术史流变的考察，能够在比较之后，作出"有清一代经学号称极盛，而史学则远不逮宋人"②的惊人言论。陈寅恪在 1929 年与傅斯年的通信中，谈到重修《宋史》的计划，傅氏在回复他时说："如吾兄领之而组织一队，有四处寻书者，有埋头看书者，有剪刀忙者……，则五、六年后，已可成一长篇之材料薄录矣。……宋代史固是一个比较纯粹中国学问，而材料又已淘汰得不甚多矣。此可于十年之内成大功效，五年之内成小功效，三年之内有文章出来者也。"③故而，史语所在

① 参见陈寅恪：《天师道与滨海地域之关系》，《历史语言研究所集刊》第三本第四分，1933 年。
② 陈寅恪：《陈垣元西域人华化考序》，《金明馆丛稿二编》，第 269 页。
③ "史语所档案"，元 4—17。

十八年度的工作报告中谈到了"研究方面之扩充",其中最重要的两项是:一、整理宋人笔记;二、订正《宋史》。① 可知这一扩充计划应与陈寅恪对宋史的重视有关。尤其是,他对于司马光之史学成就推崇备至,在《隋唐制度渊源略论稿》与《唐代政治史述论稿》以及其他文稿中,多次征引《资治通鉴》的内容,并一再强调:"读正史必参考《通鉴》!"②对于元代历史,陈寅恪曾撰有《元代汉人译名考》《彰所知论与蒙古源流》等专文,利用语言学的知识与新史料,推进了元代历史的研究。对于明清史,他亦有所积累,奠定了晚年撰著《柳如是别传》的基础。长期以来,学者多以陈寅恪声称不治晚清史,而误认为他于近代史无所贡献,但实际上"对于清史尤其是晚清史的研究,陈寅恪从史料到史学一直有不少精辟而独到的见解"③,如对近代变法的认识,对张之洞、陈澧的评价,对《清史稿》修撰的批评等,都蕴含了他对中国近现代史的认知。此外,他在"解放前曾指导燕京大学研究生刘适(即武汉大学石泉教授)完成十五万字的硕士论文。晚年所撰《寒柳堂残梦未定稿》是近代史的一篇重要著作"。④ 即便对于太平天国史,他也表现出很大的兴趣,曾对罗尔纲的许多考证文章,"一篇篇加以评论"。⑤ 这些都说明,陈寅恪的治

① 《国立中央研究院历史语言研究所十八年度报告》,《傅斯年全集》(六),第62页。

② 杨联陞:《陈寅恪先生隋唐史第一讲笔记》,载张杰、杨燕丽选编:《追忆陈寅恪》,第188页。

③ 桑兵:《陈寅恪与中国近代史研究》,《晚清民国的国学研究》,上海古籍出版社2001年版,第175页。

④ 卞僧慧:《试述陈寅恪先生治学特点》,《陈寅恪先生年谱长编(初稿)》,第385页。

⑤ 罗尔纲:《忆陈寅恪》,《社会科学战线》1995年第2期。

学视野并不囿于中古史范围,而具有自觉追求贯通的意识。

岑仲勉亦是史语所中专治隋唐史的学术名家,但他却从来不把眼光局限于此,而是有着开阔的视野与通识的眼光。打开岑氏的论著目录,我们可以清晰地看出他的研究不仅贯通时间长,而且涉猎范围广,可知他是一位极为博雅的学者。在学术研究上,他主张读书贵在求通,不可专精过早,曰:"我们初步的知识要面积宽,种类多,既普而博,阅览时可能触发之机会便多,拘于局部则怀疑之机会便少。因为每一种科学无不与其他作蛛网式关联……记弱冠时朋辈论学,开首便以专哪一经、四史中专哪一史为问,然而刚能独立研究,基础未厚,便即进入专的途径,论求学程序,似乎是躐等的。"①又说:"余以为读书贵得其通,不可呆板,通则开卷有益。"②正是有着贯通的思想并运用于史学实践,所以傅斯年赞其研究"疏通致远"。③ 可以说正体现了他治学的鲜明特色。

同样,于史语所时期深谙唐宋经济史研究的全汉昇,所撰《唐宋帝国与运河》,首先对秦汉以降中国古代经济南北转移的原因作出探讨,然后将唐宋的经济概况放在这一历史背景下进行考察,显示出作者恢弘的视野。又如,他对南宋杭州之研究,亦不把视线局限于南宋一个时期,而是从隋炀帝开凿运河之后,杭州因是漕运要地,经济已经相当发达的历史讲起,然后进一步考察杭州在唐代及北宋发展的基础上,自然而然地过渡到南宋时期杭州经济发展的论述,

---

① 岑仲勉:《中外史地考证·前言》,中华书局 2004 年版,第 8 页。
② 岑仲勉:《唐集质疑》"龙筋凤髓判(海山本)"条,《唐人行第录》(外三种),中华书局 2004 年版,第 359 页。
③ "傅斯年档案",I:1318。

表现了作者论史的通识。①

晚清以降，西史东渐。中国传统史学在中外学术的交流、互动中逐步向现代转型，并由此形成百花齐放的繁荣景象。史语所学术群体作为现代中国史学发展中的重要流派，他们在史料范围的扩大、研究领域的拓展以及汇通中西学术方面，烙下了 20 世纪三四十年代特有的时代痕迹。

第二节　经世与考据的双重合奏

以往对于史语所学术群体的评价，多认为他们在民族危难时刻不顾民族大义，仍然钻在故纸堆中从事烦琐而无意义的历史考证工作。实际上，时代变局对史语所学术群体的治学产生了重要影响，尤其是一向反对史学致用的傅斯年，治学路径与旨趣经历了由求真向致用的转变。从今天的认识来看，我们应对史语所学术群体在当时政治生态中的言论与实践作出较为全面的考察，从而才能对其学术思想作出合乎时代意义的阐发。

一、时代变局与民族关怀

1931 年，九一八事变爆发，中国社会各界哗然震惊，尤其是知识分子学术救国热情高涨。以实证研究闻名的史语所亦未置身于时局之外。史语所学术群体处在民族生死存亡之际，治学取向由求

---

① 参见全汉昇：《南宋杭州的消费与外地商品之输入》，《历史语言研究所集刊》第七本第一分，1936 年。

真转向致用,并力图在求真与致用之间探寻最佳的结合点。

作为史语所的掌门人,傅斯年本欲将史语所建成一个纯粹的学术研究机构,但九一八事变的爆发却打破了他为史语所预设的发展道路。当日本占据东北后,史语所学人悲愤不已,"心皆乱到极点"①,立刻召开会议,其中会议第四项是"请蔡先生向中央建议",内容包括五条:一、请政府与人民在同一立场上对付日本;二、请政府惩戒东北当局坐失疆域之罪;三、请政府积极备战,不可永不抵抗;四、使此问题扩大,成为世界问题;五、遇必要时,请蔡先生勿为同人顾惜而向中央直言。② 于是,在9月20日,史语所全体学人联名致电中研院院长蔡元培及总干事杨铨说:

> 此次当局在昏斗甜梦中,坐失辽东万里,万恳先生在中央提议,对日绝交宣战,自己振作,方可博得世界之同情,向外流血,方可集全国为一致,所谓无抵抗主义者,自失人格,谁来拯救? 宁可将事件扩大,引起世界战争,不可以持重之借口,为自己之地位财产作私图。今日之局,不战则降,幸先生有以对国人也。③

事隔两月,傅斯年、陈寅恪、赵元任、李济等史语所学人再次致电蔡元培,表达他们对于民族国家的忧心和恳请当局"共御外侮"的迫切愿望。④

书生报国无外乎以文字表达他们的内心情感。为了回应、批判

---

① "史语所档案",元287—4。
② 参见"史语所档案",元567—16。
③ "史语所档案",元567—16。
④ 王戎勤:《"中央研究院"历史语言研究所所史资料初稿》,第60页。

日本学者所谓"满蒙非中国领土"的论调,史语所学术群体积极策划编纂一部《中国通史》①,从学理上论证东北自古便是中国领土的一部分。傅斯年等人有关《东北通史》的编纂计划,便是这一时代背景下的产物。其时,傅斯年心急如焚,"多日不能安眠",甚至后悔选择史学研究而"无以报国"。② 他认为,书生救国的当务之急是赶在国联调查团到达中国之前,于十日之内完成《东北史略》的编纂,并"翻成英文","此或是……此时报国最有效者"。③ 因此,他召集徐中舒、方壮猷、萧一山、蒋廷黻等人分头编撰,并作了具体分工:(一)傅斯年负责古代之东北部分;(二)方壮猷负责隋至元末之东北部分;(三)徐中舒负责明清时期东北部分;(四)萧一山负责清代东北之官制及移民;(五)蒋廷黻负责东北之外交部分。④ 因时间仓促,仅傅斯年撰写的古代东北部分于同年 10 月出版,名曰《东北史纲》。傅斯年在 1932 年 3 月 20 日致顾维钧的书信中一再强调他编纂此书的旨趣,"在于证明三千年中满洲几永为中国领土,日人所谓'满洲在历史上非支那领土'实妄说也"。⑤ 所以,

---

① 陶希圣说:"民国二十年,孟真在北平,担任中央研究院历史语言研究所所长,同时主持北京大学史学系。我到北京大学教书,'九一八'事件发生,北平图书馆开了一个会,孟真和我都在座。他慷慨陈词,提出一个问题:'书生何以报国?'大家讨论的结果之一,是编一部《中国通史》;此后北大史学系即以这一事业为己任。"参见陶希圣:《傅孟真先生》,《"中央"日报》1950年 12 月 23 日。转引自傅乐成:《傅孟真先生年谱》,文星书店 1964 年版,第 33 页。

② 张书学、李勇慧:《新发现的傅斯年书札辑录》,《近代史资料》总 91 号,第 149 页。

③ "史语所档案",元 567—10。

④ 傅斯年:《东北史纲·告白》,《傅斯年全集》(二),第 373 页。

⑤ "史语所档案",元 372—4。

在《东北史纲》中，傅氏开宗明义地指出，"满洲一词，本非地名"，"日本及西洋人之图籍中，称东三省曰'满洲'，此一错误，至为浅显，而致此错误之用心则至深"。尤其是"南满""北满""东蒙"等地理名称，傅斯年认为是日本人"为专图侵略或瓜分中国而造之名词，毫无民族的、地理的、政治的、经济的根据"。① 所以他用了不少笔墨来论证《东北史纲》之用"东北"而不用"满洲"的理由，目的是"先从源头上解决东北不称满洲的问题，进一步则指责日本学者的立论无所本"。② 对于傅斯年的良苦用心，有些学者很不理解，专从史实上考究《东北史纲》之不足。缪凤林评价傅氏之书说："傅君所著，虽仅寥寥数十页，其缺漏纰谬，殆突破任何出版史籍之纪录也。"并指出，傅斯年的《东北史纲》与日本人白鸟库吉等所著《满洲历史地理》相比，后者"虽亦间有缺误，而其可供吾人指斥者，实远不如《东北史纲》之多，此则吾人所认为史学界之不幸者也"。③ 相对来说，郑鹤声对傅斯年《东北史纲》的评价，则显得公允而较温和："傅君等之著《东北史纲》，实所以应付东北事变，不免有临渴掘井之嫌。然临渴掘井，犹胜于缘木求鱼。"尽管他认为傅著也存在名实乖异、断限之失、史料遗漏及错讹等不足，但又认为"剪裁议论颇有独到之处，求之于吾国学者著述之东北史书中，尚属少见，洵足以破日人之妄说，而感世人之兴

---

① 傅斯年：《东北史纲》，《傅斯年全集》（二），第376页。
② 彭明辉：《民族主义史学的兴起：以考据与经世为主轴的讨论（1919—1949）》，载[德]魏格林、施耐德编：《中国史学史研讨会——从比较观点出发论文集》，稻乡出版社1999年版，第269页。
③ 参见缪凤林：《评傅斯年君东北史纲卷首》，《国立中央大学文艺丛刊》第1卷第2期，1933年11月10日。

会"。① 这是从史学求真与致用两个层面,对傅斯年《东北史纲》作出了较为符合实际的评价,因而其见解值得珍视。

傅斯年不仅从学理上对日本学者有关"满蒙在历史上非支那领土"的谬说进行驳斥,而且与胡适、蒋廷黻等人共办《独立评论》,对日本的侵略野心进行揭露,对当局的麻木不仁进行批判,希冀唤起中国民众的抗日热情。他指出,九一八事变是"我们有生以来最严重的国难"②,但日本人并不以此满足,还要进一步侵占热河与平津,所以他提醒中国人民放弃和平解决的"甜梦",因为"日本军人的行动,及其外交口号,既已如此明明白白表示对中国取宰割的政策"。故而,傅斯年主张对日本采取持久抗战的方略,"中国虽不能打胜日本,却可以长久支持,支持愈久与我们越有利";并建议将当时华北的军事、财政"彻底布置","以便成立长久的有效的抵抗"。同时,他大声疾呼"历史告我们,中华不是个可以灭亡的民族;事实告我们,倭人不是一个能成大器的国家",以鼓舞民众抗战的士气。③ 这些见诸报刊的文字,均表达了他浓郁的民族情怀与强烈的爱国思想。

在当时,日本侵略者的残酷暴行刺痛着每一位史语所学人的内心,他们无法静心于书斋,思忖着为抗日作出自己的贡献。王崇武在其《自传》中写道:"抗日军兴,我在中央研究院史语所服务。随所西迁,辗转流离……那时,一方面愤恨日寇的凶暴,一方面又目击国民党之无能,胸怀抑郁,无可发泄,只有靠读书来排遣。"④史语所

---

① 郑鹤声:《傅斯年等编著东北史纲初稿》,《图书评论》第1卷第11期,1933年7月1日。

② 傅斯年:《"九一八"一年了!》,《傅斯年全集》(四),第30页。

③ 以上引文参见傅斯年:《日寇与热河平津》,《傅斯年全集》(四),第26、29页。

④ 张德信:《王崇武》,载刘启林主编:《当代中国社会科学名家》,第476页。

考古组的刘燿(后易名尹达)因对日本侵略者的暴行不能容忍,毅然于 1937 年离开了他心仪的考古事业,奔赴延安,参与抗战。史语所档案中存有一份未曾完成的日照两城镇陶器报告,在报告最后留有一段刘燿于 1937 年 12 月 6 日写给同仁的短札,文曰：

> 别了,这相伴七年的考古事业!
>
> 在参加考古工作的第一年,就是敌人铁蹄踏过东北的时候,内在的矛盾燃烧着愤怒的火焰,使我安心不下去作这样的纯粹学术事业! 但是,事实的诉语影响了个人的生活,在极度理智的分析之后,才压抑了这样的矛盾,暂时苟安于"考古生活"之内。
>
> 现在敌人的狂暴更加厉害了,国亡家破的悲剧眼看就要在我们的面前排演,同时我们正是一幕悲剧的演员! 我们不忍心就这样的让国家亡掉,让故乡的父老化作亡国的奴隶;内在的矛盾一天天的加重,真不能够再埋头写下去了! 我爱好考古,醉心考古,如果有半点可能,也不愿意舍弃这相伴七年的老友! 但是我更爱国家,更爱世世代代所居住的故乡,我不能够坐视不救! 我明知道自己的力量有限,明知道这是一件冒险历危的工作,但是却不能使我有丝毫的恐怖和畏缩!①

刘燿从 1931 年春季起,便以河南大学实习生的身份参与殷墟的考古发掘,以后又考入该所研究生,毕业后留所工作。在史语所七年,他曾参与了河南安阳大赍店、后岗、西北岗,浚县辛村与山东日照两城镇等遗址的调查与发掘,其考古实践受到梁思永、董作宾的赏识。

---

① 转引自张光直:《二十世纪后半的中国考古学》,《古今论衡》创刊号,1998年 10 月。

李济在致傅斯年的信中说梁、董二人对于刘燿的工作"均极赞许"。① 抗日战争全面爆发后，他毅然决定投笔从戎，奔赴抗战前线。他不顾史语所考古组同人的挽留，认为"此时国将不国，何学术为！抗日第一，爱国为先"②，遂于 1937 年底奔赴延安。陈述在史语所中从事辽金史研究，亦旨在"以纸墨报国"。③

可见，史语所本系一个纯粹的学术研究机构，但在民族危难之际，他们无不关注国家民族的命运，或为此奔走呼号，或弃笔从戎，或靠读书来排泄心中的愤懑。然而，更多的学者，还是将他们对民族与国家的关切及对日本侵略者的鞭挞糅合到学术研究之中。

二、学术研究与爱国思想

九一八事变及 1937 年的七七事变，无疑是中国现代史上的两次惊雷，将中华民族推到了生死存亡的风口浪尖。当时，大批知识分子采用了多种学术救国的方式，除对日本侵略行径直接采取口诛笔伐之外，也重视对中国历史地理进行深入研究，进而唤起民众对祖国大好河山的热爱。于此方面，顾颉刚等人所创办的禹贡学会及出版之《禹贡》杂志，走在了学术研究的前沿，既回应了抗日战争的时代主题，又成为新的学术增长点。顾颉刚在 1935 年致函傅斯年说：

> 弟所以创办禹贡学会，发行《禹贡半月刊》，即是你们编

---

① "史语所档案"，元 208—4。
② 石璋如：《刘燿先生考古的五大贡献》，载杜正胜、王汎森主编：《新学术之路》下册，第 661 页。
③ 陈述：《辽史补注·后记》，第 3773—3774 页。

《东北史纲》的扩大，希望兴起读者们收复故土的观念，为民族
主义的鼓吹打一坚实的基础。……我们这学会，研究各时代的
地理沿革的都有人了。将来画出地理沿革图来，决不会像日本
人的乱抄杨守敬图，而可对于杨图作订正的工作了。在民族史
方面，研究满、蒙、回、藏的也都有人，固然起始不会有很好的成
绩，但只要这个会能够维持下去，也必有相当的收获。这两件
事情做得好，我们这辈念书人总算对于我们的国家民族有了相
当的贡献，不必以"缓急无所济"自愧了。①

可见，顾颉刚所创办的禹贡学会、编纂的《禹贡》杂志与傅斯年在九
一八事变后所撰著的《东北史纲》，前后呼应，有着共同的学术旨趣
与政治意蕴。

同样，史语所学术群体在 20 世纪 40 年代也从事了相关的历史
地理研究，编纂有《中国疆域沿革史》。史语所学人书生报国心切，
为协助中国太平洋国际学会"加强工作以助国际宣传"②，承担了
"中国疆域沿革史"课题的编纂任务。此书之编纂，为史语所集众
研究项目，具体分工为：汉代部分由副研究员劳榦担任，隋唐部分由
专任研究员岑仲勉担任，明代部分由副研究员王崇武担任，清代部
分由助理研究员杨志玖担任。从史语所 1945 年度的工作报告来
看，该书编纂已全部完成。③ 但笔者于"史语所档案"中仅见劳榦所
撰汉代部分 1 册、岑仲勉所撰隋唐部分 2 册及杨志玖所撰清代部分
3 册，并未见到有关王崇武所撰部分。在台北"中央研究院"历史语

---

① 顾颉刚：《致傅斯年》（1935 年 10 月 23 日），《顾颉刚书信集》卷一，《顾颉刚
　全集》本，中华书局 2011 年版，第 211 页。
② "史语所档案"，李 69—1—4。
③ 参见"史语所档案"，李 65—9。

言研究所傅斯年图书馆之"王崇武档案"中以及王氏所出版的著作中亦未曾见有相关内容。但无论该书有无最终撰成,已不难看出史语所学术群体的爱国情怀与编纂是书的旨趣所在。

就个人的研究而言,在全国处于抗战的时代背景下,史语所学术群体的研究内容紧扣时代脉搏,与当时的政治格局有着千丝万缕的联系,这里我们可以史语所中研治中古史的陈寅恪与岑仲勉为例,管窥一斑。

陈寅恪对于现实的关怀、对于国家的热爱,表现在多个方面。抗日战争时期,陈氏旅居香港。1941 年底,香港沦陷,身处其地的陈寅恪表现出强烈的爱国精神与民族气节。当时,日本人以港币四十万元请其创办东方文化研究院,被陈氏严词拒绝;后陈氏旧时的学生力劝他到当时沦陷区的上海或广州任教,陈寅恪因不肯为日寇服务,而设法逃离了香港。① 他在后来致友人书中说:"汪伪之诱迫,陈璧君之凶恶,北平'北京大学'之以伪币千元月薪来饵,倭督及汉奸以二十万军票(港币四十万),托办东亚文化会及审查教科书等","均已拒绝"。② 尽管当时他在经济上已经到了穷途末路的地步,但绝不为五斗米折腰,表现出崇高的民族气节。抗战胜利后,陈寅恪悲喜交加,赋诗曰:"降书夕到醒方知,何幸今生见此时。闻讯杜陵欢至泣,还家贺监病弥衰。国仇已雪南迁耻,家祭难忘北定诗。(丁丑八月,先君卧病北平,弥留时犹问外传马厂之捷确否。)

---

① 参见蒋天枢:《陈寅恪先生编年事辑(增订本)》,上海古籍出版社 1997 年版,第 130 页。
② 陈寅恪:《致傅斯年》(1942 年 6 月 19 日),《陈寅恪集·书信集》,第 85 页。

念往忧来无限感,喜心题句又成悲。"①表达了他当时的内心世界。正如有的学者所言："寅恪先生决不是一个'闭门只读圣贤书'的书呆子。他继承了中国'士'的优良传统:天下兴亡,匹夫有责。"这种精神不仅贯穿于他的现实生活中,就是在学术著作中也有着鲜明的体现,"他研究隋唐史,表面上似乎是满篇考证,骨子里谈的都是成败兴衰的政治问题"。② 尤其是,陈寅恪在抗战时期完成的《唐代政治史述论稿》,专列一章讨论"外族盛衰之连环性及外患与内政之关系",看似在讲唐朝史事,实则是在借古说今。他通过对历史上突厥、回纥、吐蕃、南诏等民族的盛衰与唐皇朝兴亡关系的考察,借以阐明外族对唐朝的侵略最终导致其灭亡。这一学术研究,在当时具有重要的现实意义。反观这一时代背景,陈寅恪作此研究的深层意旨,在于说明"某外族因其本身先已衰弱,遂成中国胜利之本末,必特为标出之,以期近真实而供鉴诫,兼见其有以异乎夸诬之宣传文字也"。③ 可见,陈寅恪是通过对古史的考证研究,以古喻今,隐含地指出日本侵略与中华民族生死存亡的关系。他希冀通过历史研究,从而为现实政治提供"鉴诫"。这是陈寅恪将爱国思想、历史借鉴意识与古史考证寓于一体,由此发挥史学经世致用功能的集中体现。

抗日战争时期,岑仲勉所发表的考证之作,表面看来几乎全是纯学术性的文字,实际上,他的学术研究自始至终灌注着浓厚的时

---

① 陈寅恪:《乙酉八月十一日晨起闻日本乞降喜赋》,《陈寅恪集·诗集》,第49页。

② 参见季羡林:《回忆陈寅恪先生》,载张杰、杨燕丽选编:《追忆陈寅恪》,第128页。

③ 陈寅恪:《隋唐制度渊源略论稿 唐代政治史述论稿》,第322页。

代色彩，从中不难看出作者的爱国情怀。青年时代的岑仲勉便自觉追求新知，深受《清议报》《新民丛报》《浙江潮》等介绍资产阶级启蒙思想和宣传资产阶级革命思想刊物的影响。他为了拥护辛亥革命胜利的果实，曾亲自参与倒袁斗争。抗战爆发后，史语所因寓居四川李庄而对于外界消息了解甚少，史语所学人多以读书排解心中的苦闷，尽管岑仲勉于此时主要从事历史考证研究，但却有着鲜明的现实关怀与经世思想，对当时的战事与时局表现出异常的关心。在"傅斯年档案"中，笔者发现了岑仲勉嘱买的一份书单，其中有《美国内幕》《太平洋战争》第一辑、《时事新报》等书单。[1] 这足以说明岑氏对现实政治的走向有着深切关怀。只是，这种对于现实的关怀在其历史考证之作中有着更加隐喻的表达。

　　九一八事变起，岑仲勉对日军侵袭给广东民众带来的骚动，深有察举。在此背景下，他撰写了《明代广东倭寇记》，以时间为序对明代广东的倭寇侵扰进行辑佚与考证，尤为重视对明代倭寇侵略行径的揭露与批判，以及对抗倭将领的英勇事迹进行表彰。岑氏期冀通过对明代广东倭寇史事的总结，使"吾邦人持以镇静，毋庸人自扰，蹈明世覆辙"，应树立抗敌必胜的信心，"夫日之未来也，密备之，其来也，力拒之，众志成城，岂刀兵水火所能克"？[2] 1936 年绥远会战爆发，而此地正是唐相李德裕讨平回纥之地。岑仲勉有感于此，写道：

　　　　夫唐之把头烽，今之包头也，唐之绥远烽，今绥远所溯名也，（均见后注）斯二地者，都与公（指李德裕，引者）讨平回纥

---

① "史语所档案"，李 10—16—17。

② 岑仲勉：《明代广东倭寇记》，《中外史地考证》下册，第 678 页。

有关,缅国步之方艰,能无颂前勋而怀想也哉。①

故岑仲勉将李德裕会昌年间征伐回纥等有关言论、文字从史传文集中辑出,并加以整理、考证,使之"本末具见",以从中"观其应付策略","为后人鉴法"。又如,他在 1945 年所撰的《唐唐临冥报记之复原》一文,开首便提到 1939 年于云南完成了《两京新记卷三残卷复原》的撰写,"奈当时或误信沪上之安全,不悟敌人之阴险,遂尔沦陷,然前赴后继,乃克获最后之胜利,兹篇之作,寓意于是"。② 岑仲勉的这些篇章,虽仍是考证之作,但却将作者的爱国思想融入其间,"表达了对日本军阀侵略中国的严正声讨,以及侵略者必亡的识见"③,有助于我们从多维视野考察史语所学术群体在抗战时期治史理念的转变。

综上所述,无论是史语所的集众研究,还是个人研究,其治史理念均与时代变化有所关联,甚至激发他们从现实的困境中去反思历史问题,从而为现实社会服务。如全汉昇因战时通货膨胀的现状,而注意到货币和物价的变动问题,不料三十岁出头的经验与体会却成为他毕生心血所经营的课题。④ 从中可以看出,史语所学术群体的学术研究并未脱离现实,在他们的学术著作中蕴含着对于历史重大问题的解释和知识分子对于国家前途命运的关注,以及对于抗战必胜的坚定信念。

---

① 参见岑仲勉:《李德裕会昌伐叛集编证上》,《国立中山大学研究院文科研究所历史学部史学专刊》第 2 卷第 1 期,1937 年 8 月 10 日。
② 岑仲勉:《唐唐临冥报记之复原》,《历史语言研究所集刊》第十七本,1948 年。
③ 姜伯勤:《岑仲勉》,载陈清泉等编:《中国史学家评传》下册,中州古籍出版社 1985 年版,第 1321 页。
④ 全汉昇:《回首来时路》,《古今论衡》创刊号,1998 年 10 月。

第三节 推动中国史学走向现代化

作为现代学术建制的新产物,史语所创办新式学术刊物,聚集和培养专门史学人才,打破经学一尊的藩篱,倡言"史料革命",通过发掘、运用新材料,将中国史研究提升为专门之学,加速了史学的新旧推移,是中国史学走向独立化、科学化与专业化的重要助推器。

一、奠定中国史学专业化基础

在中国传统社会中,熟读儒家经典、通过科考,一直是学人跻身上层社会的不二选择,这种人才培养的模式重视经书而兼顾其他。长期以来,史学作为中国传统学术四部之一种,受到了历代统治者的重视,尤其是利用纪传体、编年体、纪事本末体与典制体等各种体裁撰写的史著,绵延至今,构成了中华文明连续性发展的证据链,在世界文化宝库中独树一帜。但在传统社会中,史学始终未能脱离经学的藩篱。因为儒家学说作为国家的意识形态,一切学术研究的开展无不受其浸染,学者研究史学问题,未有不通经者。譬如,"有名的乾嘉考据之学,即非纯粹之历史考证学,其目的要在经学,亦涉及子学与小学。换言之,考证之事非仅是厘清史事,且是疏通文字,通达精义。是故,乾嘉考证之重心实在经而不在史。嘉道时代之龚自珍,学者每推为近代中国思潮之先驱,其于史学亦颇有新见,然其'尊史'思想,以及五经皆史之说,亦不过欲以治史之态度治经学。

故终极之目的仍在经而不在史。史学亦因而难离经学之阴影"。①
步入20世纪初期,史学与经学之从属关系发生了微妙的变化。周
予同在《五十年来中国之新史学》中指出:"使中国史学完全脱离经
学的羁绊而独立的是胡适。崔适只是以经今文学兼及史学,夏曾佑
只是由经今文学转变到史学,梁启超也只是逐渐脱离经今文学而计
划建设新史学。只有胡适,他才是了解经今文学、经古文学、宋学的
本质,接受经今文学、经古文学、宋学的文化遗产,而能脱离经今文
学、经古文学与宋学的羁绊,以崭新的立场,建筑新的史学。转变期
的史学,到了他确是前进了一步。"②

如果说胡适是推动中国现代史学走向相对独立的一个例子的
话,那么他当时所在的北京大学研究所国学门,虽能实现学术研究
的学院化,汇集了一批学术名家,但他们仅把史学作为国学之一种
来看待,史学并未能独立走出国学的藩篱。在当时,国学门出版《国
学季刊》,从1925年至1927年共出版五期,刊载论文44篇,而历史
类仅占1篇。③ 尽管如此,在这一时代背景下,史学从传统学术中
分离出来的趋势还是相当明显的,如北京大学等高校设置了专门的
史学系,培养史学人才;学术界虽未有单纯以研究历史的刊物出现,
但将历史与地理合而研究的《史地丛刊》与《史地学报》已经出现。
这些学术研究的趋势,为史学进一步走向独立化与专业化奠定了
基础。

---

① 汪荣祖:《五四与民国史学之发展》,载杜维运、陈锦忠编:《中国史学史论文
选集》(三),第506页。
② 周予同:《五十年来中国之新史学》,载《周予同经学史论著选集(增订
本)》,第542页。
③ 参见陈以爱:《中国现代学术研究机构的兴起——以北大国学门为中心的
探讨》,第200页。

　　相较之下,傅斯年反对"读书就是学问","一事不知,深以为耻"以及怀抱"国故"观念的读书人,认为国学院不过是"一个改良的存古学堂",而史语所与之有着根本的区别,即发展的重心为史学,而非所谓的"国学"。① 在此理念的指导下,傅斯年创办史语所,笼络大批专业的史学人才,使之经受专业的史学训练,专研中国各断代史与专门史,将其研究成果集中展现在《历史语言研究所集刊》上,引领了一时史学发展的路向。一方面,《集刊》所载史语所学人论文反映了中国史学摆脱经学羁绊、走向独立化的道路。1928—1948 年间发行的《集刊》与《论文集》共刊文章 448 篇,发稿范围虽涉及众多领域,却无经学史研究之内容,亦无以史明道或以史注经类论文,虽偶有涉及经学史的内容,也只是将其作为史料之一种,而治学旨趣则以史学研究为职志,这与中国传统史家治学的终极目的在经不在史截然异趣。据笔者统计,《集刊》发文以一般性历史学类的论文最多,共 111 篇,约占发表论文总数的 24.8%;如果放宽历史类文章的界限,则其中的"经籍问题及校勘"(69 篇)、"文字及训诂"(33 篇)、"古代民族及古代地理"(32 篇)、"社会史及经济史"(22 篇)、"哲学史与宗教史"(13 篇)等类论文均属于"历史类"的范畴,以此计算则占论文发表总数的 62.5%。《集刊》所发表的这些文章,"切实阐明了在历史范围之内的,不论是历史学、考古学、校勘学、人类学、民俗学,或者是比较艺术,都不是'经国之大业,不朽之盛事',而是上天下地,动手动脚去找的材料。这个

---

① 参见傅斯年:《历史语言研究所工作之旨趣》,《历史语言研究所集刊》第一本第一分,1928 年。

标准一直遗留下来,成为《集刊》稳固的基础与坚定的方向"①,由此
彰显了历史学作为现代学术分类下一门独立学科之发展,是史学独
立化的重要表现。

另一方面,史语所学人发表在《集刊》上的论文,多以专题形式
呈现,筑牢了中国现代史学的根基,推动了史学研究的专业化。《集
刊》的作者群体,融西方学术理念与中国考据方法为一体,不作泛泛
而论,专事"窄而深"的专题史研究,如傅斯年、徐中舒、陈槃与张政
烺的先秦史研究,劳榦的秦汉史研究,陈寅恪、周一良与何兹全的魏
晋南北朝史研究,陈寅恪、岑仲勉的隋唐史研究,全汉昇、陈述与傅
乐焕的宋辽金史研究,傅斯年、李晋华、王崇武与李光涛的明清史研
究。对于学术研究展现的这种新现象,齐思和在 1949 年撰文指出,
史学的拓荒工作,多半首先在《集刊》等专门的学术杂志中发表,
"这里面实蕴藏着近三十年中国史学研究的大部成绩","成了我们
现代史学的基础"。② 这些具有"拓荒"性质的专题研究,是 1949 年
后中国大陆与港台地区中国古代史研究持续发展的内在凭借,也是
今人从事中国通史编纂的基石。

除此之外,史语所作为现代学术研究机构,它的运作模式与传
统社会历史知识的生产方式也存在着较大的差异。从学术研究的
自由性来看,史语所的学术研究有其独立性,很少受到政府意识形
态或其他政要人物的干扰,陈寅恪所言的"独立之精神,自由之思
想",在史语所的学术实践中得到了最为鲜明的体现。同时,史语所

---

① 劳榦:《出版品概况与〈集刊〉的编印》,载《"中央研究院"历史语言研究所
傅所长纪念特刊》,第 47 页。
② 参见齐思和:《近百年来中国史学的发展》,《燕京社会科学》第二卷,1949
年 10 月。

中的研究人员依据学术贡献的大小,制定相应的职称晋升与评审制度,使得研究者的成就得到相应的认证。这样一来,史语所学人便以史学研究为职业,其薪金足以谋生,而他们也跻身于专业史学家的行列。从《集刊》的编纂来看,它在研究内容和撰著形式上,业已形成以问题为导向的学术论文,并重视注释的规范性,与乾嘉史家主要以二十四史为考证中心的札记文体迥然有异。王汎森评价说:"傅斯年呼吁历史编撰的专业化,这标志着与传统历史写作的决裂。在传统中国,历史写作是文人的事情。甚至在民国时期,像王国维这样第一流的历史学家,尽管其研究一直被认为是新史学的代表,也从未将自己仅看作一个专业史家。傅斯年想改变这一状态。在现代中国,历史编撰的专业化由几个方面组成:它通过制度性机构为其研究人员提供稳定的收入,使历史研究成为一个全职的工作,并须严格遵守学术规范。"①史语所在发展过程中所映照出来的研究倾向,无疑是沿着史学专业化的方向在前进的。

二、建构科学中国史学的贡献

自五四运动以后,"科学主义"思潮在思想界广为流行,"'科学'成为中国思想界和进步学术流派共同的信仰和共举的旗帜。它不仅被认为是自强之本,而且被认为是救治中国政治上、学术上、思想上一切顽症的灵药"。②若单就"科学主义"思潮对中国近现代史学的影响来看,"从新会梁氏朦胧的'历史科学'和'科学的历史'观念起,新史学发展的主流始终在'科学化',历来的巨子,莫不以提

---

① 王汎森:《傅斯年:中国近代历史与政治中的个体生命》,第 91 页。
② 张书学:《傅斯年与中国现代史学的科学化》,《东岳论丛》1997 年第 6 期。

高历史学的'科学'质素为职志"。① 尤其是新历史考证学派与马克思主义史学派虽然研究内容各有侧重，使用方法亦有殊异，但均为推进中国史学走向科学化作出了重要贡献。单就本书的研究对象来看，史语所学术群体始终把推进中国史学的"科学化"作为治史鹄的，他们不仅在理论上提出了建设"科学史学"的主张，而且在实践中重视以客观、求真的态度对新史料进行搜集与整理，进而通过对史料的考证来探究历史的真实面目。

中国传统学术历经两千余年的发展，至清代已相当发达，积累下来的典籍汗牛充栋，然而存在的流弊亦为不少。这尤其表现在，经学在政治上和学术上始终占据统治地位，历代学者无不重视对其注疏与研究，长此以往，一部经典被转相训诂不断注释，而所使用的方法无外乎是以文献证文献，很难脱离纸上考证的窠臼，"间有实物的研究，也是为了佐证或厘清文献里的记载"，这种"方法及材料是内循环式的"②研究工作，使学术的发展笼罩在沉闷的氛围中，它致使学者缺乏问题意识，思维囿于经典文献之中。傅斯年对学术演进中的这种积弊有着深刻的认识，认为以经典为本体而不知扩充其他实物等史料的研究，实为"书院学究的研究"，这种研究以"间接的研究前人所研究或前人所创造之系统，而不繁丰细密的参照所包含的事实"，严重阻碍了学术的向前发展。③ 因此，从中国传统史学发展的内在逻辑来看，走向科学的史学道路是其发展的内在要求。

---

① 许冠三：《新史学九十年·自序》，岳麓书社 2003 年版，第 2 页。
② 王汎森：《什么可以成为历史证据——近代中国新旧史料观点的冲突》，《中国近代思想与学术的系谱》，第 347 页。
③ 傅斯年：《历史语言研究所工作之旨趣》，《历史语言研究所集刊》第一本第一分，1928 年。

如何构建中国的"科学史学"？史语所学人认为应当"扩充材料，扩充工具，以工具之施用，成材料之整理，乃得问题之解决，并因问题之解决引出新问题，更要求材料与工具之扩充。如是伸张，乃向科学成就之路"。①

首先，史语所学人倡导对于史料的扩充与整理。对于史事的构建，离不开可靠的第一手资料。在《历史语言研究所工作之旨趣》中，傅斯年指出，文献材料只是史料之一种，除此之外应大量参酌金文、甲骨文、档案等直接材料，如此所作的研究方可称为"科学的研究"；撰史亦要能扩充直接材料，"大如地方志书，小如私人的日记，远如石器时代的发掘，近如某个洋行的贸易册，去把史事无论巨者或细者，单者或综合者，条理出来，是科学的本事"。他又以西洋人扩充史料进而研究新问题为例，指出："西洋人作学问不是去读书，是动手动脚到处寻找新材料，随时扩大旧范围，所以这学问才有四方的发展，向上的增高。"在西方学术发展的参照系下，傅斯年认为当前中国学术要想有所发展，务必要扩充新材料。实际上，傅斯年一再强调扩充材料，其目的是希望借助更多的史料，从不同维度复原历史的真相。史料的获取越丰富，对于过去历史的认识便能够越真实。因此，他大呼"史学便是史料学"，并认为循此路线发展，能够还原一个真实的历史。所以，史语所学人不仅在理论上擎起了"科学史学"的大旗，而且在实践上也取得了重要的成就。他们从事明清内阁大库档案整理、校勘《明实录》、敦煌卷子的搜集与整理、居延汉简的整理与研究、安阳殷墟发掘与山东城子崖遗址发掘

① 《国立中央研究院历史语言研究所十七年度报告》，《傅斯年全集》（六），第9页。

等学术实践,利用了新工具,扩充了新材料,研究了新问题,从而拓宽了对于中国古代历史面貌的认识,有力地推动了中国现代史学的发展。这是史语所学术群体治学的一个根本原则,也是他们构建科学史学的基本路径。

其次,在史语所学人看来,"科学史学"的构建,需要科学的研究方法。这种科学的研究方法一方面取径于西方,即从西方史学及相近的新兴学科中汲取养分;另一方面承继中国传统史学重视比较、考证的优良传统。史语所学人将此两种方法相糅合,冀图建立一种新史学。

一是,历史研究是"一个各种科学方法之汇集"。史语所之掌门人傅斯年,自称早年是个"科学迷",认为自然科学的方法具有普遍意义,用它来治其他学问,同样适用,所以嗜读通论科学方法的书。[①] 罗家伦指出:"那时候,大家对于自然科学,非常倾倒,除了想从自然科学里面得到所谓可靠的知识而外,而且想从那里面得到科学方法的训练。在本门以内固然可以应用,就是换了方向来治另一套学问,也可以应用。这是孟真要治实验心理学的原因。孟真为了要治实验学,进而治理化学和高深的数学……所以可以说,孟真深通科学方法论。"[②] 从傅斯年留欧时期研修课程及所购书籍来看,他对自然科学的兴趣极为浓厚,尤其表现在数学、心理学、统计学、古生物学、地质学等方面,以至于后悔在北大时期学了文科;不惟自然科学知识,傅氏对史学、文学、宗教、文法、比较语言学等均广泛涉猎。综合素养的训练,使他在建立科学史学的方式上有了更多的借

① 王汎森、杜正胜编:《傅斯年文物资料选辑》,第39页。
② 罗家伦:《元气淋漓的傅孟真》,载王为松编:《傅斯年印象》,第7页。

鉴，故说："现代的历史学研究已经成了一个各种科学的方法之汇集。地质，地理，考古，生物，气象，天文等学，无一不供给研究历史问题者之工具。"①所以傅斯年创办史语所，正是要将历史学建设的等同自然科学一样，这是他创办史语所之初衷。在史语所的工作报告中，他这样说：

> 中央研究院设置之意义，本为发达近代科学，非为提倡所谓固有学术。故如以历史语言之学承固有之遗训，不欲新其工具，益其观念，以成与各自然科学同列之事业，即不应于中央研究院中设置历史语言研究所，使之与天文地质物理化学等同伦。今者决意设置，正以自然科学看待历史语言之学。此虽旧域，其命维新。材料与时增加，工具与时扩充，观点与时推进，近代在欧洲之历史语言学，其受自然科学之刺激与补助，昭然若揭。以我国此项材料之富，欧洲人为之羡慕无似者，果能改从新路，将来发展，正未有艾。故当确定旨趣，以为祈响，以当工作之径，以吸收同好之人。②

这段文字说明史语所之设置是要发达近代科学，将历史语言之学建设的如同天文、地质、物理、化学一般。傅斯年希望以自然科学之研究方法来研究中国之历史语言学，并认为借助自然科学的方法可置历史语言之学臻于科学的境界。

史语所倡导的科学研究方法，在史语所学人的学术实践中得到

---

① 参见傅斯年：《历史语言研究所工作之旨趣》，《历史语言研究所集刊》第一本第一分，1928年。
② 《国立中央研究院历史语言研究所十七年度报告》，《傅斯年全集》（六），第9页。

了充分的体现。如史语所学人从事考古发掘，不仅仅运用了考古学的知识，而且借鉴了地质学、人类学、气象学、古生物学等学科的方法。所以傅斯年不无感慨地说道："我们要掘地去，没有科学资助的人一铲子下去，损坏了无数古事物，且正不知掘准了没有……所以古史学在现在之需用测量本领及地质气象常识，并不少于航海家。"①就史语所学术群体个人的研究而言，傅斯年的《东北史纲》"颇能引述新的考古学报告为材料，大抵符合其史学科学化的呼吁，如他引述安特生、步达生等人的成果，以证明东北与中国的渊源，并参以古生物学、语言学、神话学、人种学、地理学等辅助学科，说明东北在远古即与中国为一体"。②

二是，"史学的方法是以科学的比较为手段，去处理不同的记载"。比照自然科学的方法，史语所学人更加重视运用比较的方法去考证历史事实。傅斯年认为，"史学的对象是史料"，"史学的工作是整理史料"。那么如何整理史料才算是科学的史学工作呢？对此，傅斯年的回答是通过比较、考证不同的史料记载，才能使史学达于"近真"的境界。他指出：

> 假如有人问我们整理史料的方法，我们要回答说：第一是比较不同的史料，第二是比较不同的史料，第三还是比较不同的史料。……历史的事件虽然一件事只有一次，但一个事件既不尽止有一个记载，所以这个事件在或种情形下，可以比较而

① 傅斯年：《历史语言研究所工作之旨趣》，《历史语言研究所集刊》第一本第一分，1928 年。
② 彭明辉：《民族主义史学的兴起：以考据与经世为主轴的讨论（1919—1949）》，载［德］魏格林、施耐德编：《中国史学史研讨会——从比较观点出发论文集》，第 270 页。

得其近真；好几件的事情又每每有相关联的地方，更可以比较而得其头绪。①

由此可见，傅斯年揭橥了"史学的方法是以科学的比较为手段，去处理不同的记载"②的大旗，并由此成为史语所学人建立"科学史学"的一个重要途径。

所谓比较的方法，实则为史语所学人考证方法之核心，即通过比勘不同的史事记载，进而弄清历史的真相。这种研究方法几乎体现在每一位史语所学人的研究论著中。傅斯年、李晋华、王崇武等人通过官私史料的记载，对明成祖的生母问题进行了翔实的考证。陈寅恪的《吐蕃彝泰赞普名号年代考》以长庆唐蕃碑为根据，与新旧《唐书》有关吐蕃的记载，相互比较考证，从而得出新解。岑仲勉之《读全唐文札记》等论著，更是广泛采取各书记载与《全唐文》相比较，从而勘正《全唐文》之误。劳榦有关两汉史的研究，亦是将居延汉简简文与秦汉史籍的记载相质证所获得的成果，正如他在《居延汉简考释序目》中所言："必须利用正史和新材料来钩距参伍，才可以得着事实的真像。"③陈述所作《金史氏族表初稿》，是其"读《金史》，感女真姓名之驳杂，深为苦之，读至《百官志》，渐觉有线索可寻，往复比较，始稍辨习"④的结果。李光涛根据明清内阁大库档案中所发现的毛文龙私通金人、约夹攻中原之书信，与《明史·袁崇焕传》《东江遗事》及《朝鲜实录》相比较，将毛文龙事迹的来龙去脉

① 傅斯年：《史学方法导论·史料论略》，《傅斯年全集》（二），第 308 页。
② 傅斯年：《史学方法导论·史料论略》，《傅斯年全集》（二），第 309 页。
③ 劳榦：《居延汉简考释序目》，《历史语言研究所集刊》第十本，1948 年。
④ 陈述：《金史氏族表初稿·后记》，《历史语言研究所集刊》第五本第三分，1935 年。

考证的一目了然。① 总之,运用以比较为核心的考证方法,进而探寻客观的历史真相,建构"科学史学",是史语所学人最为擅长的研究方法。

随着时间的推移,史语所学人不断利用"科学的方法",研究"科学的史学",从而得出"科学的结论",将中国现代史学推进到一个新的阶段。他们的治史路径和史学成就,与马克思主义史家对中国科学史学的建构各有侧重,相得益彰。

作为史语所研究人员之一,周一良于1948年发表了《现代史学的特征》一文。以此检视史语所的学术贡献,多有吻合。他认为中国现代史学呈现出五大特征:第一,科学方法的运用。何谓科学方法?"说起来或许令人莫测高深,实际上也很简单,不过是对象——在史学范围内就是史料——仔细观察、比较分析、综合、归纳而已。"这种治学方法实际上是在继承清代朴学考证方法的基础上,再参以西洋学者研治自然科学的方法。史语所中的傅斯年、陈寅恪等学者对于这套科学方法都很谙熟,所以他们"无论是考订史实或解释现象,都根据于客观的观察与归纳的步骤"。

第二,与辅助科学联系之密切。周一良认为,清儒治史于史学之外兼通历算、地理、小学、金石等,所以立说每每无孔不入,左右逢源。现代史学所需要的辅助科学范围更广,关系更密。研究西洋上古史的人要懂希腊文、拉丁文,研究中古史的除古典拉丁文之外,还要懂中古拉丁文以及各国古方言。治中国史同样也有语言文字或语音等等的牵涉。除了语言之外,如地理学、年代学、气象学、金石

---

① 参见李光涛:《毛文龙酿乱东江本末》,《历史语言研究所集刊》第十九本,1948年。

学、甲骨学、古泉学、目录学等，莫不有关。"现代史学的趋向并不是期望每一个读历史的人都有百科全书式的知识，但他一定要时时刻刻意识到这许多辅助科学之存在，并且知道在进攻某一方向某一范围时不能不顾到某一门辅助科学。"周一良知晓史语所治学的理念与方法，所以他的论述也一再说明了史语所之命名旨在通过运用语言学的方法来研究史学，或者从更大意义上来说，傅斯年将"历史"与"语言"并称，传递出来的是一种多学科方法治史的信号。

第三，观点与资料之入时。周一良所强调的"入时"，即陈寅恪所谓"预流"之意。如甲骨卜辞对于研究古史与古文字学都有极重大的贡献，现代学者讲上古史，除载籍之外，一定要取材于甲骨与金文。西陲出土的汉晋竹木简，是研究秦汉史绝不容忽视的材料。因为有了这些资料，劳榦才能撰成《居延汉简考释》，进而讨论汉代烽燧制度、记时方法、祠祀典制、建元问题等许多新问题。如果治秦汉史不知道利用这批材料，徒然拘于《史记》《汉书》异同或太史公书法等，在周一良看来，就是"未入流"了。此外，还有为中古研究带来新气象的大批卷子与壁画，"利用这些新资料来证成新学说或补充旧史文，正是现代史学所应尽的责任"。无疑，于此方面，史语所学人因安阳殷墟发掘、汉简简牍整理、敦煌卷子收集、墓志碑刻网罗、《明实录》校勘与明清内阁大库档案整理而获得大量新史料，所以他们的研究也走在了那个时代的前沿。

第四，工具书之运用。周一良指出，"索引性质的参考书之普遍与利用，确是我国现代史学的一个好现象。洪业先生创意把 index 译成引得，在他与聂崇岐先生领导之下，哈佛燕京学社已经出版许多种极有用的引得和堪靠灯（concordance）。近来北平中法汉学研究所采用'通检'这种名称，也出了若干种。日本学者也编著不少。

上举索引以外，极为有用的工具书还有许多，如陈垣先生的《中西回史日历》与《史讳举例》，以及北平图书馆所出各种论文索引等等。要之，看到工具书之重要，并且不自私地去努力于编著这种利他的工具，使得作学问的人可以事半而功倍，这是现代史学的特征之一"。实际上，傅斯年非常重视目录学，在史语所筹备时期，原拟刊行《语言历史学目录学报》①，只是限于各种条件，未能创办。尽管史语所未曾编纂大型目录索引性质的图书资料，但是所长傅斯年对于目录与参考书甚为重视，认为那是治史的工具，是获取学问的门径。因此，史语所购买了不少外国的词典、字典、传志、书目等工具书，如安诺德（T. W. Arnold）等编辑的 4 卷本《伊斯兰百科全书》，哈斯丁斯（J. Hastings）编辑的 13 卷本《宗教与伦理百科全书》，1877年巴黎出版的 9 卷本《希腊罗马古迹绘图词典》（*Dictionnaire Des Antiquités Grecques Et Romaines*），1844 年喀桑出版的 4 卷本《蒙、俄、法语字典》，1899 年香港出版的《西藏、拉丁、法语字典》，1867 年香港出版的劳布歇（W. Lobscheid）编的 2 卷本《英华字典》，1889年西贡出版的拜叶（Bailly）主编的《华法字典》等。②

第五，运用史料范围之广泛。除了传统学者广泛重视的乙部之书外，周一良认为"举凡四部之书，古今上下，只要利用得法，无一不可供考史。金石文字有裨史学早已为前贤注意，子部、集部著作也同样有用。不唯本国的资料有用，有时本国资料不足，非采用外国

---

① 参见"史语所档案"，补 1—1。按，在 1928 年 5 月 5 日傅斯年等致蔡元培、杨铨的信函中，又改称《历史语言目录学报》，参见"史语所档案"，补 1—2。
② 参见徐高阮：《图书室》，载《"中央研究院"历史语言研究所傅所长纪念特刊》，第 44 页。

资料不可"。① 从史语所历年的工作报告以及图书馆所藏特色书刊来看，他们在运用史料的范围方面，比传统囿于纸上文献的旧史家要开阔得多，正如傅斯年所言，一切能够逢着的原始史料都是他们搜集、证史的对象。

如果将史语所致力的方向与开拓的成就，置于周一良所绘制的现代史学框架中予以观照的话，我们会发现，中国史学的现代转型烙上了深深的史语所痕迹。

第四节　学术成就的域外回响

史语所的学术成就不仅有力地推动了国内学术的向前发展，而且也为中国学术在国际学术界挣得了一席之地，得到了国外众多史家与汉学研究机构的认可与尊重。相较于同时期的其他史学流派，史语所在域外更具影响力与辐射力！

一、域外影响的自我定位

在 20 世纪三四十年代的中国学术界，史语所与域外历史、语言、考古学界的联系最为密切。史语所学人在开展工作的同时，常常以域外汉学的发展为参照，进而评判其学术成就在国际学界的地位与影响。

从史语所现有书信等档案材料来看，傅斯年在 1932 年时曾多

---

① 以上引文参见周一良：《现代史学的特征》，载梁方仲等：《现代学术文化概论》第二册《社会科学》，华夏图书出版公司 1948 年版，第 229—233 页。

次谈及史语所学术成就在国际汉学界的影响。11 月 22 日,傅斯年致信段锡朋、钱昌照两人,谈到史语所关于山东城子崖发掘报告、殷墟考古发掘报告和浚县考古发掘报告印出之后,"必可为中国学术争得一地位,盖此时已大出风头矣"。在同日写给杨铨的信中,也说到:"此三件考古工作出版之后(城子崖的已编齐,殷墟总报告最费事),中央研究院大可在世界上直起腰杆来矣。"①其后,傅斯年在是年 12 月 26 日写给蔡元培的信中,不仅说明了考古组的"成绩伟大",而且又例举"第一、第二两组之成绩",认为"亦均了不得"。这具体表现在:

> 第一组中,寅恪先生之文字,疏通致远,义法谨严,先生所知,不必说。徐中舒先生之著作,近有极重之大发见,其所撰《狩猎图考》一文涉及古代文化之迁流,多人所未道。第二组,则莘田先生论古代音变之文,源源而出,自周、秦古音以及词韵,总汇材料于一处,而分别疏通之,于方言中求古韵,于古韵中求方言,其撰文之多与其造诣之精,恰成比例。方桂先生于语音之外,突发表古韵之文,而引起与高本汉(珂罗倔伦)之讨论。近一面写其广东北江猺山歌谣之音韵研究,一面著文答高君,高君在中国语学之地位,不久将转到方桂身上矣。此外则助理员之工作,亦皆专门之业、精诣之作,此时对外国已颇可自豪焉。②

史语所经过四年的建设,已经取得了甚大成就,除明清内阁大库档案整理、全国方言调查和在山东、河南两省开展的考古工作之外,还

---

① 参见"史语所档案",元 451—3。
② "傅斯年档案",Ⅲ:81。

出版专刊 9 种、单刊 11 种、史料 6 种，《集刊》出版至第四本第一分。① 所以傅斯年很有底气地向蔡元培宣称史语所"此时对外国已颇可自豪焉"。基于此，傅氏坚信：如果北平不被日本人攻陷，史语所"可以三年之中，压倒世界上的中国学一切"。尤其是在集众研究方面，不惟考古组取得"绝好成绩"，当时正在进行的方言调查、档案整理和《明实录》校勘三项成果如能出版，则"可使外国人大惊也"。②

从傅斯年对待伯希和与高本汉态度的转变，也同样反映出史语所在国外汉学界地位的提升。史语所在 1928 年成立时，对伯希和与高本汉甚为尊崇，聘任他们为外国通信员，并每月支付两人国币各 100 元，用以补助他们开展研究工作。③ 至 1931 年日本对中国不断挑起战事，史语所的经费异常窘迫，有些工作甚至一度中止，在此背景下，史语所没有再支付伯希和与高本汉二人每月 100 元的津贴。对此，史语所已致函高本汉说明情况，本来伯希和欲 1931 年来中国，傅斯年想要借机当面说明，但是伯希和来到中国时已是 1932 年冬。伯希和与中研院总干事杨铨谈及两年津贴未发后，杨铨电询傅斯年，于是傅斯年致函蔡元培和杨铨，详细说明了何以未发伯希和津贴问题，其文如下：

> 子民、杏佛两先生：
>
> 　　伯希和、高本汉二君津贴事之原委如下。
>
> 　　大学院时，斯年等提出外国通信员之聘任，蔡先生云："伯

① 参见《"中央研究院"历史语言研究所七十年大事记》，"中央研究院"历史语言研究所 1998 年版，第 2—9 页。
② 参见"史语所档案"，元 266—8。
③ 参见"史语所档案"，元 113—1、元 114—1。

是要钱的,如有用他时,非钱莫办。北大前曾津贴其每年千元,此事今已不行,可用所中承之。如需要着他的话。"适当时元任先生云,要翻高本汉之书,前者提议清华津贴他一数,而以数小他未受。斯年以两事相类,就商于杏佛先生,杏佛先生云可行。其时研究所之经费多,而用款少也。

此两人支一津贴者,盖想伯希和为我们宣传,高则翻其书,(他自己还有些贡献。)此目的似乎均已达到,如我们更有事委之,他必乐于办理,亦不成问题也。

无如经费一年比一年窘,故两年中未再发,高已通知,而伯则前年已云即来,故久待之,不知其至今方来也。斯年意以前结束,到前年年底为止,以后不再给,可告以此款并未能通过预算,前之付给,乃用余款,而余款两年中已无之也。(实情本如此)斯年想不给他钱,他自然不高兴,而给他钱,现在支付两年,已不得了,若以后天长地久,尤为难题。反正利用是双方的,彼等应知此时代表汉学者为本院,他们也未必有意外的举动,以后多买几部书送他们好了。读杏兄书,知子师意不如付之。斯年想到廿年度(即廿年七月至廿一年六月)是不能付的,如此期补付,无以对在所工作之同人。(同人皆折扣也。)以前一年应付否,应请斟酌。今年以后应如何办,亦乞决定。如两先生主张以后再付,至少亦须减其半数,而声明政府不发款,便枉然,不要使他算在账上也。(并须指定其工作)此事关系将来正大,盼与济之兄一商,就询其意见。

约言之,斯年主张不付,由斯年任其交涉,以求不惹恼他为主意。如两先生主张付,斯年当与同事商之。他两人自然极有用处,然研究院此时局面,亦直无可奈何也。本周中大约尚不

会与他谈到此事，下周大约不免了。乞即决定见示，便遵照进行。专颂

日安！

斯年谨上　廿一年十二月廿六日①

从这封信可以看出，史语所最初聘任伯希和并支付其津贴，是希望伯希和能够在国际上为史语所做宣传以扩大影响。但面对伯希和所要两年津贴，傅斯年认为"现在支付两年，已不得了，若以后天长地久，尤为难题"，因此他的态度是"不付"。同时，傅斯年对待史语所在国际汉学界的中心地位非常自信，故言此时伯希和"应知此时代表汉学者为本院"，不用担心因不支付其津贴而对史语所在国际汉学界的地位造成影响。对此，蔡元培也深表赞同，他在翌年元月给傅斯年的信中说："中国学之中心点由巴黎而移至北平，想伯希和此时亦已不能不默认矣。"②显然，从傅、蔡的往返书信中可以看出他们两人此时均已默认史语所取得了国际汉学界的中心地位，并为伯希和等权威学者所认可。

在 1937 年 1 月 30 日史语所向管理中英庚款董事会请款的一份说明中，史语所学人对自己在国际学术界的影响，有了更加清晰的定位："八载以来，颇为国内外学人所推许，其工作在国外尤多为人注意也。……窃以为本所基础，今已大致建立，颇为国际所推许。"③史语所学人的这种自我评价，大致反映了当时它在域外的学术影响和学术地位。

---

① "史语所档案"，元 114—15。
② 参见王汎森：《伯希和与傅斯年》，《傅斯年：中国近代历史与政治中的个体生命》，第 318 页。
③ "史语所档案"，元 266—1。

二、日本学术界的推重

日本临近中国，汉学研究异军突起，紧随欧美学界，他们对于中国学界研究的动态，有着敏锐的感知，因此对史语所在考古学与历史学方面的成就，有不少宣介与接纳。

日本考古学家梅原末治对史语所的考古事业关注较早。1929年10月，史语所在河南安阳从事第三次考古发掘，引起了"日本新进考古家中最有成绩者之一"梅原末治的重视。10月16日，他到考古现场参观并在"工作站中住一夜"，与史语所考古组学人多有交流。① 1936年夏，梅原末治再次造访史语所，并提出与史语所交换出版品的意见。次年，梅原致函傅斯年、梁思永等人，希望能以日本的《东方学报》与史语所之《集刊》、考古照片交换。同时，梅原还通过与李济、梁思永的私人关系，获取了史语所考古发掘的最新成果。② 梅原末治在吸纳史语所成果的同时，也在不断向日本学界推介着史语所的学术成就。如他曾数次在日本通过讲演会介绍史语所殷墟发掘的成就③，又曾撰写《河南安阳发见の遗物——主として新发见の古墓出土品に就いて》④《河南安阳と金村の古墓》⑤等相关论文。从梅原末治的研究中，可以看出他对史语所出版的《安阳发掘报告》（共四册），以及李济、梁思永等人的研究成果，甚为重

① 《历史语言研究所工作报告（十八年十一月至十九年一月）》，《傅斯年全集》（六），第121页。

② "史语所档案"，元360—16。

③ 参见［日］三上次男：《殷墟新发见の王侯坟墓に就て》，《考古学杂志》第27卷第7号，1937年7月。

④ 载《东方学报》第七册，1936年11月。

⑤ 载《史学杂志》第47编第9号，1936年9月。

视。同时，日本学界饭岛忠夫的《殷墟文字の年代》，大量吸收了董作宾《大龟四版考释》与《卜辞中所见之殷历》两篇论文的成果。① 水野清一的《殷墟侯家庄记》向日本学界介绍了史语所在侯家庄发掘的总体情况。② 这一时期，日本著名的考古学刊物《考古学杂志》也对史语所的考古成果进行了介绍③，进一步扩大了史语所在日本的学术影响。

除此之外，日本史学界对于陈寅恪、岑仲勉、劳榦、全汉昇等史语所历史组学人的成就也有吸收与介绍。从日本人希望陈寅恪主办东亚文化会及审查教科书，即可想见陈寅恪在日本学界的影响。④ 陈寅恪在 1931 年时曾感慨："东洲邻国以三十年来学术锐进之故，其关于吾国历史之著作，非复国人所能追步。……今日国虽幸存，而国史已失其正统，若起先民于地下，其感慨如何？"⑤但经中国学人群体努力，加以对中日研究之对比分析，至 1937 年时，陈氏已经颇为自信地认为即便日本权威之中国史研究者，亦不免过时与存在错误，他在致陈述的一封信中谈道："白鸟之著作，盖日人当时受西洋东方学影响必然之结果，其所依据之原料、解释，已依时代学术进步发生问题，且日人于此数种语言尚无专门威权者，不过随西人之后，稍采中国材料以补之而已。"⑥尤其是他的《隋唐制度渊源略论稿》和《唐代政治史述论稿》两部名著，在日本学界影响甚大，

① 参见《东洋学报》第 21 卷第 1 号，1933 年 10 月。
② 参见《史林》第 25 卷第 2 号，1938 年 4 月。
③ 参见《考古学杂志》第 27 卷第 1 号，1937 年 1 月。
④ 参见陈寅恪：《致傅斯年》（1942 年 6 月 19 日），《陈寅恪集·书信集》，第 85 页。
⑤ 陈寅恪：《吾国学术之现状及清华之职责》，《金明馆丛稿二编》，第 361—362 页。
⑥ 陈寅恪：《致陈述》（1937 年 1 月 31 日），《陈寅恪集·书信集》，第 183 页。

刘正通过研究指出："日本汉学家的隋唐史研究，大多以陈寅恪先生的《隋唐制度渊源略论稿》和《唐代政治史述论稿》为蓝本，特别是陈寅恪先生的种族文化论、陈寅恪先生以婚姻关系来研究李唐政治集团的观点、陈寅恪先生的隋唐政治制度渊源论等等，都是国际汉学界进行隋唐史研究的定论。"①岑仲勉关于《白氏长庆集》的系列研究，深为日本学者花房英树所赞誉，朱金城认为："日人花房英树曾经发表过《关于岑仲勉先生的白氏长庆集研究》一文，对仲勉先生的研究推崇之至。花房英树著《白氏文集の批判的研究》及《白居易研究》两书，虽然其中颇有舛误疏漏之处，但也吸收了不少仲勉先生的研究成果，这说明仲勉先生对国际学术界的影响也是巨大的。"②劳榦关于居延汉简的研究及成果，在日本学界也产生了很大的反响。永田英正通过研究指出："在中国，从四十年代后半期到五十年代初，汉简的研究盛极一时。在此以后，劳榦的《释文》也传到了日本。在日本，例如京都大学人文科学研究所，在1951年组织了以森鹿三为班长的居延汉简共同研究班，五十年代前半期，日本的居延汉简的研究也迎来了极盛期。可是，这一时期日本的居延汉简研究中，有一个不得不注意的现象，这就是因为看不到居延汉简的照片，只能将劳榦释读过的释文当作唯一的材料来进行研究。并且，日本的居延汉简研究，是在能够从简牍记事中论述的题目已经为劳榦或其他中国学者几乎做尽的情况下开始的。因此，日本的研究，要么就是找出劳榦等中国学者没有论及并且尚有文章可做的题

---

① 刘正：《海外汉学研究——汉学在20世纪东西方各国研究和发展的历史》，武汉大学出版社2002年版，第139页。
② 朱金城：《不废江河万古流——纪念岑仲勉先生诞生一百周年》，载《唐代文学研究年鉴（一九八五）》，第462—463页。

目来,要不就是将中国学者已经研究过的题目进行更加归纳性的研究,从中得出新的观点看法来。"①再如西嶋定生在 1949 年发表的《汉代の土地所有制–特に名田と占田について–》②一文中便借鉴了劳榦《汉代兵制及汉简中的兵制》《汉简中的河西经济生活》等文的成果。全汉昇经济史研究的扛鼎之作《唐宋帝国与运河》,于 20 世纪 40 年代甫一出版,即被日本学者翻译成日文。这些事实,足见史语所学人研究成果在异域产生的影响。

三、欧美学术界的认可

史语所的学术成就,不仅震惊了邻邦日本,而且对于欧美学术界也深有影响。1932 年,史语所外国通信员伯希和提议法国考古与文学研究院,将该年度的儒莲奖金赠与史语所,原因在于"史语所各种出版品之报告书,尤其是李济所著安阳殷墟考古发掘报告,颇有学术价值"。这说明史语所在考古领域的学术成就,"得到国际学术界的公认"。③ 1933 年,荷兰莱顿汉学院也注意到史语所的考古发掘成就,决定将庚子赔款退还中国,并以其中的 35% 作为发展文化事业之用,而以其利息中的 53% 交给中研院。蔡元培在一封写给傅斯年的信中说道:"荷兰人所以注意本院,由于其卢顿(今译莱顿)之汉学研究院知有史语所成绩之故。"④可见,史语所在创立后

---

① ［日］永田英正:《汉简的古文书学研究》,载李学勤、谢桂华主编:《简帛研究》(第三辑),广西教育出版社 1998 年版,第 281—282 页。
② 载《史学杂志》第 58 编第 1 号,1949 年 6 月。
③ 参见桑兵:《国学与汉学——近代中外学界交往录》,中国人民大学出版社 2010 年版,第 122 页。
④ 王汎森:《思想史与生活史有交集吗？——读"傅斯年档案"》,《中国近代思想与学术的系谱》,第 342 页。

几年便因突出的学术成就而为国外汉学界所了解。

史语所在国际汉学界的影响,在一定程度上得益于伯希和的宣介。伯希和作为国际汉学界公认的泰斗,"不但是法国的第一流汉学家,而且也是所有西方的中国学专家的祖师爷"。[①] 伯希和与史语所的渊源从 1928 年史语所聘其为外国通信员开始,之后伯希和每次来华,都会受到史语所的款待礼遇。如 1932 年底,伯希和抵达北平,史语所于 1933 年 1 月 10 日晚在欧美同学会为之举行了盛大的欢迎宴会,受邀人员除了史语所全体研究员及特约研究员外,"并请北平研究院李圣章、李润章,故宫博物院李玄伯,北大陈受颐、罗庸,清华冯友兰、蒋廷黻、黎东方,燕京许地山,辅仁余嘉锡,北平图书馆袁同礼、徐森玉、刘节、谢国桢、孙楷第,营造学社梁思成,西北科学考察团袁复礼、黄仲梁诸氏作陪"。[②] 伯希和受巴黎大学中国学院委托,代为寻购书籍,傅斯年遂将史语所的出版品送给了巴黎大学之中国学院,供其收藏研究使用。作为史语所的特约研究员与通信研究员,伯希和也利用他 1923 年起担任法国《通报》(*T'oung Pao*)主编的便利,广泛宣传史语所的出版品,其中代表性的有"刘复《敦煌掇琐》、刘复及李家瑞(1895—1975)《宋元以来俗字谱》、赵元任《广西猺歌记音》、罗常培(1899—1958)《厦门音系》、赵万里《校辑宋金元人词》、吴金鼎(1901—1947)《山东人体质之研究》、于道泉(1901—1992)《第六代达赖喇嘛仓洋嘉错情歌》,以及《国立中央研究院十七年度总报告》、《安阳发掘报告》、《记明台湾郑氏亡

---

① ［英］彼得·霍普科克:《丝绸路上的外国魔鬼》,杨汉章译,甘肃人民出版社 1983 年版,第 241 页。
② 《法国汉学家伯希和莅平》,《北平晨报》1933 年 1 月 15 日,第 7 版。

事》、《明清史料》等书的评介"。① 《通报》于 1890 年由法国汉学家考狄(Henri Cordier)和荷兰莱顿大学汉学讲座杰作教授施古德(Gustave Schlegel)创办，在欧洲汉学界的影响很大，"专以研究东亚各地历史地理语言风土为目的，而关于中国之论著最多"。在伯希和担任《通报》主编之前，考狄、沙畹都曾任其主编，所刊论文涉及荷、德、法等文，"书报介绍取材宏而别择精"，内容多由欧洲名士执笔。② 因此，史语所之出版品经伯希和在《通报》宣介之后，在整个欧洲汉学界的影响日益扩大。

1935 年 4 月，伯希和再次来华，其间参观了史语所在河南安阳进行的第十一次考古发掘，石璋如回忆说："伯希和先生对着那样伟大的陵墓，那样排列整齐的小墓，那样大量并精美的灿烂的器物，在孟真所长面前，不断的惊讶和赞叹。"③于是，伯希和在 1936 年两个极为重要的场合公开发表了以"安阳商王大墓"为主旨的演讲。第一场演讲是 1 月 6 日受英国伦敦中国艺术国际展览会之邀，在英国皇家学会大厅所作；第二次演讲是在 9 月份受美国哈佛大学邀请，为其三百周年校庆所作，"在这次演讲中，伯希和提到这是当时全东亚最重要的一件学术工作，同时也提到，由于这件工作，中国的信史一下子上推了将近一千年"。④ 由于这两次演讲的内容，皆被组织者收集成册并予以出版，因此史语所的学术成就也在欧美汉学界

① 王汎森：《伯希和与傅斯年》，《傅斯年：中国近代历史与政治中的个体生命》，第 311 页。
② 参见梁绳祎：《外国汉学研究概观》，《国学丛刊》第五册，1941 年 12 月。
③ 石璋如：《考古工作》，载《"中央研究院"历史语言研究所傅所长纪念特刊》，第 37 页。
④ 王汎森：《伯希和与傅斯年》，《傅斯年：中国近代历史与政治中的个体生命》，第 314 页。

广为传播。例如，英国考古学家乌里（Sir Charles Leonard Woolley）在英国伦敦中国艺术国际展览会伯希和演讲之后，便拟来中国进行实地考察史语所在安阳的考古工作。乌里虽是美索不达米亚考古权威，但与史语所却未有交集，于是只能借助伯希和请史语所出具邀请函，傅斯年在回复伯希和的电报中说："Welcome Woolley，Please arrange with Lichi."①只是全面抗战爆发之后，乌里未能如约而至。

　　史语所在语言学方面的成就，也为欧美学界所瞩目。史语所语言学组的赵元任、李方桂始终追踪国际学术前沿，致力于现代语言学的建设，试图将中国语言学之发展与当时欧美语言学的研究相接轨。史语所赵元任说：二十年来，"录音设备的日新月异，我们老是使劲的紧追着，从在广东时的蜡筒时代起，经过光铅片，涂面铅片，等等以至最近的磁条儿，出什么买什么"。② 同时，史语所极为重视语音实验室的建设，"向国外订购各种新式语音仪器及各式不同之记音机器"，"在当时实验室之装置及设备非常完善，不但为国内所仅有，即在亚洲，亦首屈一指"。③ 因此，南京北极阁语音实验室建成之后，"曾使坐第一把交椅的欧洲中国语言学家，瑞典高本汉教授为之咋舌"。④ 因史语所在语言学上的成就逐渐受到国外同行的关

---

① "史语所档案"，元 114—26。
② 赵元任：《台山语料序论》，载《"中央研究院"历史语言研究所傅所长纪念特刊》，第 62 页。
③ 杨时逢：《语言调查与语音实验》，载《"中央研究院"历史语言研究所傅所长纪念特刊》，第 28、28—29 页。
④ 李济：《傅孟真先生领导的历史语言研究所——几个基本观念及几件重要工作的回顾》，载《"中央研究院"历史语言研究所傅所长纪念特刊》，第 16 页。

注，故而在 20 世纪 40 年代初，赵元任提出了史语所与耶鲁大学在语言学方面进行合作的计划，傅斯年对此很赞同，认为"此事办到后，我们人到 Yale 自以语学部为对象，而他们到我们这里乃是学中文——规规矩矩的学中文——我们必竭全力助其成学也"。① 1948 年，傅斯年在美治病期间，与高本汉晤面，畅谈甚欢。高本汉非常欣赏史语所在语言学方面取得的成就，所以想要傅斯年帮忙将其六个学生送到史语所从事语言学的学习与研究。因护照签发问题，傅斯年在同年 5 月 25 日分别致函时任外交部长王世杰和教育部长兼中研院院长朱家骅，请他们提供护照签发的便利，因两份信函除少数措辞略有差异外，基本内容大致相同，现抄录傅斯年致朱家骅函，以见事情原委：

> 骝先吾兄赐鉴：兹先以一事奉陈，余另白。
>
> 　　因瑞典汉学家高本汉先生（Professor B. Karlgren）到此，与之快谈。高教授在语学、文史、考古贡献极大，其语言学在中国尤多影响。自本院设立，即为本所通信研究员多年矣。自伯希和、马伯乐诸君去世后，西方汉学之中心，自巴黎移至瑞典，即以高君为主。此吾兄所熟知也。彼有学生六人，今夏拟来华研究，而驻瑞典使馆不能即签护照。弟意，汉学必须中外交流，然后彼此有益。此中有一、二人或二、三人，本院可助其方便就学者也。此六君之来华，是用 Rockefeller Foundation Scholarships。在此情形之下，弟意，应即答应其护照签字，俾可于八月到中国。此事因涉汉学研究，亦与弟所司有关，故敢冒请吾兄行文

---

① 傅斯年：《致赵元任》（1940 年 2 月 22 日），载王汎森、潘光哲、吴政上主编：《傅斯年遗札》（二），第 1069 页。

外部,电令驻瑞典使馆即予签发,俾可按期成行,无任感荷之至。雪艇兄处已另有信去矣。余别陈,专叩

政安

弟斯年谨上　五月廿五日①

此时的史语所已成为"外国汉学者共认为在中国汉学之代表"②,这令原本无视中国学者研究的国外汉学家也不得不重视史语所的成就,较为突出的一个表现是,外国汉学家颇为重视史语所的通信研究员③这一荣誉职衔。本来这一荣誉职衔,在国外汉学家中只有伯希和与高本汉享有,但是后来史语所因工作的需要扩大了范围,在1932年增聘俄人钢和泰为通信研究员。钢和泰对于自己被聘为史语所的通信研究员极为高兴,他在1932年2月25日写给哈佛大学文理学院院长蔡斯的信中激动地说:"最近我被选为中央研究院的通信研究员。这是非常特殊的荣誉(跟我同享此誉的只有伯希和与高本汉)。"蔡斯在回复钢和泰的信中说道:"阁下被选入中央研究院,这很

———————————

① "傅斯年档案",Ⅳ:188。

② "史语所档案",李57—7。

③ 1928年5月5日,傅斯年等人在致蔡元培、杨铨的信中,谈及史语所筹备时期拟聘外国学者伯希和、高本汉与米勒等人为"外国所员"(参见"史语所档案",补1—3);1928年9月4日,傅斯年在致蔡元培的信中,要求蔡氏聘请伯希和等人为"外国通信员"(参见中国第二历史档案馆,档号:393—0—0421—01—p.12);1932年,中研院院务会议"决定外国通信员取消,改称通信研究员"("史语所档案",考2—27),但是"将通信研究员置在颇后之地位",因此史语所"前定之外国通信员之地位,已觉不甚适宜(因原定之外国通信员乃甚崇者)"。基于此,傅斯年于同年5月8日致函史语所中陈寅恪、李济、李方桂、罗常培、徐中舒等人,"拟改聘伯希和、珂罗倔伦二君为'特约研究员兼外国通信员'",并征求所中同仁意见,上述诸人皆"同意"(参见"史语所档案",元114—6)。但是,此后史语所及国外汉学家仍然使用中研院的"通信研究员"这一称呼。

明显是非常难得的荣誉,我为此感到愉快。"①从钢和泰的学术履历中,我们发现他曾受聘为多所高校与研究机构的教授或研究员,但是唯独对于史语所的通信研究员异常看重,认为"这是非常特殊的荣誉"。这从一个侧面说明了史语所取得的成就受到了国外汉学家的重视与认可。与钢和泰对史语所通信研究员职衔同样看重的还有德国汉学家佛兰阁。李济在 1934 年初致信傅氏咨询聘请佛兰阁一事,傅斯年在同年 1 月 30 日写给李济的回信中谈到,"外国之汉学家似甚重视史语所之通信员位。佛氏托姚从吾向弟探意见,已在前之久矣"。②

　　对于史语所的学术成就,美国学术界也很关注。早在 1932—1935 年,美国学者顾立雅便利用来中国留学的机会,"数次赴安阳参观殷墟考古发掘,结交甲骨学者董作宾和其他古史专家"。③ 1936年,顾立雅利用史语所的相关考古材料撰成《中国的诞生:中国文明成型期的研究》,此举引起了李济的不满,他批评说:"我们报告还没有出来,你就替我们写出书来了。"④然而,此书作为美国第一部运用坚实考古资料介绍中国史前和商周文明的论著,在客观上向美国汉学界介绍了史语所在安阳殷墟的考古发掘工作。抗战时期,美国哈佛大学燕京学社数次对史语所的研究工作进行补助,实因史语所的工作引起了他们的注意,在史语所的公文档中,尚存有来自哈佛大学向史语所征

---

① 参见王启龙编著:《钢和泰学术年谱简编》,第 170、171—172 页。
② "史语所档案",考 2—61。
③ [美]钱存训:《美国汉学家顾立雅教授》,《文献》1997 年第 3 期。
④ 许倬云口述、李怀宇撰写:《许倬云谈话录》,广西师范大学出版社 2010 年版,第 55 页。

求《集刊》和《人类学集刊》的函件。① 傅斯年于 1947 年赴美治病期间，也留心观察了美国国会图书馆所藏史语所出版品的情况，主要包括如下书刊：

表 5-1 美国国会图书馆收藏史语所出版书刊②

图书	作者
性命古训辨证	傅斯年撰
城子崖	
殷历谱	董作宾撰
居延汉简考释	劳榦撰
内阁大库书档旧目	国立中央研究院历史语言研究所编
明清史料	国立中央研究院历史语言研究所编
明清史料乙编	国立中央研究院历史语言研究所编
明清史料丙编	国立中央研究院历史语言研究所编
敦煌劫余录	陈垣编
金文编	容庚编
中国俗曲总目稿	刘复、李家瑞同编
宋元以俗字谱	刘复、李家瑞同编
唐五代西北方音	罗常培撰
秦汉金文录	容庚撰
安阳发掘报告一至四期	李济主编
唐宋帝国与运河	全汉昇撰
唐代政治史述论稿	陈寅恪撰
金石书录目	容媛编

① 参见"史语所档案"，李 47—10—4a、京 8—22—7a。
② "傅斯年档案"，Ⅲ :480。

期刊	卷数
国立中央研究院院务月报	本馆缺第一卷第八期
国立中央研究院人类学集刊	本馆缺第一卷第二期、第二卷第三期
国立中央研究院历史语言研究所集刊	本馆缺第九卷、第十二卷第三期

此表格传递出的信息是，史语所的研究成果在美国产生了影响、受到了认可，所以出版品才会被美国国会图书馆订购与收藏。

其实，当时中研院史语所在美国学术界的影响还是相当大的。1936 年，美国《哈佛亚洲学报》创刊，首期刊发了赵元任的《论汉语中的"俩""仨"等》和由魏鲁南（James R. Ware）翻译的陈寅恪之《韩愈与唐代小说》一文，嗣后该刊又刊发了陈寅恪的《〈顺宗实录〉与〈续玄怪录〉》、周一良的《中国的密教》、李方桂的《台语中若干古代汉语借词》、董作宾的《武丁龟甲卜辞十例》等文。赵元任在美日久，结交甚广，影响亦大，1945 年曾当选为美国语言学会会长。[1] 1947 年，陈寅恪获选为美国东方学会荣誉会员。[2] 傅斯年在美就医期间，曾受邀参加美国东方学会的活动。[3] 何兹全于 20 世纪 40 年代留学美国哥伦比亚大学，谈及中研院史语所在美国学术界的地位甚高，他曾以中研院史语所研究人员的身份，获得了"visiting scholar（访问学者）的优待"。[4] 这些方面，无不彰显了史语所的学术成就在国际汉学界的影响之大与辐射之广。

---

[1] 参见 *Language*，Vol. 21，No. 4，1944.

[2] 陈怀宇：《在西方发现陈寅恪：中国近代人文学的东方学与西学背景》，北京师范大学出版社 2013 年版，第 149 页。

[3] "傅斯年档案"，Ⅰ：1181。

[4] "傅斯年档案"，Ⅲ：516。

第五节 主流之争与研究局限

在 20 世纪上半期,新历史考证学派人数众多,以胡适、傅斯年、顾颉刚为首的新历史考证学者,均各有一班人马活跃在史坛①,他们所从事的整理国故运动、考古发掘、史料考订、古史辨伪等工作成为一时显学。尤其是,在三四十年代,史语所隶属于中央研究院,是代表当时官方史学的最高研究机构,而其学术势力及影响,亦旁及北京大学、清华大学等主要高校的历史学系,俨然在当时的史学界处于学术的主流地位。美籍华人余英时强调,在 20 世纪中国史上,"胡(适)—傅(斯年)所开创的典范在二十世纪中国曾一度占据了主流的位置,这是不容否认的事实"。② 台湾地区著名史家杜维运明确指出,"新历史考据学亦即科学的历史学是民国以来中国史学的主要潮流,中央研究院历史语言研究所是此一潮流的重心"。③ 杜氏之言,肯定了傅斯年所领导的史语所在现代中国史学发展中的主流趋势与历史地位。中国大陆学界的林甘泉认为,马克思主义史

① 顾颉刚说:"抗战前,北平流行着一句话:'北平城里有三个老板,一个是胡老板胡适,一个是傅老板傅斯年,一个是顾老板顾颉刚。'从形式上看,各拥有一班人马,好像是势均力敌的三派。"见顾潮:《历劫终教志不灰——我的父亲顾颉刚》,第 179 页。

② 余英时:《学术思想史的创建及流变——从胡适与傅斯年说起》,载"中央研究院"历史语言研究所七十周年研讨会论文集编辑委员会编:《学术史与方法学的省思:"中央研究院"历史语言研究所七十周年研讨会论文集》,"中央研究院"历史语言研究所 2000 年版,第 1 页。

③ 杜维运:《西方史学输入中国考》,《听涛集》,弘文馆出版社 1985 年版,第 171 页。

学在新中国成立后成为史学的主流派，但在 20 世纪前 50 年实证史学才是"史学主流"①；李根蟠更是直言，在 20 世纪上半期史语所代表了当时史学界的"主流派"②；陈勇亦认为，以史语所为中心的新考据派，"曾雄霸民国史坛达 20 多年，是当时声势最盛的史学主流派"③。

　　民国时期，史学流派异彩纷呈，史学亦因此而获得多途发展。从长时段的视野梳理 20 世纪上半期中国史学的演进路径，我们会发现，日益发展壮大的中国马克思主义史学异军突起，犹如一股潜流正逐渐步入学术的中心位置，成为史学发展的主流之一。作为史语所第十任所长，王汎森对傅斯年与史语所有着精深的探研，他从学术演进的总趋势中分析史学主流思潮的演变，强调：中国史学在近代以来经历过三次革命，"第一次史学革命以梁启超的《新史学》为主，它的重心是重新厘定'什么是历史'，第二次革命是以胡适所提倡的整理国故运动，及傅斯年在中央研究院历史语言研究所所开展的事业为主，重心是'如何研究历史'，第三次革命是马克思主义史学的勃兴，重心是'怎样解释历史'"。④ 王氏认为，在 20 世纪 20 至 40 年代，以胡适领导的整理国故运动与傅斯年领导史语所开展的事业在史学界的舞台上唱着主角。显然，主流思潮的交替转换并

----

① 邹兆辰、江湄：《正确看待马克思主义史学的历史发展——访林甘泉研究员》，《史学月刊》2000 年第 1 期。

② 李根蟠语。见陈其泰主编：《中国马克思主义史学的理论成就》，国家图书馆出版社 2008 年版，第 98 页。

③ 陈勇：《钱穆与新考据派关系略论——以钱穆与傅斯年的交往为考察中心》，《上海大学学报（哲学社会科学版）》2007 年第 5 期。

④ 王汎森：《晚清的政治概念与"新史学"》，载《学术史与方法学的省思："中央研究院"历史语言研究所七十周年研讨会论文集》，第 125 页。

非短期内可以完成,在此期间各派力量与影响此消彼长。也就是说,在马克思主义史学勃兴,进入主流视野之前,它的发展与新历史考证学的发展有着交集,并呈现出从弱变强、直至超越的趋势。

一、主流之争

过去我们很少见到史语所学人对马克思主义史学的评价,更未注意到史语所学人所言马克思主义史学对他们史学主流地位带来的冲击。实际上,检视民国学者所论,严耕望已经觉察到了这一点,他说:"盖自抗战之前,中国史学界以史语所为代表之新考证学派声势最盛,无疑为史学主流;唯物论一派亦有相当吸引力。"[①]这说明在抗战之前以史语所为代表之新历史考证学派处于史学的主流地位,但是马克思主义史学派奋勇直追,发展势头迅猛,俨然对以史语所为代表之新历史考证学派的主流地位造成了一定的冲击。严耕望作为史语所成员之一,身处其时,对于当时史学思潮的观察与判断,自然具有代表性。

近来,笔者从"傅斯年档案"中发现一宗涉及史语所要与唯物史观派争取中国史学正统的书信。这封书信是 1938 年 6 月 14 日傅斯年写给陈立夫、顾毓琇和张道藩[②]的,主旨为说明中国加入国际史学会的原委及现状。对此问题的考察,还要从 1936 年底国际史学会会长田伯莱(Harold Temperley)来华说起。其时,田伯莱来华并在北平小住,鼓动中国史学界加入国际史学会。在此之前,傅斯年早有加入国际史学会的意愿,但加入该会往往需要成立一个全

①　严耕望:《钱穆宾四先生与我》,《治史三书》,第 262 页。
②　按,当时陈立夫为教育部部长、顾毓琇为教育部政务次长、张道藩为教育部常务次长。

国性的史学委员会，"中国史学界分门别类，欲组织一个 National Committee，或引纠纷"，如果不组织一个中国史学会，直接以史语所的名义加入，"又恐人以为包揽"。当田伯莱来到中国之后，不断向史学界鼓吹，整个史学界遂为之"大动兴奋"。但傅斯年最为忧虑的是："以求避免由惟物史观者作为中国史学正统起见，与教育部商洽，仍用本所名义（或本院名义，记不清矣）去请。"① 由此可见，傅斯年对于马克思主义史学的发展及壮大，深有体察。他为了不让马克思主义史学者代表中国申请加入国际史学会，抛弃了原来成立一个中国史学会的设想，径以中研院的名义申请加入国际史学会，并代为拟定了中国加入国际史学会的办法与说明。② 他的这一做法间接透露出：马克思主义史学之发展已经对史语所的主流地位造成一定的威胁，史语所需要牢牢掌控中国史学的话语权。

马克思主义史学作为一种世界范围内具有普遍意义的学术思潮，在 20 世纪二三十年代的中国曾风靡一时，影响深远。回顾马克思主义史学在民国时期的发展路径与学术成就，我们认为它的发展史正是一部从学术边缘向学术中心位移的历史。

中国马克思主义史学自李大钊奠基之后，迅速获得发展，不少刊物成为宣扬唯物史观的阵地，日本河上肇与俄国普列汉诺夫等人有关唯物史观的著作被陆续引介到中国来。1920 年，杨端六发表评论文章，指出："以我国思想界之迟钝，输入西洋之学说，殆莫不经过多少阶级而始得其一知半解之理想，而社会犹反对之。今不数年，而马克思之名喧传于全国，上自所谓名士，下至初级学生，殆无不汲汲于马克

---

① 参见"傅斯年档案"，Ⅰ：90。
② 参见"史语所档案"，元 274—7。

思学说之宣播。"①其后，中国学者先是将唯物史观基本原理与人类历史演变的进程相结合，出版了不少社会发展史方面的论著，其中代表性的有蔡和森撰著的《社会进化史》、李达撰著的《现代社会学》、陈翰笙撰著的《人类的历史》、马哲民撰著的《社会进化史》和邓初民撰著的《社会进化史纲》等等。与此同时，在 20 世纪二三十年代兴起的社会史大论战，开始将唯物史观与中国历史实际相融通，吸引了众多学者参与，由此将马克思主义史学推向了新的时代高潮。其中，郭沫若的《中国古代社会研究》，吕振羽的《中国经济之史的发展阶段》《史前期中国社会研究》等论著，都撰著于这一时期。更为重要的是，经此论战，中国的史学界已是"马克思主义、唯物史观独步天下的时代。上海的新书店，如雨后春笋，出现很多，都是出版马克思主义、唯物史观的书。旧的老牌书店，如商务、如中华，都一时黯然无色。当时学术界、思想界、史学界有影响的学者，如胡适等，一时都只能退避三舍"。② 对此，顾颉刚也深有体察。1933 年，他根据自己的见闻，在《古史辨》第四册序言中提到"近年唯物史观风靡一世"。③ 这反映了运用唯物史观从事史学研究俨然成为一种学术趋向。

全面抗战爆发之后，中国马克思主义史学研究队伍进一步壮大，"郭沫若于 1937 年回国，在重庆继续致力于马克思主义史学研究，写出了《青铜时代》《十批判书》等论著。吕振羽在 1936 年和 1937 年分别出版《殷周时代的中国社会》《中国政治思想史》之后，在重庆又出版《中国社会史诸问题》《简明中国通史（上）》等论著。

① 杨端六：《马克思学说评》，《太平洋》第 2 卷第 7 号，1920 年 8 月 15 日。
② 何兹全：《我所认识到的唯物史观和中国社会史研究的联系》，《高校理论战线》2002 年第 1 期。
③ 顾颉刚：《古史辨》第四册《序言》，上海古籍出版社 1982 年版，第 22 页。

1938 年,翦伯赞的《历史哲学教程》出版,赴重庆后又撰写出版了《中国史纲》前两卷和《中国史论集》《史料与史学》等论著。1937年,侯外庐结束了《资本论》的翻译,在重庆期间完成了《中国古典社会史论》《中国古代思想学说史》《中国近世思想学说史》等著作。此外,重庆还聚集了杜国庠、华岗、胡绳、嵇文甫、吴泽、赵纪彬、陈家康等马克思主义史家。延安地区则在毛泽东、张闻天、吴玉章等中共领导人的参与下,范文澜、陈伯达、杨松、何干之、叶蠖生、尹达、谢华、佟冬、金灿然等人成为延安史学研究队伍中的主要成员"①,由此形成了声势浩大的马克思主义史学派。据学者统计,从 1900—1949 年有关中国现代马克思主义史学文献的"本土著作和外来译著两类共约 500 种",内容分布略如下表②:

表 5-2　1900—1949 年出版的中国马克思主义史学文献

著述类型 内容类别	著作(约 320 种)		译著(约 180 种)		备注
	数量	占比	数量	占比	考察时段:1900—1949 年
唯物史观原理	14	4%	40	22%	
社会发展史	49	15%	40	22%	包括社会发展史和各社会形态阶段研究
社会经济史	22	7%	22	12%	包括经济史和经济思想史
中外革命史	34	11%	13	7%	其中国革命史 24 种
世界史和国别史			27	15%	

---

① 张越:《如何继续深化新中国成立前的马克思主义史学家研究》,《中共党史研究》2020 年第 3 期。

② 本表的数据,参见胡逢祥:《扩展文献视野——推进中国马克思主义史学史研究的深广度》,《中共党史研究》2020 年第 3 期。

续表

内容类别＼著述类型	著作（约320种）		译著（约180种）		备注
	数量	占比	数量	占比	考察时段：1900—1949年
中国古代史	48	15%			包括通史、专题研究和通俗史书
中国近代史	38	12%			包括近代通史、专题史和帝国主义侵华史
中外思想文化史	61	19%			包括思想史、哲学史和文化艺术史
社会运动史	10	3%			包括国际工运、妇女运动和其他社会运动史
其他	44	14%	38	21%	如教育史、人物传记及各种零星的专题史

马克思主义史家不仅积聚了大量研究人员，出版了大量著述，形成了学术研究的基本规模与格局，而且他们的研究成果已经引起了国内外学者的广泛关注。1944年9月，重庆国民参政会提议傅斯年等组团考察延安，陈寅恪得知后，致函傅氏说："闻彼处有新刊中国史数种，希为弟致之，或竟向林、范诸人索取可乎？"①陈氏所谓"林、范"，是指林伯渠和范文澜二人。范文澜之《中国通史简编》上册和中册于1941年在延安出版后，广受欢迎。陈寅恪所言"新刊中国史"当指范文澜等新编之中国史著作。不仅如此，该书还受到外国学者的重视。20世纪40年代，史语所中的助理研究员何兹全留学美国，他后来回忆说："大约1949年的暑假末，一天陈翰生先生和毓铨来找我，陈先生说：'现在霍普金大学国际政治学院（Page School）佛朗西思教授（Professor Jhone de Frances）要翻译范文澜先生的《中国通史简编》，需要个助手（fellowship）帮他翻译。我们介绍你

———————
① 参见陈寅恪：《陈寅恪集·书信集》，第36—37页。

去。'"于是何氏在霍普金大学用了半年的时间翻译范文澜之《中国通史简编》，他回国后，该项工作大约由王伊同接续。① 对于吕振羽、翦伯赞和郭沫若的著述，时人亦有极高评价，吴景宏云："吕振羽先生：近来声誉鹊起，所著专题研究极多。其《简明中国通史》只见上册。推重之者谓渠与翦伯赞、郭沫若二位，鼎足而三。翦伯赞先生：可谓左派史学界大师，曾任教湘川等校。近著《中国史论集》《中国史纲》（先出殷周、秦汉两部，分两厚册）等书，皆获好评，据云翦老研究经济学多年。……上古史方面，郭沫若先生所著《中国古代社会研究》《青铜时代》《十批判书》等为不可缺少之古代史参考书。"②

　　就学术研究的走向而言，马克思主义史学逐渐形成了与以史语所为代表的历史考证学分庭抗礼之势，傅斯年所谓"避免由惟物史观者作为中国史学正统"的言论，亦是对当时马克思主义史学发展观察之后得出的结论。同样，顾颉刚也意识到了史学话语权正在向马克思主义史家转移这一问题，所以要与之争锋，他在 1947 年 9月 23 日写给白寿彝的私人信件中说："范文澜、翦伯赞们编的书各处畅销，为什么我们不能与之争锋呢？"③马克思主义史学研究队伍经过抗战时期的壮大，民国学术版图由原来一枝独秀的局面，呈现出两大干流并行发展的趋势。对此，一些长期致力于 20 世纪中国史学研究的学者深有洞察，如陈其泰指出："新历史考证学派和马克思

① 参见何兹全：《爱国一书生——八十五自述》，第 213—214 页。
② 吴景宏：《中国史学界人物及其代表作》，《治平》第 1 卷第 2 期，1947 年 2 月 1 日。
③ 顾颉刚：《顾颉刚书信集》卷三，《顾颉刚全集》本，第 164 页。

主义史学派是 20 世纪中国史坛上两大主流学派。"①谢保成也说，马克思主义历史学群体与历史语言学团队是"20 世纪前半纪史学两大主干"。② 这些论断，均是对 20 世纪上半期中国史学作全面考察的基础上得出的。当然，马克思主义史学的发展，一方面彰显出其自身研究的优势与特长，另一方面也映衬出以史语所为代表的历史考证学派在研究上的局限。

二、研究局限

众所周知，以傅斯年为代表的史语所所倡导的"史学便是史料学"主张，及规定史语所学人"证而不疏"、"存而不补"的治史理念，在学术界确实因标榜的极端而产生了不良的影响。举例来说，陈述在致函陈垣时，曾这样说道："受业前曾刺取曳剌年、曳落河等材料，拟为一文，迟迟未敢动笔。属草竟，律以材料、见识、组织之训，又废然失意，置于案头者累月。屡曾删改，仍恨涉史论之嫌，终于弃之箧中。"③作为史语所学人，一篇文章前后经营多时，最后竟因担心文中有"涉史论之嫌"而藏匿不用，史语所学人尚且担心研究中会涉及史论，这就难怪外界要称史语所学术群体为"史料学派"了。

从学术演进的内在逻辑来看，史料与理论二者相辅相成，并行

---

① 陈其泰主编：《20 世纪中国历史考证学研究》，北京师范大学出版社 2005 年版，第 461 页。
② 谢保成：《历史语言研究所与"科学的东方学之正统在中国"》，《江海学刊》2011 年第 1 期。
③ 陈述：《致陈垣》（约 1935 年 12 月 22 日），载陈智超编注：《陈垣来往书信集（增订本）》，第 629 页。

不悖,此实为古今学术研究的通则。自古以降,有所成就的史学家无不既重视对史料的搜集,又善于对史料之间的内在联系作出理论的分析,从而形成"一家之言"。所谓"一家之言",并非傅斯年所理解的仅仅是史家"个人主观的见解",实则包含历史研究的主体与客体两个方面,这种"一家之言"是建立在对客观史料的整理、对客观历史发展过程认识的基础上而形成的一种历史见解,因而史学研究中的"一家之言"实非史家个人主观思想所能涵括。职是之故,"史学便是史料学"、"证而不疏"、"存而不补"的学术论调,在当时与今天看来,都不免有些过激,这也导致以史语所为代表的"史料学派"不可避免地成为众矢之的。

傅斯年曾说:"历史是什么? 历史是上句不接下句,东摇西摆,乱七八糟的偶然的不成体统的东西。"①又说:"历史本是一个破罐子,缺边掉底,折把残嘴,果真由我们一整齐了,便有我们主观的分数加进去了。"②这种学术主张,显然是反对在历史研究中掺杂史家的主观解释。它不仅代表了傅斯年个人对历史研究的看法,而且也是史语所学人治学的取向。直至史语所迁台后,劳榦依旧发表文章,护卫傅斯年的学术观点。③ 针对傅斯年所标榜的言论,朱谦之曾公开批评说:"事实告诉我们,历史决不是什么破罐子,历史学的最大任务即在于根据历史的一切事实,来发现一切统辖人类发展之定律的,所以历史正和自然科学一样,自然科学对自然界的一切事

① 马鸿昌:《评现在之中国史学界》,《新社会杂志》第 1 卷第 2 期,1931 年 4 月 16 日。
② "傅斯年档案",Ⅴ:115。
③ 参见劳榦:《历史的考订与历史的解释》,《劳榦先生著作集》上卷,福建教育出版社 2022 年版,第 3—7 页。

物都可以用自然的目光去解释他，而历史的一切事实，亦可以用历史的目光去解释他。"①对于史语所这种只重考据不求义理的治学取向，新儒学的代表熊十力也有所不满，他指出："今各大学研究所及中央研究院，皆尚考据之风。向者宰平（即林志钧，引者）云，今之业考据者，比乾嘉诸老尤狭隘。如江慎修（即江永，引者）先生虽精考据，而必以义理为宗，今则无此风也。"②钱穆则针对考订派重断代、尚实证、号客观的研究风气，有所评骘，文云："至'考订派'则震于'科学方法'之美名，往往割裂史实，为局部窄狭之追究。以活的人事，换为死的材料。治史譬如治岩矿，治电力，既无以见前人整段之活动，亦于先民文化精神，漠然无所用其情。彼惟尚实证，夸创获，号客观，既无意于成体之全史，亦不论自己民族国家之文化成绩也。"③钱穆虽未明言"考订派"所指对象，但其言论无疑指向了史语所学人。以上诸人对史语所治学取向的批评，多针对史语所学人的言论而发，甚少重视其学术实践，因而不免偏颇，其中也夹杂着因治史旨趣不同而产生的意气用事，但他们的批评又不无可取之处，如史语所学人的治学虽关注现实，但在更大程度上还是做考据的工作，虽有通识眼光，但终究未曾编出涵泳贯通精神的通史之作，所以在这些方面朱谦之、熊十力和钱穆诸人的批评，确实也触及了史语所学人的软肋，值得今人思考。

史语所学人治学存在的局限，可能更大程度上还在于对史观的

---

① 朱谦之：《史学在科学中的位置》，《朱谦之文集》第六卷，福建教育出版社2002年版，第109页。
② 熊十力：《答张君劢》，《十力语要》卷三，辽宁教育出版社1997年版，第235页。
③ 钱穆：《国史大纲·引论》，商务印书馆1996年版，第4页。

排斥。实践证明,正确、进步的历史观指导推动史学进步,是引领20世纪中国史学发展的旗帜与灵魂。身处20世纪40年代的顾颉刚对此已有觉察,他说:"过去人认为历史是退步的,愈古的愈好,愈到后世愈不行;到了新史观输入以后,人们才知道历史是进化的,后世的文明远过于古代,这整个改变了国人对于历史的观念。如古史传说的怀疑,各种史实的新解释,都是史观革命的表演。还有自从所谓'唯物史观'输入以后,更使过去政治中心的历史变成经济社会中心的历史,虽然这方面的成绩还少,然也不能不说是一种进步。"[1]真正的马克思主义史学工作者如郭沫若、翦伯赞、范文澜、侯外庐、吕振羽等,虽以重视唯物史观指导而知名,但他们无不注重史料的搜集与运用,故而他们能对中国历史演进的脉络提出系统而独到的见解。值得注意的是,马克思主义史学家很注重借鉴新历史考证学者的研究成果,如郭沫若汲取王国维历史考证的养分,高度赞誉"他遗留给我们的是他知识的产品,那好像一座崔巍的楼阁,在几千年来的旧学的城垒上,灿然放出了一段异样的光辉"。"大抵在目前欲论中国的古学,欲清算中国的古代社会,我们是不能不以罗、王二家之业绩为其出发点了。"[2]翦伯赞在论著中极为重视各类官私史料,尤其是对考古史料的发掘与运用,故而香港史家许冠三在对翦伯赞史学的理论与实践作出精深研究之后,评价翦氏的史料观"既显示他未忽略司马迁、刘知几所代表的大传统,亦表明他重视梁任公、胡适之和傅孟真等所推动的新潮流"。[3] 与马克思主义史家

---

① 顾颉刚:《当代中国史学·引论》,第 3 页。

② 郭沫若:《中国古代社会研究·自序》,《郭沫若全集·历史编》(1),人民出版社 1982 年版,第 8 页。

③ 许冠三:《新史学九十年》,第 423 页。

对新历史考证学派成果的借鉴、吸收形成对比的是,史语所学人在治学过程中很少借鉴马克思主义史家的理论成果。毋庸置疑的是,史语所学人虽在实证研究上取得了重大成就,但在对中国史学发展总相的考察上,似乎并未达到马克思主义史家的认识水平与理论高度。

我们对比1949年后台湾与大陆的史语所学人治学的路径可知,六七十年代台湾"史语所的史学在史料的大招牌下变得更机械化和琐细化,被批评为专做小问题的考证"①,因而新一代史语所学人被迫探寻史学研究的新路径。相较而言,留在大陆的史语所学人积极学习马克思主义,将史观指导与实证研究相结合,故而在学术研究上获得了新的提升。譬如,《黄河变迁史》一书是岑仲勉晚年学习了唯物史观之后,自觉将学术研究工作与推动社会发展相结合的成功之作。他在《导言》中对于研究黄河变迁史的缘起作了这样的交代:1950年,他在中山大学教授隋唐史一课,在讲到隋炀帝开通济渠时,发现"那一回的工程,不过承袭古代遗迹,再加扩大"而已。于是,他进一步查阅郦道元《水经注》与南北朝的交通史料,对古代黄河的真相获得了进一步的认识。之后,他又细读《禹贡》与《史记·河渠书》等著作,目的是要发掘黄河的历史与变迁、辨析古人对黄河史研究存在的误解,进而弄清"上古黄河的真相"。同年,淮河流域遭遇了历史上罕见的特大洪涝灾害,毛泽东提出了大力治淮的问题。岑仲勉从报纸上获知这一信息之后,认为黄河邻近淮河,治淮成功后,应继以大力治黄,因此他决定对黄河变迁的历史作

① 杜正胜:《新史学之路——兼论台湾五十年来的史学发展》,《新史学之路》,三民书局2004年版,第11—12页。

翔实的考察，从而为当前的治河提供可靠的历史依据。他指出："我个人在可能的范围内，应该继续向黄河变迁史努力发掘，庶可略尽一部分为人民、为广大群众服务的责任。"①在具体实践上，他是要把前人对黄河史的研究中"原来错误的加以辨明，原来含糊的替它申说，原来缺乏的设法补充"，只有"先把历朝史志剩下来的黄河史料，有时并旁参私家的著述，整理清楚——当然不容易做得圆满——供治河者参考"。② 这一研究取向与民国时期专事史实考证的研究旨趣显然有别，个中缘由主要应归因于新中国成立后他接受了进步史观的指导，因而在学术研究上也能兼顾"求真"与"致用"两个方面。故而，岑仲勉的《黄河变迁史》不仅为当时的"水利建设提供了宝贵的参考资料，同时也推动了水利史、历史地理等有关学科研究工作的深入"③，具有重要的学术价值与现实意义。

唯物史观的指导，推动了张政烺对商代生产关系及其社会形态问题的探索不断深入，使他用三十余年的时间持续对甲骨文中的"众"作了考察。在他看来，"众"是当时社会的主要生产者，对其政治地位、经济地位、所处社会关系等方面作深入考察，"自然可以深化我们对当时社会结构与社会形态特征的看法"。④ 在《古代中国的十进制氏族组织》一文中，他已经提出"众"既是商代的直接生产者又是兵源的看法，在随后撰写的《卜辞"哀田"及其相关诸问题》一文中，又进一步对"众"与"众人"的史料作了深入的分析，指出众人兼有农夫与战士的双重身份，"被牢固地束缚在农业共同体，个人

---

① 岑仲勉：《黄河变迁史》，中华书局 2004 年版，第 8 页。
② 岑仲勉：《黄河变迁史》，第 711 页。
③ 谭其骧主编：《黄河史论丛·前言》，复旦大学出版社 1986 年版，第 1 页。
④ 张政烺：《我与古文字学》，《张政烺文史论集》，第 859 页。

对土地没有所有权，车辇六畜可以随时征用，要服兵役徭役，征集调拨毫无限制，也就是说生命财产都操在奴隶主统治阶级的手里"。①尽管"众"的政治地位和经济地位非常低下，但是他们并不等于奴隶。关于这一点，他在《殷契"叀田"解》一文中对"众人"的概念又作了进一步解释："'众人'是族众，包括平民和家长制下的奴隶，是殷代的农业生产者，也是当兵打仗的人。"②这种层层深入，对"众"的政治地位、经济地位、家族组织、阶级身份等问题的厘清，无疑为我们认识商代社会性质提供了一把锁钥。于此方面，可以看出留在大陆的史语所学人在历史认识上达到的高度，故张政烺深有体会地说："按现在史学观点来看，史学研究的进步，不是单纯史料的问题，同时要有科学的历史观。"③

陈述于新中国成立后"开始用马克思主义的唯物史观来研究辽金史，因而其研究的深度与广度，又有了进一步的提高"④，这集中体现在1963年出版的《契丹社会经济史稿》一书中。这部著作对契丹国家的性质、社会经济结构和阶级问题做了深入探讨，如论述契丹的国家性质，认为"契丹迭刺部在契丹部落中是接近南方的。河北汉人，由于主动或被动地流入契丹，主要流入迭刺部，这样就造成迭刺部在契丹的特殊地位，也可说是迭刺部社会的先进地位；契丹各部一般的还在氏族社会阶段中前进，迭刺部在内部阶级分化加深的基础上加以外部的有利形势，首先迈到高一级的生产关系奴隶

---

① 张政烺：《卜辞"衷田"及其相关诸问题》，《张政烺文史论集》，第429页。
② 张政烺：《殷契"叀田"解》，《张政烺文史论集》，第587页。
③ 张政烺：《我与古文字学》，《张政烺文史论集》，第853页。
④ 景爱：《陈述先生的辽金史研究》，载《陈述先生纪念集》，内蒙古教育出版社1995年版，第151页。

（头下俘奴）占有制,阿保机以迭剌部的夷离堇,在这样历史条件下,统一契丹各部,并以武力威服或联合了邻接各部的人们。草原上出现了较大的氏族部落联盟,联盟中占领导地位的迭剌部,则是先进的奴隶制。阿保机以奴隶制的优势条件,建立政权,并在联盟形式下形成为初步的阶级统治的国家。""迭剌部已有奴隶制,不等于迭剌部已经清除了氏族制残余,相反的还是存在着不少的旧因素。同时,迭剌部的情况并不能代表全国的社会。契丹形成或出现了国家,却仍利用着原有的家族部落管理的机构;他们虽然已经初步形成占主导地位的生产关系,即奴隶占有制的生产关系,但是还未能在全国范围内改变了一切部落的经济基础。"①这部著作对契丹的社会经济结构、民族关系,同样做了鞭辟入里的论析,贯穿了作者运用唯物史观指导对契丹社会发展内部逻辑的深度思考,因而该著被学者誉为"辽代社会经济史研究的拓荒之作"。②

周一良原本是史语所成员,史语所迁台后,他留居大陆,学习了马克思主义,因而在治史境界上更上层楼。他于 1982 年访美期间读到了史语所另一位赴台成员严耕望之《中国地方行政制度史》一书,强调:"严书则久仰其名而未得见,读后深佩其考订之细密周详。所不足者,只就制度论制度,未能放眼联系当时政治、社会、事件、人物,以探求制度之运行及其所以然之故,这种地方大陆学人就显出所长了。"③周氏将两岸的史语所学人研究的特色作对比,值得我们深思。

---

① 陈述:《契丹社会经济史稿》,生活·读书·新知三联书店 1963 年版,第 9、16 页。
② 宋德金:《二十世纪中国辽金史研究》,《历史研究》1998 年第 4 期。
③ 周一良:《毕竟是书生》,北京十月文艺出版社 1998 年版,第 90 页。

何兹全在 1949 年之前即接触到马克思主义,新中国成立后更加积极地学习这一科学理论,并将理论指导融入实证研究之中,提出了著名的"汉魏之际封建说",在学术上成一家之言。他以自身建国后研究的体会,现身说法,认为"历史学只是史料学"、"一分材料出一分货"的说法是"有问题的","在史学研究中,理论(方法)和史料应该并重。没有史料,根本无法进行史学研究;没有理论,史学研究便不会发展进步"。[①] 余英时曾将史料与史观的价值与作用相互比较,指出:"史料学是史学的下层基础,而史观则其上层建构,没有基础,史学无从开始,没有建构,史学终不算完成。所以史料学与史观根本是相辅相成,合则双美,离则两伤的。"[②]故而,中国史学欲要获得长足发展与更大进步,必须坚持史料与理论的并重,无分轩轾。

从中外学术交流的维度观察,我们亦能发现史语所研究之局限。史语所以追赶超越欧美汉学为目标,过于强调学术研究的"入时"与"预流",因此导致史语所学人所关注的"范围、问题、材料,便不能不受其影响",由此"进入欧洲东方学者的'论述'(discourse)中"。讨论这一话题,实际上牵涉到一个根本性问题:即史语所学人的学术研究是为中国人而作,还是为世界学术社群而作?[③] 固然,史语所学术成就的取得,"不能抹去域外汉学的诱导与启发",但是在与外人争胜境况下开展的工作,多具有倾向性,因此导致他们的

① 何兹全:《傅斯年的史学思想和史学著作》,《历史研究》2000 年第 4 期。
② 余英时:《中国史学的现阶段:反省与展望》,载杜维运、陈锦忠编:《中国史学史论文选集》(三),第 517 页。
③ 参见王汎森:《民国的新史学及其批评者》,载罗志田主编:《20 世纪的中国:学术与社会·史学卷》(上),第 102 页。

学术研究呈现出"重考据而轻贯通、重新材料而轻常规史料、重边疆
而轻内部、重古代而轻近代、重求真而轻致用等"①偏向。

　　史语所的演进路径，对于当今中外学术交流的开展和中国史学
话语体系的建构，有着宝贵的启示：学术要想获得发展，必须加强交
流与对话，这既包括中外学者个人之间的学术交流与问题探讨，也
包括中外学术机构与团体在共同研究领域的对接与合作。但是，这
种交流与对话的前提是平等的，也就是说，在引进西方新学理的同
时，要有鉴别与选择，不仰人鼻息，尾随其后，更不迷恋西方学术话
语，迷失学术研究方向。中国学者在吸收、借鉴西方学理的同时，始
终应坚守中国史学自身的传统优势，做到取人之长补己之短。另
外，在交流的过程中，中国史家还应积极掌握、引领对中国问题的解
释权，由此才能在国际学术界建构具有中国特色、中国风格、中国气
派的学术话语体系。

---

① 李孝迁：《域外汉学与中国现代史学》，第41页。

结　语

　　检论史语所的发展演变及其与中国现代史学的关系，域外汉学是一个不容忽视的因素。域外汉学的发展不仅刺激了中国本土学者的民族情感，而且激发他们开展了以域外汉学为超越对象的系列史学活动。史语所即是在本土与域外的相互碰撞与双重变奏中推动了中国现代史学的发展。

　　史语所的创办继承了北大国学门与清华国学院的路向与遗产，归根结底是受到欧美学术机构推动史学发展的影响，因此史语所的建制对标欧美学术机构，具有相对完善的组织章程、研究架构、运作模式与学术出版。但是，史语所学人在借鉴域外之道的过程中，仍不忘取法本土。从学术发展的脉络来看，史语所学人治学的本源上承乾嘉朴学之法，这一研究方法并未因晚清时局动荡而划然中断，实为一股学术暗流绵延发展，当晚近西方语言考据学被引介到中国之后，立刻与之相互融合，成为史语所学人治学的根本大法。

　　当然，史语所学人之所以能够超越乾嘉诸老，除了兼取中外历史研究法之外，与他们史料观念的转变也不无关系。民国以降，新史家已经意识到学问的进步与新史料的发现有着内在的关联。王国维总结说："古来新学问起，大都由于新发见。"[1]陈寅恪强调："一

---

[1]　王国维：《最近二三十年中中国新发现之学问》，《论衡》第四十五期，1925年9月。

时代之学术,必有其新材料与新问题。"①傅斯年也意识到"材料愈扩充,学问愈进步"。② 那么什么可以成为新材料? 在史语所学人看来,大如地方志书,小如私人日记,远如石器时代的发掘,近如某个洋行的贸易册,均是可资利用的史料。这种对于史料范围的界定,大大超越了中国传统史家的认知。所以,史语所遵循"上穷碧落下黄泉,动手动脚找东西"的研究路向,但凡甲骨、简牍、敦煌遗书、内阁大库档案等史料,均在他们的搜求之列,旨在为新史学研究提供支撑。史语所学人虽重史料,但却不为史料所牢笼。他们从事历史考证,并非要对新见史料逐一考释,而是有着明确的问题意识,史料仅仅是其解决历史问题的注脚,而非研究的中心。这与乾嘉史家以文献考订为本位的研究轨则有所不同,体现了新旧史家在治史理念上的差异和学术研究的新旧转型。

从研究的主题来看,史语所学人追步域外汉学,并欲与之抗衡,因此措意于"窄而深"的专题研究,而不注重"宽而泛"的通史研究。齐思和曾于 1949 年总结百余年来中国史学的发展,批评梁启超"不谙西文,对于西洋史学的认识,不过是依据几本中日翻成的教科书,和当日风行一时的威尔斯《世界史纲》等书,这都是些通俗读物,并不能代表近世西洋史学界研究的方法和理论的趋势。所以他对新史学的介绍,颇为肤浅空泛,而没有正确的认识。他对于西洋人研究历史的方法,似乎是茫然的很。他不知道近世西洋史学是建设在专题研究之上的。《世界史纲》一类的书,乃是一个外行人对于世界通史的一个看法,根本谈不到研究。至于教科书并非专门著述,

---

① 陈寅恪:《陈垣敦煌劫余录序》,《金明馆丛稿二编》,第 266 页。
② 傅斯年:《历史语言研究所工作之旨趣》,《历史语言研究所集刊》第一本第一分,1928 年。

也不能代表近代西洋史学研究。专门研究是要依据史料从专题研究作起的。梁氏不明通俗著述与研究著作之别，而号召天下研究整个的通史，结果他自己用了这'治史所持之器'，并无成绩，而他人用这方法来治史也不会有成绩的。"①这种评论似乎代表了当时一些学人的观点，认为傅斯年等人的作法"更加贴近西方史学发展的正轨"。② 揆之史语所学人的史学实践，虽然不乏贯通的视野，但是几无贯通古今的史学研究，更多的是具体某一时段或某一问题的探究，兼以西方历史、学术成果、学理方法为参照系，嫁接中国史料，融合中外，旨在与国外汉学家商榷对话，或是提出新见，推进学术纵深发展。如果从 20 世纪中国史学发展的主线来看，梁启超倡言编纂中国通史本身并无问题，问题在于，当时旧史学尚未完全打破、新史学尚未建立标准，通史编纂需要坚实的专题研究作为依托与基石。故而，史语所学人在梁启超之后从事"窄而深"的专题研究，实为通史编纂做基础性的打桩工作，这是由近代史学演进的内在法则与逻辑所决定的。

其实，史语所学人不是没有考虑过通史的编纂，九一八事变后，"傅斯年的确在筹组一批优秀的历史学家打算写一部中国通史，一项与他在史语所《旨趣》中宣称的历史原则相抵牾的计划"。③ 尽管这项应急性的研究计划无疾而终，但是反映出时代变局对史语所学人研究内容的影响。从世变与学术的角度分析，史语所的研究路向至少发生了两次转变，第一次是在九一八事变之后，史语所学人为驳斥日本学者的满蒙论，组织编纂了《东北史纲》。实际上，傅斯年

---

① 齐思和：《近百年来中国史学的发展》，《燕京社会科学》第二卷，1949 年 10 月。
② 桑兵：《近代中国的新史学及其流变》，《史学月刊》2007 年第 11 期。
③ 王汎森：《傅斯年：中国近代历史与政治中的个体生命》，第 166 页。

在组织撰写《东北史纲》之前并未进行充分的准备，以致文中错漏甚多，遭到学界批评，这与他一向求真的风格迥然有异，但是面对外患凌逼，他的"民族情感压倒了学术规范"[1]，史学研究由求真转向致用。第二次是在七七事变之后，史语所学人的研究内容、研究方法虽无大的变化，但其间却融入了更多的现实关怀，同时承担了《中国疆域沿革史》的编撰，反映出他们在历史与现实之间寻找契合点，平衡二者张力的努力。这也说明了民国以来，史学的发展与时代脉搏的跳动同频共振，考据与经世相互交织。

从今天的认识来看，对史语所功过得失的评价，仍然离不开本土与域外的双重视角。确切地说，史语所学术群体怀有强烈的民族情感，以超越域外汉学为治史鹄的，因此就难免借用域外的评价标准与话语体系。然则，重返历史现场来看，史语所处在中西新旧学问的交汇口，学术上的西升东降是不争的事实，如果固守传统，自囿畛域，自说自话，中国史学的新旧转型，需要更加持久的建设。学问增殖需要交流互鉴，每一个时代的学者有其固有时代的学术任务。史语所学术群体借助域外之矛回应域外之盾，虽有生搬硬套、削足适履之嫌，但其学术成就在一定程度上得到了国际汉学界的认可，改变了近代以来中国学术处处落后于国外的局面。从本土史学发展的角度来说，史语所学术群体涵泳旧学，介绍新知，发掘新材料、研究新问题，与马克思主义史学派共同绘就了中国现代史学的新图景。

---

① 王汎森：《傅斯年：中国近代历史与政治中的个体生命》，第 169 页。

附录一　历史语言研究所人员流动变化表（1928—1948）[①]

姓名	职务及担任时间
傅斯年	专任研究员（1928—1948）
陈寅恪	兼任研究员、特约研究员（1928），专任研究员（1929—1948）
赵元任	兼任研究员、特约研究员（1928），专任研究员（1929—1948）
李　济	兼任研究员（1928），专任研究员（1929—1948）
李方桂	专任研究员（1929—1948）
董作宾	编辑员（1928—1929），专任研究员（1930—1948）
梁思永	编辑员（1930—1932），专任研究员（1932—1948）
罗常培	专任研究员（1929—1937），通信研究员（1937—1946）
凌纯声	专任研究员（1933—1948）
吴定良	专任研究员（1934—1944）
岑仲勉	专任研究员（1937—1948）

① 此表依据如下材料编制：1. 王燽勤：《"中央研究院"历史语言研究所人员简表》，《"中央研究院"历史语言研究所所史资料初稿》，第 188—193 页。2. 王燽勤编：《"中央研究院"历史语言研究所研究人员著作目录》，《"中央研究院"历史语言研究所四十周年纪念特刊》，第 37—189 页。3.《国立中央研究院历史语言研究所概况》，"史语所档案"，杂 42—20。

续表

姓名	职务及担任时间
郭宝钧	调查员（1930—1931），编辑员（1932—1938），通信研究员（1940—1946），专任研究员（1946—1948）
丁声树	助理员（1932—1937），编辑员（1938），副研究员（1939—1940），专任研究员（1941—1948）
劳　榦	研究生（1932—1933），助理员（1934—1940），副研究员（1941—1945），专任研究员（1946—1948）
徐中舒	编辑员（1929），专任研究员（1930—1937），通信研究员（1942—1946）
陈　槃	助理员（1931—1940），副研究员（1941—1945），专任研究员（1946—1948）
夏　鼐	实习生（1933—1934），副研究员（1943—1948），专任研究员（1948）
李光涛	书记（1930—1932），练习助理员（1933—1934），助理员（1935—1941），助理研究员（1941—1945），副研究员（1945—1948）
石璋如	研究生（1932—1933），助理员（1934—1938），副研究员（1939—1946），编纂（1947—1948）
吴金鼎	助理员（1930—1934），副研究员（1941），技正（1942—1944）
芮逸夫	助理员（1934—1940），副研究员（1941—1947），编纂（1947—1948）
全汉昇	助理员（1935—1940），助理研究员（1941），副研究员（1942—1948）
高去寻	练习助理员（1935—1937），助理员（1937—1940），助理研究员（1941—1942），副研究员（1943—1948）
张政烺	图书管理员（1936—1938），助理员（1939—1940），助理研究员（1941—1942），副研究员（1943—1947）
傅乐焕	图书管理员（1936—1939），助理员（1940—1941），助理研究员（1941—1943），副研究员（1944—1948）

续表

姓名	职务及担任时间
董同龢	练习助理员(1936—1937),助理员(1937—1941),助理研究员(1941—1944),副研究员(1943—1948)
王崇武	事务员(1937—1939),助理员(1940—1941),助理研究员(1942—1943),副研究员(1944—1948)
周法高	助理研究员(1941—1948),副研究员(1948)
颜 简	副研究员(1943—1948)
赵邦彦	助理员(1929—1932),图书员(1933—1935),编辑员(1935)
余永梁	编辑员(1928—1930)
杨时逢	助理员(1928),事务员(1929),助理员(1929—1940),助理研究员(1941—1948)
李 洸	助理研究员(1928)
杨成志	助理员(1928、1930—1931)
陈 述	助理员(1935—1940),助理研究员(1941—1942)
李家瑞	书记(1928),练习助理员(1929—1931),助理员(1932—1940),助理研究员(1941)
李景聃	助理员(1933—1940),助理研究员(1941—1943)
王 明	助理研究员(1942—1944,1947—1948)
马学良	助理研究员(1941—1948)
杨志玖	研究生(1938),助理研究员(1944—1946)
张 琨	助理员(1939—1940),助理研究员(1941—1948)
屈万里	助理员(1942—1943),助理研究员(1944—1946)
王叔岷	助理研究员(1942—1948)
王志曾	助理研究员(1944)
黄彰健	助理员(1944—1947),助理研究员(1948)
胡庆钧	助理研究员(1944—1946)

续表

姓名	职务及担任时间
李孝定	助理研究员（1944—1948）
何兹全	助理研究员（1945—1947）
严耕望	助理员（1945—1946），助理研究员（1947—1948）
孙德宣	助理研究员（1946—1948）
陈　钝	练习助理员（1929—1932），助理员（1933—1938）
于道泉	助理员（1929—1935）
刘屿霞	助理员（1931—1937）
王静如	助理员（1929—1933）
黎光明	助理员（1928—1931）
刘学濬	助理员（1929—1932）
董光忠	助理员（1929—1930）
黄淬伯	助理员（1928）
常　惠	助理员（1928）
朱芳圃	助理员（1928）
陈燠民	助理员（1929）
王庆昌	助理员（1929）
张蔚然	助理员（1929）
王　湘	书记（1930—1932），练习助理（1933—1936），助理员（1937）
唐　虞	书记（1930—1932），练习助理（1933—1936），助理员（1937）
邱　立	助理员（1931）
刘　燿	研究生（1932—1933），助理员（1934—1937）
李晋华	助理员（1933—1937）
俞大纲	助理员（1933—1936）
祁延霈	助理员（1933—1937）

续表

姓名	职务及担任时间
胡厚宣	助理员(1934—1940)
邹 武	助理员(1935)
余 逊	助理员(1935—1937)
吴宗济	研究生(1935),练习助理员(1936),助理员(1937—1940)
石 钟	计算员(1935—1937),助理员(1945—1948)
周祖谟	练习助理员(1936),助理员(1937—1938)
姚家积	助理员(1937)
周一良	助理员(1937)
周天健	助理员(1942—1944)
杨希枚	助理员(1942—1944)
逯钦立	助理员(1942—1948)
于锦绣	书记(1945—1946),助理员(1947)
赵文涛	助理员(1945—1947)
张秉权	助理员(1945—1948)
萧立岩	助理员(1946)
赖家度	助理员(1946—1948)
傅 婧	助理员(1946—1948)
潘绪年	助理员(1947)
程 曦	助理员(1948)
管希雄	助理员(1948)
姚逸之	练习助理员(1929)
刘文锦	练习助理员(1929)
程 霖	书记(1929—1934),练习助理员(1935—1936),事务员(1937—1938)

续表

姓名	职务及担任时间
葛毅卿	研究生（1935—1936），练习助理员（1936—1937）
白涤洲	调查员（1932）
米　勒	外国通信员（1928—1929）
伯希和	外国通信员（1928—1931），特约研究员（1932），通信研究员（1933—1942）
高本汉	外国通信员（1928—1931），特约研究员（1932），通信研究员（1933—1948）
钢和泰	特约研究员（1932），通信研究员（1933—1937）
德日进	特约研究员（1932），通信研究员（1933—1940）
步达生	特约研究员（1932），通信研究员（1933）
顾颉刚	专任研究员（1928），特约研究员（1929—1932），通信研究员（1933—1948）
杨振声	兼任研究员（1928），特约研究员（1929）
史禄国	兼任研究员（1928），专任研究员（1928—1930）
蔡元培	兼任研究员、特约研究员（1928）
胡　适	兼任研究员（1928），特约研究员（1928—1932），通信研究员（1933—1948）
陈　垣	兼任研究员、特约研究员（1928），兼任研究员（1929—1932），通信研究员（1933—1948）
俞大维	兼任研究员（1928），特约研究员（1928—1939）
丁文江	特约研究员（1931—1932），通信研究员（1933—1937）
林语堂	兼任研究员、特约研究员（1928），专任研究员（1929—1932），兼任研究员（1933—1937）
马　衡	兼任研究员（1928），特约研究员（1928—1932），通信研究员（1933—1943）
孟　森	通信研究员（1935—1937）

姓名	职务及担任时间
容 庚	兼任研究员(1928),特约研究员(1928—1932),通信研究员(1933—1943)
向 达	专任研究员(1941),通信研究员(1942)
朱希祖	兼任研究员(1928),特约研究员(1928—1930),专任研究员(1931),特约研究员(1931—1932),通信研究员(1933—1937、1941—1942)
沈兼士	兼任研究员(1928),特约研究员(1928—1932),通信研究员(1933—1939、1941—1942),专任研究员(1943—1947)
韩儒林	兼任研究员(1946—1948)
徐炳昶	兼任研究员(1928),特约研究员(1928—1932),通信研究员(1933—1948)
裘善元	编辑员(1930—1937),通信编辑员(1937—1938),通信研究员(1939—1940)
陶云逵	编辑员(1934—1937),通信编辑员(1937—1939),通信研究员(1939—1940)
袁复礼	兼任研究员、特约研究员(1928)
许地山	兼任研究员、特约研究员(1928)
冯友兰	兼任研究员、特约研究员(1928)
罗家伦	兼任研究员、特约研究员(1928)
刘 复	兼任研究员(1928—1929),特约研究员(1930—1933),通信研究员(1933—1934)
丁 山	特约研究员(1928),专任研究员(1929—1931),特约研究员(1932),通信研究员(1935—1937)
辛树帜	特约研究员(1928—1932),通信研究员(1933—1948)
翁文灏	特约研究员(1932),通信研究员(1933—1948)
陈受颐	通信研究员(1933—1948)

续表

姓名	职务及担任时间
梁思成	通信研究员(1933—1940),兼任研究员(1941—1945),通信研究员(1946—1948)
赵万里	特约编辑员(1929—1932),通信编辑员(1933—1938),通信研究员(1939—1943、1947—1948)
商承祚	特约编辑员(1928),特约研究员(1929—1932),通信研究员(1933—1937)
容肇祖	特约编辑员(1928—1932),通信研究员(1933—1937)
汤用彤	通信研究员(1942—1944)
陶德思	通信研究员(1946—1948)
黄仲琴	特约编辑员(1928)
单不厂	兼任编辑员(1928)
罗 庸	通信员(1929)
陈黄荣	研究生(1932)
邵君朴	研究生(1932—1934)
方国瑜	研究生(1934—1935)
薛观涛	研究生(1937)
邢庆兰	研究生(1937)
余文豪	研究生(1938)
汪 籛	研究生(1938)

附录二 《历史语言研究所集刊》目录分类（1928—1948）

表1 历史（一般类）（111篇）

作者	论文题目	发表卷数
胡 适	建文逊国传说的演变	第一本第一分
朱 偰	明季桐城中江社考	第一本第二分
陈寅恪	吐蕃彝泰赞普名号年代考（蒙古源流研究之二）	第二本第一分
陈 垣	大唐西域记撰人辨机	第二本第一分
丁 山	召穆公传	第二本第一分
傅斯年	论所谓"五等爵"	第二本第一分
朱希祖	钞本甲乙事案跋	第二本第二分
朱希祖	吴三桂周王纪元释疑	第二本第四分
傅斯年	明成祖生母记疑	第二本第四分
陈寅恪	李唐氏族之推测	第三本第一分
孟 森	清始祖布库里雍顺之考订	第三本第三分
陈寅恪	李唐氏族之推测后记	第三本第四分
丁 山	由陈侯因𪠨鐏铭黄帝论五帝	第三本第四分
徐中舒	再述内阁大库档案之由来及其整理	第三本第四分
胡 适	说儒	第四本第三分
丁 山	宗法考源	第四本第四分

续表

作者	论文题目	发表卷数
徐中舒	弋射与弩之溯原及关于此类名物之考释	第四本第四分
容肇祖	读姚大荣马阁老洗冤录驳议	第五本第一分
陈寅恪	李德裕贬死年月及归葬传说考辨	第五本第二分
陈寅恪	三论李唐氏族问题	第五本第二分
陈 述	金史氏族表初稿（上）	第五本第三分
陈 述	金史氏族表初稿（下）	第五本第四分
岑仲勉	蒙古史札记	第五本第四分
李晋华	明懿文太子生母考	第六本第一分
李晋华	明成祖生母问题汇证	第六本第一分
傅斯年	跋"明成祖生母问题汇证"并答朱希祖先生	第六本第一分
俞大纲	两唐书玄宗元献皇后杨氏传考异兼论张燕公事迹	第六本第一分
李光涛	内阁大库残余档案内洪承畴报销册序	第六本第一分
陈乐素	三朝北盟会编考（上）	第六本第二分
陈乐素	三朝北盟会编考（下）	第六本第三分
孟 森	八旗制度考实	第六本第三分
董作宾	五等爵在殷商	第六本第三分
陈寅恪	李唐武周先世事迹杂考	第六本第四分
陈寅恪	东晋南朝之吴语	第七本第一分
陈 述	阿保机与李克用盟结兄弟之年及其背盟相攻之推测	第七本第一分
徐中舒	殷周之际史迹之检讨	第七本第二分
陈 槃	春秋"公矢鱼于棠"说	第七本第二分
黎光明	明太祖遣僧使日本考	第七本第二分
陈寅恪	府兵制前期史料试释	第七本第三分

作者	论文题目	发表卷数
陈叔陶	新元史本证	第七本第三分
周一良	论宇文周之种族	第七本第四分
劳　榦	中国丹砂之应用及其推演	第七本第四分
陈　述	曳落河考释及其相关诸问题	第七本第四分
陈寅恪	刘复愚遗文中年月及其不祀祖问题	第八本第一分
陈　述	东都事略撰人王赏称父子	第八本第一分
李晋华	明史德王府世系表订误	第八本第二分
劳　榦	从汉简所见之边郡制度	第八本第二分
陈　述	契丹世选考	第八本第二分
王崇武	明初之用兵与寨堡	第八本第三分
陈　述	头下考(上)	第八本第三分
劳　榦	论魏孝文之迁都与华化	第八本第四分
岑仲勉	贞石证史	第八本第四分
李光涛	清人入关前求款之始末	第九本
劳　榦	汉代兵制及汉简中的兵制	第十本
王崇武	论明太祖起兵及其政策之转变	第十本
劳　榦	汉武后元不立年号考	第十本
傅乐焕	辽代四时捺钵考五篇	第十本
邓广铭	宋史职官志考正	第十本
王崇武	查继佐与敬修堂钓业	第十本
劳　榦	两汉刺史制度考	第十一本
劳　榦	汉代社祀的源流	第十一本
劳　榦	跋高句丽大兄冉牟墓志兼论高句丽都城之位置	第十一本
劳　榦	两关遗址考	第十一本

续表

作者	论文题目	发表卷数
王崇武	读明史朝鲜传	第十二本
岑仲勉	旧唐书逸文辨	第十二本
岑仲勉	"回回"一词之语原附论新疆之名亟应厘正	第十二本
岑仲勉	吐鲁番木柱刻文略释	第十二本
李光涛	清太宗求款始末提要	第十二本
李光涛	清入关前之真象	第十二本
李光涛	记奴儿哈赤之倡乱及萨尔浒之战	第十二本
李光涛	论建州与流贼相因亡明	第十二本
李光涛	记清太宗皇太极三字称号之由来	第十二本
李光涛	记崇祯四年南海岛大捷	第十二本
李光涛	清太宗与三国演义	第十二本
屈万里	谥法滥觞于殷代论	第十三本
劳 榦	论汉代的内朝与外朝	第十三本
傅乐焕	宋辽聘使表稿	第十四本
王崇武	刘綎征东考	第十四本
岑仲勉	续贞石证史	第十五本
岑仲勉	唐方镇年表正补	第十五本
岑仲勉	抄明李英征曲先（今库车）故事并略释	第十五本
谷霁光	辽金乣军史料试释	第十五本
陈 槃	秦汉间之所谓"符应"论略	第十六本
劳 榦	论汉代之陆运与水运	第十六本
何兹全	魏晋南朝的兵制	第十六本
傅乐焕	辽史复文举例	第十六本
王崇武	李如松征东考	第十六本

续表

作者	论文题目	发表卷数
陈槃	战国秦汉间方士考论	第十七本
劳榦	汉代察举制度考	第十七本
王崇武	论万历征东岛山之战及明清萨尔浒之战	第十七本
王崇武	明成祖朝鲜选妃考	第十七本
杨志玖	阿保机即位考辨	第十七本
李光涛	洪承畴背明始末	第十七本
何兹全	魏晋的中军	第十七本
严耕望	北魏尚书制度考	第十八本
李光涛	论崇祯二年"己巳虏变"	第十八本
严耕望	北朝地方政府属佐制度考	第十九本
李光涛	毛文龙酿乱东江本末	第十九本
劳榦	论中国造纸术之原始	第十九本
劳榦	释汉代之亭障与烽燧	第十九本
陈槃	论早期谶纬及其与邹衍书说之关系	第二十本
王崇武	董文骥与明史纪事本末	第二十本
李光涛	朝鲜壬辰倭祸中之平壤战役与南海战役	第二十本
严耕望	魏晋南朝地方政府属佐考	第二十本
余嘉锡	释伧楚	第二十本
余逊	读魏书李冲传论宗主制	第二十本
邓广铭	宋史刑法志考正	第二十本
黄彰健	洪武二十二年太孙改律及三十年律诰考	第二十本
陈述	乣军考释初稿	第二十本
朱希祖	后金国汉姓氏考	论文集
李四光	战国后中国内战的统计和治乱的周期	论文集

表2　经籍问题及校勘（69篇）

作者	论文题目	发表卷数
董作宾	跋唐写本切韵残卷	第一本第一分
余永梁	易卦爻辞的时代及其作者	第一本第一分
傅斯年	战国文籍中之篇式书体——一个短记	第一本第二分
陈寅恪	敦煌劫余录序	第一本第二分
高本汉著、王静如译	论考证中国古书真伪之方法	第二本第三分
陈寅恪	彰所知论与蒙古源流（蒙古源流研究之三）	第二本第三分
陈寅恪	蒙古源流作者世系考（蒙古源流研究之四）	第二本第三分
朱希祖	劫灰录跋	第二本第四分
罗常培	戴东原续方言稿序	第二本第四分
丁　山	邮学考序目	第三本第三分
孟　森	重印朝鲜世宗实录地理志序	第三本第四分
杨成志	罗罗太上清净消灾经对译	第四本第二分
劳　榦	盐铁论校记	第五本第一分
徐中舒	豳风说	第六本第四分
傅斯年	谁是"齐物论"之作者	第六本第四分
俞大纲	纪唐音统签	第七本第三分
陈寅恪	敦煌石室写经题记汇编序	第八本第一分
陈寅恪	敦煌本心王投陀经及法句经跋尾	第八本第一分
岑仲勉	郎官石柱题名新著录	第八本第一分
陈寅恪	读洛阳伽蓝记书后	第八本第二分
岑仲勉	唐集质疑	第九本
岑仲勉	读全唐诗札记	第九本
岑仲勉	跋封氏闻见记	第九本

续表

作者	论文题目	发表卷数
岑仲勉	跋唐摭言	第九本
岑仲勉	续劳格读全唐文札记	第九本
岑仲勉	论白氏长庆集源流并评东洋本白集	第九本
岑仲勉	白氏长庆集伪文	第九本
岑仲勉	白集醉吟先生墓志铭存疑	第九本
岑仲勉	两京新记卷三残卷复原	第九本
陈 槃	古谶纬书录解题(一)	第十本
陈 槃	敦煌唐咸通钞本三备残卷解题——古谶纬书录解题附录之一	第十本
劳 榦	居延汉简考释序目	第十本
岑仲勉	登科记考订补	第十一本
岑仲勉	补唐代翰林两记	第十一本
陈 槃	谶纬释名	第十一本
陈 槃	谶纬溯原上	第十一本
陈 槃	古谶纬书录解题(二)	第十二本
陈 槃	古谶纬全佚书存目解题(一)	第十二本
逯钦立	古诗纪补正叙例	第十二本
王崇武	读高青邱威爱论	第十二本
岑仲勉	跋历史语言研究所所藏明末谈刻及道光三让本太平广记	第十二本
岑仲勉	从金泽图录白集影页中所见	第十二本
岑仲勉	文苑英华辨证校白氏诗文附按	第十二本
岑仲勉	补白集源流事证数则	第十二本
岑仲勉	从文苑英华中书翰林制诏两门所收白氏文论白集	第十二本

续表

作者	论文题目	发表卷数
周法高	颜氏家训金楼子"伐鼓"解	第十三本
逯钦立	汉诗别录	第十三本
劳　榦	居延汉简考证补正	第十四本
张政烺	王逸集牙签考证	第十四本
岑仲勉	翰林学士壁记注补	第十五本
岑仲勉	跋南窗纪谈	第十五本
王叔岷	茆泮林庄子司马彪注考逸补正	第十六本
陈　槃	汉晋遗简偶述	第十六本
陈　槃	古谶纬书录解题（三）	第十七本
陈　槃	古谶纬书录解题附录（二）	第十七本
张政烺	说文序引尉律解	第十七本
岑仲勉	唐唐临冥报记之复原	第十七本
吴　晗	记明实录	第十八本
傅斯年	北宋刊南宋补刊十行本史记集解跋	第十八本
傅斯年	后汉书残本跋	第十八本
劳　榦	北宋刊南宋补刊十行本史记集解后跋	第十八本
岑仲勉	绛守居园池记集释（附绛守居园池记句解书目提要）	第十九本
胡　适	易林断归崔篆的判决书	第二十本
马　衡	宋范祖禹书古文孝经石刻校释	第二十本
王叔岷	南宋蜀本南华真经校记	第二十本
夏　鼐	武威唐代吐谷浑慕容氏墓志	第二十本
赵万里	两宋诸史监本存佚考	论文集
陈　垣	元典章校补释例	论文集
伯希和	Sur un passage du Cheng-Wou ts'ing-tcheng lou	论文集

表3 文字及训诂(33篇)

作者	论文题目	发表时间
商承祚	释"朱"	第一本第一分
丁 山	殷絜亡文说	第一本第一分
丁 山	数名古谊	第一本第一分
丁 山	说𧎮	第一本第二分
徐中舒	剥字解	第一本第四分
林语堂	汉字中之拼音字	第二本第四分
徐中舒	士王皇三字之探原	第四本第四分
邵君朴	释家	第五本第二分
徐中舒	金文嘏辞释例	第六本第一分
丁声树	诗经"式"字说	第六本第四分
董作宾	骨文例	第七本第一分
葛毅卿	说滴	第七本第四分
胡厚宣	释牢	第八本第二分
胡厚宣	卜辞杂例	第八本第三分
董作宾	论雍己在五期背甲上的位置	第八本第四分
胡厚宣	释丝用丝御	第八本第四分
胡厚宣	卜辞同文例	第九本
张政烺	六书古义	第十本
丁声树	论诗经中的"何""曷""胡"	第十本
丁声树	"何当"解	第十一本
丁声树	"硙"字音读答问	第十一本
胡厚宣	卜辞记事文字史官签名例	第十二本
张政烺	㚤字说	第十三本
张政烺	说文燕召公史篇名丑解	第十三本

续表

作者	论文题目	发表时间
屈万里	自不踪解	第十三本
屈万里	甲骨文从比二字辨	第十三本
杨树达	积微居字说	第二十本
张秉权	甲骨文字类比研究例	第二十本
丁声树	"早晚"与"何当"	第二十本
董作宾	甲骨文断代研究例	论文集
丁　山	荆卶与中庸	论文集
沈兼士	右文说在训诂学上之沿革及其推阐	论文集
丁声树	释否定词"弗""不"	论文集

表 4　古代民族及古代地理（32 篇）

作者	论文题目	发表卷数
傅斯年	周颂说附论鲁南两地与诗书之来源	第一本第一分
陈寅恪	灵州宁夏榆林三城译名考	第一本第二分
徐中舒	殷人服象及象之南迁	第二本第一分
傅斯年	大东小东说	第二本第一分
傅斯年	姜原	第二本第一分
徐中舒	殷周文化之蠡测	第二本第三分
王静如	论阻卜与鞑靼	第二本第三分
丁　山	叔夷考	第二本第四分
孟　森	清史稿中建州卫考辨	第三本第三分
傅斯年	周东封与殷遗民	第四本第三分
劳　榦	汉晋闽中建置	第五本第一分
丁　山	由三代都邑论其民族文化	第五本第一分
劳　榦	两汉户籍与地理之关系	第五本第二分

续表

作者	论文题目	发表卷数
劳 榦	两汉郡国面积之估计及口数增减之推测	第五本第二分
傅斯年	说"广陵之曲江"	第六本第一分
徐中舒	明初建州女真居地迁徙考	第六本第二分
余 逊	汉魏晋北朝东北诸郡沿革表	第六本第四分
周一良	南朝境内之各种人及政府对待之政策	第七本第四分
郑天挺	发羌之地望与对音	第八本第一分
岑仲勉	外蒙"于都斤山"考	第八本第三分
岑仲勉	天山南路元代设驿之今地	第十本
陈寅恪	魏书司马叡传江东民族条释证及推论	第十一本
岑仲勉	吐鲁番一带汉回地名对证	第十二本
岑仲勉	理番新发见隋会州通道记跋	第十二本
岑仲勉	元初西北五城之地理的考古	第十二本
劳 榦	象郡牂柯和夜郎的关系	第十四本
岑仲勉	旧唐书地理志"旧领县"之表解	第二十本
周一良	领民酋长与六州都督	第二十本
劳 榦	北魏洛阳城图的复原	第二十本
芮逸夫	僚为仡佬试证	第二十本
顾颉刚	两汉刺州考	论文集
傅斯年	夷夏东西说	论文集

表5 社会史及经济史（22篇）

作者	论文题目	发表卷数
徐中舒	耒耜考	第二本第一分
劳 榦	汉代奴隶制度辑略	第五本第一分
俞大纲	读高力士外传释"变造""和籴"之法	第五本第一分
徐中舒	古代灌溉工程原起考	第五本第二分

续表

作者	论文题目	发表卷数
全汉昇	南宋杭州的消费与外地商品之输入	第七本第一分
全汉昇	宋代官吏之私营商业	第七本第二分
全汉昇	北宋汴梁的输出入贸易	第八本第二分
全汉昇	宋代广州的国内外贸易	第八本第三分
全汉昇	宋代南方的虚市	第九本
全汉昇	中古自然经济	第十本
全汉昇	宋末的通货膨胀及其对于物价的影响	第十本
全汉昇	南宋稻米的生产与运销	第十本
劳　榦	汉简中的河西经济生活	第十一本
全汉昇	唐代物价的变动	第十一本
全汉昇	唐宋时代扬州经济景况的繁荣与衰落	第十一本
全汉昇	北宋物价的变动	第十一本
全汉昇	南宋初年物价的大变动	第十一本
全汉昇	宋金间走私贸易	第十一本
何兹全	东晋南朝的钱币使用与钱币问题	第十四本
全汉昇	元代的纸币	第十五本
全汉昇	唐宋政府岁入与货币经济的关系	第二十本
翁文灏	古代灌溉工程发展史之一解	论文集

表6　语言学（81篇）

作者	论文题目	发表卷数
刘　复	声调之推断及"声调推断尺"之制造与用法	第一本第二分
黄淬伯	慧琳一切经音义反切声类考	第一本第二分
史禄国	记猓猡音（Phonetic Notes on a Lolo Dialect and Consonant L.）	第一本第二分

续表

作者	论文题目	发表卷数
罗常培	耶稣会士在音韵学上的贡献	第一本第三分
罗常培	声韵同然集残稿跋	第一本第三分
高本汉著、赵元任译	上古中国音当中的几个问题	第一本第三分
王静如	跋高本汉的上古中国音当中的几个问题并论冬蒸两部	第一本第三分
刘文锦	类音跋	第一本第四分
陶燠民	闽音研究	第一本第四分
刘学濬译	关于臻栉韵的讨论	第一本第四分
李方桂	广西凌云猺语	第一本第四分
林语堂	支脂之三部古读考	第二本第二分
王静如	西夏文汉藏译音释略	第二本第二分
高本汉著、王静如译	中国古音(切韵)之系统及其演变	第二本第二分
赵元任	听写倒英文	第二本第二分
赵元任	反切语八种	第二本第三分
赵元任	On Using b, d, g for Unaspirated Voiceless Plosives	第二本第三分
罗常培	切韵鱼虞之音值及其所据方音考——高本汉切韵音读商榷之一	第二本第三分
陈寅恪	西夏文佛母孔雀明王经考释序	第二本第四分
罗常培	中原音韵声类考	第二本第四分
罗常培	释重轻(等韵释词之三)	第二本第四分
唐虞	儿(ɚ)音的演变	第二本第四分

续表

作者	论文题目	发表卷数
刘学濬	D. Jones & Kwing Tong Woo 胡（絅堂）共作的 Supplement to the Cantonese Phonetic Reader 的勘误	第二本第四分
李方桂	切韵 â 的来源	第三本第一分
王静如	中台藏缅数目字及人称代名词语源试探	第三本第一分
赵荫棠	康熙字典字母切韵要法考证	第三本第一分
罗常培	知彻澄娘音值考	第三本第一分
白涤洲	集韵声类考	第三本第二分
刘文锦	洪武正韵声类考	第三本第二分
罗常培	敦煌写本守温韵学残卷跋	第三本第二分
罗常培	梵文颚音五母之藏汉对音研究	第三本第二分
王静如	释定海方氏所藏四体字至元通宝钱文	第三本第二分
卓古若夫著、唐虞译	对于中国古音重订的贡献	第三本第二分
李方桂	Ancient Chinese -ung, -uk, -uong, -uok, etc. in Archaic Chinese	第三本第三分
刘文锦	记咸阳方音	第三本第三分
王静如	辽道宗及宣懿皇后契丹国字哀册初释	第三本第四分
赵元任	Tone and Intonation in Chinese	第四本第二分
李方桂	Certain Phonetic Influences of the Tibetan Prefixes upon the Root Initials	第四本第二分
罗常培	释内外转	第四本第二分
罗常培	泰兴何石间韵史稿本跋	第四本第二分
刘复	乙二声调推断尺	第四本第四分
赵元任	The Non-uniqueness of Phonemic Solutions of Phonetic Systems	第四本第四分

续表

作者	论文题目	发表卷数
白涤洲	关中声调实验录	第四本第四分
李方桂	Archaic Chinese *-iwəng, *-iwək and *-iwəg	第五本第一分
赵元任	方言性变态语音三例	第五本第二分
赵元任	中国方言当中爆发音的种类	第五本第四分
罗常培	通志七音略研究	第五本第四分
王静如	契丹国字再释	第五本第四分
王静如	就元秘史译文所见之中国人称代名词	第五本第四分
闻　宥	广西太平府属土州县司译语考	第六本第四分
卓古若夫	Voiced Plosives and Affricates in Ancient Tibetan	第七本第二分
董同龢	与高本汉先生商榷"自由押韵"说兼论上古楚方音特色	第七本第四分
罗常培	经典释文和原本玉篇反切中的匣于两纽	第八本第一分
葛毅卿	喻三入匣再证	第八本第一分
李方桂	The Hypothesis of A Pre-glottalized Series of Consonants in Primitive Tai	第十一本
李方桂	武鸣土语音系	第十二本
董同龢	广韵重纽试释	第十三本
周法高	广韵重纽的研究	第十三本
周法高	切韵鱼虞之音读及其流变	第十三本
周法高	说平仄	第十三本
周法高	梵文ṭ ḍ的对音	第十四本
董同龢	等韵门法通释	第十四本
张　琨	苗傜语声调问题	第十六本
董同龢	切韵指掌图中几个问题	第十七本

续表

作者	论文题目	发表卷数
芮逸夫	记栗粟语音兼论所谓栗粟文	第十七本
董同龢	上古音韵表稿	第十八本
李方桂	莫话记略	第十九本
董同龢	华阳凉水井客家话记音	第十九本
周法高	古音中的三等韵兼论古音的写法	第十九本
董同龢	全本王仁煦刊谬补缺切韵的反切下字	第十九本
赵元任	中山方言	第二十本
周祖谟	唐本说文与说文旧音	第二十本
周法高	玄应反切考	第二十本
赵元任	A Preliminary Study of English Intonation（With American Variants）and its Chinese Equivalents	论文集
高本汉	Some Turkish Transcriptions in the Light of Irregular Aspirates in Mandarin	论文集
李方桂	Chipewyan Consonants	论文集
钢和泰	On a Peking, a St. Petersburg, and a Kyoto Reconstruction of a Sanskrit Stanza Transcribed with Chinese Characters under the Northern Sung Dynasty	论文集
林语堂	陈宋淮楚歌寒对转考	论文集
罗常培	切韵闭口九韵之古读及其演变	论文集
王静如	佛母大孔雀明王经龙王大仙众生主名号夏梵藏汉合璧校释	论文集
白涤洲	关中入声之变化	论文集

表 7　考古学、古器物学（附金文）（29 篇）

作者	论文题目	发表卷数
吴金鼎	平陵访古记	第一本第四分

续表

作者	论文题目	发表卷数
董作宾	殷墟沿革	第二本第二分
董作宾	甲骨年表	第二本第二分
徐中舒	宋拓石本历代钟鼎彝器款识法帖残叶跋	第二本第二分
徐中舒	宋拓石本历代钟鼎彝器款识法帖残本再跋	第二本第四分
丁　山	邲敤跋	第二本第四分
徐中舒	遹敦考释	第三本第二分
徐中舒	当涂出土晋代遗物考	第三本第三分
徐中舒	陈侯四器考释	第三本第四分
刘　复	莽权价值之重新考订	第三本第四分
梁思永	昂昂溪史前遗址	第四本第一分
董作宾	谭"谭"	第四本第二分
郭宝钧	戈戟余论	第五本第三分
徐中舒	说尊彝	第七本第一分
张政烺	邵王之諻鼎及簋铭考证	第八本第三分
潘　悫	山东滕县下黄沟村宋代墓葬调查记	第十一本
岑仲勉	四库提要古器物铭非金石录辨	第十二本
岑仲勉	宣和博古图撰人	第十二本
石璋如	河南安阳后冈的殷墓	第十三本
李　济	研究中国古玉问题的新资料	第十三本
高去寻	评汉以前的古镜之研究并论"淮式"之时代问题	第十四本
夏　鼐	新获之敦煌汉简	第十九本
郭宝钧	古玉新诠	第二十本
石璋如	传说中周都的实地考察	第二十本

续表

作者	论文题目	发表卷数
马　衡	从实验上窥见汉石经之一斑	论文集
李　济	殷墟铜器五种及其相关之问题	论文集
梁思永	小屯龙山与仰韶	论文集
容　庚	宋代吉金书籍述评	论文集
郭宝钧	古器释名	论文集

表8　人类学（19篇）

作者	论文题目	发表卷数
容肇祖	占卜的源流	第一本第一分
赵邦彦	九子母考	第二本第三分
庞新民	广东北江猺山杂记	第二本第四分
庞新民	广西猺山调查杂记	第四本第一分
姜哲夫	记广东北江猺山荒洞猺人之建醮	第四本第一分
姜哲夫等	拜王（广东北江猺山猺人风俗之一）	第四本第一分
李家瑞	打花鼓	第五本第四分
陶云逵	关于麽些之名称分布与迁移	第七本第一分
陶云逵	几个云南土族的现代地理分布及其人口之估计	第七本第四分
芮逸夫	伯叔姨舅姑考	第十四本
芮逸夫	苗语释亲	第十四本
马学良	倮文作斋经译注	第十四本
凌纯声	畲民图腾文化的研究	第十六本
芮逸夫	释甥之称谓	第十六本
陶云逵	碧罗雪山之栗粟族	第十七本
马学良	倮文作祭献药供牲经译注	第二十本

续表

作者	论文题目	发表卷数
吴定良	Evidence of the Asymmetry of the Humen Skull Derived from Contour Measurements	论文集
丁文江	On the Influence of the Observational Error in Measuring Stature, Span and Sitting-Height upon the Resulting Indices	论文集
李家瑞	乾隆以来北平儿歌嬗变举例	论文集

表 9 文学(18 篇)

作者	论文题目	发表卷数
陈寅恪	敦煌本维摩诘经文殊师利问疾品演义跋	第二本第一分
陈寅恪	西游记玄奘弟子故事之演变	第二本第二分
容肇祖	花月痕的作者魏秀仁传	第四本第二分
李家瑞	说弹词	第六本第一分
孙楷第	敦煌写本张淮深变文跋	第七本第三分
李家瑞	由说书变成戏剧的痕迹	第七本第三分
陈寅恪	读东城老父传	第十本
陈寅恪	读莺莺传	第十本
张政烺	讲史与咏史诗	第十本
岑仲勉	玉溪生年谱会笺平质	第十五本
逯钦立	说文笔	第十六本
逯钦立	形影神诗与东晋之佛道思想	第十六本
张政烺	问答录与说参请	第十七本
逯钦立	述酒诗题注释疑(陶诗笺证之一)	第十八本
陈寅恪	元微之悼亡诗及艳诗笺证	第二十本
逯钦立	陶渊明年谱稿	第二十本

作者	论文题目	发表卷数
张政烺	一枝花话	第二十本
容肇祖	敦煌本韩朋赋考	论文集

表 10　哲学史及宗教史考证(13 篇)

作者	论文题目	发表卷数
陈寅恪	大乘义章书后	第一本第二分
陈寅恪	南岳大师立誓愿文跋	第三本第三分
陈寅恪	天师道与滨海地域之关系	第三本第四分
陈寅恪	武曌与佛教	第五本第二分
胡　适	楞伽宗考	第五本第三分
陈受颐	三百年前的建立孔教论	第六本第二分
王　明	论太平经钞甲部之伪	第十八本
王　明	周易参同契考证	第十九本
季羡林	浮屠与佛	第二十本
王　明	黄庭经考	第二十本
陈寅恪	支愍度学说考	论文集
胡　适	陶弘景的真诰考	论文集
于道泉	译注明成祖遣使召宗喀巴纪事及宗喀巴覆成祖书	论文集

表 11　历法及其他自然科学(7 篇)

作者	论文题目	发表卷数
陈寅恪	几何原本满文译本跋	第二本第三分
吴其昌	丛瓿甲骨金文中所涵殷历推证	第四本第三分
董作宾	殷历中几个重要问题	第四本第三分

续表

作者	论文题目	发表卷数
唐擘黄	阳燧取火与方诸取水	第五本第二分
董作宾	殷商疑年	第七本第一分
董作宾	殷历谱后记	第十三本
刘 复	十二等律的发明者朱载堉	论文集

表 12　古代艺术(4 篇)

作者	论文题目	发表卷数
赵邦彦	调查云冈造像小记	第一本第四分
劳 榦	论鲁西画像三石	第八本第一分
赵邦彦	汉画所见游戏考	论文集
徐中舒	古代狩猎图象考	论文集

表 13　纪念文字(10 篇)

作者	论文题目	发表卷数
蔡元培	发刊辞	第一本第一分
傅斯年	历史语言研究所工作之旨趣	第一本第一分
顾颉刚、傅斯年	所务记载:造像征集启	第一本第一分
傅斯年	本所对于语言学工作之范围及旨趣	第一本第一分
罗常培	刘文锦传略	第三本第三分
赵元任	刘半农先生	第四本第四分
罗常培	白涤洲小传及著述提要	第四本第四分
史语所	李晋华君事略	第八本第二分
史语所	陶云逵君事略	第十七本
史语所	本书撰文人共上蔡元培先生书	论文集

主要参考文献

（一）史语所学术群体论著

岑仲勉：《元和姓纂四校记》，商务印书馆 1948 年版。

岑仲勉：《隋唐史》，中华书局 1982 年版。

岑仲勉：《岑仲勉史学论文集》，中华书局 2004 年版。

岑仲勉：《岑仲勉史学论文续集》，中华书局 2004 年版。

岑仲勉：《西突厥史料补阙及考证》，中华书局 2004 年版。

岑仲勉：《郎官石柱题名新考订（外三种）》，中华书局 2004 年版。

岑仲勉：《中外史地考证》，中华书局 2004 年版。

陈槃：《左氏春秋义例辨》，上海古籍出版社 2009 年版。

陈述辑注：《全辽文》，中华书局 1982 年版。

（元）脱脱等撰，陈述补注：《辽史补注》，中华书局 2018 年版。

陈寅恪：《隋唐制度渊源略论稿　唐代政治史述论稿》，生活·读书·新知三联书店 2001 年版。

陈寅恪：《金明馆丛稿初编》，生活·读书·新知三联书店 2001 年版。

陈寅恪：《金明馆丛稿二编》，生活·读书·新知三联书店 2001 年版。

陈寅恪:《陈寅恪集·书信集》,生活·读书·新知三联书店2001年版。

陈寅恪:《陈寅恪集·诗集》,生活·读书·新知三联书店2001年版。

董作宾、胡厚宣编:《甲骨年表》,商务印书馆1937年版。

董作宾:《殷历谱》,中央研究院历史语言研究所1945年石印本。

董作宾:《中国现代学术经典·董作宾卷》,河北教育出版社1996年版。

傅乐焕:《辽史丛考》,中华书局1984年版。

傅斯年:《傅斯年全集》,联经出版事业公司1980年版。

傅斯年:《傅斯年全集》,欧阳哲生主编,湖南教育出版社2003年版。

何兹全:《中国古代社会》,北京师范大学出版社2001年版。

何兹全:《爱国一书生——八十五自述》,华东师范大学出版社1997年版。

劳榦:《居延汉简考释》,中央研究院历史语言研究所1943年石印本。

劳榦:《汉代政治论文集》,艺文印书馆1976年版。

劳榦:《劳榦学术论文集甲编》,艺文印书馆1976年版。

劳榦:《秦汉史》,中国文化服务社1947年版。

劳榦:《古代中国的历史与文化》,中华书局2006年版。

李光涛:《明季流寇始末》,"中央研究院"历史语言研究所1965年版。

李光涛:《明清史论集》,台湾商务印书馆1971年版。

李光涛:《记乾隆年平定安南之役》,"中央研究院"历史语言研究所 1976 年版。

李光涛:《明清档案论文集》,联经出版事业公司 1986 年版。

李济:《李济学术文化随笔》,李光谟编,中国青年出版社 2000 年版。

李济:《安阳》,河北教育出版社 2001 年版。

李济:《李济文集》,上海人民出版社 2006 年版。

梁思永:《梁思永考古论文集》,科学出版社 1959 年版。

全汉昇:《唐宋帝国与运河》,商务印书馆 1944 年版。

石璋如:《"中央研究院"历史语言研究所考古年表》,"中央研究院"历史语言研究所 1952 年版。

石璋如:《石璋如先生访问记》,陈存恭、陈仲玉、任育德访问,"中央研究院"近代史研究所 2002 年版。

王崇武:《明本纪校注》,商务印书馆 1948 年版。

王崇武:《奉天靖难记注》,商务印书馆 1948 年版。

王崇武:《明靖难史事考证稿》,商务印书馆 1948 年版。

夏鼐:《夏鼐文集》,社会科学文献出版社 2000 年版。

夏鼐:《夏鼐日记》,华东师范大学出版社 2011 年版。

夏鼐:《夏鼐书信集》,社会科学文献出版社 2022 年版。

徐中舒:《徐中舒历史论文选辑》,中华书局 1998 年版。

严耕望:《治史三书》,辽宁教育出版社 1998 年版。

严耕望:《严耕望史学论文选集》,中华书局 2006 年版。

张政烺:《张政烺文史论集》,中华书局 2004 年版。

张政烺:《张政烺文集》,中华书局 2012 年版。

周一良:《毕竟是书生》,北京十月文艺出版社 1998 年版。

(二)档案材料

傅斯年档案,藏台北傅斯年图书馆。

史语所档案,藏台北傅斯年图书馆。

苏同炳:《史语所早期发展史(一)——史语所六十年史》,档号:补 29—32。

王汎森、杜正胜编:《傅斯年文物资料选辑》,傅斯年先生百龄纪念筹备会 1995 年版。

王汎森、潘光哲、吴政上主编:《傅斯年遗札》,"中央研究院"历史语言研究所 2011 年版。

王懋勤:《"中央研究院"历史语言研究所所史资料初稿》,台北傅斯年图书馆藏 1969 年稿本。

王明珂主编:《史语所旧档文书选辑》,"中央研究院"历史语言研究所 2018 年版。

殷梦霞、李强编:《国家图书馆藏国立中央研究院史料丛编》,北京图书馆出版社 2001 年版。

中央研究院档案,藏中国第二历史档案馆。

(三)近代报刊

《安阳发掘报告》《北京大学日刊》《北平晨报》《大中》《读书通讯》《东方文化》《东方学报》《东方杂志》《东洋学报》《管理中英庚款董事会年刊》《国立第一中山大学语言历史学研究所周刊》《国立华北编译馆馆刊》《国立中山大学文史学研究所月刊》《国立中山大学研究院文科研究所历史学部史学专刊》《国立中央大学文艺丛刊》《国立中央研究院历史语言研究所集刊》《国学丛刊》《国学季刊》《河北省立女子师范学院周刊》《华文大阪每日》《考古学杂志》《六同别录》《满鲜地理历史研究报告》《清华学报》《清华周刊》《少年

中国》《申报》《圣心》《史料与史学》《史林》《史学杂志》《思想与时代》《说文月刊》《太平洋》《图书季刊》《图书评论》《新社会杂志》《学衡》《燕京大学图报》《燕京社会科学》《语丝》《治平》《中法文化》《中国考古学报》《周论》

(四)近人与今人相关论著

白寿彝:《中国史学史》第 1 册,上海人民出版社 1986 年版。

白寿彝:《白寿彝史学论集》,北京师范大学出版社 1994 年版。

白寿彝总主编、王桧林等主编:《中国通史·近代后编(1919—1949)》,上海人民出版社 1999 年版。

卞僧慧纂、卞学洛整理:《陈寅恪先生年谱长编(初稿)》,中华书局 2010 年版。

布占祥、马亮宽主编:《傅斯年与中国文化》,天津古籍出版社 2006 年版。

蔡鸿生:《仰望陈寅恪》,中华书局 2004 年版。

陈峰:《重访中国现代史学》,山东大学出版社 2023 年版。

陈洪波:《中国科学考古学的兴起——1928—1949 年历史语言研究所考古史》,广西师范大学出版社 2011 年版。

陈怀宇:《在西方发现陈寅恪:中国近代人文学的东方学与西学背景》,北京师范大学出版社 2013 年版。

陈建守:《燕京大学与现代中国史学发展》,台湾师范大学历史学系 2009 年版。

陈平原:《中国现代学术之建立》,北京大学出版社 1992 年版。

陈平原、王风编:《追忆王国维(增订本)》,生活·读书·新知三联书店 2009 年版。

陈其泰:《史学与中国文化传统(增订本)》,学苑出版社 1999

年版。

陈其泰:《史学与民族精神》,学苑出版社 1999 年版。

陈其泰主编:《20 世纪中国历史考证学研究》,北京师范大学出版社 2005 年版。

陈其泰主编:《中国马克思主义史学的理论成就》,国家图书馆出版社 2008 年版。

陈星灿:《中国史前考古学史研究(1895—1949)》,生活·读书·新知三联书店 1997 年版。

陈以爱:《中国现代学术研究机构的兴起——以北大研究所国学门为中心的探讨》,江西教育出版社 2002 年版。

陈勇主编:《民国史家与史学(1912~1949)》,上海大学出版社 2014 年版。

陈垣:《陈垣全集》,安徽大学出版社 2009 年版。

陈智超编注:《陈垣来往书信集(增订本)》,生活·读书·新知三联书店 2010 年版。

陈直:《居延汉简研究》,天津古籍出版社 1986 年版。

丁守和:《从五四启蒙运动到马克思主义传播》,人民出版社 1979 年版。

杜维运、黄进兴编:《中国史学史论文选集》(一)(二),华世出版社 1976 年版。

杜维运、陈绵中编:《中国史学史论文选集》(三),华世出版社 1980 年版。

杜维运:《听涛集》,弘文馆出版社 1985 年版。

杜维运:《变动世界中的史学》,北京大学出版社 2006 年版。

杜正胜:《新史学之路》,三民书局 2004 年版。

杜正胜、王汎森编:《新学术之路——"中央研究院"历史语言研究所七十周年纪念文集》,"中央研究院"历史语言研究所 1998 年版。

段振美:《殷墟考古史》,中州古籍出版社 1991 年版。

傅乐成:《傅孟真先生年谱》,文星书店出版社 1964 年版。

高平叔编:《蔡元培教育论著选》,人民教育出版社 2011 年版。

葛兆光:《宅兹中国》,中华书局 2011 年版。

耿云志:《胡适新论》,湖南出版社 1996 年版。

耿云志等:《西方民主在近代中国》,中国青年出版社 2003 年版。

顾潮编著:《顾颉刚年谱(增订本)》,中华书局 2011 年版。

顾潮:《历劫终教志不灰——我的父亲顾颉刚》,华东师范大学出版社 1997 年版。

顾颉刚等编著:《古史辨》(第 1—7 册),上海古籍出版社 1982 年版。

顾颉刚:《顾颉刚日记》,《顾颉刚全集》本,中华书局 2011 年版。

顾颉刚:《顾颉刚书信集》,《顾颉刚全集》本,中华书局 2011 年版。

顾颉刚:《当代中国史学》,辽宁教育出版社 1998 年版。

郭沫若:《郭沫若全集·历史编》,人民出版社 1982 年版。

郭沫若:《郭沫若全集·考古编》,人民出版社 1982 年版。

郭沫若:《郭沫若书信集》,黄淳浩编,中国社会科学出版社 1992 年版。

郭卫东、牛大勇主编:《北京大学历史学系简史(初稿)》,北京大学历史学系 2004 年版。

韩复智主编：《傅斯年、董作宾先生百岁纪念专刊》，台湾中国上古秦汉学会 1995 年版。

贺昌群：《贺昌群文集》，商务印书馆 2003 年版。

贺昌盛主编：《中西会通》，浙江教育出版社 2014 年版。

侯云灏：《20 世纪中国史学思潮与变革》，北京师范大学出版社 2007 年版。

胡逢祥等：《中国近现代史学思潮与流派（1840—1949）》，商务印书馆 2019 年版。

胡戟等编：《二十世纪唐研究》，中国社会科学出版社 2001 年版。

胡适：《胡适遗稿及秘藏书信》，耿云志主编，黄山书社 1995 年版。

胡适：《胡适日记全编》，曹伯言整理，安徽教育出版社 2001 年版。

胡适：《胡适全集》，季羡林主编，安徽教育出版社 2003 年版。

纪念岑仲勉先生诞辰 130 周年国际学术研讨会论文集编委会编：《纪念岑仲勉先生诞辰 130 周年国际学术研讨会论文集》，中山大学出版社 2019 年版。

蒋俊：《中国史学近代化进程》，齐鲁书社 1995 年版。

蒋天枢：《陈寅恪先生编年事辑（增订本）》，上海古籍出版社 1997 年版。

焦润明：《傅斯年传》，人民出版社 2002 年版。

金毓黻：《中国史学史》，商务印书馆 1944 年版。

金毓黻：《静晤室日记》，辽沈书社 1993 年版。

景爱编：《陈述先生纪念集》，内蒙古教育出版社 1995 年版。

景爱：《陈述学术评传》，花木兰文化出版社、槐下书肆 2006

年版。

康有为:《康有为全集》,姜义华、张荣华编校,中国人民大学出版社 2007 年版。

李洪岩:《史学史话》,社会科学文献出版社 2000 年版。

李红岩:《中国近代史学史论》,中国社会科学出版社 2011 年版。

李泉:《傅斯年学术思想评传》,北京图书馆出版社 2000 年版。

李孝迁:《西方史学在中国的传播(1882—1949)》,华东师范大学出版社 2007 年版。

李孝迁:《域外汉学与中国现代史学》,上海古籍出版社 2014 年版。

李孝迁编校:《中国现代史学评论》,上海古籍出版社 2016 年版。

李孝迁、胡昌智:《史学旅行——兰克遗产与中国近代史学》,上海人民出版社 2021 年版。

李勇:《鲁滨逊新史学派研究》,安徽人民出版社 2004 年版。

李勇:《中国新史学之隐翼》,中国社会科学出版社 2015 年版。

李玉梅:《陈寅恪之史学》,三联书店(香港)有限公司 1997 年版。

李泽厚:《中国现代思想史论》,东方出版社 1987 年版。

梁启超:《饮冰室合集》,中华书局 1989 年版。

聊城师范学院历史系等合编:《傅斯年》,山东人民出版社 1991 年版。

林剑鸣:《秦汉史》,上海人民出版社 1989 年版。

刘克敌:《陈寅恪与中国文化》,上海人民出版社 1999 年版。

刘俐娜:《由传统走向现代——论中国史学的转型》,社会科学文献出版社 2006 年版。

刘龙心:《学术与制度——学术体制与现代中国史学的建立》,新星出版社 2007 年版。

刘龙心:《知识生产与传播——近代中国史学的转型》,生活·读书·新知三联书店 2021 年版。

刘启林主编:《当代中国社会科学名家》,社会科学文献出版社 1989 年版。

逯耀东:《胡适与当代史学家》,东大图书公司 1998 年版。

罗志田主编:《20 世纪的中国:学术与社会·史学卷》,山东人民出版社 2001 年版。

罗志田:《近代读书人的思想世界与治学取向》,北京大学出版社 2009 年版。

马亮宽:《傅斯年教育思想研究》,辽宁教育出版社 1997 年版。

马亮宽:《傅斯年社会政治活动与思想研究》,中国社会科学出版社 2009 年版。

马亮宽、马晓雪、刘春强:《历史语言研究所与中国现代学术体制的建构》,社会科学文献出版社 2021 年版。

潘光哲:《何妨是书生——一个现代学术社群的故事》,广西师范大学出版社 2010 年版。

潘乃谷、潘乃和选编:《潘光旦选集》第三卷,光明日报出版社 1999 年版。

彭明辉:《历史地理学与现代中国史学》,东大图书公司 1996 年版。

钱穆:《国史大纲》,商务印书馆 1996 年版。

钱穆:《八十忆双亲 师友杂忆》,生活·读书·新知三联书店1998年版。

瞿林东:《中国史学史纲》,北京出版社2005年版。

瞿林东:《中国史学的理论遗产》,北京师范大学出版社2005年版。

瞿林东:《20世纪中国史学散论》,安徽人民出版社2009年版。

瞿林东主编:《20世纪中国史学发展分析》,北京师范大学出版社2009年版。

桑兵:《晚清民国的国学研究》,上海古籍出版社2001年版。

桑兵:《国学与汉学——近代中外学界交往录》,中国人民大学出版社2010年版。

上海图书馆编:《汪康年师友书札》,上海古籍出版社1986年版。

尚小明:《北大史学系早期发展史研究(1899—1937)》,北京大学出版社2010年版。

沈兼士:《沈兼士学术论文集》,葛信益、启功整理,中华书局1986年版。

沈颂金:《考古学与二十世纪中国学术》,学苑出版社2003年版。

沈颂金:《二十世纪简帛学研究》,学苑出版社2003年版。

石兴泽:《傅斯年别传》,中国社会科学出版社2005年版。

苏同炳:《手植桢楠已成荫——傅斯年与中研院史语所》,学生书局2012年版。

孙秉莹编著:《欧洲近代史学史》,湖南人民出版社1984年版。

台湾大学纪念傅故校长筹备委员会编:《傅故校长哀挽录》,台湾大学1951年版。

汤志钧编：《章太炎年谱长编》，中华书局 1979 年版。

童教英：《从炼狱中升华——我的父亲童书业》，华东师范大学出版社 1997 年版。

田亮：《抗战时期史学研究》，人民出版社 2005 年版。

王尔敏：《20 世纪非主流史学与史家》，广西师范大学出版社 2007 年版。

王富仁、石兴泽编：《谔谔之士——名人笔下的傅斯年》，东方出版中心 1999 年版。

王汎森：《中国近代思想与学术的系谱》，河北教育出版社 2001 年版。

王汎森：《近代中国的史家与史学》，复旦大学出版社 2010 年版。

王汎森：《傅斯年：中国近代历史与政治中的个体生命》，生活·读书·新知三联书店 2012 年版。

王国维：《观堂集林》，中华书局 1959 年版。

王国维：《流沙坠简》，中华书局 1993 年版。

王国维：《古史新证》，清华大学出版社 1994 年版。

王明：《王明自传》，巴蜀书社 1993 年版。

王启龙编著：《钢和泰学术年谱简编》，中华书局 2008 年版。

王晴佳：《台湾史学五十年（1950—2000）：传承、方法、趋向》，麦田出版社 2002 年版。

王世襄：《锦灰不成堆：王世襄自选集》，生活·读书·新知三联书店 2007 年版。

王为松编：《傅斯年印象》，学林出版社 1997 年版。

王学典：《20 世纪中国史学评论》，山东人民出版社 2002 年版。

王学典、陈峰：《二十世纪中国历史学》，北京大学出版社 2009

年版。

王学典主编:《20 世纪中国史学编年(1900—1949)》,商务印书馆 2014 年版。

王永兴:《陈寅恪先生史学述略稿》,北京大学出版社 1998 年版。

汪荣祖:《史家陈寅恪传(增订版)》,联经出版事业公司 1997 年版。

汪荣祖:《史学九章》,生活·读书·新知三联书店 2006 年版。

吴怀祺:《中国史学思想史》,安徽人民出版社 1996 年版。

吴锐编:《古史考》,海南出版社 2003 年版。

吴荣曾等编:《尽心集:张政烺先生八十庆寿论文集》,中国社会科学出版社 1996 年版。

熊十力:《十力语要》,辽宁教育出版社 1997 年版。

徐复观:《中国思想史论集续篇》,九州出版社 2014 年版。

许冠三:《新史学九十年》,岳麓书社 2003 年版。

许倬云等:《"中央研究院"历史语言研究所七十五周年纪念文集》,"中央研究院"历史语言研究所 2004 年版。

许倬云:《西周史(增补二版)》,生活·读书·新知三联书店 2018 年版。

严耕望先生纪念集编辑委员会编:《严耕望先生纪念论文集》,稻乡出版社 1998 年版。

杨翠华:《中基会对科学的赞助》,"中央研究院"近代史研究所 1991 年版。

易兰:《兰克史学研究》,复旦大学出版社 2006 年版。

俞旦初:《爱国主义与近代中国史学》,中国社会科学出版社 1996 年版。

岳南:《陈寅恪与傅斯年》,陕西师范大学出版社 2008 年版。

岳玉玺、李泉、马亮宽:《傅斯年——大气磅礴的一代学人》,天津人民出版社 1994 年版。

张广智、李勇主编:《20 世纪中外史学交流》,北京师范大学出版社 2007 年版。

张广智主编:《近代以来中外史学交流史》,复旦大学出版社 2020 年版。

张杰、杨丽燕编:《追忆陈寅恪》,社会科学文献出版社 1999 年版。

张杰、杨丽燕编:《解析陈寅恪》,社会科学文献出版社 1999 年版。

张书学:《中国现代史学思潮研究》,湖南教育出版社 1998 年版。

张岂之主编:《中国近代史学学术史》,中国社会科学出版社 1996 年版。

张越:《五四时期中国史坛的学术论辩》,百花洲文艺出版社 2004 年版。

张越:《新旧中西之间——五四时期的中国史学》,北京图书馆出版社 2007 年版。

张越:《史学史通论与近现代中国史学研究》,北京师范大学出版社 2011 年版。

张越:《近现代中国史学史论略》,商务印书馆 2017 年版。

张政烺先生九十华诞纪念文集编委会:《揖芬集:张政烺先生九十华诞纪念文集》,社会科学文献出版社 2002 年版。

郑天挺:《郑天挺西南联大日记》,中华书局 2018 年版。

中国社会科学院历史研究所编：《求真务实五十载：历史研究所同仁述往》，中国社会科学出版社 2004 年版。

周文玖：《中国史学史学科的产生和发展》，北京师范大学出版社 2002 年版。

周文玖：《史学史导论》，学苑出版社 2006 年版。

周文玖：《民国时期中外史学交流》，河南人民出版社 2019 年版。

周予同：《周予同经学史论著选集（增订本）》，朱维铮编，上海人民出版社 1996 年版。

朱传誉主编：《傅孟真传记资料》，天一出版社 1979—1981 年版。

朱谦之：《朱谦之文集》，福建教育出版社 2002 年版。

朱希祖：《朱希祖文存》，周文玖选编，上海古籍出版社 2006 年版。

朱希祖：《朱希祖日记》，中华书局 2012 年版。

"中央研究院"八十年院史编纂委员会编：《追求卓越："中央研究院"八十年》卷一《任重道远（全院篇）》，"中央研究院" 2008 年版。

"中央研究院"傅故所长纪念筹备委员会编：《"中央研究院"历史语言研究所傅所长纪念特刊》，"中央研究院"历史语言研究所 1951 年版。

"中央研究院"历史语言研究所集刊编辑委员会编：《傅斯年先生百岁诞辰纪念文集》，"中央研究院"历史语言研究所 1995 年版。

"中央研究院"历史语言研究所七十周年研讨会论文集编辑委员会编：《学术史与方法学的省思——"中央研究院"历史语言研究所七十周年研讨会论文集》，"中央研究院"历史语言研究所 2000

年版。

"中央研究院"历史语言研究所四十周年纪念特刊编辑委员会编：《"中央研究院"历史语言研究所四十周年纪念特刊》，"中央研究院"历史语言研究所 1968 年版。

（五）国外学人论著

［法］朗格诺瓦、瑟诺博司：《史学原论》，李思纯译，商务印书馆 1933 年版。

［英］巴克尔：《英国文化史》，胡肇椿译，商务印书馆 1936 年版。

［德］伯伦汉：《史学方法论》，陈韬译，商务印书馆 1937 年版。

［美］鲁滨逊：《新史学》，齐思和译，商务印书馆 1964 年版。

［英］彼得·霍普科克：《丝绸路上的外国魔鬼》，杨汉章译，甘肃人民出版社 1983 年版。

［美］牟复礼、［英］崔瑞德编：《剑桥中国明代史》上卷，张书生等译，中国社会科学出版社 1992 年版。

［英］崔瑞德、［美］牟复礼编：《剑桥中国明代史》下卷，杨品泉等译，中国社会科学出版社 2006 年版。

［日］佐竹靖彦主编：《殷周秦汉史学的基本问题》，中华书局 2008 年版。

［美］杰罗姆 B. 格里德尔：《知识分子与现代中国》，单正平译，南开大学出版社 2002 年版。

［日］浮田和民：《史学原论》，邬国义编校，华东师范大学出版社 2007 年版。

［德］施耐德：《真理与历史：傅斯年、陈寅恪的史学思想与民族认同》，关山、李貌华译，社会科学文献出版社 2008 年版。

（六）论文

北京大学历史系三年级三班研究小组：《关于隋唐史研究中的一个理论问题——评陈寅恪先生的"种族—文化论"观点》，《历史研究》1958 年第 12 期。

蔡鸿生：《岑仲勉中外史地考证的学术风格》，《暨南学报（哲学社会科学版）》2005 年第 6 期。

陈峰：《趋新反入旧：傅斯年、史语所与西方史学潮流》，《文史哲》2008 年第 3 期。

陈其泰：《"民族—文化"观念与傅斯年、陈寅恪治史》，《天津社会科学》2004 年第 1 期。

陈其泰：《新历史考证学的学术路向及其宝贵启示》，《天津社会科学》2014 年第 5 期。

董作宾：《历史语言研究所在学术上的贡献——为纪念创办人终身所长傅斯年先生而作》，《大陆杂志》第 2 卷第 1 期，1951 年 1 月 15 日。

杜维运：《傅孟真与中国新史学》，《当代》第 116 期，1995 年 12 月。

杜正胜：《从疑古到重建——傅斯年的史学革命及其与胡适、顾颉刚的关系》，《中国文化》第 12 期，1995 年 12 月。

葛兆光：《〈新史学〉之后——1929 年的中国历史学界》，《历史研究》2003 年第 1 期。

耿云志：《傅斯年对五四运动的反思——从傅斯年致袁同礼的信谈起》，《历史研究》2004 年第 5 期。

何汉威：《全汉昇先生事略》，《香港中国近代史学报》2004 年第 2 期。

何兹全:《傅斯年的史学思想和史学著作》,《历史研究》2000 年第 4 期。

胡逢祥:《现代中国史学专业机构的建制与运作》,《史林》2007 年第 3 期。

胡逢祥:《史语所迁台与 1950—1960 年代台湾的人文学术建设》,《华东师范大学学报(哲学社会科学版)》2013 年第 2 期。

黄进兴:《机构的宣言:重读傅斯年的〈历史语言研究所工作之旨趣〉》,《复旦学报(社会科学版)》2017 年第 5 期。

黄彰健:《"中央研究院"历史语言研究所校印明实录的工作》,《大陆杂志》第 43 卷第 6 期,1971 年 12 月 15 日。

孔祥成:《史语所与抗战史学研究》,《河北学刊》2003 年第 1 期。

劳榦:《傅孟真先生与近二十年来中国历史学的发展》,《大陆杂志》第 2 卷第 1 期,1951 年 1 月 15 日。

劳榦:《大学时期以前的回忆录——童年时代眼中的世界和初期的读物》,《中外杂志》第 4 卷第 5—6 期,1968 年 11—12 月。

劳榦:《劳榦教授的自述》,《湖南文献季刊》第 6 卷第 4 期,1978 年 10 月。

劳榦:《五四新文学的洗礼》,《联合文学》第 2 卷第 2 期,1986 年 10 月。

李泉:《傅斯年与中国近代实证史学》,《台大历史学报》第 20 期,1996 年 11 月。

李孝迁:《巴克尔及其〈英国文明史〉在中国的传播和影响》,《史学月刊》2004 年第 8 期。

黎志刚、林燊禄:《学人专访:全汉昇院士》,《汉学研究通讯》第

5 卷第 1 期,1986 年 2 月。

梁庚尧:《历史未停滞:从中国社会史分期论争看全汉昇的唐宋经济史研究》,《台大历史学报》第 35 期,2005 年 6 月。

刘承军:《历史语言研究所与域外汉学的交流(1928—1949)》,《国际汉学》2021 年第 3 期。

刘凤翥、陈智超:《陈述先生忆往事》,《中国史研究动态》1992 年第 3 期。

逯耀东:《傅斯年与"历史语言研究所集刊"》,《台大历史学报》第 20 期,1996 年 11 月。

罗尔纲:《忆陈寅恪》,《社会科学战线》1995 年第 2 期。

罗志田:《史料的尽量扩充与不看二十四史》,《历史研究》2000 年第 4 期。

罗志田:《证与疏:傅斯年史学的两个面相》,《中国文化》第 32 期(2010 年秋季号)。

欧阳哲生:《新学术的建构——以傅斯年〈历史语言研究所工作报告〉为中心的探讨》,《文史哲》2011 年第 6 期。

乔治忠:《中国近代史学研究值得反思的一个问题》,《河北学刊》2019 年第 5 期。

瞿林东:《怎样讲授史学名著——记何兹全先生讲〈三国志〉》,《河南大学学报(哲学社会科学版)》1985 年第 1 期。

全汉昇:《回首来时路》,《古今论衡》创刊号,1998 年 10 月。

桑兵:《近代学术转承:从国学到东方学——傅斯年〈历史语言研究所工作之旨趣〉解析》,《历史研究》2001 年第 3 期。

尚小明:《中研院史语所与北大史学系的学术关系》,《史学月刊》2006 年第 7 期。

沈颂金:《劳榦的居延汉简研究》,《南都学坛》2003 年第 3 期。

沈卫荣:《陈寅恪与佛教和西域语文学研究》,《清华大学学报(哲学社会科学版)》2021 年第 1 期。

孙言诚:《我的导师张政烺》,《文史哲》2007 年第 6 期。

田彤、胡张苗:《创建典范:历史语言研究所论析》,《广东社会科学》2006 年第 4 期。

王汎森:《傅斯年与陈寅恪》,《中国文化》第 12 期,1995 年 12 月。

王汎森:《历史研究的新视野:重读〈历史语言研究所工作之旨趣〉》,《古今论衡》第 11 期,2004 年 9 月。

王晴佳:《陈寅恪、傅斯年之关系及其他——以台湾"中研院"所见档案为中心》,《学术研究》2005 年第 11 期。

王戎笙:《论傅斯年》,《中国史研究》1994 年第 4 期。

王学典:《新史学和新汉学:中国现代史学的两种形态及其起伏》,《史学月刊》2008 年第 6 期。

谢保成:《历史语言研究所与"科学的东方学之正统在中国"》,《江海学刊》2011 年第 1 期。

邢义田:《劳榦先生的汉简因缘》,《古今论衡》第 8 期,2002 年 7 月。

许冠三:《傅斯年与史料学派》,《香港中文大学中国文化研究所学报》第 15 卷,1984 年。

许倬云:《傅先生的史学观念及其渊源》,载杜正胜主编:《考古、文明与历史》,"中央研究院"历史语言研究所 1999 年版。

俞旦初:《二十世纪初年中国的新史学思潮初考》,《史学史研究》1982 年第 3 期。

张光直:《二十世纪后半的中国考古学》,《古今论衡》创刊号,1998 年 10 月。

张广智:《二十世纪前期西方史学输入中国的行程》,《史学理论研究》1996 年第 1 期。

张广智:《傅斯年、陈寅恪与兰克史学》,《安徽史学》2004 年第 2 期。

张书学:《傅斯年与中国现代史学的科学化》,《东岳论丛》1997 年第 6 期。

张越、叶建:《近代学术期刊的出现与史学的变化》,《史学史研究》2002 年第 3 期。

张致远:《兰克生平及其著作》,《自由中国》第 12 期,1952 年 7 月。

周樑楷:《傅斯年和陈寅恪的历史观点——从西方学术背景所作的讨论(1880—1930)》,《台大历史学报》第 20 期,1996 年 11 月。

周文玖:《傅斯年、朱希祖、朱谦之的交往与学术》,《史学史研究》2006 年第 1 期。

朱杰勤:《岑仲勉先生对西域史地的研究——岑著〈汉书西域传地里考释〉校后记》,《史学史资料》1979 年第 5 期。

后 记

这本小书是在我博士论文的基础上修订完成的。2009 年 9 月，我跟随北京师范大学陈其泰教授攻读史学理论与史学史专业博士学位，在导师的建议下，选择了"历史语言研究所与中国现代史学"为题作博士论文。寒暑三易，虽完成了博士论文撰写，但是我深知此文并未达于导师的期许，其中一个重要原因是，史语所是在中外学术相互涵化之下生成的现代学术机构，而拙文的撰写主要将史语所置于本土背景下探讨，缺乏域外的视野，单向度的眼光很难对史语所的发展演变作出全面的考察。2015 年，我以史语所为研究对象，申请了国家社科基金青年项目，改变了原来博士论文对史语所自身发展脉络的单一性考察，重视从中外史学交流的维度重新审视史语所的学术遗产，着重探讨西学冲击下史语所的生成、发展，中国传统史学在面对西方新史学时所展现的应变力，并由此观照西方的学术观念何以与中国传统史学相互交织、熔铸，进而提升为现代意义上的学问。项目结项后，经与陈师商讨，我又断断续续对书稿进行了补充、修改。可以说，这本小书的撰成，倾注了先生大量的心血，在此表达对于恩师的敬意与感谢！

对于史学理论与史学史研究的兴趣，缘于我在淮北煤炭师范学院读本科时李勇教授、牛继清教授和白兴华教授等老师的启发。之后，在诸位良师的鼓励与引导下，我考取了北京师范大学罗炳良教授的硕士生。炳良师为人随和，学问博洽，课堂内外，指示门径，提携后学,不遗余力。出于对专业的挚爱,我在读硕士时就旁听了陈其泰教授和瞿林东教授给博士生开设的课程。两位先生在课堂上引经据典,纵论古今,将中国史学发展的脉络娓娓道来,引人入胜,使我对于史学理论与史学史研究的殿堂更加向往。在博士就读阶段,瞿先生曾就读书治学与博士论文撰写两个方面多次赐教;张越教授和周文玖教授都是中国近现代史学研究的名家,他们从不同角度讲授的专业课程,精导妙引,意味深长,启发了我对博士论文撰写的思考。汪高鑫教授、向燕南教授和许殿才教授的授课内容风格不一,各具特色,开阔了我的学术视野。在博士论文撰写过程中,我因查找资料的需要,曾到台北"中研院"历史语言研究所访学。在此期间,王汎森院士、黄进兴院士、陈鸿森研究员和周樑楷教授提示研究路向并提供大量史料,嘉惠尤多。在博士论文答辩时,瞿林东教授、彭卫研究员、李红岩研究员、于沛研究员和张越教授对于拙文既有褒奖,又提出了中肯的修改意见。西北大学历史学院的陈峰教授、李军教授为本书的出版提供了许多热心的帮助。

本书的一些内容曾先行在有关刊物上发表,各位编辑同志为此付出了辛苦的劳动。中华书局学术著作出版中心罗华彤主任对本书的出版给予了大力支持,责任编辑李洪超副编审对书稿的编校认真负责,付出心力。博士生和硕士生黄学友、张翠婷、孙泽涵、李帅、赵囡、贺子钦、张景渲等同学帮助核对引文,校正错讹,对待工作严谨细致。谨向各位尊敬的师长和热心的朋友致以衷心的谢忱!本书存在的错误、不足,敬请读者批评指正。

张　峰

2023 年 12 月 19 日

于西北大学历史学院